缘在之思

张祥龙先生 纪念文集

朱刚 编

图 1 父亲张善榛（50 年代）（家人供图）

图 2 母亲唐良桐，1941 年获川大数学系学士（家人供图）

图 3 张祥龙先生小时候全家照（约 50 年代末）（家人供图）

图 4 "文革"时期（家人供图）

图 5、图 6　与贺麟先生（大约 1980 年）（家人供图）

图 7 与妻子张德嘉第一次合影（家人供图）

图 8 结婚照（家人供图）

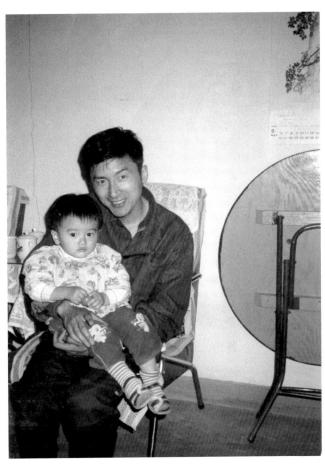

图 9 与儿子张泰苏（家人供图）

图 10 1992 年获得博士学位，与儿子张泰苏（家人供图）

图 11　被授予博士学位（1992 年）（家人供图）（见正文第 5 页）

图 12　博士留影（家人供图）

图 13 送泰苏赴美上本科（家人供图）

图 14 与长大后的儿子泰苏（家人供图）

图 15 与导师 Inada 教授（家人供图）（见正文第 5 页）

图 16 张祥龙夫妇与 Inada 夫妇合影（家人供图）（见正文第 5 页）

图 17　1998 年于北大（家人供图）

图 18　1996 年与妻子张德嘉于密云云蒙山景区（家人供图）

图 19 2004 年与家人于德国海德堡（家人供图）

图 20 2005 年与妻子张德嘉于希腊圣托里尼岛（家人供图）

图 21 与妻子张德嘉在海德堡河边（家人供图）

图 22 重返布法罗（家人供图）

图 23 北大哲学系 1977 级 2 班男生校园合影，后右三为张祥龙（李晨阳供图）（见正文第 59 页）

图 24　与杜小真、靳希平（孙德利摄）

图 25　与北岛（2004 年德国维尔兹堡）（家人供图）

图 26、27 在玉龙雪山打太极（家人供图）（见正文第 133 页）

图 28 与蒋庆（来自"儒家网"）

图 29 与倪梁康（朱刚供图）

图 30　与单之蔷（单之蔷供图）

图 31　与斯汀格在中山大学合影（王俊供图）（见正文 202 页）

图 32 复旦讲学（陈国森摄）

图 33　在中大图书馆学人文库与马里亚翁对谈（朱刚供图）（见正文第 77、207 页）

图 34　与马里翁、倪梁康、方向红、张逸婧合影（朱刚供图）（见正文第 77、207 页）

图 35 于西昌现象学科技哲学年会，点评与会学者发言（单之蔷供图）
（见正文第 89 页）

图 36 于 2015 年第 20 届中国现象学年会发言（朱刚供图）

图 37 与甘阳、吴飞对谈（朱刚供图）

图 38　2013 年第七届全国现象学科技哲学会议（江西白鹿洞书院），其间张祥龙先生正襟危坐，吴国盛调皮地扮演学童（孟强供图）（见正文第 197 页）

图 39　向中山大学现象学文献与研究中心捐献《海德格尔思想与中国天道》手稿（另两位分别为方向红、张任之）（朱刚供图）（见正文第 374 页）

图 40　2017.5 成都华德福学校合影（王俊供图）（见正文第 200 页）

图 41　与王俊（王俊供图）

图 42　2016 年张祥龙（右一）在访问泸沽湖当地村民（李珮供图）
（见正文第 233 页）

图 43　2016 年生日留影（李珮供图）（见正文第 233 页）

图 44 七十寿辰与弟子们合影（朱刚供图）

图 45　七十寿辰与妻子
张德嘉（朱刚供图）

图 46　与妻子张德嘉和学生朱刚（朱刚供图）

图47 与赵成文、蔡祥元、赵炎、朱锦良、蔡文菁等弟子等登顶海坨山(2007年暑假)（蔡祥元供图 ）（见正文第 308 页 ）

图 48 2005 年与妻子张德嘉，李峻（ 右四 ）等学生合影（李峻供图 ）

图 49 2021 年 11 月，与妻子张德嘉合影（李峻摄）（见正文第 317 页）

图 50 2021 年上海青浦古典书院座谈（柯小刚供图）（见正文第 379 页）

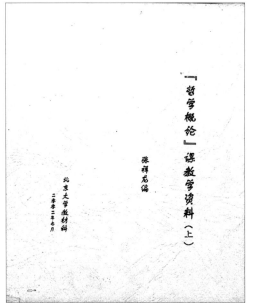

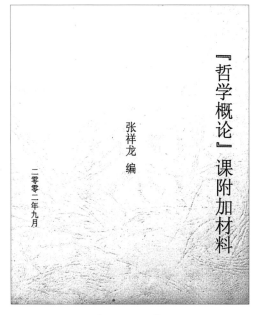

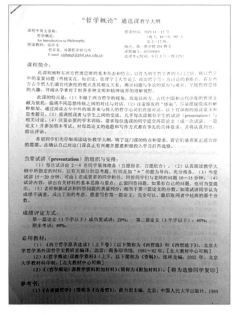

图51 "哲学概论"课教学资料（张晓华供图）（见正文第285页）

图 52、53 部分著作与手稿，李峻摄于张祥龙先生逝世后

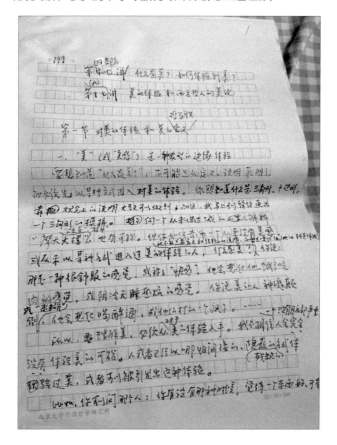

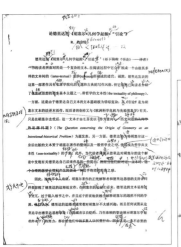

图 54 对学生张晓华译文修改的第四稿
（张晓华提供）（见正文第 295 页）

图 55 对学生张晓华译文修改的第五稿
（张晓华供图）（见正文第 295 页）

目 录

第三部分　师恩永在——来自弟子的纪念

附　录

第一部分

亲亲之思——来自家人的怀念

和祥龙在一起的岁月

张德嘉[1]

祥龙离开已经半年,我现在在美国儿子家里。这次赴美与往次不同,离开家关紧大门时,心里一阵刺痛和不舍,感觉把他一个人丢下了。抵达耶鲁泰苏的家中已经将近傍晚,他的两个孩子还没放学回家。听到接他们的汽车开进车库,我就站在房门口等着;砰的一声厨房后门打开,一阵急促的脚步奔上楼,雯雯在前,弟弟跟在后面,看见我两人猛地停下,眼神露着紧张和不安,我叫了他们的名字,孩子们扑过来,紧紧搂住我。他们知道:爷爷没有了,对奶奶这是天大的事。

离开北京之前,去万安公墓看祥龙。钥匙打开小小的铁门,精美的骨灰盒正面插着他的照片,纤尘不染。我失声哭泣,不停地只说着一句话:这里这么冷,怎么办? 至今也不知道为什么会这样,到底发生了什么?

曾有人说回忆都是感性的,带着幻想的,这不无道理。走到终点的恩爱夫妻,一辈子就像一场旅行,过程中无论有多少困难、波折,留下的都是美好难忘的记忆。最近还有学生说,当年师母最不喜欢别人说张老师帅。不记得有人跟我说过他帅了,但对祥龙 50 多岁时仍然被看成是 30 多岁的形象,那些年我的确一直"耿耿于怀",可这些只是我们家庭生活的花边而已,要写我们的日子,想写该写的实在太多,特别遗憾自己不善写作,如果拥有这种能力该有多么幸福。眼下,我只能尽量把最珍贵的一部分记下来。

我们是 1977 年春夏之交,经一个共同的朋友介绍而开始通信的。祥龙在北京,我在内蒙古。那时候一般人之间写信的习惯是姓名后面要加上"同志"或是"同学"之类的后缀,信尾签名的上面用"此致"表示礼貌。我们很快

---

① 作者简介:张德嘉师母,张祥龙先生夫人。

去掉了后缀,然后又去掉了姓;"此致"也换成了"祝好"。这不是因为熟悉,而是因为相互有了好感。不久,祥龙就去天津见了我的父母,妈妈来信说对他的印象很好,他看起来老实,是读书人的样子。通了几个月的信,各自心里应该都感觉到了那种相互的吸引,可见面还是会有生疏的感觉。第一次去他家的第二天,祥龙爸爸妈妈带我去紫竹院公园散步,走走坐坐问了我许多问题,也讲了祥龙很多事情,告诉我他特别的老实厚道。那次散步让我喜欢上两位良善、通达的老人,相处觉得非常安心。后来我才知道,当时一个北京的家庭接受一个没有北京户口的外地人,并不寻常。祥龙在日记里写着:"就这么半天时间,他们便视德嘉为知己。"年轻时,自己希望找一个"有思想"的人,我见到他后就一直期待着看到他的这一面。祥龙本就不善言谈,加上刚见面的拘谨,没有立即向我展现出他的"思想";直到他第一次带我去爬山,路上讲了他的很多经历、爱好和精神追求,那些都令我感动不已,深陷其中。我们的恋爱是从这个时候真正开始的。祥龙去世后,翻看他留下的几十本日记,1972 年开始,一直写到离世,整整 50 年,里面既有他年轻时的困惑和思考,也有他从师贺麟先生后的开悟和兴奋,还有他学习并教授哲学过程中的不断追求,他的思想从未停止过。

1977 年 10 月恢复高考的消息传来,无数人喜出望外,兴奋不已。我当即也写了一封短信给祥龙,希望他开始为考试做准备。后来祥龙妈妈对我说:"多亏了你的来信,我们都劝不动,因为你他才决定参加高考的。"我在内蒙古的朋友却有不同的想法,对我直言相谏:"你有多傻才劝他考大学,考上了肯定与你分手!"我却一副云淡风轻的样子,心想真要如此,那就瞧不起他好了。虽然自己从十几岁起就在逆境中生活,内心的隐忍和清高一直伴随着我的成长,可"爱情"不一样,它承载着年轻人纯真美好又脆弱的理想。1978 年年初祥龙进入北京大学哲学系学习,是恢复高考后的第一届大学生。1966 年"文革"开始时祥龙 17 岁,1967 年他因为办"反动"报纸、写"反动"文章,被关押数次;后来一直在工厂的最底层做清砂工,考进北大对他来说,是天翻地覆的命运改变。我也为他高兴万分。我们第一次见面时,祥龙就对我说过,他非常喜欢普希金的《叶甫盖尼·奥涅金》。当时我曾想过:我便是那乡村的达吉亚娜,你这大城市里的奥涅金会不会离我而去?与所有的爱情、婚姻一样,各种诱惑肯定是有的,但祥龙一直没有松开我的手。过了许多年后,我对祥龙说:那个年代的女性都是达吉亚娜,单纯善良并且付出,他虽然没说过,但是我知道他珍惜这些品质,并且信守承诺。

　　1986 年祥龙 37 岁考过了托福,拿到美国俄亥俄州托莱多大学的录取通知。因为手续上出了些意外,10 月初他才到达托莱多,是当年最后一个注册入校的留学生,那是他自费赴美留学的第一站。刚到美国时,他英文不行,听课写论文用了他几乎所有的精力,一年之后却拿到了全 A 的成绩。我带着未满 5 岁的儿子也在 1987 年秋天来到托莱多与他会合。那里的教授和同学对我们异常友好,请我们吃饭,带我们出游,生活上也给我们许多帮助。好几个教授跟我说过,祥龙是他们教过的最好的学生。第二年祥龙以全 A 的成绩申请博士生资格,得到了 3 所学校的录取:哈佛大学宗教学系、科罗拉多州州立大学哲学系(全额奖学金加助教金),及纽约州立大学布法罗分校哲学系。最后他选择了只给不多助教金的布法罗大学哲学系。当时我对此并不理解:哈佛大学名声大,科罗拉多大学给的奖学金远远多于布法罗。可他认为专业方向才更重要。祥龙执意要做中西方哲学比较的方向,而布法罗大学哲学系的日裔美籍教授肯尼思·K. 稻田(Kenneth K. Inada)是这方面有名的权威(图 15、16)。我记得,托莱多大学哲学系的印度裔美籍教授 Rama 在祥龙到美国后不久后与他聊天时曾说过,很不明白为什么那么多中国的知识分子不认同、不珍惜有着如此灿烂历史的中国文化,而他们印度的知识分子却将自己的民族文化视如珍宝和生命一般。这些话对他应该是有影响的。在布法罗,祥龙更加努力,夜以继日、早出晚归待在学校里用功,几近披星戴月、废寝忘食。他用了不到 4 年就拿到了博士学位(图 11),这在文科里是比较少见的。求学的日子有苦有乐:那时刚刚开始在计算机上直接写论文,有时因为没有储存,祥龙一天的工作瞬间消失殆尽,回到家他沮丧的样子让我也惊慌失措。而如果期末论文从要求最严的教授那里得了 A+,他会为此高兴许多天。我到美国后 3 个月就考过驾照,自己开车上路了,这无疑减轻了祥龙很多负担;儿子泰苏也表现不错,充分利用美国图书馆的优势和福利,读了许多书,也写了不少受到老师夸赞的小文章,让祥龙非常高兴。

　　我们全家是 1992 年 7 月回国的,我们也知道美国政府在 1993 年 1 月 1 号将会有一次对所有滞留在美的中国公民发放绿卡的"赦免",我和朋友们一致力劝祥龙借此机会留在美国,却无功而返。他问我是否记得 1988 年暑假游历印第安纳州圣母大学时,他曾在圣母像前许愿,我说记得,因为他显得有些不寻常。"那时候我许的愿是:学成后就回国。"这真是我没有料到的事情。回国至今已经30年了,只感觉祥龙是越来越忙,越来越累。过往的日子我有太多的后悔,甚至后悔当初劝他考了大学,否则他是不是可以活得长一些?更让我后悔的是,在涉及东方和西方、中国文化和西方文化的讨论中,常常会和他起冲突,我为什么不能早一点理解他对中国传统文化的那份赤子之心。他对我说过:"我感恩美国,感恩他们对我们一家的慷慨接纳和帮助,基督教文化的合理存在这我也知道,但是,这个世界对东方文明,对中国文化的忽视和不公正需要被纠正,中国文化需要在世界上占据它应有的地位。"

我们一家人最频繁回忆的无疑是1998年夏天的登顶海坨山。那是泰苏初中毕业的暑假,正在等候中考的录取消息。祥龙当时已经带他爬了不少北京周围的山,只有延庆这边没有来过。这次父子两人决心要登海坨山顶,并希望我也能同行。我们从北大出发,经过延庆县城,几经周折住进海坨山下的西大庄科村唯一的小旅店,此时已经是下午4时左右。傍晚吃饭时,闹哄哄涌进十几个人,原来是国家计委某个部门开着一辆大型面包车从北京过来搞团建活动,听说他们父子俩准备登海坨山顶,都兴奋得要一起试一试。最后大家决定,年轻力壮者随祥龙泰苏一起从南面爬上山,这是条困难路线,几乎没有看得见的现成路,需要有向导带着斧头在前面开路。另外几位"老弱病残"邀我跟他们坐车绕到山的北面,从大海坨村方向爬上去,这条路线坡缓,还有看得见的山路。第二天一大早的6点钟,祥龙和年轻人们跟着向导出发,我和泰苏约好了在山顶会合。吃早饭时我还叮嘱那位看上去有些"二唬"的向导注意安全。我们老弱的一群8点左右才出发,因为汽车司机说会尽量开上去一些。开始还不错,边爬边聊,时间长了体力消耗,他们几位累得不想继续,我因为有与儿子的约定,不愿放弃,依旧一步一步向上爬,路边渐渐没了树林,没了灌木,最后只是开满了鲜花的高山草甸,以为就要到山顶,没想到一坡又一坡,爬到令人绝望。终于到了,却没有想象中的"会师",山顶上一个人也没有。我冲着各个方向高声呼喊他们的名字,没有应答,不知发生了什么。那几位同伴被我拉到山顶,还友好地陪我等了许久,只能原路返回。傍晚我们回到旅店,计委的年轻人围了上来,只是不见祥龙泰苏。原来向导迷了路,他们在没有路的森林里转来转去,差不多下午1点时,发现绕回到了上山时的某个地方。女孩子们已经累坏了,树枝刮破了衣服,狼狈不堪,小伙子们也同意集体返回。"你儿子也太犟了,坐在那里就是不同意回来,谁劝也不听!""你老公也太宠他,还同意陪他从头爬一遍!""真是胆子不小,山里有野兽的,有人见过狐狸的。"他们七嘴八舌地议论着,我愣在那里,眼泪流了下来。他们马上又安慰道:"我们把剩下的吃的全部留给了他们,饿不着;电池也留下了,半夜里有野兽也没关系。"只有一个年轻的孩子爸爸对我说:"你先生真了不起,一边跟儿子商量,一边跟向导反复确认不会再走错路之后,答应儿子,陪他再往山顶出发,快 50 岁的人该有多疲劳!他真是一位好父亲!太伟大了!等我儿子长大了,我也要带他爬山!"计委的人回北京了,只有店主安慰我:没事的!丢不了!肯定没事,那人熟路呢!终于在将近夜里 12 点的时候,旅店外面传来突突突的声音,是那种机动三轮车特有的声响,我几乎是冲到大门口的,看见父子二人笑盈盈地跳下车斗,儿子的眼睛格外明亮。后来祥龙告诉我,泰苏体力好,一路走在前面,见儿子登上峰顶,达到目的,就赶紧一起从北面下山,怕天黑在山里出危险。到了大海陀村时天早就全黑了,知道我担心,就赶紧在那里吃了饭后,好不容易出高价才找了这辆"三蹦子"赶回到旅店。当年泰苏考上了北京四中高中,写的第一篇作文就是《极顶感受》,后来收入四中优秀作文集中。

　　祥龙酷爱自然,最喜欢登山,而淡于交际。家里有数册不同版本的《瓦尔登湖》,他常常反复阅读,乐此不疲,若有可能,祥龙一定愿意过梭罗那样的日子。我好客,喜欢与有趣的人聊天,可嫁了他就只能随他。其实,正是因为接受了祥龙的生活方式,才体会到了那种生活带给我的特殊的喜悦和美好。2004 年夏天,他在大海陀山下的永坪村租了个当地农民放弃的小院子,祥龙提出的唯一要求就是请他们把院子里的厕所围起来并加盖一个顶。永坪村属河北省赤城县,与北京的延庆县交界,那时交通还不方便,需要倒几趟公交车到延庆的松山站,再搭当地农民开的各种"黑车",在崎岖山路上再颠簸一个多钟头,才能开到村边上。一趟下来至少六七个小时。几乎是祥龙一个人,搬去了行李铺盖,锅盆碗罐。帮他把小院收拾干净,使其住起来尽量舒适,这是我的强项。经过几次往返,那个简陋破败的三间小土屋变得温暖,有了生机。我们用柴火烧炕,大铁锅做饭,蔬菜是老乡家里种的,施有机肥无农药的那种。我有农村生活的经验,教他点火,架柴拨柴,令他羡慕不已。他一个人去的时候,就到老乡家搭伙,有时冰天雪地的冬天,他也会去住上几天。他对山的热爱发自真心,好像只有身处其中,那些哲学体悟才能源源不断地生发出来。夏天他在那里可以待上一个多月,泰苏暑假回国也与我们一起来住过,他同样喜欢烧热了的土炕和那些新鲜的食物。我们后来又爬过海坨山,周围的山路也都熟悉了。我喜欢秋天跟祥龙进山,背着双肩背,边走边采山坡上熟了的野榛子,满满两包背回来,够吃一阵子。我们还会带上收音机,到了路遥《平凡的世界》长篇小说连续播讲的时间,便坐下来休息,就着小说喝水吃面包,听完接着走。到了10月"花山"期,不同树种叶子变得颜色不同,变色的时间也不同,满山满谷五彩斑斓,阳光洒在上面,晶莹闪烁。站在山顶往下看,像是欣赏一件巨大的艺术品,真是不多见的享受。2009年秋天我们在延庆玉渡山下的龙聚山庄买了一套不大的公寓房,祥龙看中了山庄背后的山和小溪,而且交通方便。我们仅花了2万块钱装修,从北大搬去的书摆满了10个书架,洁净、温馨,别有味道。只要有时间,一年四季他随时过去住,不联网,不装电视,只是爬山、看书写作。祥龙还在路边种了一棵属于他的山楂树,常常与它说话,精心呵护着。小小的山楂树也常常果实累累给予回报,他会对着小树说:"结这么多果子,太累了吧。"平日里,祥龙总是随时与看见的树木花草、小动物们打招呼,眼神里透着温和的喜爱。在自然世界里他是真的自在和享受。

出于习惯,我们那代人的生活一向节俭,但祥龙对物质要求的清淡也与信仰相关,他清楚什么可以带来属于他的幸福。我们家一直住在小房子里,1992年回国后就随着北大几次分房,现在这套房子室内面积只有56平方米,可祥龙喜欢它离北大近,方便他去北大校园打太极拳、散步、去图书馆借书。2008年有一阵股市大涨,我完全没有理财经验,也动了心跟随众人买了不少基金产品,每一次银行职员按照程序都会问"心理承受能力如何?",我总是很有信心地回答"很好"。谁知很快股市大跌,我赔了不少钱,一下子陷在郁闷中不能自拔,哪里有什么心理承受力,只好对他说:"对不起,把你挣的钱搞没了。"他没事似地安慰我:"没关系,这不算什么,你与过苦日子的农民比,就不难受了。"我轻松下来,感念他的大度、宽厚,他安贫乐道的生活态度和其中的生活智慧也影响了我。

无论在求学期间还是当老师教书的时候,只要有办公室,祥龙就会没有周末、没有寒暑假地待在里面,用我的话说就是"没有从象牙塔里出来过"。年轻时他曾说:"只要你和儿子有窝头咸菜吃,我就没有必要去挣多余的钱。"那时候我没有为此失望和不高兴,是因为知道他有他的目标,有他认为重要的事情要做,甚至欣赏他的那些追求。我也努力工作,陪伴孩子长大并包揽家务,日子就这么一天天过着。我承认在两人的"爱情"中我是"爱得比较多的那一个",但不管怎样,对他的理解付出是家庭和谐向上的基础,后来也给了自己丰厚的回报。

泰苏18岁出国上大学之后,工作之余我在北大听课学习,碰上特别受欢迎的大课,祥龙会早早去帮我占座位,也分享我的收获和好心情。退休后,无论我学钢琴、练书法,他都完全支持、鼓励和欣赏。我喜欢旅行,只要有机会,祥龙会满足我所有的愿望。除去国内的许多地方,我们去过20多个国家,最难忘的是他去厄瓜多尔讲学的那次。首都基多海拔2800多米,祥龙讲课任务重,高原反应一直没有消失。但我们去了著名的加勒帕格斯群岛,去了亚马孙河的热带雨林,爬上4700米的雪山,站在冰川脚下瞭望安第斯山脉辽阔壮美的景色;住进仅存不多的印第安人部落里,与当地人一起庆祝他们最重要的太阳节;部落间的暴力冲突,用年轻男性的生命祭祀并祈祷丰收的方式,极大震撼了我,让我第一次知道了"文化"的力量;祥龙更是与印第安人一起"裸泳",让极有权威的巫师诵咒"诊疗"……经历实在太丰富了。

2012年3月我们的孙女出生,两年后我们又有了孙子,祥龙自然高兴万分,对两个孩子异常疼爱。他与孩子们相处的时间没有很长,可在我眼里他是天下最好的爷爷,陪孩子们踢球、骑车、远足,教他们折纸,坚持与孩子们一起背诵《三字经》和《论语》。孩子们的事,不分巨细,有求必应,那种慈爱、那种耐心常常令我感动。一次我们带孩子出去散步,弟弟摔了,爷爷背着回了家,已经很累了,小姐姐"忌妒"弟弟,也要爷爷背,爷爷又背着姐姐在院子里绕了两圈。我常常一个人去美国帮着照看孩子,每天带着姐弟两个与他"视频",他在日记里记了好多孩子们的事情。每逢节日,生日挑选卡片和礼物,极是用心,件件精美有趣。

从2018年秋天,我们基本上就没再长时间地分开了。祥龙会帮我做不少家务,我们一起去超市买东西,他固执地要一个人全拎回家。我们一起去医院取药,去银行办事,也常常去电影院看电影。吃饭时都会一起在"喜马拉雅"上非常投入地"听书",年轻时读过的经典,再听仍然会热泪盈眶;对刘慈欣的科幻小说也会心得颇丰。以往冬天我喜欢待在畅春园的家里,这两年,祥龙冬天去延庆龙聚山庄住也要拉上我,说有我在日子会舒服很多。

我清楚地知道,我们有多珍惜这样的生活和这些日子:平平常常但充满意义;即便老了,也要学习更多、思考更多,愿意更加成熟、更加善良,甚至更加高尚。儿子说我们的婚姻是非常非常好的婚姻,因为我们是那种两个人相互成就、共同成长的婚姻。这是千真万确的。可是这样的日子,就那么突然地停在了去年年末祥龙查体的那天。作为医生,我记得今年6月8日之前,发生在祥龙身上的每时每刻,却不堪回首。祥龙离去后的这半年,处理了那么多的事情,应对了那么多事情的发生;不论见了多少人、说了多少话,心里回忆起多少往事、飘过多少思绪,被大家认为坚强又独立的我,只要站在书房祥龙的相片前,或是路过无意间地一瞥,都会瞬间淹没在对他的怀念和心痛之中。

祥龙,在那边你能看到这边有许多朋友、同事写下了真挚感人的文章来纪念你吗? 能知道你最珍惜的学生们为你做了这么多的事情,希望你的思想你的为人被大家记住吗? 你也一定和我一样非常非常感激他们。现在很多人在读你的《中西印哲学导论》,《张祥龙文集》十六卷本也全部出版了,大家惊叹你有这么多的著作和文章。之前你没有告诉过我你的课很受欢迎,我也不知道有很多人喜欢你敬重你。你就是我的先生、我儿子的父亲、孙女孙子的爷爷。这些对我已经足够。我曾对你说过,如果有天堂,将来去了那里,要找康德、茨威格、肖斯塔科维奇他们聊天,现在我知道自己唯一要找的就是你,然后抓住你的手不再松开。

2022年12月24日

父 亲 和 我

张泰苏[①]

　　和家父最后一次深入谈话是在 2022 年 5 月 13 日的晚上。我当时刚刚结束两周多的入境隔离,从福州飞回北京,而父亲也尚有一定精力。谈话内容主要集中在对灵魂与个体意识的认知问题上,也有一些关于个人宗教信仰的交流。之前的几个月里,父亲时时有些焦虑,但到了这天晚上,他似乎已经看开了。几十年来对儒学的探索在此时终于起到了决定性的精神影响,帮助他找到了某种安宁、某种坦然。谈话的最后,我对他说:"爸,无论如何,你这辈子过得真的很圆满。"他点了点头,露出了一点微笑,就像之前的几十年里,每次聊天聊得比较高兴时那样。

　　可能是这一晚的谈话消耗了父亲太多的体力,从第二天起,他的身体机能就开始急剧衰退。直到去世的那一刻,我再也没有见到过他发自内心的笑容。所幸他的精神状态始终平静,尤其是在临终前的几小时里,甚至有些安详。

　　在更加遥远的记忆里,父亲的人生轨迹绝非一帆风顺,但无论生活如何困难,他始终能保持一点乐在其中的自在。在美国读博士期间(1986 年到1992 年之间),他有着常见于大部分八九十年代留学生群体中的焦虑与迷茫。回国以后的头几年里,入职所带来的写作压力、人事压力也会让家中的气氛比较沉闷。这种压抑感直到世纪末那一两年里才随着父亲的升职与北京大学的学术体制改革而渐渐消散。那时,他已经 50 岁了。

　　这样常常简单、偶尔焦灼的生活却自有其韵味。其中有相当一部分来源于父亲:他对于哲学的热爱自然是一以贯之的,不经意间流露出来的思维

---

　　① 作者简介:张泰苏,张祥龙先生公子,耶鲁法学院教授。

兴奋对于青少年时期的我也一直是颇有感染力的。他第一次和我解释"缘在"这个概念时的悠然神往、第一次"发现"吕斯布鲁克的神秘主义哲学之后的欣喜、对于在德国黑森林里漫步的某种执念——这些都令我记忆犹新。回国之后,这些都和他对儒释道的尊崇产生了各种各样的化学作用,极大地丰富了我们一家人的精神世界。90年代中期,他带着我跑遍了北京周围的各类文化旧址,母亲也偶尔参与。当他从神秘体验的角度给我讲解祈年殿里的祭祀活动时,父亲的眼中是有光的。

但父亲又并不是一个完全生活在学术探索里的人。他对于日常生活里的点点滴滴有着超乎寻常的热情,甚至热爱。他对太极拳与爬山的钟爱是在学界广为人知的,但他的同事们恐怕很少看到他喜爱逛早市、逛庙会、自己蒸馒头、观鸟、认植物、看球赛、沉迷于金庸小说的一面。无论是自然的还是社会的,父亲都会时常将自己沉浸其中,反复体验着一些我一直不太能理解的快乐。即使工作上的事情再繁忙,他也依然会偷得半日闲,放纵一下自己更感性、更烟火气的一面,因为他真的很享受它。

当他偶尔鼓动我也参与这些的时候,我却兴趣不深。即使在青少年时期,抽象的文字、概念、思路所带给我的愉悦也远远超出具体的日常生活。每年三周的寒假,父亲在写作之余一定会拉着我跑几趟白云观、地坛之类的地方,但这些庙会之旅对他是实实在在的放松,对我却更像是一场半强迫的社会观察。

事后想起来,这种生活态度差异的背后,或许是一些更深层的思维差异。现象学对于父亲并不仅仅是一种思维方法或是哲学理论,而是一种自内而外的生活方式。他极其执着地相信"感悟"与"感触"才是通向真理之路,而对于更加结构化的纯理性思维始终有些芥蒂。因此,他选择了现象学而不是分析哲学,尊崇孔孟而不喜宋明理学。但这样以全方位的感悟为中心的哲学方法是不可能停留在纸面上的,也不可能停留在学术思维层面,它必须以具体的生活体验为基础,否则就只剩下了对结构理性的一些批判。父亲大概很早就意识到了这一点:真正的现象学学者,其内心必须是向这个世界开放的,接纳它的千姿百态,从中提炼某些超越式的感悟,由此更接近事情的本源。这种方法和父亲的天性简直一拍即合。现象学是最适合他的学术方法,他恐怕也是最适合研究现象学的哲人。

这倒不是说父亲拒绝理性,而是说他会格外强调纯粹理性的不足之处。大概从我高二时开始,他就一直和我反复强调这一点,不厌其烦地提醒我不要陷入对于理性的盲信之中。这是我们之间最深、最久的一场争论,前后持续了二十几年。同样是阅读斯宾诺莎、洛克或者康德,父亲看到的是理性思维的局限以及非理性信仰的必要,我看到的却是如何用理性思维去规划非理性的信仰跳跃。同样是讨论托马斯·库恩,我会看到从范式到范式的螺旋式上升,而父亲看到的是科学思维的先天不足。

最近的一次辩论发生在 2020 年年初。我那时已入职耶鲁法学院数年,父母都已彻底退休,有时间来美国看望孙女孙子。疫情尚未爆发之前,我邀请了几位研究法哲学的同事来家中做客。这些同事无一例外是分析哲学出身,在席间自然和父亲有好一番争论,双方都颇为尽兴。客人走后,父亲却带着一脸玩味的表情问我:"你们这些理性主义者是不是内心深处都有点悲观?"

我当时愣了愣,隔了好一阵才理解他这句话的意思。对于任何个体而言,理性认知自然有其极限,且必须基于对"外部世界可认知"的信仰之上——这个信仰本身是不可被证明或证伪的,再坚定的社会科学研究者也不得不承认这一点。既然如此,我们执着于理性的目的何在? 一般来说有两点:其一是对其他认知方法更加强烈地不信任,其二是对于群体性学术交流的需求。个体认识世界的方法或许不只理性这一条途径,但人与人之间的沟通似乎只有通过理性才能做到准确无误。每个人的感性认知必然各有不同,但理性可以是共同的。如果学术必然是个群体性工程,那它就必须以理性为基础媒介。

父亲所谓的"悲观"指的就是上述这两种思路。无论哪一种,都既包含了对自身感性的不自信,也包含了对他人理解能力的不信任。大多数理性主义者其实是不相信任何个体能够真正掌握外部真实的。个体理性本身是个残缺的工具,但其他的认知方法又更加不可靠。于是,我们只能将希望寄托于群体认知,同时又拒绝承认感性交流的准确性。于是,我们不得不更加依赖理性表达所能带来的那一点颇为有限的清明。

相比之下,父亲自始至终都更加乐观,不论是对自己还是对他人。他发自内心地相信,如能将感性认知(尤其是"神秘体验")与学术理性相结合,即便是单一的个体也能在特定的契机下直面本源。他同时相信人与人之间的有效思维沟通不只有理性对话这一种，相信别人能够更直观地理解他的感悟。当我们小心翼翼地用理性武装、保护自己时，父亲的内心却能向这个世界直接开放。我们所惧怕的思维"杂质"，在他看来恰恰是最鲜活的哲学素材。

或许也是因为这个原因，父亲的生活态度更多是过程式的而非结果式的。这一点在我们一起爬山或旅游的时候表现得尤其明显。我记忆最清晰的，大概是 2001 年 5 月份在长白山的经历。当时我已经办好所有出国读本科所需的手续，于是决定利用高考前的旅游淡季出一趟远门。从北京先独身一人到通辽，看看母亲"文革"期间插队的地方，替她拜访一下当年的乡亲们，再向东行，在长春和父亲汇合，最后一起去爬长白山。

5 月份的长白山颇有些春寒料峭。我们一早到达旅馆，先上天池，在那里游玩半日后下到半山附近，寻找一处旅馆老板极力推荐的瀑布。由于确实是旅游淡季，周围很快就没有人声，只余鸟语。在茂密的原始次生林里走了大约一个半小时后，我和父亲面面相觑，不得不承认：我们迷路了。

我立刻就焦虑了起来，开始四处寻找方向。背包里的指南针大概是个劣质品，调整了半天也稳定不下来。长白山的树林不比北京周边那些比较熟悉的灌木林，万木参天，林荫密布，脚下虽然有路，但暗影重重之中实在看不出它通往何方。我们乱转了半个小时之后，父亲忽然叫停，然后往道旁的草丛中走去。我略有些迷惑，只得跟着他。

几分钟之后，我们来到了一片林间空地之中，其宽不过四五米，应该是某棵大树倒下后清出来的。父亲在树桩旁边坐下，让我抬头看。午后的阳光懒懒洒下，天空蓝得不太真实，偶尔间杂着一两缕轻云。山风吹过，林梢处飘来零零散散的杨絮，在阳光照射下几近透明。本来焦躁的心情忽然平静了下来。我打开随身的水瓶，冰凉的山泉水从喉间流过，于是整个人有了精神，准备再次出发。

父亲却不急着走，悠然看着天空，仿佛已经找到了令他满足的盛景。听我催促，他反而劝我坐下来，然后给我讲起了海德格尔的所谓"林间空地"（Lichtung）的比喻：在嘈杂纷乱的人群中，偶尔会有一闪而过的空阔境界，如能抓住它，就能够在一刹那间直面更加本源的存在，仿佛在黑暗的森林深处忽然找到了一片充满阳光的空地。和柏拉图的"山洞喻"不同，这种醍醐灌顶的契机是可遇而不可求的，即便到来了，也无法长期维持。"既然我们已经找了一片林间空地，那我们就应该为此欣喜。何必急着离开？"他问道。

18岁的我对此感触不多，心中还惦念着那个尚未出现的瀑布——那才是我们预设的目的地，如果不能找到，岂不是失去了此行的意义？然而那天运气不济，直到我们因日头西落而不得不寻路下山之前，瀑布始终没有出现。我因此有些沮丧，父亲却安慰我说，旅游的目的不一定在于找到既定目标，而在于旅途中的体验。林间那一片空地，那一刹那的天光云影，已经足以让此行不虚了。

我和父亲在一起爬了几十年的山。我们的脚步遍布京郊和东三省，也确实完成了父亲在德国西南部的黑森林里徜徉的心愿——虽然我不知道他是否从中得到了和海德格尔同样深邃的哲学启发。再后来，父亲来美国看我时，全家曾一起登上过新英格兰的最高峰，我的两个孩子一路抱怨不停，主要还是靠爷爷不停地给他们打气。对于我来说，这些虽然是弥足珍贵的记忆，但里面也略有遗憾：即便如今步入中年，我依然没法像父亲那样全身心地享受爬山的每一步过程。性格使然，我的目的性或许过于鲜明，对于"到达"的欲望或许过于强烈，于是总会忽略沿途的风景。父亲则不然：每一处"林间空地"、每一丛他不能辨识的野花、每一声回荡林间的鸟鸣都足以让他欣喜且流连。我继承了他对于爬山的热爱，却一直学不会他且行且看且感悟的心境。

父亲当然不是没有试图教过我，但天生的思维差异真是很难逾越的鸿沟。他天然地喜欢那些更古拙、更具有神秘色彩的思想，我却天然地希望能用清晰的结构性逻辑把它们拆解、重组，而这在父亲眼中依然是"悲观"的体现。他对于"孝"的理解是直观的、现象的，而我只能用一套一套的社会学、经济学、政治学，乃至心理学理论去解读这种概念的行为意义。我或许有我自己的信仰飞跃与"身外"体验——尤其是在有了自己的孩子之后——但我只能通过理性的滤镜去寻找它们、分析它们。我的宗教体验和我的爬山心态一样,有一些摆脱不掉的目的性,因而无法完全"忘我"。父亲和神秘之间的关联却似乎直接且顺畅得多,不经意间就能走到某一处林间空地里,迎来全新的感悟、全新的哲思。

这些年来,我偶尔也会反思自己到底是怎么走上了一条和父亲截然不同的学术道路的。更年轻一些时,我会觉得这是一种叛逆,是子女努力将自己和父母区分开来的必然过程。这样想当然并不是完全没有道理:本科时,明明我的哲学背景尚可而社科历史背景相对薄弱,但我义无反顾地选择了历史专业,为此还颇吃了一些苦头。若说这里面没有些刻意和父亲"划清界限"的心态,我自己是不信的。我坚持把数学作为第二本科专业读完,也未尝没有一点和父亲较劲的心态。但如今再看,这些恐怕都是次要的。真正起决定性因素的,还是个人的天赋。非不愿,而不能也。

在理性层面上,我当然并不觉得自己如今选择的这条研究路线是错的,也在这许多年里充满自信地和父亲辩论了许许多多轮,有时甚至觉得自己能占到上风。然而夜深人静时,我往往无法忽视内心深处的那一点怅惘:对于父亲那样生动随性的思维方式,我其实是非常羡慕的——虽然我自己做不到。

所以,在父亲临终前,我对他说"你这辈子过得圆满"时,我想到的并不是他的学术著作,或是他修身齐家的成果,而是他一以贯之的生活境界。诚然,父亲的人生在其他这些维度上也颇为圆满:他有上佳的学术著作,有社会影响力,有极其得意的众多门生。他对爱人、对家庭从一而终,子孙似乎也能继承家风。在立德、立功、立言层面上,他都有建树。然而这些都不是我为他的人生感到欣慰的真正原因。我真正欣慰的是,他能够将自己的感性天赋与学术天赋如此自然地结合在一起,能够在 73 年的旅途中——历经共和国的"前三十年"、改革开放、海外留学,最终归根燕园从而找到"吾心安处"——不停地邂逅那些无比鲜活的生命体验,将它们自然而然地融入对于哲理的追求之中。

对于我,甚至对于绝大多数学者来说,生活是生活,学术工作是学术工作。后者可以压过前者,但始终和它是分开的。但对于父亲来说,生活本身就是哲学,哲学也无时无刻不融于生活之中。这样的人生天然就是精彩的,也从始至终都是圆满的。

我们这些有儒家信仰的人到底还是相信死后有灵的,也相信亲人始终会以某种方式和自己同在。三年丧期之后,逢年过节时,我想我会举杯遥祝,祝父亲的在天之灵能在我感知不到的某个维度里遇到另一种更加真实的"林间空地"。我相信他一定能听到,也相信他一定会的。

2022 年 12 月 28 日
于耶鲁大学法学院斯特林楼

第二部分

缘中共在——来自师友的纪念

当代中国哲学天空的一颗巨星

——我心目中的祥龙教授

张翼星[①]

祥龙教授是当代中国出现的一位卓越的哲学家。

大学本应是培养高端人才的学府。北京大学哲学系曾被视为"哲学家的摇篮"。我国现当代著名哲学家金岳霖、冯友兰、汤用彤、贺麟等人都曾长期在这里从事教学与研究。然而20世纪下半叶以来,我们的高等教育的质量与成效不时地受到人们的质疑。哲学家的出现,也有青黄不接之虞。钱学森先生和温家宝总理都曾提出:"当前的大学为什么培养不出杰出的人才?"在哲学系系庆100周年时,我也曾手握那本厚厚的《哲学系系友通讯录》,不免扼腕叹息地说过:"翻开这本通讯录,自1950年以来,从哲学系出来的本科生、研究生、进修教师等,不下数千人,从事各种职业的都有,其中不乏成绩卓著者,但唯独难于找到真正的哲学家!"然而,随着李泽厚、叶秀山、余敦康、张祥龙等先生的仙逝,略察他们的生平事迹和学术成果,我的看法有些改变了。在痛惜中幡然觉察到一批新涌现的学者,他们继承和弘扬了老一辈学者的治学传统与风范,适应时代发展和民族振兴的要求,共克时艰,奋发有为,有的还经历了政治风浪和生活遭遇的严峻考验,却默默耕耘,刻苦钻研,充分发挥个性与特长,分别在哲学的各个层面做出了一系列开创性的独特贡献。从他们身上我们看到了哲学发展的希望和灿烂的前景,值此北大哲学系建系110周年之际,我们更加体会到其中的重要意义。我们的民族最迫切需要的人才,首先便是这类以天下为己任的大哲学家、大思想家、大科学家。

祥龙教授的成就与贡献,我或可粗略地总结一二:

---

① 作者简介:张翼星,北京大学哲学系教授,张祥龙先生在北京大学哲学系读书时的班主任。

一、广泛而深入地探索和阐述了哲学的方方面面。诸如西方哲学,尤其是以胡塞尔哲学和海德格尔哲学为代表的现象学;中国哲学,尤其是儒家哲学和儒家哲学史;中、西、印哲学比较;宗教哲学,等等。无论在哪个方面,都显示出他极强的开拓与驾驭的能力。

二、突显融合中西、贯通古今的优势。他对中国哲学与西方哲学都有很深造诣,力促二者的比较与融合。冯友兰先生曾应用西方新实在论观点和方法研究中国哲学,写成《中国哲学史》,成为西方各大学长期使用的基本教材。晚年又试图运用马克思主义观点和方法,完成《中国哲学史新编》(七卷本),令人钦佩。如今,祥龙教授又将西方现象学的观点与方法运用于中国哲学,特别是儒家哲学的研究,并写成和出版了《儒家哲学史讲演录》(四卷本)、《从孔夫子到现象学》等,既延续了学统,又独具匠心。

三、在教学上具有特殊风采与魅力。他把学术上的深厚积累与研究成果,热诚地运用在教学上。他在校内担任过专业课和通选课的多门课程的讲授,深受广大学生的欢迎。我因退休后在学校的教学调研组工作过多年,有机会多次听他的课,不论是哲学导论、中国哲学,还是西方哲学或宗教学,文科或理科的学生都慕名而来,把教室挤得满满的。许多学生必须头天放书包或贴字条占领座位,上课时才能找到座,没座位的把邻近教室的椅子"洗劫"一空。讲台旁、过道上也都席地坐满。他讲课时从容不迫,徐徐道来,以循循善诱的方式,引导学生阅读经典、思考问题;他逻辑分明、深入浅出地分析、阐述各种哲理,又往往中途提出问题,促使学生深入思考和相互交流。这样,无论课上还是课下,学习气氛都十分活跃,学生也兴趣盎然。他在校内外,甚至海内外的讲课、讲学,情况大致都是这样。

四、《中西印哲学导论》一书的出版尤为引人注目。

北大哲学系近些年来为新生开设"哲学导论"入门课,这是一门首要的主干基础课,曾邀请国内著名学者张世英、叶秀山、余敦康等人讲授。这门课程原是国内外各大学经常开设的,或称"哲学概论"。我国自1950年以后,由于开设马克思主义哲学原理课,通常便取消了这门课。由于我们是以马克思列宁主义为全国的指导思想,这种做法也有一定道理。现在看来,作为指导思想的马克思主义哲学世界观、方法论,学生当然有必要认真学习,但它终究是人类哲学思想发展中的一支,不可能代替其他一切派别和时代的哲学。

为使学生的理论视野更为开阔,两门课程同时开设更为适宜。祥龙教授曾多次在校内外讲授哲学导论,并亲自编集阅读资料,最后结集出版此书。应当说,这是国内哲学教育中的一件喜事。我在买到此书时,因患眼底黄斑症,无法认真阅读,但在粗略翻阅下,也深感这是他从事哲学教学与研究的一份总结性的成果,是广大青年学生、干部和哲学爱好者的一本重要的教材和读物,值得我们重视。

我与祥龙教授相识较早,交往稍多。一来是由于我曾担任哲学系 77 级 2 班的班主任。77 级是恢复高考后的首届入校生,他们一般都文化积累较好,实践经验较多,因而具有学习人文、社会科学,特别是学习哲学的优势,学习的热情很高。祥龙更是其中的佼佼者。他给我的印象是温文尔雅,不多言说,平时手不释卷地读书,酷爱思考问题,待人谦虚祥和。他对哲学有很强的天赋和执着,并很早便有机会受到贺麟先生的影响与指导,打下良好的基础。二来是由于他从北京社科研究所调回北大哲学系后,他住畅春园,我住承泽园,相距不远。他来过我家两次,我去他家一次,每次交谈甚欢。对于他研究的领域,我所知甚少,很难沟通、交流;对于我研究的教育问题和蔡元培、胡适思想等,我却从他那里获益甚多。他对我却总是谦诚以待,这使我颇受感动,引为挚友。我去他家的那次,还见到他的一个哥哥,名祥平,是一位农林科学家,也对哲学很有研究,并著有《〈易〉与人类思维》一书,他认为《周易》是一部日记。在交谈中谈到《周易》时,我因缺乏知识,更无研究,因而无所言说,深自惭愧。

总的说来,祥龙教授是我在哲学系 60 多年来见到的为数不多的极为杰出的人才、十分出色的哲学家。他的出现,是我国哲学界和北大哲学系的幸运和光荣。他的英年早逝,又是哲学界和哲学系的重大损失。他丰厚的学术成果和独特的个性品格,给我们留下了珍贵的精神遗产。

下面是我在关于他的追思会上的一篇发言,试图从哲学和教育的视角,概括一下他在我心目中的形象。特附录于此。

2022 年 12 月 10 日夜　草成

附录

一个富于特殊风采的人

——追思祥龙

一、他不是一般的人，而是富于特殊素养的人，有如孔子所说的"圣人"，也有点像尼采所说的"超人"。他文质彬彬，讲信修睦，又总是不断地超越局限，超越自我。他的性格、风度、修养，以至言谈举止、生活习惯，总是顺其自然而又超凡脱俗的。这种境界不是一般人所能达到。

二、他不是一般的教师，而是富于特殊魅力的良师。由于积学深厚，真情畅遂，并善于引导思考，激发兴味，学生总是向着他的课堂风涌云集，随之静默聆听，课下思议交织，如切如磋。这种气象，不是一般教师所能形成。

三、他不是一般的学者，而是秉性纯真的学者，心无旁骛，完全执着于学问，他斩断名利缰索，撇除外在干扰，全神沉潜于问题探索和哲理辨析之中。这种品格，一般学者难以具备。

四、他不是一般的哲学家，而确是"究天人之际，通古今之变"，融合中西印，特别富于开创性的哲学家。他兼有儒家的血脉、道家的风骨，佛家的情怀，又吸取西方现代科学与哲学的重大成果，因而在当代中国哲学领域开拓一片新天地。这种天赋与能力，一般哲学家难以企及。

病魔可以过早地夺去他的生命，却永远无法夺去他的学术成果和精神遗产。

我们的任务，便是向他学习，像他那样，永不休止地学习、探究、创新。

回忆我和张祥龙先生学术交往的开端

罗嘉昌[①]

前几天在网上读到关于张祥龙先生《中西印哲学导论》出版暨序言一文。从大著目录和序言中可知,这是一部关于中西印三大哲学体系比较与会通的专著。最令我注意的是它将通常有关本体、存在、实在诸问题的单独追究皆收摄于对"终极实在"观念的考察。序言还指出:科学在其边缘处或大变革时,倒可能是哲学。在解释"边缘性"这个关键的概念时,祥龙直接引用量子力学解释中的"非定域性"作为激发思考的例子。

所有这些恰是我在30年前和祥龙初识时所关注的课题!

1992年年底,王树人先生和我到北大哲学系参加一次学术研讨会。我在发言中简单介绍了我的关系实在论观点。坐在边缘处(教室角落)的一位老师的发言令我印象深刻,但他多次出现"建构""构成"这样的词语令我感到突兀,我怀疑自己是否听错了。事后我问他:"现在'解构'风起云涌,你为何强调这个'构'字?"他含笑未答。这就是我和祥龙的初识。不久以后他到哲学所做了一个有关中外哲学比较方面的报告。

1993年,唐力权教授来哲学所讲场有论,他邀我办个论集展开讨论。我将论集定名为《场与有——中外哲学的比较与融通》。我将"主编的话"写好后,寄给祥龙请教并邀请他参加编委会。他不仅热情地接受邀请,还为《场与有》第一辑提供了论文"海德格的构成——缘起域型的思想方式及其在中西哲学对话中的地位",为第二辑提供了另一篇论文"胡塞尔'生活世界'学说的含义与问题"。实际上,正是他的重磅论文有力地支持了我当时正在进行的、几乎无人赞同的关于"撇开两造而思纯关系"论题的探讨。拙著《从物

---

① 作者简介:罗嘉昌,中国社会科学院哲学研究所研究员。

质实体到关系实在》的相关部分引证了祥龙的论述，借助祥龙的"缘构""缘起域"的观点来理解 Ereignis。这种向"本然"的逼近正是我和祥龙在 30 年前试图突破实体主义、突破表象思维，向终极实在贴近的一种殊途同归的思想尝试。

这就是我和祥龙学术交往的开端。

本期待着 30 年后新一轮的探讨，但哲人已逝，只能留待他日了。

张祥龙先生千古！

不寻常的"纯粹"

——哀悼张祥龙离去周年有感

杜小真[1]

人虽远去,却比任何时候都更加注视我们。

——德里达[2]

祥龙驾鹤西去整整一周年了。

近些天来,年老力衰的我越来越感到自然规律的不可抗拒,对"世事难料,人生无常"有越来越深刻的体会,同时愈加感到,世上很多事情,原来不是应该或者希望做就可能做到的,遗憾之感似乎经常缠绕着我们,尤其是在特殊时期,更让人常常发出无可奈何和力不从心的感叹,为"偶然"和"必然"留下的难以弥补的遗憾和缺失痛心……所以,每每念及因故没能在祥龙归去之际告别,都会感到深深的哀痛和内疚,心中都会涌起难以言说的感念和追思。

一

我是从王炜那里第一次知道张祥龙这个名字。那是20世纪90年代初的一天,在外哲所里,王炜谈到张祥龙可能会来所工作,他很高兴地介绍了祥龙的情况:祥龙和他是北大哲学系78级本科的同学和好友,后去美国留学,非常优秀,在现象学研究和分析哲学研究方面颇有见地。"他要是能

① 作者简介:杜小真,北京大学哲学系教授。
② 德里达:《多义的记忆——为保罗·德曼而作》,蒋梓华译,中央编译出版社,1999,第166页。

来外哲所就太好了",王炜当时说的话犹在耳边,他当时的神态和表情仿佛就在眼前。后来见到祥龙,他给大家留下的是"儒雅书生"的印象,而今天回忆这个印象的来由,似有更深的意味,似乎暗含着与外哲所的"缘分"?更令人感慨的是,当年王炜的音容笑貌犹在,但人已远去将近20年了。如今祥龙也匆匆而去,如在天堂与老友相遇,可会谈起在外哲所那令人难忘的点点滴滴?

追忆祥龙,重读他的文字时,脑海中最常出现的是"纯粹"这两个字,而在悼念之中,对这个词的内涵似乎又有了更深的理解,并且对通常的解释会有一些反思:"纯粹"不仅仅是"无杂质"的品质和状态,更应重视的是其动态的过程,是对明知最终不可能到达的心中至高境界的追求。德里达认为,世界上许多东西的终极意义其实是人的认识永远不可能达到的,唯一可能的是在"不可能"中渐渐地接近可能。也有西人说过,必须永远追求"不可能",如果没有这个追求,那可能的事情你也做不成,或者看似做成了,也不过是虚假的成功。我们说的"纯粹",就是从追求"不可能的可能"意义上讲的。现在已无法向祥龙请教我的体会是否靠谱,但我确信,祥龙具有实践和发扬这种"纯粹"的"象征"力量。他的生活和学习经历,他的人生、学术和职业道路的选择,都闪烁着这种象征的光辉。在此我不禁想起在谈到艺术家的作品之所以能动人时,傅雷先生所说的"纯洁":"艺术表现的动人,一定是从心灵的纯洁来的!不是纯洁到像明镜一般,怎能体会到前人的心灵?"(《傅雷家书》,傅雷1955年1月26日的信)傅雷称具有这种纯粹之心的人为赤子,"赤子之心"绝对不等于盲目"崇拜"或"忠实"于具体的东西,而是一种反思之后的心灵净化,赤子以这种纯粹的心灵去感受世间万物,并与普天下的纯净心灵互相触动,互相契合。回顾往事,愈加感到祥龙其实就是以这样一颗赤子纯净之心做学问、做人、做事的学者,所以他的文字能够动人,能够让人在阅读他的理论论述中感到心灵的温暖,这是否就是傅雷先生所说的"保持赤子之心……永远能够与普天下的赤子之心相接相契相抱"?

我虚长祥龙几岁,但我心中总把他视作师长。我常常对朋友和同学说,我所属的一代和前后于我们的几届相比,应该属于"生不逢时"①的一代,虽然年龄仅前后相差几岁,但特殊的历史却造成了我的同龄人与前后几届的"根本差别"。当然,这种差别最根本的原因还应归于个人的选择,祥龙重进学校"受苦",我的同龄人中也有在恢复高考后重上大学的,或以仅仅一年大学"学历"直接考上研究生的,其考试前后所经历的艰难和压力是难以想象的。祥龙和他们一样,都是"勇者",和他们相比,我自认"懦弱"。我也始终为没有接受过正规和完整的高等教育而纠结和自卑。幸运的是,我先后工作的北京外国语学校和北京大学外哲所不但接纳了我这个"不正宗的学人",而且从各方面给予我可贵的帮助和"培养",使我能够自由地做自己喜欢的事情,使我也能在追求"不可能的可能"的道路上有一点前进。

作为同事和朋友,我由衷地对祥龙这样的"勇者"怀有深深的敬意。这种敬意应该归于他始终如一地追求这种"纯粹"的精神。所以,这篇小文远不是对祥龙思想和著作的评论和研究,我知道我尚没有资格,也没有能力做这样的评论和研究。我所能做的,或希望做到的,是以这篇小文表达自己在怀念这位值得敬重的纯粹学者时的所思所想。

法国当代著名哲学家德里达在他悼念学界朋友的文集前言中说:"他人的死亡,不仅不是——特别是对你爱的他人——宣告一种缺席、消失、这样或那样的生命的结束,即向一个生者显现(永远独一)的世界的可能性的结束,死亡每一次宣告的是整体中的一个世界的结束和作为独一整体的一个世界的结束,而这个世界是不可替代的,因此也是无限的。"②实际上,每个人的死亡都意味着一个独一世界的终结,而悼念一位逝者并非要指出死亡是一种结束,特别是面对你所敬重的亲友的逝去,悼念却意味着另一种开始,即通过逆溯和回忆,向幸存者再现逝者的可能性,从某种意义上说,在这样的悼念

---

① 关于"生不逢时",多年前在给熊秉明先生的一封信中我也谈到了自己的遗憾和纠结。熊先生在回信中是这样回应的:"自己想做的事,不想做而不得不做的事,都尽量去做。这些做了的事,若干年后都会成为生命的内容。"现在重读熊先生的这段话,更加感慨:这不正是讲对"不可能"的追求吗?正是这个在似乎无望的环境下的"做"与"不做"的行动选择,使得同代或者说同龄人后来的命运产生深刻的差异。面对不公正的荒唐的时代,仍然不放弃对"不可能的可能"的追求,很难很难,但祥龙做到了,所以他是值得敬佩的"勇者"。

② 德里达:《每一次都是独一的,一个世界的终结》。Jacques Derrida, *Chaque fois unique*, *la fin du monde*, Paris: Éditions Galilée, 2003, p. 9;首版为英文,*The Work of Mourning*, trans. Pascale-Anne Brault and Michael Naas, Chicago: The University of Chicago Press, 2001。

中,逝者显现的形象有时可能更加清晰、更加理性、更加令人感动。我和祥龙是外哲所的同事、朋友,平时的来往并不密切,但在他离去之后,重读故人文字,回忆昔日往事,特别是读了德嘉和优秀出众的泰苏的感人至深的回忆文章①后,深深感到悼念其实是与逝者再相遇、再对话、亦是对逝者再认知的过程。在这个过程中,还会重生一种亲切感,这再生的亲切,更深切也更加清晰,而且更多地是产生于悼念者自身的反思和认知的深化。

二

> (解构)这是结构主义的行动,同时又是结构主义的……它不能归于方法(还原)也不是分析,超越了批评观念和决定范围,这也是为什么解构不是否定的原因。我认为,它永远伴随着肯定的要求,我甚至说,它从来不会在没有爱的情况下进行。
>
> ——德里达②

祥龙有时被称作中国当代大儒,有人也说过,他是在学习、研究西方哲学之后转向中国哲学思想研究,成为现代"新儒"的杰出代表,或者说是国内中西比较哲学研究的大家。不过,在回想和重读祥龙的文字时,我常常有这样的感觉:祥龙的哲学研究似乎还有更加深刻的意义和内涵。回顾他的研究,是否可以说,这是对"异"的思想研究,是在"相异"的哲学思想和不同的中外哲学家之间进行沟通、比照和反思的工作。他的哲学研究,或被称作"儒学"研究的内容,更多是站在某一哲学立场去解读和研究"相异"的哲学。祥龙告诉我们:必须坚实立足于自身文化,才可能进入"异"文化,才能够反过来观照和反思自身文化。从这个角度看,祥龙的"比较哲学"并非平行和互通有无的比较,也不是祈求互补和融合的比较,而是一种对"异"的思考,这种对"异"的思考最终是要反过来对自身本源进行反思和回归。用祥龙自己的话说,他是要辨析西方古典哲学和西方现代哲学之间的变化之"异",要寻找这样的"异"可能提供的新的方法论视野,他要通过这种新的视野重新理

---

① 一位旅法画家读过德嘉的文章后有五个字的评论——平静而深情,可谓准确到位。

② 参见 Jacques Derrida, *Entretiens avec le Monde*: *Philosophies*, Editions La Découverte, 1984, p. 84.

解与之相异的自身的传统文化。也就是说西方古典和现代哲学之间的"异变","确实为我们提供了更合适地理解中国古代学术思想的新视野"①。

祥龙的中、西学研究和中西哲学比较研究都是推动对"异"的思想的探索和研究。从根本上讲,这是出于对"他者"和对自身认知的要求,而这只有通过对"异"的思考才有可能。这种从"异"出发的比较研究,由于运用了特殊的方法,尤其令人感到其陈述的别开生面和内在的启发性。正如祥龙在一篇为当代法国哲学研究专著写的序中所说:"他(作者)不只是谈及或介绍着几位哲学家的观点及其关系,而是进行一种参与性的阐明,通过辨析,对比其他评论者的观点,并与之辩论,来构成一种文本依据的理解新视野。"②这同样也是祥龙进行中西哲学"变异"的初衷,特别精彩,也极有创见和深意。

祥龙的比较研究令人感动之处,在于他并不是让"相异"的东西互比优劣高下,争个最终的"对与错",也不是一个"归化",或融合另一个,重要的是相互接触。相异并非对立,不禁想到英国诗人、剧作家艾略特(Thomas Steam Eliot,1888—1965)在谈到法国 20 世纪宗教哲学家、"圣女"西蒙娜·薇依(Simone Weil,1909—1943)时所说的一段话:"最初的体验,不能用赞同或反对的词来表达……赞同和拒斥都是次要的,重要的是与一个伟大的灵魂接触。"对于伟大的思想也是这样,在研究和比较时,首先是要接触,而且是灵魂的接触,没有这种灵魂的接触,对任何思想、思想家和学说都不可能达到真正的理解、领会和感悟。祥龙的《海德格尔思想与中国天道》《从现象学到孔夫子》这两部值得一读再读的堪称"精品"的著作,就是这样的接触所结出的优质而美丽的奇异之果。也可以说,祥龙这是和"异"接触,而这种接触从根本上说,是祥龙和相异的思想接触,是追求一种其实永远不可能达到但却确实不断接近的完美的沟通和理解,换言之,这是否意味着一种灵魂的接触,就是趋向一种思想的灵魂状态,即祥龙经常论及的"境界"?是否可以说,思想

---

① 参见张祥龙:《从现象学到孔夫子》,商务印书馆,2001,第6—7页。
② 张祥龙:《错位与生成·序》,载蔡祥元《错位与生成——德里达与维特根斯坦对意义之源的思考》,商务印书馆,2020,第3页。

的最高思维层次就是趋向这个灵魂状态(l'Etat d'Ame)①? 祥龙这种对"异"的研究和阐释,归根结底,仍然是他的"纯粹"之心使然,有了这样的纯粹之心,他就能"看"到"异物之美""异心之善""异处之光""异思之妙",他展现的是一个有异于通常对"异"使用矛盾、对立、统一的研究方法的"思维天地",和打着"正义"旗号"清除异己""把'异端'斩尽杀绝的思想斗争"完全没有共同之处! 祥龙源于纯粹之心的"勇气"又一次得到证明,真的令人叹服!

三

> 有一种加缪式的英雄主义,就是平凡人因为朴素的善良,而做出非凡的事情。
>
> ——阿伦特谈《鼠疫》

几年前,在一篇纪念苏国勋先生的文章中,我借用了"'不寻常'的'寻常'"之语。现在再忆、再读祥龙论著和文字,特别是读过那么多亲友和学生的回忆文章中记述的感人至深的件件往事,就感到这个"不寻常的寻常"似乎能让我们对这个"寻常"的意义有更加深刻的反思和感悟。

的确,初见祥龙的印象是寻常的"文弱书生",云淡风轻的"谦谦君子"。但是,如果细细回想过往诸事,慢慢再品精致文字,不禁发现,在风云变幻的30年中,祥龙不但在貌似"寻常"的学术研究上很不寻常,而且面对可爱的自然界,面对这个世界上发生过的形形色色的事件,祥龙的思考和所持的态度也是"不寻常"的。比如,在那个难忘的事件之后,因为有人要他做一件违背其生活准则的事情,他当时就明确表示拒绝,态度鲜明。这是我和外哲所的"老人"们经常会想起、谈起的事情,应该说这始终是外哲所老人们心中难忘而又值得骄傲的一件不寻常之事。

最近,还会常常想到德嘉在《和祥龙在一起的岁月》的一段叙事:在延庆"农家别墅"的院子里,祥龙种了一棵属于他的山楂树,常常与它说话,他会

---

① 参见 Patre Lovaux, *l'Etat d'Ame de la Pensée*, 转引自 J. M. Mouille, "Le Gout d'Etre," in *Études sartriennes*, Paris: Presses Universitaire de France, 2011, pp. 18—39。这里想要指出,中文的"境界"的法语译文就是 l'Etat d'Ame(灵魂状态),也就是认知活动意欲达到的最高状态,也就是那"不可能之可能"之所在。

对小小的果实累累的山楂树说"结这么多果子,太累了吧?"德嘉的文章我读了许多遍,每每读到祥龙对山楂树说的话,我都忍不住会落泪。心中怀有怎样的慈悲和怜悯,才能和小树有如此对话? 这普通寻常的言语之所以如此让人感动,是因为它彰显了一种与自然世界平等、友爱相处的纯净心灵,这是很不寻常的。我想,祥龙的这种看似寻常的"不寻常"源于他不寻常的思考,他在一篇序中,谈到1999年随一环保组织去江苏盐城自然保护区观鸟,鸟的世界让他"心头发热,若有所悟。我哪里只在看野鸟,我看见了活生生的自由、快乐和天地的盎然,看到了我的童年,也看到了人类思想的童年和少年……也让我们在纯真遐想的视域中,(看到)它们(鸟)头足伸展,飞得像'仙'鹤了。我想,这也就是本书一再谈到的'现象学视域'的本义吧"①。不禁想起林语堂先生在《生活的艺术》中的一段话:"让我和草木为友,和土壤相亲,我便已觉心满意足……觉得很快乐。当一个人优先陶醉于土地上时,他的心灵似乎那么轻松,好像是在天堂一般,事实上,他那六尺之躯,何尝离开土壤一寸一分呢?"在此,我又想到德嘉在《和祥龙在一起的岁月》中说到的,祥龙在家中的难忘的一件件"寻常"事:他始终以这样一颗仁爱、慈悲、善良的"寻常心"与自然相处,同样也以如此"寻常心"关爱父母、妻儿和孙辈……这就是寻常的亲情,寻常的"爱",但也是世上有些人总是不愿意有的"寻常"。

有人问过黄永玉:您的人生哲学是什么? 他的回答只有两个字——寻常。不过,我想黄先生所说的"寻常",应该就是祥龙彰显的"不寻常的寻常",因为这种寻常的态度,是经过反思后的"寻常",所以它绝不是通常意义上的"寻常",它体现了一种不寻常的人生哲学,这种"寻常"的生活态度,是人自己"选择"的。所以它也是"不寻常"的。正因如此,我们可以认为,选择"寻常生活"的人,一定是"好人",因为只有好人才会选择这样的"寻常",也就是选择了寻常的"爱"和"善",一如阿伦特所说的法国最好的"好人"加缪。加缪的好就在于选择了寻常的"善"与"美"。他1957年在瑞典斯德哥尔摩大学座谈时对阿尔及利亚学生的责问的回答至今振聋发聩:"我相信正义,但在正义之前,我将首先保卫我的母亲。"加缪的"寻常"选择,遭到了当时许多"不寻常"的大人物的责难和轻蔑,但今天越来越多的人会更加怀念

① 张祥龙:《序——中华古学的当代生命》,载《从现象学到孔夫子》,商务印书馆,2001,第9—10页。

和亲近这位选择"寻常"的加缪。无论如何，做"寻常的好人"必须要有勇气，就是要承受失去许多"不寻常人"所拥有的东西。并非所有人都有勇气做出这样的选择，但是，可以肯定的是，最后选择"寻常"为自己目标的人，一定是"好人"。我更愿意说，祥龙就是这样有勇气的人，他选择了"寻常"，所以，他是不寻常的，所以，他是"好人"。

2023 年 6 月 8 日　北京

祥龙兄走了!

陈家琪[1]

今晨打开手机,才知道祥龙兄走了。我们这代人,活到这个年龄,去留皆瞬间,都已经是些很平常的事。简单说些"永存""走好""哀痛""悼念""千古"之类的话也可以,就是不说什么(我现在一般都不说什么了),心也在,人自知。表示哀悼,是一种举动,为了什么? 做给谁看? 或者说只是表达一下个人心情,不说些什么心中就会很难受? 但那也大都属于泛泛之交者的事。太熟悉、太密切的人一般来说反倒不会说什么了,如果有许多可说的话,就留待以后吧,也许有追悼会,有追思会,有讨论会。但我想,无论开什么会,我恐怕都不会去参加了:现在生活在上海的人,宛若瘟疫,所有的地方都避之不及,自己就老老实实在家待着,再大的事也不会出门,除非有强迫外迁之类的事发生。现在,又有什么是不可能发生的呢?

我与祥龙兄,属于泛泛之交与十分密切的好友之间。祥龙兄走了,心中还真觉得缺了一点什么,而且这种缺失,我知道,是永远也无可弥补了。

缺失的是一种个人间的密约,或可称之为契约。

那就是我们要好好长谈一次。谈的内容是关于"文化大革命"。当时他在北京,见过或认识遇罗克,曾泛泛透露出那么几句,估计也属泛泛之交。这个话题过于敏感,都未及细谈。但极吸引人,而且我们发现彼此间毕竟在不同地方经历了一些共同的事,而且对这些事在今天有近乎相同的感受与见解,而在当初,他比我透彻、深刻,因为所能接触到的人和所能看到的资料不一样。我个人认为半个多世纪后能意识到、反省到这一点是很重要的,否则当年所有的奋不顾身就不仅仅是可笑,而且一定是可怕的了。当然,反省的

①　作者简介:陈家琪,同济大学哲学系教授。

方面或角度又一定是有差异的,而这正是需要交流的地方。所以我们当时约定了一定要好好长谈一次。当时都很郑重,就缺儿时的拉钩了。但我们都知道它很郑重,很正式,似乎在彼此的心中都默默完成了一种签字仪式。而且双方都答应要好好准备一下。

今年5月23日下午,复旦大学邓安庆的博士生蒋益在网上答辩,人大的谢地坤受邀主持。答辩开始前,我还与谢地坤简单说了几句话。其中提到,最后一次贵阳会议(在我的记忆中,似乎一共有两次贵阳会议,在中国的西哲发展史上都有其独特的意义)的最后一天,主席台上坐了我们五个人:尚杰、谢地坤、张祥龙、邓晓芒和我。每个人15分钟,说自己最想说的话。我记得祥龙兄说的就是设立"儒家文化保护区"的问题。尽管这种说法已经在某种范围内流传,而且大都带有一点半真半假的、不那么当真的意味(我们又不是人大代表,就是人大代表了,有个什么提案,就能十分当真吗?);但在当时的会场上,听他那么郑重、严肃地提出这个问题,还是感到有些震撼。他在那里体现出一种真正意义上的忧国忧民的情怀。当然,按顾炎武先生的说法,应该把这里的"忧国忧民"修正为"忧天下忧苍生"。这种"忧",其实也并不是什么设立文化保护区就能解决的。到底"忧"在哪里?我们每个从那个年代过来的人其实都应该心知肚明,感同身受。他说,一种动物、一类植物快灭种了,都要设保护区,现在,一种文化眼看就要消失了,难道还不应该设文化保护区吗?"文化保护区"在这里仅仅表达着一种对"消失""灭亡"的紧迫感、急切感,而不是真的要划出一块地方,周围用铁丝网或干脆筑高墙保护起来的意思。问题只在我们的"文化",也就是顾炎武先生所理解的"天下"真到了那一步吗?它体现在哪里?或者说,是怎么体现出来的?这才是问题的重点。这又涉及对"文化"这一概念的理解,至少是对"文化大革命"中"文化"二字的理解。逻辑上,这一提法是想起到一种惊起、惊醒的作用,至少是对我们这些依旧麻木着的人的惊醒。只要中国人还在,中国人身上体现出来的言谈举止、饮食口味,难道不就是我们的文化吗?还需要怎样的保护?而当祥龙兄正襟危坐,很严肃地谈论这个问题(似乎能隐隐听到下面的嬉笑声)时,那种残存于我们脑海中的"士",或者说旧时那种知识人、文化人所体现出来的救国,救天下,救民于愚昧、麻木、荒诞之中的形象又似乎若隐若现。我当时就坐在他旁边,也似乎能感受到他身上的那种无形的紧迫感。

半个多世纪后，我们似乎又同时投身于另一种形态的"文化大革命"。我不知道我们是不是"一派"，但按我后来的认识，当年的"文化大革命"，只要真诚，就都是同一派，而无论你是造反派，还是保皇派。此刻，当他坐在那里发言，谈论"文化保护区"时，至少是真诚的。后来我们一同去参观贵阳的屯堡，那里的人就是明代驻军的后裔，保留着古代的服饰和生活习惯。还有当地一些类似于社戏的表演，化装都很夸张。堡子口的石板上坐着几个小姑娘正在玩手机。我对他说：你的保护区里恐怕也缺少不了手机。那时还没有疫情，若是今日，没有手机怎么能做核酸？我已经做了40多次核酸了，每次都是手机伺候。但，祥龙兄却并不用微信。由于他不用，所以我们之间也就少了许多交往。当然，更深刻的问题还在于：面临一个技术化的时代，中国的文化精神，或者说士精神、君子之风当何以处世的人生态度问题。对他来说，更现实的，还有一个如何以现象学的方式去重新整理、理解、解释我们的文化典籍与精神的问题。这些话题当然不是随便交谈的话题，反正我们一路上一直在说话。那时听他说得最多的，还是让孩子自小就要背诵典籍，能背多少就背多少。无论懂不懂，多背有益，至少在以后的文字表达上，就能出口成章。在白彤东先生写的悼念文章中，看到祥龙兄的儿子已是美国某大学的教授，可见其优秀。

最后一次，他来同济开会，须髯飘飘，仙风道骨。我们站在栏杆处又说了很长时间的话，但彼此间约定的事却并未提及。当然，时间上也不够。但更缺的，似乎是另一种说不大清楚的东西。后来，就再未见过。而我们之间的约定，我还是记得的。也许，那该是另一个世界的事了吧，祥龙兄，真的怀念你！你送给我的这几本书，现在就摆放在我的案头，那个"龙"字，真是写得独特。但"癸未"是哪一年？我还真的忘了，也懒得去查了。过去的一切都随风而逝，包括你心中的"儒家文化保护区"。但它却又如同一块墓碑一样伫立在那里，让后人们去凭吊、戏说、怀念和思考。

在张祥龙追思会上的发言（附一则）

邓晓芒①

国内中西文化和哲学比较领域中卓有研究和建树的学界翘楚张祥龙教授不幸仙逝,这是我国当代哲学事业的一项不可弥补的损失！我与祥龙相识于80年代,同样出身于西方哲学并关注中西哲学比较,但他走的方向是将海德格尔融合于儒家思想,我的方向却是以西方哲学为参照批判儒家伦理。但观点的对立并不妨碍我们的友谊,在我眼中,祥龙的虔诚有其可爱和可敬的一面,他的理想主义,特别是建立"儒家文化特区"的乌托邦设计,都使人感到一股古儒者的质朴和天真。在当今世界,能够保持这样一种质朴和天真的学者已经寥若晨星,走一位就少一位了,惜哉！

附一则(邓晓芒先生为其主编的《德国哲学》2022年下半年卷写的"卷首语")

在前年(2020年)张世英先生、去年(2021年)李泽厚先生两位哲学界前辈相继仙逝之后,今年又接到了我的同龄人、好友和哲学同好张祥龙君的猝然离世的噩耗,国内哲学的星空一时间黯淡了不少,不禁令人扼腕叹息！记得80年代在北京开会,初识祥龙,正是"新启蒙"风头正盛的时期,我问过他一个问题:你研究西方哲学,又对儒家思想如此投入,是怎么想的？他回答:"经过'文革'以后,我一直在想,中国总该还有些好东西……"当时我感到这是一个极其真诚的人。会议间歇时,我和他,加上倪梁康,三人一起去爬会场后面的小山,暗中较劲。我凭借在山区当过十年知青的功底,自然是第一个登顶,祥龙紧随其后,梁康第三。喘气之余,三人相视而笑,遂为莫逆。后来在学问上,我和祥龙走了不同的方向,他借海德格尔抬高了儒家和孔夫子的

---

① 作者简介:邓晓芒,华中科技大学哲学系教授。

地位,我则继续沿着新启蒙的思路一直往深处走,确立起了自己的"新批判主义"的学术风格。尽管如此,我仍然把他视为圈内要好的朋友,只要有这一份真诚,观点的分歧完全不是问题。最近我完成了自己毕生最重要的一部著作《走向语言学之后》(三卷,120万字),在第三卷中和祥龙进行了一番中西哲学的论衡,不料书还没有出来,斯人已逝,真让人感慨万千!

但祥龙这句话毕竟说得不错:中国总该还有些好东西!我的"新批判主义"把这一想法表述为"具体批判,抽象继承"。而这种抽象继承,从更加普遍的眼光看来,其实就是继承一种人类的普遍价值,与康德批判哲学所设定的"纯粹实践理性的悬设"即"至善"理想也是相通的。孔子当年被人嘲笑为"知其不可而为之者",康德的名著《永久和平论——一部哲学规划》也被看作哲学家的一场"甜蜜的梦",也就是只可设想而不可实现的空洞的理想。柏拉图的《理想国》,康有为的《大同书》,都因其无法实现而被冠以"乌托邦"之名,在注重现实的现代人眼里不值一提。但我仍然觉得,哪怕抽象的公平正义、民主法制、自由人权、仁爱诚信等普遍价值在现实中全都被冒充、被偷换、被歪曲和被掏空,却并不意味着我们今天就应该把这些抽象概念打入另册、加以污名化,甚至开除出字典。也许有人会说,既然这些空洞的口号都是假的,那我们还能拿它们做什么呢? 我的回答是:用来批判啊!

康德的批判哲学就有点这个意思。所谓"为义务而义务""为道德而道德",以康德丰富的社会阅历和人生体验,明知实际上根本不可能有人能够做到,因而背负着"根本恶"之原罪的人类只能把这种要求看作一个纯粹实践理性的"应当"的理想;然而,他仍然坚持认为,有这个理想和没有这个理想是大不相同的。有这个理想,哪怕并不能对现实有丝毫的改变,但至少我们有了一个用以批判现实的标准,长此以往,影响到人心,人类就有可能逐渐改进自身,进入由恶向善的历史进程;没有这个理想,人类将永远沉沦于动物或兽性的阶段,甚至也许还会以此为荣,沾沾自喜,觉得做恶人才是人生的"赢家"。我们在现实生活中看到大批没有理想的人群,只相信实力的较量,胜者为王,败者为奴,凡是讲公平正义的都被斥之为"别有用心",都要为之找出背后的自私的动机。在他们眼里,这个世界就是一场"一切人对一切人的战争",一个没有任何规范和廉耻的狼群的世界。当然,单从现实的物质利害关系着眼,他们说的没错,甚至有时还很深刻。但人毕竟不只是物质利害关系。"己所不欲,勿施于人","将心比心","公道自在人心",是人区别于禽兽的本性,不是用什么"阴谋论"或地缘政治的"博弈论"可以淹没或取代的。

近期爆发的旷日持久的俄乌战争,以及它所引起的遍及全世界的民间争论,就是这方面的一个极好的案例。

融汇中西印，创新哲学观

——张祥龙学术思想真谛新探

王　东^①

一、张祥龙学术思想真谛是什么——一个有待澄清的大问题

有人说，张祥龙是一位海德格尔研究专家，现象学专家，西方哲学史专家；

也有人说，张祥龙是孔子思想与儒学研究专家；

还有人说，张祥龙是学贯中西的大牌专家……

这些种种流行说法，各有依凭，各有道理，并无大错，但还不够，远远不够，根本不够！

这种不够，是根本性的，就是根本没有抓住张祥龙学术思想的真谛，不能真正说明张祥龙的特殊意义何在，他真正富有个性、独特性、原创性的思想魅力何在？

在今天这个追思会上，他的儿子，美国耶鲁大学教授张泰苏，曾经当过他与 77 级哲学系本科生班主任的张翼星教授，还有赵敦华教授等人，实际上已经三番五次地触及了这个不应绕过去的大问题，但仍未能做出集中概括、完整回答。

我与张祥龙相识、相交、相知 30 年，特别是认真读了他的最后之作《中西印哲学导论》之后，我对他学术精髓的评价是三句话：

他是海德格尔与现代西方哲学研究的哲学史大家；

————————

①　作者简介：王东，北京大学哲学系教授。

他更是"学贯中西印,独立成一家"的哲学家;

他还是把"现代精神——民族特色——独立个性"熔为一炉,提出自己新哲学观的新一代哲学家!

二、"学贯中西印,独立成一家"——张祥龙四大学术贡献

第一,把中国的西方哲学研究从古希腊、近代,推向当代新潮头。

20 世纪前期、中期,陈康、汪子嵩等北大老一辈哲学家,自觉把研究重心投向古希腊哲学,追根溯源到整个西方哲学的最初源头。

20 世纪中后期,即中华人民共和国成立之后与改革初期,贺麟、张世英、朱德生等人,把研究重心转向以黑格尔、费尔巴哈等人为代表的 19 世纪德国古典哲学,重心转向近代西方哲学成果与马克思主义哲学革命的理论来源。

20 世纪后期,也就是世纪之交、千年之交,张祥龙从美国留学归来,把研究教学的思路重心,转向 20 世纪现代西方哲学,以胡塞尔为代表的现象学,尤其是当代西方影响最大的海德格尔哲学,先后发表了这一最新领域研究的六部学术专著,可称之为张氏现代西方哲学研究六部曲:《海德格尔思想与中国天道》《海德格尔传》《从现象学到孔夫子》《当代西方哲学笔记》《西方哲学笔记》《德国哲学、德国文化与中国哲理》。

这使改革开放的中国哲学研究,追上了当代西方哲学发展的最新时代潮头,也融入了世界哲学的时代大潮之中。

第二,在新世纪、新千年的世界历史新起点上,他开拓了"西方哲学——中国哲学——印度哲学"这三大哲学形态比较研究新天地,使我们的哲学观上升到了世界哲学的新视野、新高度、新境界,其代表作就是张祥龙的最后之作、"天鹅绝唱"——2022 年 5 月在北京大学出版社出版的 60 万字的大作《中西印哲学导论》。

一百年前,"五四"时代,北大梁漱溟先生出版了现代哲学史上的名作《东西文化及其哲学》,开创了中国、印度、西方三大哲学形态比较研究的先河。

中华人民共和国成立初期,汤用彤先生又继续拓展了中、西、印三大哲学传统比较研究的世界哲学视野。

改革开放时期，又有季羡林先生等人继承了这一富于天下情怀的学术血脉。

在新世纪、新千年、新时代，真正继承并且发展了这一传统的，就是张祥龙，主要教学科研成果就是他从 2002 年开创的"哲学导论课"。这门课从北京大学讲到山东大学、中山大学，并在 2022 年凝聚为一部 60 万字的学术巨著《中西印哲学导论》，中国古人常用"十年磨一剑"来形容做成一个事业的艰难，而张祥龙这部大作，却堪称是"二十年磨一剑"，并且凝聚了他最后的心血，整个生命的最后追求！

第三，张祥龙作为一名西方哲学史研究专家，他的思想闪光之处在于，他带头要求从根本上突破黑格尔等人倡导的世界哲学发展的西方单一源头论、单一中心论、单一模式论，提出世界古典哲学的中西印三大源头论、三大类型论、三大形态论，并且特别强调必须对中国哲学智慧的世界历史地位做出新定位。

《中西印哲学导论》开头的第一句话，就开门见山地亮出这个思想主旨："世上已经有过许多种哲学导论，但眼下这一本却有独特之处。首先，如其书名所示，它不仅不局限于西方哲学的框架，而且也不止于以西方哲学为主，再添上一些非西方的哲学以为附庸，而是从基底结构上就是三体的。也就是说，它承认并尊重中国、西方和印度的哲学传统的相互独立性，尽量原本地揭示它们各自的哲理特色，特别是各自独到的思想技艺和方法……"（张祥龙：《中西印哲学导论》，北京大学出版社，2022，第 1 页，以下引语皆出自该书，只注页数）。

而该书结尾，最后一节"中西印哲理的当代对话及课程结语"则画龙点睛，特别点明了中国哲学智慧的世界历史地位与当代重大意义："通过以上阐发，可以看出，当代西方哲学前沿的大方向，的确是在转向我已经从多个角度讨论过的中国古代哲理思想的某些特点。"（第 522 页）

第四，在中西印三大哲学形态比较研究基础上，张祥龙从世界哲学创新发展的新高度，提出了自成一家之言的新哲学观，旨在开创富于时代精神、民族特色、个性创造的新时代、新哲学。

从这一意义上说，张祥龙不仅如大家所说的，是融汇中西印的哲学史家，而且是有自己独特哲学观、自成一家之言的哲学家。

　　与汤一介等老先生自谦"我不是哲学家""我没有提出自己的一套哲学理论"不同,张祥龙还是旗帜鲜明地提出了自己独特的哲学观、哲学理论主张,最明显、最有力的证据,就是他用20年心血写成的最后之作《中西印哲学导论》。

　　我原来也和一般人差不多,较多地注意到他是西方哲学史,尤其是海德格尔研究专家,且学贯中西,对孔子思想情有独钟。我从张祥龙夫人张德嘉手中接过祥龙兄留下的最后大作,从头到尾,认真捧读一遍之后,对祥龙学术思想精髓的认识,产生了一个大飞跃,形成了上述新认识、新想法。

　　下面,我主要根据张祥龙最后之作《中西印哲学导论》,集中探讨一下张祥龙提出的新哲学观。

三、张祥龙新哲学观——首先开创新时代、新哲学的九点新要义

　　在张祥龙的四大贡献中,最有独特性、原创性的,首推他提出的新哲学观。他把自己的新哲学观,自谦地称为"这门课的哲学观"(第513页),并作为一条思想红线贯穿在整个《中西印哲学导论》的理论体系之中,但他并没有开设专门章节,集中系统地阐发自己的哲学观。上述新意义在疫情之中,刚刚问世才几个月,迄今为止,甚至包括这次追思会上,我还未见其他学者,集中谈论张祥龙的新哲学观问题。我与祥龙虽同在北大哲学系,但专业方向有所不同,他的专业是西方哲学,我的专业是马克思主义哲学,因而对他写的有些西方哲学专业论著,我并不都熟悉,疫情期间也一时难以找全。有鉴于此,我这里主要根据他的最后之作立论,难免挂一漏万,恳请大家多多批评指正!

　　(一)不同时代、不同文明决定不同的哲学观,哲学观由此成为建构不同哲学形态、哲学体系,展开不同哲学基本问题的核心理念和思想枢纽。

　　我和黄枬森先生2015年出版了"哲学创新北大丛书",其中的领衔之作就是《哲学创新论:马克思哲学观与当代新问题》,提出哲学观创新是哲学形态、哲学体系创新的思想枢纽、理论基石。今天,欣喜地看到,张祥龙最后传世之作,从中西印哲学比较,乃至世界哲学高度,再次提出重新建构哲学观问题在哲学形态创新中的关键作用。该书序言第一页,就以页下脚注的特殊形

式,提出了"哲学观"这个基本概念,并作为贯穿全书的一根思想红线。

(二)为了创新我们当代的哲学观,必须从根本上突破以黑格尔为代表的、长期流行于世的西方哲学观,对于中西印这三大原创哲学形态,依据原始文本,做出高度的哲学观深入比较研究。

张祥龙新著"开讲辞"一开头,就开宗明义地昭示了这个思想主旨:

"它跟世界上绝大多数的哲学导论课不一样,不以西方哲学对哲学的理解为中心,不认为希腊、欧洲和美国的哲学是唯一合格的哲学。你们可以在市面上看到各种哲学导论的教材,包括各个国家出版的和翻译成中文的,几乎全部以西方哲学为中心或主导,至多加上一点东方哲学的花边而已。这门课是以中国、印度和西方三大文明的哲学为主要思想资源,大致形成一个三相结构,就此而言它是独特的。"(第3页)

该书结尾之处,还画龙点睛,明确批评了以黑格尔为代表的西方哲学观:"黑格尔对哲学的看法,那是一种猫头鹰式的灰色看法","但是我们这门课不赞成他的这种哲学观","不能将我们的哲学观染成灰色"。(第525页)

(三)为了从根本上做出哲学观的重大创新,必须追根溯源地回到世界历史上的元哲学、元问题——什么是哲学?哲学从何而来?哲学有什么用?努力做出新时代的新回答。

张祥龙新著不厌其烦地,一而再,再而三地,反复强调地提出了这个哲学研究的新时代课题。

最开头的序言,率先提出了回到元哲学元问题的要求:"书名只叫'哲学导论',而非'比较哲学导论',是因为此书的重心在探讨'什么是哲学',而不是对各种哲学进行比较,后者只是进入前者的隧桥之一。"(第2页)"开讲辞"第一句话,又重申了这个问题:"同学们,'哲学导论'是你们进到哲学系的第一门课,是你们感受'哲学是什么'的热身运动。"(第3页)第一章"什么是哲学?",第一节第一句话,又是:"什么是哲学?让我们首先从'哲学'或philosophy这个词开始讲起。它最初是古希腊人创造的……"(第3页)

元哲学元问题,重点是"什么是哲学",由此派生出来的两个问题是:哲学从何而来,又有什么用?

回到元哲学的原点,不是为了发思古之幽情,而是为了更好地抓住根本,做出新时代的哲学创新。

（四）"什么是哲学"——张祥龙哲学观中的新定义。

"什么是哲学"——这是元哲学与哲学观的头号大问题，由此出发，开展出不同哲学形态、哲学体系。

对此，张祥龙在新著中给出了一个独具特色的新定义："基于哲学的根本特点，我现在给出一个关于它的工作定义：哲学就是对边缘问题做合理探讨的思考和学问。"（第22页）他所谓的"边缘问题"，就是各门具体学科够不着、回答不了，而又关系人的命运的根本问题。

他还列出了四个典型的边缘问题：什么是幸福？怎样对待生死问题？世界有没有开头？人的梦想与现实是什么关系？

我并不苟同这里的每一个具体观点，尤其是在哲学是不是世界观、马克思主义哲学是否有世界观功能的问题上。但我认为，从元哲学元问题入手，做出新时代的新回答，这种哲学创新精神、创新思路，是难能可贵的，是值得肯定的。

（五）"哲学从何而来"——张祥龙哲学观中的新视野。

张祥龙要求打破以黑格尔为代表的西方哲学观的狭隘视野，开拓现代哲学的广阔视野。在这方面有两个典型案例：

黑格尔用一般概念的抽象思辨来衡量哲学形态的发展程度，因而他认为，真正的哲学史是从古希腊开始的，此前的中国与印度等东方哲学，根本不配称作真正的哲学。孔子只是一个实际的世间智者，在他那里思辨的哲学是一点也没有的。为了保留孔子的名声，假使他的书从来不曾有过翻译，那倒是更好的事。张祥龙则认为，中西印三大古典哲学是独立发展的，孔子更有崇高历史地位。

还有《瓦尔登湖》的作者，美国人梭罗。张祥龙新著的尾声之处写道："梭罗思想的源头，实际上也就是梭罗哲学思想的主要特点。有同学问：以前在哲学史上讲梭罗吗？好像不太讲。阐述美国哲学史的时候，可能有人提到他，也很可能不会提到他。但按照我们这门课的哲学观，他应该是哲学家，而且是很深刻的哲学家。"（第513页）

他还进一步提出："本课所讲的智慧或者哲学"，"包括任何民族的追求终极智慧的学问"。（第5页）

（六）"哲学有什么用"——张祥龙哲学观中的新回答。

哲学有什么用,有什么功能? 这是古今中外的哲学观中争论不休的一个"老大难"问题。张祥龙新著中,有一节题为"哲学的无用之大用",对这个问题做出了新回答:"还有一个问题,就是哲学有没有用? 这不仅是摆在哲学学习者面前的问题,也是摆在每一个勤于思索的人乃至每一个不甘平庸的民族面前的问题。可以说,哲学可能是现存学术体制里最没有'实'用的学科,甚至比文学都不如,更别提计算机软件、金融、机械等学科了。不过,哲学虽然没有实用,但有虚用,而这虚用可能正是要害所在。或许在你最不留意的时候,最苦闷的时候,或思考一个艰深问题的时刻,哲学出现了,给了你关键性的提示。"(第8页)

（七）倡导重新建构真、善、美统一的现代新哲学——根本超越近现代西方形而上学、伦理学、美学分离的新走向。

18世纪,英国经验论哲学家休谟提出了实有存在和应有存在、真与善的截然区别;康德的"三大批判",把真、善、美作为三大价值目标区别开来,做了分别探讨,并产生了把真、善、美统一起来的最初萌芽。而近代以来西方哲学的主流趋势,则是哲学、伦理学、美学的分离脱钩,真、善、美三大价值目标的分离脱钩。

直至当代哲学,又开始出现新走向,"当代西方哲学前沿的大方向,的确是在转向我已经从多个角度讨论过的中国古代哲理思想的某些特点"(第522页),其中包括真、善、美统一的价值目标。

张祥龙的新著,第三至第六部分,依次讲"真知识如何可能——什么样的人生是好的——什么样的政治形态是正当的——什么是美",旨在倡导一种现代新型哲学观,重建中国古典哲学智慧中真、善、美统一的大目标,真、善、美统一的新时代、新哲学。

（八）从古代本体论、近代认识论、现代主体论,走向未来新型的天人合一论——根本超越西方近现代哲学的新重心。

迄今为止,在世界上影响最大的仍是西方哲学,在"人与世界"的关系这个天平上,多半采取主客二分法,把重心放在世界这一头,现在正在出现重心转移趋势:

古希腊哲学,重心在世界本原论、本体论、存在论;

　　近代西方哲学,重心转向人的认识,世界的认识论、知识论;

　　现当代西方哲学,柏格森、胡塞尔、海德格尔的哲学,乃至存在主义、新实用主义,语言哲学,心灵哲学,重心更多地转向人的生命活动、心灵世界,与中国古典智慧中天人合一的哲学理念,精神正相契合。

　　张祥龙的新哲学观,指出了新时代、新哲学、新重心:"关于哲学的含义,第二个需要关注的就是哲学和人生的关系。哲学追求的智慧和我们的生命或生存有没有关系?"(第6页)"中国古代哲学从来都和我们的生命体验息息相通,有着知行要合一的传统。"(第7页)

　　(九) 从认识世界、改变世界到把握自身、提高境界——新时代新哲学的新功能。

　　不同时代、不同文明、不同哲学观决定了哲学的基本问题,由此也就决定了哲学的不同功能:古代世界本原论、本体论、存在论哲学,基本问题是个别与一般,特殊与普遍的关系问题;近代认识论、知识论哲学,基本问题是精神与物质、思维与存在关系问题;现代主体论哲学,基本问题是主体与客体的关系问题;新时代新哲学,基本问题是个人与世界的关系问题,包含人与自然、人与人、人与自我的三重关系。

　　马克思《关于费尔巴哈的提纲》结尾画龙点睛,点出了从近代西方哲学走向现代新型哲学,哲学基本问题的发展历程,哲学功能的新时代、新变化:"以往的哲学家只是用不同的方式解释世界,问题在于改变世界。"[1]张祥龙的哲学就是这样的新哲学。

---

　　① 《马克思恩格斯选集》第一卷,中共中央马克思恩格斯列宁斯大林著作编译局编译,人民出版社,1995,第57页。

祥 龙 之 道

赵敦华[①]

听到祥龙去世的噩耗,我非常震惊,感到非常惋惜:他走得太早了!继而一想,孔子也活到73岁,祥龙是追随着他信仰的孔夫子走的。孔子说:"朝闻道,夕死可也。"祥龙的一生是闻道、悟道、证道的一生。"道"不是抽象的,总是和人的生命体验具体情境相关联的。我和祥龙同年同月生,对"道"的感悟与之有着共同的时代感。

我们生在动乱的时代。1967年,北京市中学生分为两派:"四三派"和"四四派","四三派"的人家庭出身大多不好,而"四四派"的人是"红五类"。祥龙参加了"四三派",我不生活在北京,在我的家乡安徽合肥市,也参加了类似于"四三派"的派别。那时两派都按照毛泽东的最高指示行动。1967年4月,毛泽东向军委扩大会议的高级干部推荐《触龙说赵太后》。毛泽东说,这篇文章反映了地主阶级内部财产、权力的再分配,所谓"君子之泽,五世而斩"就是这个意思。如果我们不严格要求我们的子女,他们也会变质,无产阶级的财产和权力就会失去。毛泽东的这个讲话针对当时一些高干子女无法无天的行动。"四三派"成员受过高干子女迫害的苦头,祥龙喊出了他们的心声,他在"四三派"的红卫兵小报上发表文章,指出当前这场大革命是财产权力的再分配,引起强烈反响。诗人北岛(赵振开)当时也是"四三派",他在《暴风雨中的回忆》一书中说,这篇文章是"四三派的宣言书",并说文章作者张祥龙现在是北京大学哲学系教授。我认为,我们今天追思祥龙,无须避讳这件事。有个名人说得好,一个人到30岁还不是"愤青"就没有血性,到了40岁还是"愤青"就没有头脑。1967年我们18岁,血气方刚,说些过激的话,应该理解,不但理解,而且应把这篇"四三派的宣言"收录到祥龙的文集里,因为这是一个历史文献。

[①] 作者简介:赵敦华,北京大学哲学系教授。

早在 70 年代，我们这代人就读书思考，开始"闻道"了。那时我们什么书都读，读马列，读"封资修"的小说。我想祥龙读得最多的应该是儒家的典籍。

2000 年，祥龙和我的共同学生黄启祥邀请我们到山东大学讲学，顺便度暑假。我们两家人，祥龙和德嘉，我和江大夫都去了。在游轮上，祥龙告诉我，他之所以对儒家感兴趣，是因为受到儒雅家庭影响，他出生在香港九龙，随父亲回大陆，很早就读了家里的儒家藏书。我后来听说，他家和贺麟先生家有关系，70 年代就去贺先生家请教。1978 年，祥龙考上了北大哲学系，后来到美国留学，他的"闻道"和"悟道"上了一个新台阶。

我想强调，祥龙相信的是开放的儒家，向中西印优秀文化遗产开放，包括佛教的龙树和西方的神秘主义。1997 年我们系和鲁汶大学达成了一个协议，每年我们系向鲁汶大学派送一位博士候选人，同时双方互派教师讲学或进修。第一次我们选派进修教师，我问祥龙是否愿意，这次不是到鲁汶大学，而是安特卫普大学的吕斯布鲁克中心，实际上是一个隐修院。祥龙满口答应，而且工作得非常认真，研读了吕斯布鲁克的神秘主义的书，带回国和几个学生一起翻译出版了。我看商务印书馆出版的《张祥龙文集》中就有他亲自翻译的《精神的婚恋》。

"证道"包括但不限于理性的证成，更重要的是道德实践。祥龙践行王阳明的"知行合一"，我也举一个例子。有一年，全国外国哲学史学会在贵州大学举行年会，会后有一次旅游活动，去黄果树、天星洞等著名景点，祥龙却反其道行之，要去感悟王阳明的"龙场悟道"。当时去龙场的路很不好走，而且在下雨，满路泥泞，他在龙场遇到蒋庆，但从来没有提起和蒋庆谈了什么。我们都知道，祥龙是不赞成"政治儒学"的，因为他早就上升到比政治更高的层面。祥龙晚年提倡的"家的哲学"也是知行合一的，他和德嘉的夫妻关系幽默而和谐，他和儿子泰苏是父慈而子孝。我第一次在祥龙家见到泰苏，他才小学四年级，躺在床上读英文的《汤姆历险记》的大厚本，30 年后再遇泰苏，他已成为耶鲁大学的比较法律史教授。祥龙的"道"融合在子孙后代的生命之中，也融合在海德格尔所说的命运共同体的"天命"，也就是孔夫子所说的"天道"之中，正如他的成名作《海德格尔思想与中国天道》一书显示的那样。

虚心涵泳，切己体察

——悼祥龙

尚新建　杜丽燕①

6月12日，梅厅，整洁、利落、安静。祥龙静卧于鲜花丛中，依旧是谦谦君子的模样，一如既往的恬淡儒雅。告别式是理性的、克制的，对于勘破生死的祥龙而言，这或许是他能够接受的氛围。静默中透出深深的尊敬和认同，浓浓地环绕着祥龙。老同学老朋友啊，真是聚散匆匆！

祥龙头七，我们77级同学举行了一场视讯追思会，大家由衷地赞叹：咱们祥龙是一位当代的儒学大师。

祥龙在《我与贺麟的师生缘》一文中描述说，20世纪70年代中期，他从贺麟先生占满三面墙的书架中，挑选出斯宾诺莎的《伦理学》研读学习。斯宾诺莎将"神""心灵"和"人的自由"合在一起讲，祥龙说，这又新鲜又有一种朦胧的吸引力。从此，祥龙与贺老常常在这书房里尽情交谈，先生领着他畅游那个使神、自然、理性、情感贯通一气的世界。多年之后，祥龙依旧忘情地说，这对他实在是太珍贵、太美好了。"我的心灵，从情感到思想和信念，得到极大的净化、提升、滋润，整个人生由此而得一新方向。"祥龙也成为贺老的私淑弟子。受贺老的影响，祥龙开始钟情于西方古典哲学，并在贺老的指导下，又学了康德、费希特、谢林、黑格尔，由此走上"哲学"或"纯思想"的道路。

祥龙似乎并没有顺从最初的激情从事西方古典哲学研究，而是进入了海德格尔哲学和现象学研究。80年代初期，海德格尔哲学逐渐取代康德、黑格尔，成为国内西方哲学研究的新贵。一时间，人们对海氏趋之若鹜，几乎到

---

①　作者简介：尚新建，北京大学哲学系教授；杜丽燕，北京市社会科学院哲学所研究员。

了言必称海德格尔的程度。研究海德格尔成为一种时尚。不客气地说,猎奇者居多。但是祥龙不同,他阅读海德格尔,探赜索隐,真的是用那颗赤诚的中国心去读的。《海德格尔思想与中国天道:终极视域的开启与交融》《海德格尔传》《从现象学到孔夫子》《中华古学与现象学》等著作,凸显了祥龙在海德格尔哲学和现象学研究方面浑厚的功底和高深的造诣。有学者甚至认为:"张祥龙才是真正的海德格尔哲学领袖。"(周枫:《我所见证的北大外哲所》)

祥龙背后的原动力仍然是给他指引"新方向"的斯宾诺莎,尽管从表面看,在祥龙的作品中,除了西方哲学授课笔记及相关讨论外,似乎已经看不见斯宾诺莎的踪影。祥龙曾经说过,斯宾诺莎《伦理学》给予他的最大震撼,莫过于斯宾诺莎的第三种知识,即凭借超出感性与概念理性的直觉,从神的永恒形式下来观认事物。祥龙颇为认同斯宾诺莎所云:一个人获得这种知识愈多,便愈能知道自己,且愈能知道神。换言之,他将愈益完善,愈益幸福。祥龙由衷地感叹:我开始相信,人的思想意愿确可决定其人生,因为这是与神、自然和最曲折微妙的情感相通的直觉化思想。斯宾诺莎引起祥龙的"大感动、大醒悟"。凡阅读过祥龙作品的人不难看出,无论是研究海德格尔存在哲学,还是胡塞尔现象学,祥龙始终追寻和聚焦于人与存在相互激发的方式,即"缘构的发生"。或许,这正是斯宾诺莎《伦理学》激发祥龙特别关注的世界终极因。不过,令祥龙激动的,不在于发现了西方哲学的某个真理,而是从中可以找到一条路径,使存在巨大差异的中西思想、东西思想之间的对话成为可能,双方在微妙的对话过程中重塑自身,相互理解。在祥龙看来,世界的终极因始终离不开中国文化的维度,始终具有中国"芯"。于是不难理解,祥龙为什么一开始便从中国天道的视角,透视海德格尔哲学和现象学,为什么始终坚持以中国文化为本位,开启中、西、印文明对话之旅,展开西方哲学与儒家哲学的比较研究。

祥龙坚持中国文化本位这一点,同样深受贺麟先生影响。贺老学贯中西,在西学方面造诣极深,却始终将发展中国的民族哲学置于首位,强调中国的哲学虽然需要学习西方,但绝不能单纯地抄袭西洋,而必须建筑在自己精神的基础上。贺老的主要志趣是创立自己的哲学系统。他所创立的"新心学",试图吸收西方哲学的精华,改造和补充儒家学说,以谋求儒家思想的新开展。与贺老一脉相承,祥龙的哲学抱负同样立足于中国传统文化,以复兴儒家文化为己任。他的哲学原创精神，充分体现在如何利用西方哲学资源，创建中西对话、中西融合的境域，为儒家文化的复兴辩护，并寻找可能的途径中。因此，祥龙被哲学界称作"中国当代新儒家"重要代表人物，此言不谬。不难看出，在祥龙的哲学生涯中，贺老的影响和斯宾诺莎的第三种知识始终"在场"。

祥龙是一个理想主义者，远离世俗，向往自然，追求自由。于是在许多人心目中，祥龙是一个超凡脱俗的人，这没有错。但是，作为儒家文化的守护人和倡导者，祥龙又是入世的儒者，一位身体力行的学术活动家。

大约上世纪末到本世纪初，祥龙建议建立儒家文化保护区，并为此四处奔走呼吁。当时，一向秉持君子之交淡如水的祥龙，几乎隔三岔五来电话，畅谈建立儒家文化保护区的理想。他以美国的阿米什文化为样本，设想儒家文化保护区的模式。祥龙的设想没有任何私利，仅仅是出于对儒家文化的一片赤诚。我们在感动之余，也明确表示了不同意见，就一些具体问题多次交流切磋，并提醒他，阿米什模式或许只在美国可行。对于我们的异议，祥龙丝毫没有不快，反而耐心倾听，认真对待。当时，国内一家报刊想就建立儒家文化保护区问题，对持不同意见的人进行采访，祥龙毫不犹豫推荐了我们俩，并嘱咐我们要畅所欲言，不留情面。或许这就是儒家所说的"和而不同"吧！祥龙虚怀若谷，雅量高致，气度恢弘，实乃"君子坦荡荡"也！

祥龙是谦谦君子，却也是性情中人，炽烈的情感渗透着调皮。回国后他曾经痴迷地阅读金庸的小说，以致废寝忘食。德嘉曾经说，一天她上班，出门时看见祥龙坐在书桌前聚精会神地看书。下班回到家里，发现祥龙还保持同一姿势，近前一看才发现，祥龙在看金庸小说。他都没有发现德嘉回来了。德嘉无奈指责祥龙"不务正业"。

用现象学的眼光看待事物，几乎成为祥龙的性格。在青浦古典书院的一次座谈会上，祥龙表示自己特别看重的就是《红楼梦》里面表现的痴情。《红楼梦》一开篇就是"都云作者痴，谁解其中味"，然后又把宝玉说成是一个痴情的人。痴情不是情欲，它恰恰是情在空本身带有的那个色，是发生和运作在空中的那种情。所以这个情是痴情，它完全痴情于情本身。从现象学上讲，就是说，它把那种非对象化的情写得活灵活现，又写到对象化的世界中来了。所以有了宝玉、黛玉和一众所谓的痴情者，写得那么美、那么绝。祥龙的现象学解读蛮有味道。

上个世纪末上映《雍正王朝》。德嘉有一天给丽燕打电话说,他们在看这部电视剧,并告诉丽燕,祥龙说,你们俩也一定在看,而且知道,你们一定对它持反对意见。丽燕回复说:一流的导演,一流的演员,一流的音乐,一流的演唱,不敢恭维的末流理念。电话那边随即传来祥龙爽朗的笑声:我没说错吧!

一次与祥龙夫妇和王树人老师小聚。席间,祥龙兴致勃勃地大谈辜鸿铭,对辜鸿铭所持"中国文化才是拯救世界的灵丹"的理念大加赞赏。看着祥龙那兴奋而执着的表情,丽燕不由地促狭一笑,转问德嘉,知道你家祥龙喜欢辜鸿铭什么吗?所有的人都在等待答案。丽燕说:他喜欢辜鸿铭的茶壶茶碗说!祥龙阳光灿烂地开怀大笑。

落笔之际,老友的音容笑貌,依然历历在目,回味起来,心里仍旧暖暖的。虽然老友深知向死而生的人生哲理,坦然面对死亡,但终归还是走得太急了点儿。好友离去,真是一种难言的痛!

虚心涵泳,切己体察,祥龙,你做到了!

虚心涵泳,切己体察,祥龙,你当得起!

2022 年 7 月 7 日

在张祥龙追思会上的发言

冀建中[①]

同窗四年,同事二十余载,但与祥龙总有一种强烈的距离感,这种距离,不叫生分,而是敬仰,一种高山仰止的感觉。

这种距离大概来自他的雅与我们的俗吧。见过祥龙的人大概没有人否认他的儒雅,这大概是与生俱来的。偶然的聊天,知他经历过常人没有经历过的挫折与苦难,但那些苦难更多是精神层面的,或由于精神的异类而带来的肉体的囚禁。偶然见识过一次他的烟火气,那是他刚从美国回来不久,住在燕东园,他带有几分兴奋地说:"我学会蒸窝头了。"

当然祥龙的儒雅主要表现在为人与学问上。近 20 年来,祥龙的学术影响力越来越大,这种影响力既在学术界,也在民间,同样触及我们这些同事。我一直在思考祥龙学术的价值和意义,他到底要回答和解决什么问题呢? 许多人认同他的信而好古、厚古薄今以及对中国文化的情有独钟;但也有人因此而不理解他。

一次偶然的聊天,我似乎觉得多少理解了祥龙的思想根基。那是在俄罗斯旅行的路上,德嘉调侃祥龙,如果你愿意做个十二月党人,我愿意与你一同流放,但你偏偏信了个儒家。祥龙老师的一句回答使我茅塞顿开。这句话大意是这样的:在荒芜的土地上只能长出毒草。我觉得这才是祥龙关注的中国的真问题。这里的荒芜指的是文化的荒芜。改良这块荒芜的土地,这大概就是祥龙的使命感。他很少谈意识形态意义上的主义与左右, 他大概觉得那些都太狭隘了,都无补于实际。他研究海德格尔,谈了很多时间和情境,还原为中国的时间和情景,就是那先秦时期的儒道古风,那些生生不息的芸芸

---

① 作者简介:冀建中,北京大学哲学系教授。

众生,还有那些自己革自己文化命的悲剧。

祥龙经常说起他在美国的导师的一段话:没有哪个民族像"文革"时期这样义无反顾、恩断义绝的要革自己文化的命。这段话其实有点吊诡。祥龙大概还是相信孔子的"礼失求诸野",他一直在呼唤,一直在努力,希望我们生存的这块土地根深叶茂。

还有一个场景是我难以忘怀的,那就是在从圣彼得堡到莫斯科的游轮上,联欢会上,每一个小团体要出一个节目。江南花月夜的音乐响起,祥龙一袭白衣,一套美轮美奂的太极惊艳了船上的所有乘客。

知祥龙者,谓他心忧;不知祥龙者,谓他何求。读懂祥龙是要下一番功夫的。今天来这个追思会,一方面表达对祥龙的思念,一方面也是向诸位学习。

深切缅怀张祥龙老师

傅有德[①]

6月9日，我从微信获悉张祥龙教授去世的消息。先是感到震惊，因为之前知道，他前几年查出的癌症已经治愈，康复后身体状态良好，和常人一样工作和生活。震惊之余，自然是深深地悲恸和惋惜。孔夫子卒于73岁，张祥龙老师信奉儒家，服膺孔子，也于73岁离世，或许是命中注定的吧。

我于1999年在北大哲学系在职申请博士学位，记得12月答辩时张祥龙教授是答辩委员之一。在我的记忆中，这是我第一次见到张老师。2012年至2017年，张祥龙老师在山东大学哲学与社会发展学院任教，是学校特聘的人文社科一级教授。在这期间，见面的机会就比较多了。他曾两次参加由我主持的山东大学—芝加哥大学犹太与中国文化比较与经典诠释的学术会议，也曾多次一起参加过在山东大学举办的哲学与宗教研讨会，还数次与他及夫人一起就餐。在我的印象中，不论是在私下还是会议上，张老师说话总是不疾不徐，有条不紊，娓娓道来。其言行举止谦恭有礼，温文尔雅，给人以如沐春风之感。儒家倡导君子人格，所谓"谦谦君子""文质彬彬，然后君子"。古代的君子是什么样，我不曾见过，若按气象与德行论，张祥龙无疑是今日中国学界的一位君子。

张祥龙老师是学贯中西的著名哲学家，对于欧洲大陆哲学和中西比较哲学领域都卓有建树。我因为自90年代初从西方哲学转到犹太宗教与哲学领域，故而对张老师的现象学著作少有涉猎，因此不敢妄议。给我印象最深的倒是他对中国传统文化的认识，尤其是关于儒家文化保护区的倡导。张老师自己说，越是在国外，越能感受到祖国对于自己生命存在的重要性，越能体

① 作者简介：傅有德，山东大学犹太教与跨宗教研究中心教授。

会中国传统文化对于个人和民族安身立命的价值和意义。对此,我深有同感。他在美国做研究生期间,除了发奋苦读外,还特意考察了美国的阿米什村落,逐渐形成了他的人生观和社会历史观,体现出对儒家文化的高度认同。张老师非常钦佩当代新儒家蒋庆先生,但他认为,蒋庆的政治儒学希望把儒学变成国教,在制度设置上实行包括"通儒院"在内的三院制云云,这一"上行路线"是不该行也行不通的。同时,另一种做法,即深入民间进行儒学教化的"下行路线",他认为也不会取得长期有效的结果。他提出介于二者之间的"中行路线",即在某地建立一个与世隔绝的儒家文化保护区。在保护区内,儒者们回归于传统的农耕社会,其生产方式是原始的刀耕火种,其社会组织是以家(家庭和家族)为本位的熟人社会,其伦理道德是以孝亲为根本,以仁义礼智信为核心的价值观,其生活方式完全是前现代的,小国寡民式的。在这样的保护区里面,人们不要求充裕富足的物质生活,但要有高尚的道德目标。保护区里父慈子孝,兄友弟恭,个人有道德,社会有秩序,人们之间具有浓浓的亲情,充溢着友善、和睦和幸福。他认为,这样的保护区有示范作用,可以成为全社会学习的样板。说心里话,正如张老师认为蒋庆的上行路线不当行,也不可行一样,我也认为张老师的"中行路线"不当行,不可行。我的意思是,张老师推行儒教的"中行路线"虽然不可行,但在理论上仍然具有重要的价值和意义。面对强势的西方文明,尤其是高科技所带来的现代生活方式,以及与之相伴随的生态危机、道德滑坡和种种社会乱象,人们总是要思考如下的问题:做人要做什么样的人? 什么样的社会才是好的社会? 应该怎样处理人与自然,个人与他人、与社会之间的关系? 等等。张祥龙老师正是带着对个人生存和社会发展趋势以及人类未来目标的深切关怀来思考这些问题的。他的儒家文化保护区的构想是他长期进行中西哲学比较并受到阿米什人启示的结果,是一种严肃认真的解决当代社会危机的方案。正如傅立叶、欧文的空想社会主义未能在实践中结出硕果,但仍然不失为一种有影响力的社会学说一样,张祥龙老师关于儒家文化保护区的构想也理应在 21世纪的儒家思想史上占有一席之地。

回忆和张老师的多次相见,领会其会通中西的思想,尤其是儒家文化保护区的构想,让我更加敬重张老师的高尚品德和君子风范,也由衷钦佩其超凡的见识和担当精神。

张祥龙老师永远活在我的心中。

如 水 祥 龙

李晨阳[①]

祥龙走了。带着他非凡的睿智,带着他淡定的豪气。

祥龙是中国当代的儒学大家。网上各种的悼念文章对此已经多有表述。回忆跟他近半个世纪的交往,重温多年的感受,我则觉得他本人的生活体现了很强的道家色彩。祥龙的为人让我想起"夫子温、良、恭、俭、让",更让我想起老子的"上善若水"。古人云,上善之人,如水之性。水善利万物而不争,在天为雾露,在地为源泉也,独静流居之也,故几于道。祥龙一生如水,龙水一体。他温良敦厚,沉静不争,又从善如一,不休不弃。他的哲学和他的生命完美地合而为一。

45 年前,我有幸进入北京大学哲学系 1977 级读书,与祥龙同在 2 班(图 23)。我们在 38 楼住隔壁,他和李存山等同学住在 314 室,我住 316。祥龙为人谦厚,却寡言少语。他平时不出头,不与人争,埋头做自己的事。那时,我们不少同学紧跟着老师们学习,而祥龙在寻求自己的哲学之路。他不看重考试成绩,毕业时也没有考研究生,而是去了北京的一个林业部门工作。当时我很不理解他的选择。80 年代初,北大的毕业生可以随便选一个很好的单位就业。后来我得知祥龙想去做与环境保护有关的工作。从他身上,我体会到一种深深的道家情怀。一起度过大学四年,使我领悟了他骨子里那种豁达不争而善利万物的气质。

祥龙为人低调,淡泊名利。当初祥龙也被哈佛大学录取,但是他选择去纽约州立大学布法罗分校,师从著名比较哲学家肯尼思·K. 稻田和著名韩裔现象学哲学家曹街京(Kah Kyung Cho)。记得 1989 年我和肖红去布法罗

---

① 作者简介:李晨阳,新加坡南洋理工大学人文学院哲学系教授。

看祥龙和夫人德嘉，海外相逢，大家都格外高兴。那时他们的儿子泰苏不到
10 岁，戴着一副小眼镜，煞是可爱。见到客人来了，竟急着要读书，一看就是
许多家长心目中那"别人家的孩子"。27 年之后，在加州的一次会议上，有
位年轻帅气的学者过来叫我"李叔叔"。一问，才知道他是正要从杜克大学
转到耶鲁法学院任教的泰苏。做父母的为这样的孩子而欣慰、自豪是很自然
的事。可是，多年以来，祥龙从来没有在我们面前说泰苏如何有出息。

　　距 1982 年本科毕业十年之后，我和祥龙都于 1992 年博士毕业。他随即
回到北大哲学系任教。进入 21 世纪以后，我们在各种会议上见面的机会渐
渐地多起来。但是大多数情况下也只是相互问候寒暄，真正能够单独坐下来
长聊的机会并不多。只有在两家人相聚时，才能有放松叙旧的机会。记得
2005 或者 2006 年，我和肖红在香港期间，祥龙和靳希平兄到香港中文大学参
加一个学术会议，我们有机会请二位老友携夫人到我们在浸会大学的寓所一
聚，大家一起动手包饺子，相谈甚欢。2010 年我来新加坡之后，回国开会多
了，我们见面的机会也就多了。2014 年安乐哲先生在夏威夷组织了一场会，
我又有机会跟祥龙一起参加活动。2015 年我和梁秉赋兄在新加坡开了一个
先秦儒学会议，请到了国内儒学界的几位老朋友。当时因为祥龙还要赶到别
处去，就安排他做第一位发言人。发言时，他还特地向大家解释，说他先发言
是因为他得马上去机场，本来应该是陈来第一个发言，足见祥龙之低调与谦
逊。2018 年，郭沂兄在巴伐利亚的图青小镇主持东西方家庭哲学研讨会，会
上我和肖红再次见到祥龙和德嘉，又有一次在海外相聚的机会。我们一起领
略巴伐利亚的人文山水，一起体验慕尼黑的古朴风情，其乐融融。2019 年我
去中山大学珠海校区，本来想在那里能相逢，可惜等我到珠海时，他和德嘉已
经回京了。新冠疫情导致我们两年多没有机会见面。跟祥龙最后一次直接
联系是去年 4 月，祥龙说他的一位很有才华的学生在申请一个很好的教职，
聘人单位需要海外某类高校的教授写评估信，请我帮忙。我知道他不会轻易
开口，因此即刻就答应了。一看那位学生的材料，果然非常优秀，旋即写了一
封评价很高的评估信，发送到聘人单位，后来我也没有专门告诉他一声。与
祥龙交往，你会感觉到"君子之交淡如水"，不需要过于外露的热情，不需要
把酒高歌的亢奋，淡淡如水之中自有其深深的真诚和厚厚的友谊。相视而
笑，莫逆于心，足矣！

面对当代社会的技术异化，祥龙力图把对技术的依赖降到最低限度。他坚持不用手机，不用微信。这使得跟他联系不那么方便。我倒是觉得，他不役于机事，不从于机心，这在当代尤其难能可贵。

2005年，我在国内出版《道与西方的相遇》小书，请祥龙作序。他爽快答应，且做得很认真。一方面褒奖有加，另一方面也提出善意而中肯的批评。其实他批评的地方也正是我拿捏不准的地方。除此之外，我们在学术方面并没有多少直接的交流。我觉得他的儒家立场过于传统，或曰保守；他可能认为我不够传统，或者过于自由主义。既然两人谁也不能说服对方，也就没有必要在这方面花费时间和精力了。与其相濡以沫，不如相忘于江湖。但是，我对祥龙的儒学立场中十分重要的一点是非常赞同的：即当今儒学一定要有自己的独立性，不应该成为附庸。自古以来，儒家学者往往寄希望于权贵。当今很多人依然如此。而祥龙却宁可"曳尾于涂中"，而不为官堂所累。正是因为他极为清醒而淡定，才有可能在学术和思想的发展上鲲鹏展翅，逍遥万里。

祥龙是儒学大家。但是他骨子里又深得道家精髓。陶渊明在朝为儒，还乡循道。祥龙之几于道乃儒道兼具始终。梁漱溟先生内佛而外儒，为己信佛，为众弘儒。祥龙长期为弘扬儒家传统而鞠躬尽瘁，其人生之妙谛则儒道兼之。祥龙过早离世，让我们无比悲痛。若祥龙今天还能向我们说句话，我想他会很平静地劝我们，相拥而泣，不妨鼓盆而歌。如今祥龙去了，他会继续行云如水，在天为雾，在地为泉，独静流居，善利万物！

祥龙走好！下辈子还跟你做同学！

2022年6月10日初稿于Cairns
6月15日定稿于新加坡云南园

缅怀张祥龙[①]

牟　博[②]

　　张祥龙,北京大学哲学系荣休教授,国际学术期刊《比较哲学》(*Comparative Philosophy*)顾问委员会成员,因胰腺癌晚期于 2022 年 6 月 8 日在北京家中去世。作为顾问委员会成员、作者和同行评审人,祥龙为这本同行评审、可开放获取的国际哲学杂志的发展做出了宝贵的实质性贡献。更广泛地说,在过去的几十年里,祥龙为跨传统的哲学交锋—交融做出了重大而持久的贡献。这篇纪念文章由三部分组成:第一部分重点介绍祥龙的生平和学术成就;鉴于本刊的使命,以及祥龙与笔者之间一系列学术合作的关系,第二部分着重关注他在比较哲学方面的重大贡献和成就(通过面向世界哲学的跨传统交锋—交融的做哲学的一般性方法);在第三部分中我将从笔者个人的角度,根据与祥龙交往的亲身经历缅怀祥龙的为人之道。

一

　　祥龙 1949 年 8 月 14 日出生于中国香港,1954 年移居北京。作为“文化大革命”运动后通过 1977 年第一次全国高考录取的学生(即所谓的“77 级”

──────────

　　①　本文原文“In Memoriam:Zhang Xianglong(1949—2022)”是作者 2022 年 7 月为英文学术杂志《比较哲学》(*Comparative Philosophy*)写就的缅怀文章(载于第 13 卷第 2 期,第 172—180 页〈https://doi. org/ 10. 31979/2151-6014(2022). 1302 12〉);其内容、结构和风格与这一背景有关。其中文翻译稿由刘畅(中山大学哲学系博士生)翻译,叶甲斌(中山大学马克思主义哲学与中国现代化研究所暨哲学系博士后)和周宏胤(南开大学哲学院博士后)校对,2022 年 10 月刊载于“实践哲学研究”公众号(https://mp. weixin. qq. com/ s/7eByuuIfuJ_92v5pf6ha3w)。该中译文转载于本纪念文集之际,作者做了修订,增添了若干取自其 2022 年 6 月的一篇缅怀短文(https://www. phil. pku. edu. cn/xwgg/ dnzxlxs-zl/523823. htm)中的不重复内容。

　　②　作者简介:牟博,美国加州圣何塞州立大学哲学系教授。

大学生)之一,祥龙于 1978 年初至 1982 年 1 月就读于北京大学,获哲学学士学位。在北京社会科学院哲学研究所从事了一段时间的研究(1983—1986)后,祥龙先去了美国托莱多大学学习哲学,获哲学硕士学位(1986—1988),然后在纽约州立大学布法罗分校获得哲学博士学位(1988—1992)。祥龙随后在北京大学任教(1992—2012),担任哲学助理教授、副教授和正教授,并担任外国哲学研究所常务副所长。从北京大学退休后,祥龙先在山东大学哲学与社会发展学院任教,担任哲学一级教授和现象学与中国文化中心主任(2012—2017),后到中山大学哲学系(珠海)担任讲席教授。祥龙是国际中西比较哲学学会(International Society for Comparative Chinese and Western Philosophy,"ISCWP")创始成员(2002)和会长(2005—2008)、美国哲学协会(APA)国际合作(International Cooperation)委员会成员(2005—2007)、比较哲学暨世界哲学国际学会(Comparative Philosophy toward World Philosophy,"CPWP")联合创始人及其顾问委员会协调人(2021—2022)。

　　祥龙是一位著名的、杰出的学者,他的学术研究领域广泛,尤其专注于东西方比较哲学、现象学和儒家哲学方面。基于祥龙自己的选择,他的代表作主要有:《海德格尔思想与中国天道》(生活·读书·新知三联书店,1996,2007,2010);《从现象学到孔夫子》(商务印书馆,2001,2011 增订);*Sprache und Wirklichkeit*(与 R. Puligandla 合著,Christiane Dick 德文翻译,Nordhausen:Traugott Bautz,2005);《思想避难:全球化中的中国古代哲理》(北京大学出版社,2007);《复见天地心》(东方出版社,2014);《家与孝》(生活·读书·新知三联书店,2017),以及儒家哲学史讲演录(四卷本,商务印书馆,2019)。

二

　　上一节中讲述了祥龙在各个领域的重要成就,在本节中,我将重点介绍祥龙在所述各具体领域取得成就的一个总体方法论基础和理论基础,即他在比较哲学(通过跨传统交锋—交融来做哲学的一般性方法)方面取得的突出成就和贡献。我有三个考虑:首先,如上所述,他在比较哲学领域的工作是基础性的和方法论性质的,这为他在其他特定领域的学术工作以及我们对他的学术工作的整体理解和评价提供了一个恰当的基础;第二,祥龙在中西比较哲学和跨传统哲学领域的工作,与刊登此纪念文章的本刊之覆盖面及关切更密切相关;第三,作为此纪念文章的作者,我更熟悉祥龙在这方面的工作。我将介绍祥龙在走向世界哲学的跨传统交锋—交融方面的工作和贡献,这与本刊以及祥龙与作者在该领域长达20年的学术合作密切相关,本文可与关注点不同的其他纪念文章互补,以达到更全面的理解和表征。

虽然我与祥龙30多年的相识可以追溯到下一节将提到的一个更加个人化的事件,但与祥龙的更多实质性交往和进一步相互了解,则始于我2000年开始任教于美国加州圣何塞州立大学哲学系之后。当时祥龙已回到北京大学教授哲学。事实上,就中国哲学、西方哲学和比较哲学领域的具体主题和关注而言,祥龙和我在很大程度上有着不同的侧重点和具体关切点,且有不同的做哲学的风格:他更倾向于"大陆式"的风格,而我更倾向于"分析式"的取向(以跨传统的方式广义地理解"分析式"和"大陆式")。然而,我们有一些共同关注的哲学问题,并在更深层次上分享某些哲学探索的规范性基础:我们都认为,哲学中的跨传统交锋—交融既是必要的,也是可能的。2021年,我们交换了彼此最近的学术出版物。祥龙送给我一本他的论文集《从现象学到孔夫子》,其中包括他当时在西方哲学(海德格尔、胡塞尔、维特根斯坦和塔斯基的相关思想研究)和中西比较哲学(宗教思想和美学思想的比较研究)中的代表性论文;我送给他一本我编的文集《通向智慧的两条道路?——中国和分析哲学传统》(*Two Roads to Wisdom? —Chinese and Analytic Philosophical Traditions*),其中收录了一系列受尊重的学者为该书撰写的原创文章,唐纳德·戴维森(Donald Davidson)关于分析方法和跨传统理解的"前言",以及我自己的一篇对哲学方法论结构进行分析的文章。我们这种实质性的接触和沟通是以文会友——我们由此进一步了解了彼此的相关思想和方法论。祥龙那时开设了一个关于中西比较哲学的研究生讨论班,把该文集作为阅读教材之一;为深入细致地理解研判其中一些原创论文的观点思路,祥龙组织其研究生将此文集中大部分论文译为中文,并亲自担当其中几篇的校对工作。他们的翻译作品成为文集《中国哲学研究的方法论反思:比较哲学与哲学分析》的主要来源之一。我在几年后编辑了这本书,但直到今年他去世前才出版。①正如我在"主题引论"文章中所解释的那样,本卷主题是:对于旨在促进哲学当代发展的中国古典哲学研究,分析哲学方法没有适当的比较哲学方法引导则盲,而比较哲学方法没有确保哲学研究之可理解性和可批评性、体现反思研究基本规范的分析方法则空。

2002 年,应当时世界哲学研究发展大格局以及关于中国传统哲学的当代哲学研究的挑战和需要,我向祥龙和几位同道建议成立国际中西哲学比较研究学会。祥龙鼎力支持并积极参与准备工作。在首届(2002—2005)理事会团队中,祥龙担任副会长(当时我担任会长);祥龙随后接任第二届(2005—2008)会长。2008 年,祥龙在北京大学成功举办了国际中西比较哲学学会的比较哲学方法论研讨会。作为学会创始团队成员,为了国际中西比较哲学学会的健康发展、更广泛地说为了比较哲学作为一种通过跨传统交锋—交融而走向世界哲学的一般性哲学方法的健康发展,我和祥龙有着长期彼此信任和有效的合作。凭借共同的愿景,并鉴于他对相关情况的全面和明智的掌握,祥龙在提供建设性建议的同时,始终为国际中西比较哲学学会一系列战略理念和活动提供有效和宝贵的支持。

2010 年,《比较哲学》杂志创刊。祥龙作为顾问委员会成员、作者和同行评审员,为这本同行评审的开放性获取的国际哲学杂志的发展做出了宝贵贡献。

下面我着重说一些祥龙近年来对比较哲学发展做出的宝贵贡献。自2020 年新冠疫情暴发以来,一系列事件所昭示的世界性紧张与冲突,增强了对比较哲学(作为一种通过跨传统交锋—交融而走向世界哲学的一般性哲学方法)通过其方法论和理论资源发挥适当作用的需要,尤其涉及如何在更

---

① 事实上,我们当时都看到了当代中国哲学研究的重大发展趋势。特别是 20 世纪末 21 世纪初以来,从国际哲学研究视野来看,有两个系统性突出特点:其一,广义理解下的分析方法发挥了重要作用;其二,强调哲学共同关注问题和哲学解释的比较哲学方法,在中国古典哲学研究的理论探索和反思实践中取得了重大发展。探讨二者如何建设性地结合和互补,以进一步加强和丰富当代中国哲学研究,是一个具有深刻理论价值和重要实践意义的课题。这构成了该中文研究文集的主题,该文集包括来自我作为其作者暨主编的两部英文研究文集的选文译文(即上述《两条通往智慧之路——中国哲学传统与分析哲学传统》[Open Court, 2001 年]和《戴维森哲学与中国哲学:建设性交锋—交融》[Brill,2006 年])以及一些择选中文论文(包括祥龙自己关于比较哲学方法论的代表性文章,其修订英文版《比较悖论、比较情境和跨文化比较:跨文化哲学比较的方法论反思》载于《比较哲学》1.1(2010):第90—105 页)。

广泛的社会环境中加强对立面或不同方面之间的对话和相互理解、相互学习（以建设性交锋—交融和互补的方式）。2020年下半年我在私聊中向祥龙提出为世界范围内（不局限于某些地区而是全球范围）同道学人建立一个比较哲学的战略性批评讨论平台的设想，特别是考虑到其"走向世界哲学"的"方向"维度，我与祥龙一起考虑这件事情是否确有必要，是否条件成熟而由于诸多原因没有人出头做，是不是要由我们义不容辞来做，等等。经过认真考虑其在历史和哲学发展大格局下的必要性和可能性，2021年4月，祥龙应邀与我共同发起比较哲学暨世界哲学国际学会（The International Society for Comparative Philosophy toward World Philosophy"，简称"CPWP"[1]），我们确定了其基本取向和战略方针：无须过度宣传；以一种自然的、建设性的和对境况敏感的方式起步发展；既无须过度推动，也没有那种一定要以某种绝对固定方式去"代表"谁的负担。其目的简单明确、直截了当：建设性地促进作为"通过跨传统交锋—交融而走向世界哲学的一般性哲学方法"的比较哲学之发展和运用；为此给有兴趣的同道学人搭建一个敏于需求、高效灵活的学术交流渠道与交锋—交融的批评讨论平台。在这一背景下，比较哲学有其明确定位，即"通过跨传统交锋—交融而走向世界哲学的一般性哲学方法"（comparative philosophy as a general way of doing philosophy through cross-tradition engagement toward world philosophy）。尽管其所有三个方面（作为"一般性的哲学探究方法"的"性质"维度，作为"通过跨传统交锋—交融"的"进路"维度，作为"走向世界哲学"的"方向"维度）之前或多或少都以明确或隐含的方式被提出和解释过，"比较哲学走向世界哲学"这一战略主题作为一个整体，标志着比较哲学作为一种通过走向世界哲学的跨传统交锋—交融而开展哲学研究的一般性方法（特别是在其"方向"维度上）的重大发展。（的确，这里并不拘泥于名称："比较哲学"这一标记本身如同"哲学"这一标记本身一样，历史上语意含混、充满歧义，人们尽可使用其所偏好的字眼来标记这样一种"通过跨传统交锋—交融而走向世界哲学的一般性哲学方法"，或者出于方便和考虑该名称使用的历史沿革和一定程度上的概念延续性而称之为"比较哲学"。）2021年5月，比较哲学暨世界哲学国际学会正式成立，

---

[1]　学会网页：cpwponline.org。

在近百位来自世界各地的哲学同道参与下通过学会章程。祥龙担任顾问委员会协调人（Coordinator of Consultancy Board），与学会首届执行委员会三位同仁——欧洲萨拉热窝大学的内瓦德·卡泰兰（Nevad Kahteran）教授作为副会长，美国伍斯特学院的伊丽莎白·舒尔茨（Elizabeth Schiltz）教授作为学会秘书兼司库，以及我作为会长——共同组成学会担纲团队。随后，比较哲学暨世界哲学国际学会领导团队立即计划了其首届国际视频研讨会，主题为"比较哲学走向世界哲学"。研讨会非常成功，有效地实现了其目标。学会成立以来，已按计划有效地完成落实了所有预定项目，特别是 2021 年 4 月下旬通过视频成功举办的 CPWP 国际学术研讨会，在圆桌讨论专题之内容的深度和广度上，以及在批评讨论有效方式上都有突破性发展。研讨会围绕在哲学方法论、形而上、知识论、语言哲学、心智哲学、逻辑哲学、伦理学、社会政治哲学、美学领域里一系列共同关注的哲学专题，根据相关性并通过适当哲学解释，使来自广义理解下的不同哲学传统（要么是与文化传统相连的哲学传统如中国哲学传统、西方哲学传统、印度哲学传统、伊斯兰哲学传统、拉丁美洲哲学传统等，要么是不同探究风格的哲学传统如分析哲学传统和大陆哲学传统等、要么不同战略性取向的哲学传统如儒家哲学传统、道家哲学传统、佛家哲学传统、马克思主义哲学传统等）和当代哲学研究前沿的相关思想资源做深层对话理解、相互学习、建设性交锋—交融，从而在论及专题上携手互补，对当代哲学发展做出贡献。虽然祥龙因身患绝症未能按照原计划出席演讲讨论，但我相信，他一定会对他做出了宝贵贡献的这一国际哲学学会，及其比较哲学暨世界哲学战略设想的健康发展和鼓舞人心的成果而笑慰九泉。

的确，在过去的 20 年间，尽管我们各自的哲学风格或多或少不同，在我们共同关心的一些哲学问题上也或多或少有不同看法，但我们在促进和加强比较哲学的一系列重大集体项目中进行了有效和互信的学术合作和相互支持（包括"国际中西比较哲学学会"项目、《比较哲学》杂志项目和"比较哲学暨世界哲学国际学会"项目）。我们合作顺利愉快，富有成效。与此同时，我们也就一些共同关心的哲学问题，或是在研讨会上，或是在私下里开展了建设性的批评讨论。顺便提一下，在做一些从大局出发需要做的、涉及诸多层面的学术组织工作时，我们都有内心矛盾纠结的一面：在个性上，我们或多或少都有"君子之交淡如水""话不投机半句多"的性情一面，自认这种性情本不适合做那种涉及诸多社交、有求于人及对人有所要求的工作。有没有相关的做事能力和理性自律能力是一回事,内心性情上是否期盼是另一回事。这使我们不时地、或多或少地陷入大局/全局的需要与个人研究计划之间相冲突、外向型组织协调工作的理性要求与内在个人性情相矛盾的境地。但作为教师,且有着国内外不同文化环境中生活工作的阅历,以及多少具有的国家兴亡匹夫有责的责任意识等,这些也成为人生要兼顾平衡、避免走极端、顾全大局的建设性因素,我们力图在"出世"与"入世"间根据个人境况和社会环境变化寻求互补平衡点。的确,这种在大的人生态度方面的某种程度上的共识,和某种程度上的共同人生阅历,是我们多年来合作顺利愉快而富有成效的缘由之一。我为拥有像祥龙这样值得信赖的、宝贵的朋友和同事感到自豪。

三

在个人层面上,无论是在国际环境中还是在中国环境中,祥龙都是一位值得长期信赖的朋友和同事。我在这方面的论述不求完整,仅限于我在过去几十年里与祥龙交往的亲身经历:我在这一方面的缅怀性评论仅限于两件事,一件是发生于我们长达 30 年的纽带之始,另一件是发生在其结束之时。在对这两件事的叙述之间,我将对祥龙为人品性中更深层次的东西加以阐述。

我和祥龙都是在自 50 年代中期以来的北京人文环境中长大的(1954 年他 5 岁时从香港移居北京,几年后我在北京出生)。虽然我们都属于前面提到的"77 级"大学生,并于 1982 年初毕业,但我们大学本科的起步专业不同(祥龙为哲学专业,我为数学专业)。直到大约 33 年前(1989 年)的一段与哲学有关的私人插曲发生,我们才互相认识。许多在中国和美国都有教育背景和生活经历的同龄人会回忆起 20 世纪 80 年代中后期中国的奋发年代。当时,他们中的许多人渴望出国留学深造,在多种意义上探索新的领域。祥龙和我也不例外。祥龙于 1986 年前往美国,首先在托莱多大学攻读哲学研究生学位。在那里获得哲学硕士学位后,他于 1988 年开始在纽约州立大学布法罗分校攻读博士学位。那时,在兴趣转向哲学并获得了哲学硕士学位后,我在中国社会科学院哲学研究所担任一个研究职位。1989 年春季,我已经申请了一些在美国的博士项目并等待结果。那天正好是周二,为哲学所"在所工作日"(每周一次),有一个来自美国的长途电话打到哲学研究所,指名请我接电话。电话那头是祥龙,他所在学校(纽约州立大学布法罗分校)哲学系研究生主任委托他及时用中文直接告诉我已被录取,并获得全额资助。当时我申请的学校不多,基本集中于纽约州(想与我哥哥近一点,他当时在纽约州的康奈尔大学攻读生态方面的博士学位)。这是我当时收到的第一份来自纽约州的攻读博士学位全额资助。后来我又相继收到罗切斯特大学和哥伦比亚大学哲学系全额资助的录取信。当时我计划拿到博士学位后还回社科院哲学所工作,出于资助稳定性和安全性的考虑,我最终还是选择去了保证五年全额资助的罗切斯特大学哲学系。我就这样认识了祥龙,他在处理这些"小事"中体现的善良和细心给我留下了深刻印象。

我相信,其他纪念文章也会提到体现祥龙相同性格的不同"小事",也许会用不同的标签来突出表征它们。在下文中,我不拟列举更多具体事例,而是想更深入地讲述祥龙的性格,以解释为什么它可以被多种方式标记,而最好不要局限于某一特定的方式。否则,一个不太熟悉祥龙的人可能会对一些不同取向的标签感到困惑。简明地说,这是祥龙人生旅途中的一种"纯洁性"。事实上,考虑到祥龙在社会政治哲学中的某些立场观点或其生活方式的某些方面,人们可能会将其称为"儒家"或"道家"。然而,**从他作为一个整体的人之人格和治学方式**来看,祥龙是中国较为少见的"纯粹"型知识分子之一,这比从儒家或道家等角度所能描绘的更为深刻,而较少某些方面的"中国特色"(就这个短语的规范性和描述性含义而言)。①祥龙作为一个完整的人,在一种多重含义的结合上具有他的"纯粹"性格:(1) 祥龙以一种跨

---

① 储昭华作为一位中国哲学和中西比较哲学的专家学者熟悉祥龙的工作和生活方式,他在我们最近关于祥龙去世的交流中,以这种方式表达了我们的共同观点:祥龙"是大陆这边为数不多的较纯粹的知识分子之一,虽然推崇儒家和中国传统文化,但为人、为学上恰恰较少'中国特色'"。正文中随后的评论是我对这一共同点的进一步阐述。

传统真理观和求道精神"纯粹地"追求真理①,正如中国古话"朝闻道夕死可矣"和古希腊哲学格言"我爱我师,我更爱真理"②所描绘的那样;(2) 祥龙"纯粹地"追求修身为君子、达致自己内心的宁静,正如中国古谚语所说,君子独善其身。在这两个"纯粹"追求的基本联系中,对于祥龙来说,一个人应该做什么和他想做什么最终是统一的,而这与以人类及其思想作为部分的整体自然世界的根本运行之道相一致。当使用"最终"一词时,我的意思是,祥龙作为现实世界、现实生活中的人,在满足来自外部的不同甚至相反的期望和他自己独特的内部心理期望/欲望之间有自己的矛盾境况,他有自己对某种生活方式(或生活方式复合体)的偏好,他有自己的性格气质;但是,据我所知,祥龙足够明智,最终能够平衡各种(无论是来自内部和/或外部的)期望,并使其一致和互补,尽管不一定是以"和谐平衡"(harmoniously-balanced)的方式、而(根据我的观察)部分地也是以"综合平衡"(synthetically-balanced)的方式(取决于境况和语境)。

　　尽管祥龙在 2022 年 6 月去世的消息对于我而言并不过于突然(祥龙在年初 1 月邮件中告知最近体检时发现胰腺癌晚期),但我默然多日心情格外沉重。大约一个多月前,在 4 月底我们最后一次邮件交流中,祥龙告知:"我的治疗还在进行。不很理想,但有一定效果。我现在主要面临失眠。很不好

---

　　① 祥龙谈论真理,既不是激进相对主义的纯主观性的"什么都可以"式理解,也不是某种限于道德意义上或实用主义式理解,而是人们对真理的前理论"实事求是"式理解。可以说,这种对真理的追求不仅构成他自己学术研究的一个规范性基础(如果我对之理解正确的话),也构成祥龙和我之间许多建设性讨论的共同规范性基础。祥龙对客观真理的执着追求可以在他临终前对学生的一段私人告别对话中体现出来,他的原文摘录如下:"我以前和你们讲的,教你们的,心里想讲的东西,并无半点虚言,……我很负责任地告诉你们,佛性,天性,禅性,道性,儒性,真的有那么个东西,是能起作用的,我无法再描述。我只能说,有你们这些学生,我很高兴,也很幸福,在追求真理的路上,我们没有错。我说得很抽象,但只有真的到了这个境地,你们才能体会。最后希望你们大家都好,追求真理,不只是追求世俗的利益。"(以上未发表的文字来自刘悦笛,一位在中国的学术同仁,他已经通过祥龙家人确认而证实其可靠性)另请参阅祥龙的《从现象学到孔子》一书的序言部分中他对观鸟事件的叙述,以说明他的"视—域"式现象学观点明确地预设了对真理的前理论"实事求是"式理解。综上所述,我们可以看到祥龙在澄清其《海德格尔思想与中国天道》(引言,尾注 1)中就"视"与"域"二者之间的关系时提出的完整观点:他论述了[在认识论意义上]两者之间的"相互做成"关系,他还强调了"域"/"境"作为行动者经验的来源,这一点需要进行适当的阐述:用简单的鸟类观察的话来说,自然界中鸟类自身的运动本身[作为"域"/"境"方面的"来源"部分]在形而上/本体论、语义和逻辑上先于主体对其的体验,因此,在"视—域"中把握前者预设了"把握事物自身方式"这一规范。(注:方括号中文字为笔者的解释性阐释)

　　② 这条格言通常被认为是亚里士多德的,是对《尼各马可伦理学》1096a11-15 的诠释。

受,正在想办法。"我注意到治疗"不很理想",也了解这是一种很难治愈的癌症顽疾。但基于祥龙对治疗的豁达积极态度,我内心更往"有一定效果……正在想办法"这一乐观方面想。事实上,就在6月初,当之前提到的《中国哲学研究的方法论反思:比较哲学与哲学分析》①终于在5月出版的消息传来时,我正考虑如身体状况允许,与祥龙(可能也包括若干其他作者和译者)开个短暂的视频会,以"庆祝"这本他做出很大贡献的文集终于问世,另一方面能有最后机会与祥龙当面交谈。而当他去世的消息传来时,我为失去了与他最后道别的机会而痛惜懊悔。

在我个人方面,此刻心情格外沉重还有另一层原因。这三年接连失去三位难得的人生挚友:2020年,亚当·默顿(Adam Morton 1945—2020)②离世,他是我长期的良师益友;2021年,苏国勋(1942—2021)③去世,苏老师是我高中时的俄语老师,后来在中国社科院哲学所的同事,是我人生五十载之良师益友;如今2022年,祥龙兄溘然长逝。我至今尚未从亦师亦友的苏老师和亚当·默顿接连辞世的悲伤情绪中完全恢复,却传来祥龙驾鹤西去的噩耗。在此情境下,我愈加感念三位挚友在点滴淡然中展示出的"君子"性格和高尚品位。尽管他们在地球村异地而居有着不同的学术生涯和人生经历,并在不同的哲学领域有其杰出的学术成就,但他们都通过其学术研究和传道授业解惑一生诚挚不懈追索理想,具浪漫情怀而宽厚自律,待人真诚坦荡实在,集大气义气且衔地气,有家国济世之侠风义骨而力逮君子之道。他们都拥有并以不同方式呈现出的类似高尚品格和为人品位,令我深切珍视和钦佩,并激励我的人生旅途。

---

①　牟博主编《中国哲学研究的方法论反思:比较哲学与哲学分析》,商务印书馆,2022年。

②　笔者对亚当·默顿的英文追思文章见 *Comparative Philosophy* 12.1, pp. 222—226;重印于 www.amherstcremation.com/memorials/morton.html。译注:亚当·默顿,加拿大皇家学会会员,主要研究领域为伦理学,语言哲学与认识论,曾就职英国布里斯托大学哲学系、加拿大英属哥伦比亚大学哲学系,曾任亚里士多德学会主席(1998—1999)。

③　笔者对苏国勋的中文追思文章的删节版见中国社会科学网(www.cssn.cn/skgz/bwyc/202209/t20220920_5531049.shtml)。译注:苏国勋,著名社会学家、韦伯研究专家。

"孑然弗伦，洗然无尘"

——处士张祥龙七七四十九日追思

倪梁康^①

祥龙 6 月 8 日去世，至此正好七七四十九日。一直想写些文字来悼念他，却迟迟没有动笔。或许是因为与祥龙的关系过于亲熟，对他的思想过于了解，要写的内容太多，不知从何处着墨；也或许是因为与他的思想分歧过于明显，下意识地要为逝者讳；又或许是因为长久没有写过这类文字，前次为朋友去世撰写文字还在十五六年前，在此期间早已习惯了论文和论著的写作，此次便忽然觉得关于祥龙的悼文尤其难以下笔。

这里还是从十五六年前的追忆文字说起！那是我为国内现象学活动的最早参与者王炜、鲁萌分别撰写的悼念文字。他们二人都参加了 1994 年在南京举办的第一届现象学年会，而后在 2005 年和 2006 年便先后罹病，辞世而去，生命均同王阳明，止于 57 岁！祥龙虽然属于中国现象学运动的最早参与者，却并未参加首届年会。我在 1994 年前后还不认识他，甚至至今也回想不起与他初识于何时何地。但我清楚记得，知道他的名字是在 1994 年的南京会议之后，更具体地说是在我编辑出版会议论文（《中国现象学与哲学评论》第一卷）期间。当时我正在阅读王炜寄来的北京方面提交的会议论文，突然发现其中有一位叫张祥龙的作者，他提交的论文题为"现象学的构成观与中国哲学"。该文开篇第一句就是："'中国'的'哲学'要获得真实的思想生机，离不开中国古代思想这个源头以及与西方哲学的对话。"接下来全文共两章，分别讨论"现象学的构成本性"与"中国哲学中的构成识度"。细读之下，大为诧异，遂即致函王炜询问这是何方神圣。而后从王炜处得到答复，

---

① 作者简介：倪梁康，浙江大学哲学学院教授。

这位张祥龙刚从美国完成学业,回到北大外哲所任职不久,本来已准备前来南京参会,但他的博士导师恰好在此期间到访中国,他需要留在北京陪同,故而未能前来赴会,仅提交了这篇会议论文。

认识一个人,有时一篇文章就足够了! 我与祥龙的缘分,便始于这样一篇文章。尚不知这是不是祥龙回国后撰写和提交发表的第一篇论文,但无论如何,我从此便开始希望和期待祥龙能参与每一次的现象学活动。而当年的《中国现象学与哲学评论》之所以没有将祥龙纳入第一届学术委员会,皆因北大方面已经有了三位先驱代表,靳希平、陈嘉映、王炜。后来祥龙与他们一起,在北大讲授现象学与海德格尔,有时在一学期里可以同时开设三门讲授现象学与海德格尔的课程,一时蔚为风气。但祥龙并不仅仅关注海德格尔的现象学,而是与另一位来自北大的现象学家靳希平一样,从一开始就同样将胡塞尔的现象学视作需要重点关注的西方哲学之一。在随后的几十年里,他们二人于北大培养出的学生分散在全国各地,其中不仅有以海德格尔哲学为研究重点的学者,也有以胡塞尔哲学为研究重点的学者,这些学生现在已经成为中国现象学研究界的主力成员。

不过,也正是在祥龙这篇极具分量的论文中,我从一开始就看到了我与他的思想的基本分歧所在,主要是在思想取向和思维风格上。一方面,就"现象学的构成本性"而言,胡塞尔虽然一再地将自己的现象学称作"构造的现象学"(或"构成的现象学"),但他以此想要表达的是:现象学是对意识构造活动的研究,是对意识的静态结构和发生结构的研究,但这并不意味着,现象学的思维方式本身是构造性的。胡塞尔的现象学不应当是康德意义上的"建筑术",即对一种思想体系与规范系统的建构,而只能是胡塞尔意义上的"考古学",即对深密的先天心灵本性和彰显的后天心灵习性之构造的发掘与发现、直观与描述、分析与把握。这个意义在早期的现象学海德格尔那里仍然维续着,只是在后期的解释学海德格尔那里才逐渐消散。而另一方面,就"中国哲学中的构成识度"而言,即使在儒家哲学中,能够谈得上"构成"的也只有孔子思想中的某个向度,在我看来是规范伦理学或"礼学"的向度,而到了思孟学派那里就已经被淡化,被另一种描述伦理学的或"心学"的思维方式所取代。它可以被概括为:礼是由心构成的。这是一种原先在孔子那里若隐若现存在的思维方式。祥龙很可能看到了这一点,因而他在其文章中有意地撇开了孟子，只谈古代思想中"孔子、老庄学说的构成本性"。事实上，在儒家内部，从一开始就在礼学与心学、文化与自然、习性与本性、礼序伦理与良知伦理，或构成伦理学与描述伦理学等两个向度之间存在一种张力。而如前所述，儒家自身中的这种张力也存在于现象学自身之中。我和祥龙实际上分处在这个张力的两端，并在各自的一端上用力，且同样依仗了各自理解的"现象学"眼光和手段。

这个由各执一端引起的立场、方法、风格的分歧，贯穿在我与祥龙思想交往的始终，引发了我与祥龙在后来岁月里的一再讨论和争辩，我想我们都默默地在心中将对方视作潜在的论辩反方。我们十分熟悉并尊重对方的想法，但这并不妨碍我们坚持和维续自己的立场。我与他日后在其他方面的思想交流和学术讨论，基本上都是以这种方式展开的。现在回顾我们两人之间这段长达 25 年以上的思想交往史，或许可以总结说，我们之间的个人友谊和思想联系，是在一种陈寅恪所说的"了解之同情"中展开的。

陈寅恪使用的这个概念，在我看来是源于他在欧洲留学期间接受的一个流行的同感心理学和理解心理学的概念："了解之同情"（verstehend einfühlen）。但这里的"einfühlen"，并不应当误解为通常意义上的"同情"（希腊文的"συμπάθεια"或德文的"mitfühlen"），而是应当对应于当时利普斯等一批心理学家（铁钦纳、弗洛伊德、施特恩）以及胡塞尔等一批现象学家（舍勒、雅斯贝尔斯、施泰因）都讨论过的"同感"（铁钦纳译作"empathy"，中译此前被误译作"移情"，如今在心理学、教育学和经济学界多被译作"共情"或"同理心"等）。对于胡塞尔来说，对自己的理解奠基于反思之中，对他人的理解奠基于同感之中，尽管他认为"同感"不是一个好的概念，而他自己更愿意用"einverstehen"（同理解）来表达类似陈寅恪所说"了解之同感"的意思，即我感受到你的感受，我体验到你的体验，我理解了你的理解。而且从这里并不能推导出，我认同和分有你的感受、体验和理解，也即通常意义上的"同情"的意思：看到别人痛苦，我也被痛苦感染并因此而分担痛苦；看到别人快乐，我也被快乐感染并因此而分享快乐。但"同感"的情况与之不同，甚至有可能正好相反。例如我们现在听一个人的发言，可以完全理解他所说的东西，但不一定赞同他，甚至可能不赞同他。再如，看见小孩在井边开心地玩耍，在我心中升起的"恻隐之心"并不完全是"同情"，即与孩子的同快乐，而更多是耿宁所说的"同感"的一种："为他感"（Gefühl für andere），因为自己并没有被孩子的快乐所感染，而只是理解孩子的快乐，同时又更多地抱有对孩子落到井里的担忧和紧张。

我想，我与祥龙的交情，是这个意义上的"了解之同感"，是"知音"，也可以说是严格意义上的"知己"（知彼如己），但非严格意义上的"同志"（同一志向）。就像孔子与孟子的志向并不完全相同，胡塞尔与海德格尔的志向并不完全相同一样。可以说，祥龙提出的每一个想法和主张，我都可以了解地同感，虽然不一定会附和地赞同。

总的来说，祥龙是一位"处士"，即古人所说的有德才却隐居不仕的人，或没有做过官的读书人。但他又不能算是"隐士"，因为他仍然在过问世事，做着处江湖之远仍忧其民的思考和主张，且在这方面投入甚多。可以将此视作祥龙个人性格之间的潜在矛盾冲突，但更可以视作他先后接纳的儒道佛思想在他内心中形成的某种张力。这种张力，在思想史上的诸多大儒那里都可以发现。追根究底，这就是儒家倡导的内圣外王之道，或者说，在内圣与外王之间的张力。依我的理解，在儒家主张的"格物、致知、诚意、正心、修身、齐家、治国、平天下"八目中，祥龙止步于第六目。也正因为此，他才不是"隐士"而是"处士"：儒生中的处士。

这里借用范仲淹"唐异诗序"的结尾文字来赞美祥龙的道德文章：

> 观乎处士之作也，子然弗伦，洗然无尘。意必以淳，语必以真。乐则歌之，忧则怀之。无虚美，无苟怨。

以上是我在 7 月 27 日北大外哲所举办的祥龙追思会上发言的全文。在交代了上述思想背景之后，现在可以接着说明，我与祥龙的思想分歧为何几乎贯穿在我与他的思想交往的始终。这里先以他极力倡导的儒家孝道伦理学为例。我与他在 20 世纪末或 21 世纪初就有过这方面的长谈。对我来说，这恰恰代表了祥龙指出的中国哲学的"构成本性"的一个典型例子。孝道与母爱不同，后者是先天存在的本能或本性，不需要人为地构成，而前者是后天培育起来的习惯或习性。因此，孝道是构成的，这是儒家礼学的一个重要向度，这一向度在孟子那里也可以发现，例如他说的"不孝有三"或"五不孝"等。但在孟子那里，最重要的主张在于心学意义上的"孝悌之心"或"孝子之心",可以将它视作孟子"四端说"中"恭敬之心"或"辞让之心"的一种形式:即礼之端。按照儒家的传统解释,四端还不是四德,但构成四德的发端。换一个角度来看还可以说,四端是四德的先天基础,四德是四端的后天构成。这也就是我前面所说的礼学与心学、文化与自然、习性与本性的儒学两端。后儒倡导的先天之学和后天之学,实际上是对孔子和孟子那里各自偏重的一端的展开与落实。

　　我在这里并不想再做一篇论述先天后天之说的文章,而只是想说,这里概述的这个看似简单的结论,并不是我在与儒学相关的研究中从一开始就得出的,而是在与祥龙和耿宁等人的思想交流中,经历了几次的纠正和充实。与祥龙第一次做深入讨论,应当是在首都师大陈嘉映组织的一次研讨会的会上会下进行的。我当时认为,孝道属于家庭伦理意义上的社会伦理,会随时代、民族和文化的差异与变化而有不同和变化,不具有普遍有效性,无法应对相对主义的指责。而同情或母爱则是先天的,是人皆有之、不习而能的情感伦理学的第一原则。因而,究竟将伦理学建立在孝的社会美德还是同情的自然美德基础上,乃是有本质区别。而祥龙则针对我的主张提出疑问,他认为将一门伦理学的基础建立在人类进化过程中偶然形成并保留下来的某种生理机制上,这本身就已经表明了某种进化论相对主义的趋向。

　　相信那一次的讨论对我们二人都有触动。至少就我这方面而言,此后在有关这个问题的思考中我会一再地将自己置身于祥龙的质疑中。我后来在学习与思考的过程中逐渐修正了自己的观念,或者借用胡塞尔在《逻辑研究》第二版中的说法,"在此期间我已经学会发现":所谓自然美德和社会美德并不一定意味着两种截然不同的道德类型,无论这种不同是指先天和后天的差异,还是本能和习得的差异,又或是自然与人为的差异,又或是禀赋与约定的差异,而是可以意味着在同一个道德类型中的两个基本因素。具体说来,我们不能简单说:同情心是先天的或本能的,忠孝之道是后天的;良心是自然的,正义是约定的,如此等等。因为一方面我们在同情心和羞恶心那里可以发现:它们都是不习而能的良能,即意识本能,而同情与羞恶所涉及的对象则是后天的习俗、文化、教育等社会环境的影响。易言之,同情羞恶的能力是先天的禀赋,实际上是无法习得的,同情和羞恶所针对的人与事等则是由后天的文化、教育、社会环境的影响决定的。另一方面,例如我们在关于公正或正义的案例中可以发现,如果没有作为本能的正义感或是非心的支持,它会成为无法建造的、即使建造了也无法落地的空中楼阁,更有可能会成为伪善的庇护所。最后,在孝悌之道那里可以发现,它同样也在某种程度上奠基于本能之中,例如奠基于四端中的恭敬之心中。我们完全可以从这个角度来重新审视一下人类目前共同拥有的所有道德范畴。

现在回想起来,我与祥龙就此问题的另一次对谈还是在马里翁的参与和见证下进行的。2017 年我促成了马里翁的访华,在他巡回演讲回到广州时,方向红、黄作便邀请我作为邀请方代表与马里翁做一次对谈(图 33、34)。经验告诉我这种通过翻译进行的哲学交流难以成功,因而一开始拒绝了。但我最后还是做了一个有条件的让步,条件就是当时还在珠海执教的祥龙也参加对谈。随后祥龙应邀欣然而至,于是有了在"心性与天性,天命与天道"这个标题下的一次所谓"中法现象学的新世代对话"。

这次对话与我预想的一样收效甚微。我们三人基本上是各说各的,也只能如此,远不如我与祥龙以往私下里的讨论交流那样每每可起到彼此触动的作用。但我在交谈中还是表达了我的一个基本想法:祥龙的孝敬现象学和马里翁的宗教现象学都可以纳入恭敬心现象学的区域本体论范畴。恭敬心是良知良能,本性的潜能,人人生而有之,而指向具体对象的(对象化了的)孝敬和虔敬则分别代表了从恭敬本能中生发出来的文化、历史、社会习得的向度。当时我并没有说,但现在觉得似乎可以借用牟宗三式的说法来表达:一心开二门。在我这里可以说是一本性(恭敬心)开出二习性(对神祉的虔敬之礼与对长辈的孝敬之礼)。可以看出,我并没有放弃心学的基本立场,坚持在道德本能和道德判断的二元中,前者构成后者的基础。但我承认道德生活需要有二元的依据,尽管这个二元常常会引起道德冲突,无论它们是在情感道德和理性道德(爱德华·封·哈特曼)的名义下,还是在自然美德与社会美德(休谟)的名义下,或是在个体道德与群体道德(尼布尔)的名义下,诸如此类。

这个观点的修正,从现象学的视角来看仍然是在道德意识现象学领域中进行的,也是在描述现象学的方法中进行的,修正则意味着一次从个体良知端向社会正义端的伸展和过渡。胡塞尔在早期受狄尔泰的影响,将描述现象学的方法运用在伦理领域。他始终在思考狄尔泰与约克伯爵提出的"理解历史性"主张。这里的"历史性",是指人的自身意识的历史或人的心灵生活史。而理解的手段在狄尔泰和胡塞尔看来都要通过以自身思义(Selbstbesinnung)方式进行的直观和描述。胡塞尔本人在与未竟之作《危机》相关的1934年手稿中,也曾流露出在其伦理学观点方面的修正意向。他区分"第一历史性"和"第二历史性",并主张用第二历史性来改造人的第一历史性。或者也可以说,第一历史性是"理解历史性"的问题,第二历史性是"创造历史性"的问题。而在伦理学角度,这意味着从描述伦理学立场向规范伦理学立场的挪移。而现象学的另一位重要代表海德格尔,在其1936—1938年期间的手稿中一再论述的"第一开端"和"另一开端",也可以视作在狄尔泰的理解历史性问题上的某种修正动机。

祥龙是否理解和接受了,或是否可以理解和接受我的这个修正的观点,可惜现在已无从得知。在我因照顾家中老人之需离开中大转到浙大,而祥龙也结束在中大珠海分校的工作回京后,我曾几次尝试邀请祥龙到浙江大学讲学一段时间,可惜均因各种缘故,主要是他的身体原因而未果。最后的一次尝试是在去年11月,我邀请祥龙夫妇到浙大来访问一周,以期具体商讨日后可能的来杭长期执教计划。祥龙到达后的最初两天,我们还借浙江大学与中山大学两个哲学系的联谊活动之机去了天台和临海游览,一路奔波,未及与祥龙讨论学问。旅行结束当晚,还在饭桌上便传来上海迪斯尼乐园突发疫情的消息,短时间内又有各地应对的反应措施接踵而至。到晚餐结束时,大家就已经做出决定:姑且作鸟兽散,各回各家。于是,原本计划的祥龙在杭讲学之事又一次不了了之,未料这是最后的一次。

不过我相信祥龙会或多或少地理解和接受我的观点,但同样不会以放弃自己的立场为代价。我们之间的分歧并不是因为我们完全不认可或拒绝对方所持守的一端,而更多在于对各自持守的一端的权重衡量上的差异,也可以说是对两种立场的奠基秩序的理解不同。而我们的讨论交流至少相互表明和澄清了各自的立场,并以此拉近了相互的距离。我虽还未细读过祥龙刚出版的《儒家哲学史讲演录》第四卷《儒家心学及其意识依据》,但相信祥龙在这方面至少已经有了若干关注和思考心得。

在这次与马里翁的对谈中,我还有一个附带的收获:我发现马里翁在饱满的虔敬情怀之外也抱有不弱的怀疑和批评精神。撇开他对胡塞尔的执守和出离不论,他对梅洛-庞蒂的直言不讳让我吃惊:他认为梅洛-庞蒂的原创性不够,因为他没有像列维纳斯、德里达那样创造出打上了自己烙印的概念——对此我并不相信;他还认为梅洛-庞蒂的许多重要建树都依仗了当时他率先在比利时鲁汶大学胡塞尔文库阅读和研究的胡塞尔未刊手稿——对此我将信将疑。不过,之所以会在这里提到马里翁,主要是因为我联想到当时对谈成员之一的祥龙。与马里翁相比,祥龙在信念以及对信念抱有的真诚方面要远超马里翁,但在怀疑与批判精神方面则偏弱一些。可以这样说,祥龙在哲学史研究和思考中所处的心态语境似乎更多是偏向笃信方向,而非存疑方向的。这也被我用来解释他的思想风格中的神秘主义偏好。

关于祥龙对神秘主义的兴趣,我此前略有所知,但并未专门关注。偶尔见到他参与编辑和翻译的一些现代和古代的神秘主义论丛,以为那是他的某种思想爱好,类似像罗素也会在"神秘主义与逻辑"的关系中讨论两种不同的思维方式。直到2017年参加成都华德福学校组织的一次会议,会上会下与祥龙的相聚和讨论让我对祥龙抱有的神秘主义倾向产生更深的印象,而且还在此印象上得出了上面已经提到的一个判断,即祥龙思想或意识中的信念因子要强于怀疑因子。

我们在此次会议的会上会下讨论了施坦纳、施泰因和胡塞尔各自思想中包含的神秘论因素。我的会议发言内容与胡塞尔和普凡德尔的女学生格尔达·瓦尔特有关,她曾担任首任弗莱堡现象学学会的召集人,在胡塞尔、海德格尔、施泰因等人都参加的学会成立会议上做了讨论和批评"胡塞尔的自我问题"的报告,后来于1923年在胡塞尔主编《哲学与现象学研究年刊》的第六辑上发表了她在慕尼黑大学普凡德尔指导下通过的博士论文《论社会共同体的本体论》。同年她也在这家尼迈耶出版社发表了《神秘体验的现象学》(*Phänomenologie der Mystik*),而她最后也成了超心理学(Parapsychologie)的代表人物,因而她的思想历程可以说是一个从心理现象学到神秘体验现象学再到超心理学的发展过程。这个过程究竟应当被评价为上升,还是下降,这就要看评价者对待神秘论的态度如何。而这成为我与祥龙的讨论中出现的一个分歧点。

格尔达的神秘体验现象学或神秘论思想主要受到人智学创始人鲁道夫·施坦纳的影响。她使用的"精神直觉"(geistige Intuition)的概念与方法主要来自施坦纳,而施坦纳在发现和倡导"精神直观"(geistige Anschauung)的过程中与舍勒的相关思考有相互影响,就像舍勒在初见胡塞尔时,两人在"本质直观"问题上心心相印一样。因此我有理由认为,这个"精神直观"是联结胡塞尔、舍勒、施坦纳、格尔达的一条思想线索,也可以说是联结现象学、人类学、人智学、神秘体验现象学的一条思想线索。

当然,理清这条概念史的发展线索固然有其意义,但随之而带出的方法论问题才成为逐步逼近的问题之要害:精神直觉与本质直观之间的界限究竟在哪里?胡塞尔的加拿大学生贝尔便曾提出过这方面的问题:"一旦将智性直觉用于'含有实事的'(sachhaltig)问题,那么为什么任何一个唯灵论者和耽于幻想的人就不可以随意引述一个'直觉'的明见性呢?"胡塞尔的这位哥廷根学生贝尔好像预见到了胡塞尔后来的学生格尔达在弗莱堡的出现以及她带来的问题。

如果说精神直觉和本质直观的共同点在于,它们都指向超感性的、超经验的或超自然的事物并且声张它们的实在性,那么它们之间的差异又在哪里?或者说,神秘事物与本质之物的区别在哪里?我们可以从胡塞尔致格尔达的一封回信中找到区分这两者的大致标准,意向性与公共性:本质直观是指向具体的观念对象的,能够明见地拥有自己的对象,而且这种拥有不是个体的,观念对象是可以为人们所共识的。不言而喻,这里的问题并不是通过这两个原则标准的提出就可以得到总体解决的,为此还需要对"含有实事的"大量个别案例进行具体的分析鉴别。但由此至少可以理解,胡塞尔对格尔达的《神秘体验的现象学》虽然抱以相对宽容的态度,但本底里并不认同。格尔达在自传中回忆说:"即便是我如此尊敬的埃德蒙德·胡塞尔,也并不将这些事情视作例如对实在性的叙述,而是至多视作'观念的可能性'。胡塞尔认为,这里唯一真实的是神秘论者的体验活动,是他们的爱的炽热,但不是他们的'客体'。而另一位非常著名的哲学家则对我提出异议说:圣女特蕾莎'只不过是歇斯底里而已'……"

格尔达在这里所说的"另一位非常著名的哲学家",根据我的考证无疑是指海德格尔。从现有的资料来看,他对这位女学生或女同学抱有极度的不满和怨气,而这在很大程度上与格尔达的神秘论倾向有关。海德格尔认为这已经不是哲学,而格尔达最终也在书信中向他宣告自己会"带着喜悦放弃哲学"。

事实上，尽管海德格尔本人以各种方式讨论"无对象之思"或"前意向之思"，也讨论现象学意义上的"非显现之物"或"不可显现者"，但他原则上拒斥格尔达式的"神秘主义"（Mystizismus）或"隐匿主义"（Okkultismus），甚至在私下里批评胡塞尔对格尔达的宽容或纵容。在这个问题上可以看出，胡塞尔还在一定程度上承认神秘体验作为只有意向活动（noesis）而无意向相关项（noema）的意识行为的真实性——这也是佛教中无分别智的特点，但海德格尔则根本不承认这类体验属于正常的心理活动。

但我在与祥龙的这次交流中发现，他在这一点上没有跟随海德格尔，而是仍然持守对各种类型的神秘主义与隐匿主义的某种偏好。在格尔达那里出现的超感性、超自然的知识或智慧，神智学与人智学的观点，各种类型的心灵感应（Telepathie），例如与他人、死者、上帝的心灵感应，瑜伽体验，慧眼现象（Hellsehen）、鬼魂现象（Spukphänomen），等等，直至"灵媒天赋"的说法，对于祥龙来说都是极具吸引力的积极概念，而实际上也曾是他编译的神秘论文献中出现过的话题。它们的范围已经超出了通常的宗教经验，扩展到了与作为个人经验的高级形式的信念一般的领域。也正因为此，我要回到前面提到的一个印象上来，即祥龙的本底思想或原本意识中的信念因子要强于怀疑因子。我在后面还会为论证这个印象提供更多的案例分析。这里只需说，这个回溯得来的印象，与贯穿在我和祥龙的思想交往始终的基本经验是相符的，它们多少表明了一点：即使在他的两个或两个以上的信念之间发生冲突时，祥龙也宁可持守和维护自己的基本信念，而不愿提出对其他与此相悖的信念的怀疑，也不愿在两种矛盾的信念之间做出取舍的抉择。

无论如何，在这点上我与祥龙的性情或秉好的差异是比较大的。这种差异很难用分析描述的方式来阐释，但用文学艺术的比喻可以说，它有点像是宫崎骏电影与哈利·波特电影之间的差异。祥龙偏好后者，我偏好前者。不过这个说法已经不够严谨了，因为在看哈利·波特并写下与孝道相关的电影评论之前，他还没有看过宫崎骏的电影，所以难言偏好。而我之前曾看过哈利·波特的片段，而之所以说"片段"，是因为我从一开始就没有将第一集看完。我并不是厌恶它，只能说无法被它吸引。相反，宫崎骏的电影我每部都能从头看到尾。在北大召开的一次会议上，我在听完祥龙的报告后与他聊到我的这个感觉。他十分好奇宫崎骏对我的吸引力，因此后来去广州时还特意带了硬盘，让我为他拷贝了我收藏的所有宫崎骏的高清动画片。

我不知道祥龙的观感如何，他此后也未对我说起过。好像间接通过他的学生，可能是朱刚，听说他看了之后也很喜欢宫崎骏。而我这方面，依稀记得祥龙好像还喜欢《指环王》，那时我没有在意，因为还没有看过，但后来看了，也觉得很好，甚至也捎带着看了《霍比特人》。这可能算是我们之间相互影响的一个结果吧。

写到这里，我突然发现，在祥龙思想中的几个基本要素之间的联系十分复杂，也十分有趣：天道、人伦、神秘、中国文化、知识、孔子、老庄、龙树、胡塞尔、海德格尔、舍勒、列维纳斯……这个关系显然不是一条可以推演的单线发展的逻辑脉络，而是由几颗星星构成，并在变化和运动中相互作用和反作用的星座。

与祥龙的另一次思想交流或冲突涉及他提出的儒家文化保护区的想法。我是在认识他之后才渐渐了解到，祥龙留学美国的目的实际上主要不是为了学习西方哲学，或者说，留学美国只是他的手段，他的真正目的是通过西方哲学来获得引发中国哲学真实思想生机的方法与途径。他骨子里是一个中国思想家，而且首先是虔信的道家，后来也是一定程度的佛家，但他的责任感使他最后成为了儒家。这个思想发展历程与王阳明相比有相似之处，也许因此祥龙对儒家心学也始终念兹在兹。而正是祥龙的这种责任感，促使他提出儒家文化保护区的主张与倡议。我曾在一次会议期间与祥龙就此长谈过一次，应当是 1998 年岁末在海南召开的现象学年会的会上会下。后来我在《一个人的海滩》的随笔中还写下这样一段文字："记得是在读《牛虻》的时候曾读到：倘若一个人能够独自面对自然而长久不厌，必定可以得知他拥有一个充实的内心世界。设想来开会的文人学者中，会在附近村落中找间房子住下，面对大海来测探自己内心世界之丰富程度的人绝不只我一个（这里首先想到的是张祥龙兄）。当然我也知道这只是一时兴发的感叹而已，没有必要大做文章，末了我还是会默默地回到我的蜗居，融入日常生活的汇流之中，无论我现在做何思想。"

还在与祥龙认识之初，我就可以清晰地感受到在他身上始终保留着的某种意义上的文学青年气质，而且更难能可贵的是，他始终还以自己的方式尽可能地坚持知行合一。我自觉与祥龙意气相投，是因为自己也始终还有这方面的倾向。但与他相比，我具有的现实感显然要更多些。例如对于他的儒家文化保护区设想，我当时的总体看法就是不现实，也无必要。不现实，是因为儒家文化即使在当时改革开放的盛期也未衰弱到需要保护的程度；无必要，是因为若一种文化真的衰落到了需要保护的程度，它也就没有被保护的必要了——这听起来像是一个悖论，但我认为是真实不虚的。我曾向祥龙举例说明文化的生命力不是通过人为的保护来维系或激发的：捷克民族的文字语言文化发展至今，已经通过昆德拉等一批文人学者的努力而得到世界范围的认可，但此前的第一部捷克历史《波西米亚史》（1836年）还是用德文写成的，捷克语那时还不能成为书面语言。而德国文化本身的发展史更是一个例证：虽然已经有了路德的《圣经》德语翻译和对德语的规整在前，德语到拿破仑时代在欧洲仍不能登大雅之堂，这个局面到康德、黑格尔、歌德、席勒之后便根本改观。在此之后，说德语粗鄙的人只会反证自己的粗鄙。叔本华、尼采虽然对德语乃至整个德国文化和民族还偶有微词，但他们却恰恰通过自己的德语写作而为德语注入了勃勃的生机与活力。由此看来，文化的命运并不需要依仗外在的保护神，而更多是掌握在内心创造神的手中。

不过反过来想，我与祥龙在这个问题上的讨论最终还是在一定程度上再次导致了各自想法的改变，或至少是将各自想法拉近了。就我这方面而言，我本人最终认为，类似于祥龙的理想和动机之来源的阿米什人村落的文化保护区，有总比没有好。我不知如今在国家层面推行的"国家级文化生态保护区"是否受到过祥龙设想的启发和影响，但这个计划至少也是有益于包括儒家在内的多元文化的保护与发展的。

最后还要提到的是在我与祥龙之间可能最大的、至少延续时间最长的分歧，这就是我们对待海德格尔的态度差异。还记得他在许多年前就曾对我抱怨过："梁康，我与你交往这么多年，每次见面你都会不冷不热地挖苦讽刺海德格尔几句。"这也引起我对自己心态的一再反思。尽管我们曾认真地讨论过几次，也未能消除他为此对我抱有一定的怨气。在最后这次天台行的回程路上，我与他此生的最后一次对话也与此有关：那时我在车上与坐在身边的同行者聊天，不知怎么就谈到研究海德格尔的学者中，我知道有两三位都以自杀的方式辞世。坐在前一排一直沉默不语的祥龙好像突然醒来，孩子赌气般地插入一个问句："难道研究胡塞尔的就没有自杀的吗?"我只能用一句"真的没有"来回复。我随后也举出例子来说明,哲学界自杀身亡的学者也包括研究王阳明的和研究荀子的,等等,说明在研究者和研究对象之间形成的或紧张或平和的对应关系往往不是实质性的。祥龙未再言语。但实际上我在祥龙处经历的这类插入的质疑已经不是第一次,至少前面有一次是在成都会后讨论社会主义核心价值观的问题时。它们都包含了一定程度的误解,但说到底并非无缘无故的误解。误解可以通过进一步的解释而得到化解,但这个误解背后的"缘故"则不一定也会随之消逝。

的确,我对海德格尔的不满和批评的历史应当比我与祥龙交往的历史还要长。最初在 1994 年发表于《读书》上的文章《一时与永恒——海德格尔事件感悟》中,我便借对当时法利亚斯的畅销书《海德格尔与纳粹》的评论表达了我对海德格尔的看法。那时我并没有把握像雅斯贝尔斯和哈贝马斯那样确定:在海德格尔的政治感觉与实践,同他的哲学思想之间存在着内在的联系。我对他的批评主要涉及他对其老师胡塞尔的态度以及由此表现出的晦暗人格。此后我对海德格尔的批评断断续续,直至 2016 年,我在撰写胡塞尔思想传记期间,为了纪念海德格尔去世 40 周年而将胡塞尔哲学生命中最重要的一段思想关系,即他与海德格尔的私人关系和思想联系,提前完成,以"胡塞尔与海德格尔——弗莱堡的相遇与背离"为题从胡塞尔思想传记中取出,另册发表,也算"以某种方式对此长期萦绕在心头的关系思考的一个总结或清算"。

之所以说"总结与清算",是因为在我的学术道路上,海德格尔是我最早接触和喜欢的哲学家,硕士阶段也曾动心以他为题写论文。但结识耿宁后我便打消了研究"后胡塞尔现象学"的想法,直接开始专攻胡塞尔本人的现象学,对其他的后胡塞尔哲学家的研究陆续退居二三线。但后来在弗莱堡完成学业回国后,我发表的第一部专著是《现象学及其效应——胡塞尔与当代德国哲学》。在这本书中,除了胡塞尔研究之外,关于他的思想效应的研究也占据了大半篇幅,而海德格尔构成其中的首要部分。该书于 1994 年收录在三联书店的"三联·哈佛燕京学术丛书"中,出版后我才在书的封底上读到出版社此前请叶秀山先生提供的审核意见或推荐意见。当时和现在都让我感到不解的是,他提出的一个主要推荐意见与海德格尔有关:"本书亦从现象学总体来研究海德格尔，对我国学界有很好的参考作用，对国内有些学者用'东方圣人'的模式来理解海德格尔，实际上可以起到纠偏作用。"我不知叶先生所谓"有些学者"指的是谁，现在我可能会联想到祥龙，因为他两年后也在这个丛书中发表了他的博士论文《海德格尔思想与中国天道——终级视域的开启与交融》。不过当时叶先生应当还没有读过祥龙的稿本，很有可能只是对当时国内的海德格尔研究的一般状况有感而发而已。

但在我这里可以确定的是，之所以联想到祥龙是因为我感觉到，如前所述，他的海德格尔研究——当然也包括他的儒道佛的研究——包含了很强的信念因素，而且这个信念与地缘文化的信念是相互关联的。祥龙所说的终极视域，主要是指东方文化中儒道佛开启的视域。海德格尔之所以也处在这个视域中，主要是因为他在西方哲学家中属于对东亚思想持有明显开放和积极态度的一位。但海德格尔主要关注的是道家和禅宗，并未特别留意儒家和佛家的其他各宗。他对老庄的兴趣与在弗莱堡学习神学的萧师毅有关，并因此也曾引发学界的广泛讨论；而海德格尔对禅宗的兴趣则与 20 世纪 20 年代至 50 年代在欧洲出版了多部禅宗著作并产生重大影响的铃木大拙有关。祥龙在他的博士论文中讨论东方思想的部分涉及佛儒道三家，而在论及海德格尔与中国思想的视域交融部分则主要围绕老庄进行。

祥龙在这个时期或在此之后的哲学研究应当在不小的程度上受到曹街京的影响。后者是祥龙的导师之一，韩裔美国人，时任布法罗大学东西方比较哲学教授，今年 1 月 25 日去世，享年 95 岁。我此前记得与曹街京教授是于 2000 年在胡塞尔家乡奥洛穆茨举办的纪念《逻辑研究》发表一百周年国际会议上认识的，但根据手中存有的他赠送的其代表作《意识与自然——现象学的东西方论文集》(Bewußtsein und Natursein. Phänomenologischer West-Ost-Diwan) 可以推测，我与他的相识显然更早，至迟是于 1997 年香港现象学学会举办的首届香港现象学国际会议上，因为他在该书上写下的漂亮中文"倪梁康学友惠存"后面的落款是"一九九七年七月，著者曹街京"。

记不得是在此之前还是之后，祥龙曾对我转述过曹街京对他所说：日本学者十分强调海德格尔所受的禅宗影响，让世人感觉海德格尔与东亚思想的联系主要借助于日本禅宗。但实际上海德格尔更多关注也更为熟悉的是老庄，因此中国学者负有将海德格尔的这一面展示给世人的重要责任。祥龙在他自己的文字中也找到相应的说法："与这个问题有关的是海德格尔与日本学者及日本思想(特别是日本禅宗)的关系。力图否认萧师毅讲话的人往往还怀有另一个动机,即淡化海德格尔与中国天道的特殊关系,最后达到突出他与日本禅宗思想及日本学者的关系目的。"

不过,曹街京在 2001 年于北大讲学期间,曾在祥龙做翻译的报告中一方面客观地说明海德格尔后人或家族(即所谓"海德格尔黑手党")在掩饰和篡改海德格尔所受东方思想的影响,另一方面也中立地告诫中国学生不要因为海德格尔喜欢中国才喜欢海德格尔。说到底,曹街京本人在他指出的这个中日学者的竞争关系中基本上站在中国的立场上,并且在他的东西方哲学研究中也偏重于老庄思想。我了解他对海德格尔政治立场的态度位于他的两个老师之间;洛维特和伽达默尔。或者也可以说,曹街京的态度与他的好友珀格勒基本一致。

可以发现在祥龙与他的老师曹街京对海德格尔的理解之间存在的差异,这个差异在祥龙那里后来表现为一种在儒家的伦理学人道主义与道家的形而上学本体主义之间的张力。而这个张力在曹街京和海德格尔那里并不存在。尤其是在海德格尔那里,他在理论上和实践上都无意成为也无法成为一个儒者:理论上他甚至会反对各种形式的人本主义,而实践中他离儒家的伦常要求更是相距甚远。因此,在与海德格尔相关的语境中,祥龙的中国天道的说法只能专指道家之天道,难以扩展到儒家的人伦之道。从海德格尔的存在论中找不到可以连接人类学、人格论、伦理学、价值论的坚实桥梁。我自己觉得,祥龙在他后来倡导的家与孝的伦理学中已经无法从海德格尔那里获得理论方面和实践方面的支持,甚至可以说,祥龙后期在知行方面与海德格尔恰恰是相对立的。

这就是我前面提到的祥龙的另一个思想案例。我在前面已经指出,海德格尔在对待格尔达及其思想的案例上,以及在对待胡塞尔及其思想的案例上,都展示出与祥龙持守的本底信念以及价值观和伦理学立场并不相应,甚至背道而驰的想法与个性。

在其他人那里,海德格尔的这些个性与品行的问题常常会被忽略不计或被缄默不语,尤其是在海德格尔的追随者那里,通常的理由是瑕不掩瑜,小迷误无碍大思想,即海德格尔自己所说的:"运伟大之思者,必持伟大之迷误。"但这原则上只能针对海德格尔的政治感觉和政治实践而言。而我对此并不在意，我关注的是海德格尔个性与品行上的问题。

让我百思不得其解，甚至可以说，让我唯一无法同感地理解的是，在最强调和执守知性合一的祥龙这里，为什么海德格尔就可以成为例外，就有权得到特赦？为什么知行合一的要求在海德格尔这里就不应或无法得到贯彻？这实际上也是我最想问祥龙，而最终还没来得及问的问题：如果你最终发现海德格尔不孝、不敬、不忠、不诚、不仁、不义，你会怎么办？

当然，海德格尔的"Fall"（可以译作"案例"或"堕落"）还不至于如此不堪。我只是想将提问升至极端，以达到逼问或拷问的效果。在提出以上这些问题时，我几乎已经完全沉浸在与祥龙直接对话的想象中。祥龙在给我的最后一封可以说是诀别信中已经写道："草草收笔，一切只能隐于不言之中。……我患病以来，对现象学与佛学的内在关联有更深体会，只是多半没有机会，甚至没有必要以通常方式'说出来'了。"而我在给他的最后一封回信中仍不甘心且期待奇迹："我很想等你痊愈之后找机会与你长谈一次。不仅要喝茶谈学问，也要煮酒论英雄。"

以上的回忆与想象中的对话与提问，权当是以通常方式再说一次的努力吧！

一路回想下来，在我与祥龙的20多年交往中似乎分歧和论辩占据了大部。但实际上在这个对似水年华的追忆中，还是有统领性的东西显露出来：我在我们之间的思想联系中，发现了与雅斯贝尔斯和他的海德堡哲学教席的前任，也是他的内弟恩斯特·迈耶的关系十分相似的东西：他们两人在许多问题上的各执一端。早年在学生时期对李凯尔特及其著作的评价方面，两人便曾发生过激烈的冲突。而后来在雅斯贝尔斯成为哲学教授之后，围绕着如何解释尼采，他俩之间展开了几乎导致他们友谊破裂的争论。与此相比，我与祥龙的分歧已经算是一种非常温和的版本了。但上述分歧与冲突，并未妨碍雅斯贝尔斯在谈及与他的内弟恩斯特·迈耶的关系时，提到一种"令人难忘的认同"或"绝无仅有的认同"。我也可以用这句话来表达我对祥龙的思念。如果像雅斯贝尔斯的学生和传记作者汉斯·萨尼尔所说的那样，"也许雅斯贝尔斯一生中只找到一个与他合拍的思想家：恩斯特·迈耶"，那么我也可以说，祥龙也许是我一生中找到的唯一合拍的同道，或者至少可以说，在哲学自身本质中的朋友。而且，即使有如上所述的种种分歧，在其他许多哲学问题上，例如在谈及孔子的"仁"及其"相对主义"问题时，在讨论对佛教唯识宗的阿赖耶识的理解时，在谈及各种类型的普遍主义问题时，以及如此等等，可能因为不涉及或较少涉及信念问题，我与祥龙之间虽有几次公开的论辩，但说到底并无原则性的分歧。或者更严格地说：不是完全没有分歧，而是没有不可消解的分歧。

祥龙在他给我的最后诀别信中写道："虽然从主/客体化角度，我们可能会较快地永别，但我相信并知道，'先验的'（超越论的）主体性不限于主体，而是通向一个更完整、丰富和美好的存在方式的渠道。追究到底，这渠道就是天道（或超觉的意识流），所以我们还会再相见。这里相比于那里，是残缺和局促的。"

这立即让我想到普罗提诺！而自从读了普罗提诺，就始终愿意希望和相信：挣脱了肉体的心灵是完美无缺和自由自在的。因而在我此刻对祥龙的忆念中，不甘与无奈共在，伤感与慰藉并存！

唯愿祥龙在天之灵安息！

2022 年 7 月 27 日

张祥龙老师走了

①

    张老师驾鹤西去。昨天是八宝山告别,但疫情的缘故,只允许20人参加。现象学科技哲学群里,吴国盛老师代表大家参加了。群里有一个悼念的小程序,大家都在悼念张祥龙教授,我上去献上一束小花时,看到已经有200多人在缅怀。

    我们都叫他大师,发自内心地尊敬。我受惠大师很多,听过他的课,和他一起去过西藏。那次去西藏我们俩坐在一辆越野车的后座,走过了西藏大地许多山山水水。一起去了布达拉宫,大昭寺,还去了桑耶寺,看了喇嘛辩经,还一起去了雅鲁藏布江大拐弯和南迦巴瓦雪峰……一路上我不停地问各种问题,可以说是拿着一个瓢从大师的思想泉源中一瓢又一瓢地舀水喝。

    张老师的书我几乎都有,我的电脑和手机里有一个张老师在北大讲现象学——从原著阐释原义的音频,一共有30多讲,我经常听,还经常在车上听……后来吴国盛老师问我,《中国国家地理》愿不愿意承办一次现象学科技哲学年会,我欣然同意,本来想去西藏开,但考虑有些人有高原反应,就改在了西昌。那次张老师也来了,我在会上讲了"中国国家地理与现象学",张老师还做了点评(图35)。

    《中国国家地理》杂志的编辑工作深受现象学的影响,这与张老师有很大的关系。现象学的悬置还原,现象学的非对象化,现象学的意识对象的当下构成……为了一篇报道,我们可以当下构建区域,我们不会执着于对象化的世界,我们知道媒介一变世界就变,有什么样的感知者、有什么样的媒介就有什么样的世界……长镜头、航拍、显微,世界都不一样,甚至由于相机感光

①　作者简介:单之蔷,《中国国家地理》杂志主编。

度的提升,才为我们带来了闪烁的萤火虫的世界,还有你过去在夜晚从未见过的璀璨的星空。我们甚至想变成鸟儿,去理解世界上为什么大多数花是红的。

张老师温文尔雅,谦谦君子,但是在课堂上探讨哲学问题时却异常犀利,有人说,从个别可以得出一般,从几个黄色的东西可以推出一般的黄,张老师问:如果你头脑中原本没有一般的黄,你怎么能挑出那几个黄色的东西来?对方无言。

张老师走了,但我的眼前总是晃动着他的身影,耳边总是想起他的声音。找出电脑中和张老师一起拍的照片,其中有个文件夹"张祥龙与云",我和张老师在车中,车窗外飘着西藏的云,张老师银髯漂浮,目视前方……我拍了一张又一张,有的实,有的虚,虚虚实实,变换着,如同今天我视域中张老师的形象。

晚上,来到办公室看到张老师送我的书《西方哲学笔记》,这是他在北大讲哲学史时撰写的,封面上还有他用红笔所写的"自用"两字,看来他把他留在身边的书送给我了。打开来还看到里面有张老师找出的几处文字错误,准备下次再印时修正,这本书显然张老师自己有用,但是他听我说想找这本书,就送给我了。感动,睹物思人,岂不哀哉……

纪念张祥龙教授

格奥尔格·斯汀格[①]

当一个人变得无语,那一定是发生了不同寻常之事,这打断了他,甚至让他陷于沉寂。但是在这里依然会出现"记忆的画面",这是切身的当下感,让人回忆起所有具体之事,这是在"er-innern"(记忆,使—内在化)这个词所表达的真正意义上的有限性的不朽。

沉默可能是最适当的"声响",伴随着沉默,空间和时间——更确切的表达是复数的空间和时间——开启了它们的大门。

来自所谓"西方"的一位同行,他多年以来一直把目光投向东方,特别是投向中国,从中获得比灵感更多的东西,他想要对一位来自中国的同行说几句话,后者很早之前就以奠基性的方式从事西方哲学的研究。张祥龙教授对于西方和东亚的哲学如此熟稔于心,学界几乎无出其右,他相信中西方思想的相互参照是理所当然之事。特别是他能够使得对现象学传统的德语和法语研究,与中国哲学中儒家、道家、佛教的思想和经验方式展开对话,寻求其一致之处,且成果颇丰。

关于我们之间的几次个人接触,我想首先提及 2004 年他在德国维尔茨堡大学的访学,正是在那里我们深入地彼此了解。自那以后,我就抱着最大的兴趣关注他的研究论著,总是对他的分析和描述的准确性和深刻程度惊叹不已。他与 Ramakrishna Puligandla 合著的小册子《语言与现实:一个跨文化的视角》,2005 年在德文书系"跨文化文库"中出版,依然展示了他精湛的方法路径:他在本书中不仅是在文化和语言上讨论不同的思想方式(道家,禅宗,龙树等),还特别关注了介于语言和现实之间的各自不同的路径,以及概

① 作者简介:格奥尔格·斯汀格(Georg Stenger),国际跨文化哲学学会主席,维也纳大学"全球化世界中的哲学"教席教授。本文由浙江大学哲学学院王俊教授翻译。

念化语言和海德格尔意义上的"语言之思"之间的基本差异，由此，即便海德格尔本人学习汉语的计划失败了，那些古代中国的，以及其他的文本依然能够且必然以哲学的方式被重新理解。由西方引发的概念性语言在此无能为力。然而张祥龙教授似乎并未关注到海德格尔的"诡辩学"方面以及相应的"精神性"方面，这可能会在文化之间产生很多彼此联结的点。

就在去年，张祥龙教授发表了他与孙向晨教授的一场讨论，涉及的是一个极为吸引人的问题，"代际时间：家庭的哲学身份"，其中他提出了一条新的哲学路径，以对基于一种新的、多元呈现的"本体论"理念的中国现代化过程进行描述。他的多元化的、国际化的研究工作引导着他前往俄亥俄州的托莱多(Toledo)和纽约州的布法罗，后来又来到了欧洲，这向我们展示了一位与众不同的哲学家，他开启了跨文化思想，首先是西方和中国之间的道路。

最后，请允许我再提及一件事，2017年我在广州中山大学召开的一次关于马克斯·舍勒的学术研讨会上再度遇到了张祥龙教授。更巧的是我们在大学校园里散步时偶遇。我们谈论了各种各样的事情，当然主要是关于跨文化的关联性以及相关的工作。在某种意义上，我觉得自己就像一个学生在全神倾听老师的每一个字。事实上，这并非空谈理论者在此发言，毋宁说，我看到的是这样一个情形：在此没有"关于一种思想"或者关于概念进行讨论，不，出乎意料的是，此时发生的是人们可以称之为"哲学会饮"的缘构发生(Ereignis)，在这里，思想开启了人们可以行进和移动的道路。完全就是在"大道"的意义上，道路和思想本身只有在行进中才会呈现。

我们在回来的路上还完全陷于沉思，有一位年轻的同事问我们，是否可以给我们拍一张照。起初我们都沉默着，但又同时回到了"现实"之中。或许大家可以在所附的照片中再度看到当时的那一刻。

尽管张祥龙教授对海德格尔极为了解和钦佩，但是他重视其他哲学家和现象学家，特别是马克斯·舍勒，这是有充分理由的。众所周知，海德格尔讲课从不离题，全神贯注于"思之事"。只有一次他有一个例外，他出于当时的场合打断了课程，背诵了他著名的发言《纪念马克斯·舍勒》。我想引用其中的一段："马克斯·舍勒死了。在一项伟大而广泛的工作中，在一个新开端的阶段推进到最终和整体，在一个新的教学活动的初始，他都被寄予厚望。撇开他的创造力的规模和形式不谈，马克斯·舍勒也是当代德国最强大的哲学力量,不,是在当代欧洲,甚至是在整个当代哲学中。……舍勒清楚地看到了现象学的新的可能性。他没有从外部接受和运用这些可能性,而是亲身从本质上去推动它们,并且立即将之与哲学的核心问题融为一体。……这种(对哲学的)真诚必定就是他间或表现出来的如孩童般的善良的源泉。……今天那些严肃的哲学思考者当中,没有人能在根本上与他无关,没有人能够取代他,哲学包含的那些鲜活的可能性与他一道消逝了。但是这种不可取代性正是他伟大之处的标志。这样一种生存的伟大,只能用它自身给出的尺度来进行衡量。……马克斯·舍勒死了。我们向他的命运低头。哲学的道路再度陷入黑暗。"①

尊敬的同事们,我们也可以把这段海德格尔的悼词节录套用在张祥龙教授身上。人们只需将某一个或另外一个时间、空间和个体的条件转用到今天的情境中,比如世界范围的情境,谈论他的思想的全球化以及跨文化的路径和样式。

我们向伟大的思想家和鼓舞人心的哲学家鞠躬,这是一位不可思议的人物,他开启了思的空间、发现了道路。

2022 年 7 月 24 日于维也纳

---

① 参见海德格尔:《全集》第 26 卷,《从莱布尼茨出发的逻辑学的形而上学始基》(Martin Heidegger, *Metaphysische Anfangsgründe der Logik im Ausgang von Leibniz*, in *Gesamtausgabe*, Band 26, Frankfurt am Main: Vittorio Klostermann, 1978, SS. 62-63)。

拈香一瓣忆人师

傅永军[1]

　　张祥龙老师于 2012 年受聘山东大学人文社会科学一级教授,工作关系落在我所在的山东大学哲学与社会发展学院外国哲学教研室。张祥龙老师受聘山东大学,有一初衷是想在深浸儒风墨雨中的山东大学别无牵挂地从事儒学和中西哲学比较研究。所以,他与学院协商聘期任务时,就更多地从科研角度谈自己在聘期内拟完成的任务。当时的学院领导也特别理解张祥龙老师的想法,同意他将主要精力放在学术研究上,不准备为他安排教学任务,特别是不安排他承担本科生的课程教学任务,同时也尽量不让他承担博士硕士研究生的指导工作。但来到山东大学工作一段时间后,特别是学院出于为新入学本科生开好专业第一课的考量,恳请他担任"哲学导论"主讲工作时,他并没有推辞,欣然接受。张祥龙老师上这门课是十分辛苦的。他接受这门课的第二年,哲学系的本科新生被安排住在济南东部的山东大学软件园校区,而张祥龙老师则住在济南南部的兴隆山校区,两个校区之间相距 10 多公里。每次上课他都要转乘几次公交车,历时 1 个多小时才能到达课堂。但张祥龙老师从未有怨言,兢兢业业,勤勤恳恳,板书作业,教学极为认真细致。"哲学导论"课程也成为山大学子们最喜欢听的哲学启蒙课程,深刻影响了那个时期山东大学哲学系以及其他专业喜欢哲学的一大批学生。听过张祥龙老师"哲学导论"课程的同学这样说,是张老师讲授的"哲学导论"课让听课者第一次感受到哲学思想于人生中发生的大概形势,那种从生活的边缘境地展现出来,有些彷徨但广阔无涯的境域让人痴迷。

　　张祥龙老师也打破了不在山东大学指导博硕研究生的自我"禁令",不

---

　　① 作者简介:傅永军,山东大学哲学与社会发展学院教授。

仅招收了博士研究生,还招收了数名硕士研究生,承担了博硕研究生部分课程,特别是研究生的学术研究和方法论课程。可以说,张祥龙老师为山东大学哲学学科的人才培养披肝沥胆,殚精竭智,贡献巨大。

在山东大学工作五年,张祥龙老师不仅躬耕不辍,跬步不休,留下了丰硕的研究成果,而且还躬擐甲胄,亲力亲为,投身于山东大学外国哲学学科建设之中,他发起并组建了"山东大学现象学与中国文化研究中心",确定了以现象学态度和方法研究中国古学的学术主旨。他和李章印教授一起创办了"现象学与中国文化",邀请学术界的同行前来交流,促进山东大学的现象学与中西比较哲学的发展。他发起并主导建立了与中山大学现象学研究所的联系机制并开展学术交流,主办中国现象学第21届年会,盘活山东大学的现象学研究传统,推进山大的现象学研究跃向一个新高峰。他还多次参加山东大学中国诠释学研究中心举办的学术活动,为山东大学的诠释学研究巩固研究重镇地位,并持续保持强劲发展态势做出了重要贡献。

更令人难忘的是张祥龙老师在学问上的严谨和谦逊。在与他共事的五年时间中,我从张祥龙老师身上真切地领略到真正的学者风度。让我印象深刻的是,每每在博士硕士研究生论文开题中遇到他不熟悉的领域,他总是谦虚地说,"这方面我不懂,没有发言权,你给我介绍介绍"。一个学贯中西、兼通古今的学者在一个研究生面前也保持着谦逊的态度,这一点让我以及所有教研室的同事非常震撼,每每忆及此事,感佩之情油然而生。

只言片语,只能从一个小小的侧面折射出张祥龙老师高尚人格的点滴表现,但张祥龙老师的儒雅气象、君子之风、人师风范会永远留存在我们山大哲学人心中。

在张祥龙教授追思会上的发言

韩水法[1]

今天,大家各自从各地,从广州、杭州、济南等地赶到北京,聚集在这里共同怀念我们敬爱的同学、朋友和师长——张祥龙教授。因为疫情,我们无法在北京大学校园内举办追思会,这家离北大校园最近并且还开着的文津国际酒店就成了首选的场地。

张祥龙教授从事哲学教学和研究几十年,从现象学直到中国传统思想研究,对中国当代哲学界和思想界产生了重要的影响,有这么多人到这里来追思他,就是最好的明证。在座的有当年他在北大上学的班主任张翼星教授,有赵敦华、陈嘉映、倪梁康、张志伟、尚新建、王东、张学智、冀建中、梁治平、傅有德、傅永军、韩林合、叶闯和李超杰等多年的同事和老朋友,哲学系主任仰海峰、书记束鸿俊也来到了现场。更多的是年青一代的学人和他的学生。张祥龙教授夫人张德嘉大夫,他的公子张泰苏教授也与我们一起追怀。

今天是张祥龙教授过世第 49 天,即"七七",我们选择这个日子开追思会,是因为他中年之后服膺中国传统。按照传统,人过世之后,亲人、友爱等每隔单数的第七天就要举行仪式以祭奠逝者。第七个七天叫做断七,这是最后一次做七。按照过去的风俗,这一天要请僧人和道士做法,自此之后,逝者就进入轮回了。我们化用传统,推陈出新,在今天聚会追思,既缅怀祥龙的生平,亦祈愿他永生。

我和祥龙是大学同班——北京大学哲学系 77 级 2 班——的同学。我们是"文革"之后恢复高考时首批通过考试进入大学的大学生。从 1966 年到 1976 年,"文革"十年,高考废弃了十年,所以 77 级汇聚了因高考恢复而重

---

① 作者简介:韩水法,北京大学哲学系教授。

获上大学机会的莘莘学子,譬如北大哲学系 77 级同学之间,年龄跨度最大的相差 16 岁,祥龙是老三届,属于年龄偏大之列。从 1978 年入学至祥龙逝世,我们相识 44 年。刚入学时,我们年级多数同学虽然接触过一些哲学,但基本上还算初入门径。祥龙和少数年纪大的同学,已经读过一些哲学著作。我听他讲过黑格尔哲学,也听他说起过他与贺麟先生是亲戚和向他请益的事情。不过,由于当年学习繁忙,加之年龄的差距和学术兴趣的差异,又不在一个宿舍和小组,本科四年,我与祥龙的交往并不多。

但是,祥龙是有传奇故事的人。在我们毕业的年代,大学生是全国统一分配的。分配机制颇为复杂,但基本原则是,除了进中央机关等单位和考上研究生的人之外,哪个省市的生源大体上就回到原地工作。有不少人都被安排到了他们不太愿意去的地方,祥龙却是一个例外,他主动要求去了北京市的一个林业保护机构,这是当年饱经工厂、农村、兵团等基层锻炼的 77 级学生不太愿意再去的单位。巡了一年山后,他发现这项工作与他的想象很不一样,就调往北京社科院回到哲学研究上来。过了一段时间,他就申请去美国读书。

1992 年获得博士学位之后,祥龙回到北京大学外国哲学研究所工作,当时外哲所和北大哲学系还没有合并。在外哲所独立的最后一年多时间内,祥龙担任了外哲所的所长。我 1988 年初回到哲学系工作,自 1996 年外哲所并入哲学系,并且随后与外国哲学教研室合并之后,我们就成了直接的同事。他从海德格尔和现象学入手,切入中国传统思想,志向越来越坚定,成果迭出,影响越来越大。而我自小就熟谙中国民间的传统、礼仪和观念等,因此与祥龙对中国传统文化的态度和感受不同,我们偶尔会有讨论和争论。

在哲学系期间,祥龙是一位很受欢迎的同事和老师。虽然北大外国哲学专业向来以每位老师各有自己的观点和见解出名,但祥龙则显得更加鲜明。祥龙很愿意为本科生开设基础课程,向学生传授自己的观念。在外国哲学教研室为祥龙、赵敦华和靳希平教授庆祝 60 周岁之后,他就想退休,专事写作。在大家挽留之下,他又任教三年,然后婉拒哲学系的延聘,先后到山东大学和中山大学任教和讲学。在这一段时间,除了开会偶尔遇到,祥龙的消息通常是从各种学术信息中获得的。当我听说祥龙又到中山大学珠海校区任教时,就很佩服祥龙的精神和学术志向。今年 5 月听到祥龙生病的消息,原本与冀建中、王中昱和韩林合教授约好要去看他,不料祥龙的病情发展很快,而疫情又开始肆虐,畅春园封园,我们无法进入,最终没有见祥龙最后一面,甚为遗憾。

　　今天这场追思会,这么多的老师、同学、朋友和学生远道来述说对祥龙的追怀和感念之情,本应让大家畅所欲言,但为了尽量让每个人都有机会表达,所以请各位在限定的时间内扼要地讲述自己最真挚的情感。追思会分上下各半场。我主持上半场,下半场由北大外国哲学教研室主任吴天岳教授主持。

2022 年 7 月 27 日

张祥龙教授追思会发言

梁治平①

谢谢德嘉,也谢谢北大哲学系给我这样一个机会,来参加今天这个特别的活动。

今天在座的多是哲学界的朋友,我直接认识的不多,而我们能坐在一起,是因为我们有一位共同的朋友,就是张祥龙教授。

我认识祥龙的时间不算长。大概是 2010 年吧,嘉映在首师大组织了一个关于普遍性问题的讨论会,我也在受邀之列。第一次见祥龙就是在那个会上,认识德嘉也是那次。后来我们之间有些走动,大多是家庭间的聚会,德嘉和我内人也在,有一次还有泰苏,但是见面次数也不是很多,大概不超过 10 次吧。不过,有一种友情并不需要认识时间很长,或者见面次数很多,它是建立在彼此欣赏、相互信任的基础上的。大家见面聊天,感觉自然、亲切、无拘无束,当时和事后都觉得愉快,就是这样。

聊天很随意,什么都谈。德嘉喜欢提问,有时还很尖锐,祥龙则总是温和、宽厚,有谦谦君子的风度。前面发言的各位很多谈到同祥龙交往的细节,都有感于他人格风范的魅力。这种风范通过思想、情感、见解,也通过仪容、装束、言谈举止表现出来。不过,给我印象最深的,可能还是他对山川草木的热爱之情。

祥龙在北大念哲学,毕业后自愿去北京市环保局工作,他说那是因为受了庄子自然思想的影响。但他对自然的爱好,不是哲学的、抽象的,而是具体的、富于感性的。他当时还在一个叫严家坪的地方租了农民的房子,有时间会到那儿去住。那个地方我知道,是河北界内靠近北京松山的一个小村庄。

---

① 作者简介:梁治平,浙江大学中西书院特聘教授。

那里是山区,有一片高山草甸,很美,但很偏僻。在八九十年代,要从北京到那儿去可真不容易,可见祥龙是一个有信念并且会去实行的人。

祥龙很喜欢爬山,我们也一起爬过几次,不是花一整天爬大山那种,就是到附近的山谷里走走。记得其中一次,出发时找了根登山杖给祥龙。进了山谷,他眼睛就不够用了,一会儿发现路边不知名的野草,一会儿发现草丛中不常见的小花,他都要用手机拍下来,用专门的手机软件鉴别一下。这方面,他和我内人是同好,两人经常还要为这些发现讨论一番。后来走到山谷深处,我看他两手空空,就问:祥龙你是不是有个登山杖? 他说是啊。但是登山杖呢? 前后左右都没有,一想,定是什么时候拍照、鉴别花草的时候放在旁边忘了拿。我说没事,东西肯定还在,回去时拿上就是。但他很不好意思,加上德嘉说了两句,他更显得不安。回去时,我看他走在前面,一路向两边张望,像个犯了错的孩子。好在后来找到了那根登山杖,他才如释重负。这就是祥龙,你会觉得他很可爱,因为他始终保有一颗赤子之心。

刚才泰苏回忆父亲,觉得在他见过的成百上千的学者里面,自己的父亲最"特别"。我听前面各位的发言,心里也在想,祥龙究竟是怎样一个人? 我们应该怎么认识他? 祥龙是学者,是优秀的学者,这样说当然没问题,但很不够。我想,学与人的关系有两种,一种是人附着于学,一种是学服务于人。很多学者都属于前一种类型,祥龙属于后一种。他年轻时寻求生命的意义,走上哲学这条路,直到生命终止。但是对他来说,哲学并不只是一种外在于他的客观的学问,更是一种内在于他的生命经验。现象学也好,儒学也好,人类学也好,所有他掌握的知识和学问,都服务于他的精神追求。所以我们看到他身上融合了很多看上去相距很远的东西:从精深的哲学思辨,到对俗世万象的感悟;从纯粹的书斋生活,到日常生活的礼仪实践。比如他为泰苏设计儒式婚礼这件事,里面既有哲学思考、古典知识,也有历史意识、认同意识和神圣感,同时又是情感的、世俗的、礼仪的、日常生活的。祥龙对中国文化的认识,对儒家义理的阐发,对孝的哲学意义的发明,既是知识的,同时也发自他对个人生命经验的体悟。

刚才有人提到祥龙关于设立"儒家文化特区"的主张,其实我最早知道张祥龙这个名字,也是因为他的这个主张。当时我的第一个反应是,这位教授可有点"迂"。后来我见到祥龙,没有跟他谈到这个话题,但因为认识了他,我对他这个主张的看法也改变了。我并不是说我同意他的想法,而是说,我理解他了。

今天很多朋友谈到祥龙哲学上的思想贡献,这方面我是外行,所以就不说了。我想说的是,祥龙热爱中国文化,认同儒家,他以毕生精力探究儒学义理,实践儒家哲学,他其实是以自己的一生向世人表明,在中国今天这样的社会条件下,儒学复兴可能有的一种样态,特别是当代儒生典范的一种可能性。

最后,我想把我听到祥龙离世消息时想到的两句话分享给各位,也以此寄托对祥龙的哀思:

会通中西关怀生民以至性求至理;

出入今古热爱自然缘至情成至人。

(本文根据笔者 2022 年 7 月 27 日在"张祥龙教授追思会"上的发言整理而成,整理时笔者对内容有少量增补)

悼 祥 龙

江 怡[①]

午夜时分,噩耗传来!

我的好友祥龙兄今晚驾鹤西去! 万分震惊!

祥龙兄,你走得实在是太早,走得太急!

早得让我们难以置信,

急得让我们意外万分!

我知道,你对死亡早已处之泰然,

你对生死早已看穿世间!

面对癌症,你以强大的意志抵抗身体上的痛苦;

面对亲人朋友,你依然谈笑风生,不与疾病抗争!

死亡的来临,

对你,

是一种从苦难中的解脱,

但对我们,

则是另一种痛苦的折磨!

忆往昔,

多重的痛苦始终伴你而行,

一生的劳累都是为了理想的追求!

你从边远的香港来到首都北京,

原本希望能够过上平静的生活,

---

① 作者简介:江怡,山西大学哲学社会学学院教授。

现实的残酷却让你经历了生活的各种磨难。

人到中年还要远赴重洋,

为自己的事业开启帆航。

无论是在俄亥俄的伊利湖之港,

还是水牛城的瀑布飞扬,

你都无法感受到生活的快乐,

只因背负的是历史的重担和思想上的理想。

从北京社会科学院的小楼到北京大学的四合院,

留下了你苦读求索的足迹:

分析哲学是你最早进入当代哲学的大门,

维特根斯坦为你打开了思想宝库的轩窗。

在布法罗,日裔教授的教诲、与同系师长的切磋,

让你看到了当代西方哲学的弊端,

萌生了追寻中华古迹的愿望。

北京大学的华丽舞台并没有让你平添炫耀,

反而成为你实现理想的动力隐藏。

现象学的方法让你找到了进入哲学殿堂的不二法门,

孔夫子的先训给了你思想比较的无限宝藏。

儒家思想在你那里得到了真正的光大发扬,

当代哲学在你那里得到了不同凡响。

想当初,你为儿子亲自设计的传统婚礼,

曾在海内外传为美谈;

你亲力而为的儒家文化保护家园,

也在当代中国引起了不小反响。

从《现象学到孔夫子》,

探问《海德格尔思想与中国天道》,

始终不忘《家与孝》,

放眼《中西印》,

《复见天地心》。

这些都给我们留下了重要的思想遗产，
无人能够撼动你的最终理想。

你一路走来，
让我们这些同代人
不得不高山仰止，心驰神往！
但我们深知，
你所做的这一切，
都不是为了自己的荣耀名望，
而是为了中国人的精神向往。
你所遭受的一切苦难，
都是为了解脱当代中国人的深重孽障。
在这种追求中，你已经成为一种背负沉重历史的当代象征，
投江自尽的屈原，
留下恒古的《天问》让后人缅怀，
你的《中国天道》和《中西印》，
必将成为后人的思想之光！

祥龙兄，一路走好！
愿西域之路没有阻障，
愿极乐世界永享安详！

2022 年 6 月 8 日深夜至 6 月 9 日凌晨

怀念祥龙老师

李超杰[1]

　　得知祥龙老师患病的消息,是今年5月28日。那天,陈启伟老师打来电话,急切地询问:听说祥龙病了,而且很严重?我感到非常吃惊,放下电话即向林合兄求证。消息马上得到了证实。我对林合说:真是想不到,他本来有长寿之相。

　　我和祥龙老师相识于1992年。那年夏季,我和林合博士毕业留校,祥龙从美国学成回国,入职北大外哲所。当时的外哲所有两个研究室:西方哲学研究室和苏联东欧研究室。我们三个同在一个研究室。祥龙老师年长我13岁,但因为他为人谦和,长得又非常年轻,我们往往不称呼他老师,而是直呼其名。直到近年来他蓄起了胡须,见面时就改口张老师了。印象中,祥龙是一个正直而天真的人,他热爱大自然,这是我们这些同事都知道的。每当所里组织春游,他都非常兴奋,当年一起游盘山和妙峰山等地的场景依然历历在目。

　　说到他的正直,有一件事印象深刻。有一年,他参与指导的一位博士生即将毕业答辩。在论文写作过程中,他们二人的观点有很多分歧,经常发生激烈的争论,学生甚至在论文中把矛头直接指向了祥龙。那天的答辩由我担任秘书。投票结果有一票不同意授予该生博士学位。当天晚上,祥龙给我打来电话,说那个反对票不是他投的。我当然相信。

　　说到他的天真,也有一件事印象深刻。钟情海德格尔和道家的祥龙,对现代技术一直持谨慎的态度。他曾经在京郊租住农家小舍,里面不要任何电气设备,让我想起了海德格尔的小木屋。一次所里开会,谈到环境问题,祥龙

①　作者简介:李超杰,北京大学哲学系副教授。

天真地说:国家领导人带头家里不用冰箱,环境就会有很大改善。我们听后哈哈大笑,为他的天真和可爱。

祥龙荣休以后,我和他联系不多。2020 年,我受系里委托,编辑《张世英哲学思想研究文集》。作为老外哲所的同事,我理所当然向祥龙老师发出了约稿函。祥龙爽快地答应了,并很快发来了稿件。由于时间紧迫,祥龙未及提供专论张先生哲学思想的文章,而是对一篇旧作"做了实质性的修订",并在文前加了一个"小序",讲述与张先生的因缘。由于该书的主题是"张世英哲学思想研究文集",有同仁认为祥龙的稿件与主题的关联度不高,打算不用这篇文章。我犹豫再三,还是给他发邮件告知了这一消息。不料,祥龙老师非常激动,在给我的邮件中写道:"此文是做中西对比,与张先生这些年的学术关怀也不能说没有关系。虽然此文是否发表于我并无什么重要意义,只是想就此对张先生的诞辰(现在是去世)表示些良好的意思。"收到邮件,我非常惶恐地给他打了一个电话,表达了我的歉意,保证一定会把他的大作收入文集,并请他原谅。

同年 12 月 19 日,"百岁哲人张世英先生追思会"在京举行,祥龙老师出席了会议。会前我们进行了简短的交谈,得知他此前曾患肺结核,当时正在恢复和疗养期,但看上去依旧精神矍铄。这一次,祥龙专门写了一篇研究张世英先生哲学思想的论文,题为"'惊异'和'热爱'的哲学地位——张世英先生哲学观简析",并在会场上演示了 PPT。该文收入了《百岁哲人:张世英先生纪念文集》。

2022 年 7 月 21 日,中宣部出版局委托中国图书评论学会召开"中国好书"月榜专家论证会。我从朋友处得知,与会专家学者对张祥龙教授倾注 20 年的心血之作《中西印哲学导论》给予高度评价。认为能对中西印哲学进行比较,在学界少有其人,能持续不断,坚持本门课程达 20 年,罕有其匹。

北京大学哲学系素以长寿系享誉社会。祥龙的过早离世,既令人震惊,又令人惋惜。这让我想起了百岁哲人张世英先生:他的很多原创性哲学运思出现在 70 岁以后。如果上天再给祥龙几十年时间,我们无疑能够看到更多的原创性哲学思想。他的离世是中国哲学界的一大损失!

我所认识的张祥龙老师[①]

龙　晶[②]

三天前,我一大清早起来就听说了一个不幸的消息,中国当代著名哲学家张祥龙先生因患癌症于 2022 年 6 月 8 日晚仙逝于家中。张老师 1949 年出生于香港,成长于大陆,1992 年在美国纽约州立布法罗大学哲学系获博士学位,回国后在北京大学哲学系和外国哲学研究所任教,1996 年出版了成名作《海德格尔思想与中国天道:终极视域的开启与交融》,将 20 世纪德国哲学家海德格尔的思想及其现象学方法与中国道家和佛家(及印度哲学)融会贯通,后更进一步从现象学深入孔子等儒家的思想,对中国古代哲学做出了富于灵性的阐释,其注重生活体验和构成境域的灵妙思维将古代经典从刻板的解读中解放了出来,使之如陆鱼归大海,笼鸟入苍穹,重新获得了自由生发的境界。张老师融西入中、微妙玄通的哲学思维深刻地启发了许多当代中国学者,为百年来在中西文明的碰撞中不断衰落的中国文化注入了新的生机。我在加拿大留学期间就有幸读过张老师的《海德格尔思想与中国天道》一书,深受启发,2012 年回国到吉林大学哲学系任教,开始了和张老师的正式接触。和张老师的许多好友和学生相比,我对张老师的了解要少得多,无法写出像样而全面的纪念文章,但受到慧田哲学公众号的邀请,就随意地谈谈和张老师交往过程的一些印象和感想。

刚刚回国时,我对国内哲学界完全不熟悉。从 1994 年到加拿大自费留学开始,我为了学习西方哲学而在海外漂泊了 18 年,直至海德格尔将我引回中国哲学的构成境域,对中西哲学史的融会贯通有了比较成熟的思考,才感到应该回祖国去完成融合中西哲学的事业。刚刚回国的我就像浪子回到已

---

①　本文原载慧田哲学公众号,2022 年 6 月 13 日。
②　作者简介:龙晶,吉林大学哲学系副教授。

经阔别多年的故乡,面对在海外漂泊时朝思暮想的故土,感到的却是一种茫然的陌生感。我于是斗胆给张祥龙老师发了一封邮件,谈了我对现象学和海德格尔的研究,以及张老师的"构成境域"对我的启发,希望在国内的哲学道路上得到更多的指点和交流。张老师在极为忙碌的状态中给我回了信,建议我参与国内的现象学年会,并将 2013 年的邀请函直接发给了我。我听从了张老师的建议,参加了当年的现象学年会,做了"对天地的一个现象学考察"的发言。在会议期间,我终于见到了仰慕已久的张老师,还结识了王庆节等研究海德格尔的前辈,后来陆续参加了几届现象学年会,又结识了孙周兴等前辈,开始融入国内哲学界中。可以说,张老师不仅在思想上启发了我,也是我进入国内哲学界的一个引路人。

2013 年的现象学年会在甘肃兰州大学召开。当我看到一个留长髯、穿唐衫的儒雅先生在酒店大厅和人交谈时,我一眼认出,这就是张祥龙老师,于是上前攀谈,开始了我们的第一次接触。张老师不但热爱中国哲学,而且身体力行,在讲课和参与学术活动时总是身着传统对襟上衣,和他的长髯相互呼应,给人以非常鲜明的中国哲人印象。我早已发现近代中国哲学大师几乎毫无例外地留有长髯,觉得这并非偶然,而是其中国哲学修养的自然体现。我的两腮虽然零零星星长了一些胡须,但始终不成气候,只好经常刮掉,这大概是我的中国哲学修养尚未达到完善境界的体现吧!虽然我在《太极之音》中对中国哲学的核心思想做了系统的重构和发挥,但主要是从现象学和本体论的角度,而在精细入微的人生体悟和身体力行方面,张老师达到了更加成熟老练的境界。张老师不但亲身实践中国传统服装,而且还为其子专门设计了传统的中式婚礼。今天,中华民族的传统服装和礼仪正在民间逐步兴盛起来,这是中国文化复兴的一个重要实践,而其在哲学界的先行者正是张祥龙老师。

这次现象学年会对海德格尔的 Dasein 之翻译展开了激烈辩论。王路教授主张译为"此是";王庆节教授同意陈嘉映译为"此在"的做法,尽管他更喜欢"亲在";张祥龙老师则主张译为"缘在"。海德格尔用 Dasein 来指领悟存在的意义从而归属于存在的人,因此我赞同陈嘉映和王庆节教授译为"此在"的做法,这样可以突出"存在在此"的意思。我私下向张老师表达了对"缘在"的质疑,因为在我看来,这种翻译将此在对存在的归属混同于存在者之间的相互纠缠，带有从佛家缘起思想而来的暗示，而海德格尔的思考从存在出发，突出的是人对存在的归属，更接近道家的思想（我认为"存在"是西方人从思考出发理解的大道敞开世界之运动①）。张老师听了以后若有所思，没有立刻做出回应。过后我们忙于参与会议的其他讨论，这个问题就被搁置了下来。张老师特别注重中国汉字"缘"的丰富内涵，甚至将海德格尔后期思考的核心词 Ereignis 也翻译为"自身的缘构发生"，突出了一切意义在人的生活世界中相互纠缠、相互构成的微妙态势。张老师对印度哲学和中国佛学都有非常深入的研究，尤其喜欢《华严金师子章》中重重无尽、相互映射的缘构境域。虽然我认为从缘构角度理解海德格尔思想削弱了存在的本体论意义和天地神人相互归属的特殊意义，但张老师特别突出的非现成、纯生发的态势却是非常值得注重的，是张老师对当代中国哲学最大的贡献之一。可惜我们后来一直没有机会就这个问题展开深入交流，至今引以为憾。

　　会议结束时，我们一行人到附近的甘南藏族自治州一游，参观了藏传佛教格鲁派最大的寺院拉卜楞寺，并与活佛展开了一场"哲学与宗教的对话"。张老师向活佛询问了藏传佛教对孝道的看法，活佛的回答是藏传佛教非常敬重母亲，不敬重母亲的人是无法达到真正的佛教境的。张老师显然被这种回答感动了，眼睛变得湿润起来。在这次会议中，张老师的发言"海德格尔与儒家哲理视野中的'家'"指出，海德格尔对"家"的理解突出了个人的真态生存和民族的诗意家园，忽视了儒家注重的"亲亲"或"慈孝"的真态之家。后来张老师来吉林大学讲学时，曾有学生当场质疑张老师对儒家的理解是不是有点过于温情脉脉了。张老师则指出儒家注重"亲亲"更甚于注重"尊尊"，并强调他有足够证据说明这点。我感觉这里重要的还不是经典的讨论。经典来自人的生活，张老师对人与人的关系充满了温柔敦厚的理解，这就是在古代社会产生儒家的一种"纯生发的态势"。张老师在其后期思考中也突出了父亲角色的重要性②，其个人气质也有刚毅坚强的一面。从某种意义上，我们可以说对中国哲学"一阴一阳之谓道"的理解，最终将张老师引向了和易经思想相近的境界。

---

① 参见龙晶：《太极之音——中国文化复兴之路》，中国社会科学出版社，2019，第 280 页。
② 参见张祥龙：《"父亲"的地位——从儒家和人类学的视野看》，《同济大学学报》2017 年第 1 期，第 52—60 页。

2014 年的现象学年会在四川大学召开。和张老师再次相遇,我邀请他一起去看看成都有名的民俗风情街宽窄巷,张老师非常感兴趣,答应在当晚和我一起去看看。后来由于现象学专业委员会临时决定在晚上讨论年会重要事宜,张老师无法抽身前往宽窄巷,就专门来向我说明和道歉,令我既感动又遗憾。其实看宽窄巷还是次要的,我更想借此机会和张老师好好交流,聊一下我写作"生命现象学"和"天地人现象学"的一些想法,惜未能如愿。在这段时间的通信交流中,我提起在吉林大学讲授现象学的体会,感慨今天的中国学生离西方形而上学和西方生活方式很近,离中国传统思维方式非常远,甚至比西方的一些学生还要远(很多西方哲学生在努力接近东方思维)。张老师很有同感,并鼓励我说:"希望你的课能带给学生们更深入生动的东西。"我趁机激励张老师:"在我看来在众多学者中您是真正有热心、有关怀的,对中国古代文化的精神实质有深刻的体会。真希望您有机会能来吉大做讲座,无论是讲中国古代思维还是现象学,或者海德格尔都可以。今天的学生缺乏对中国传统文化的热情和了解,对现象学也感到难以入门,如果您能来给他们讲课,他们一定会获益匪浅。"张老师以前就曾被吉大哲社院院长贺来教授邀请过,现在又听我这么说,就答应了下来。在贺院长的大力支持和李大强老师的积极协助下,张老师终于在 2015 年金秋时节莅临吉林大学哲学系,举办了两个讲座:"什么是现象学?——现象学方法的独特性所在"和"技术、道术和家——海德格尔对现代科技的审思及与道家、儒家的关系"。两个讲座的设计并非偶然,而是分别回应了我和贺院长的邀请,按照张老师的说法,就是"将这两种讲座一并进行"。一般学者到外校做讲座,都是按照自己的意思讲自己的研究成果。张老师的讲座"什么是现象学?"则是根据我反映的情况,专门为吉大哲学系学生设计的。以张老师在中国哲学界的地位和声望,能够充分考虑对方的需要来设计现象学入门性质的讲座,苦口婆心地向青年学子们解释什么是现象学,可以说是充满了人情味和真实关怀的举动。

张老师偕夫人在长春度过了愉快的几天。临别时,我将海南画家好友符小宁的国画作品《江岸清风图》赠送给了张老师。张老师看着画作,坦率地对我说:"我对中国画没有什么研究,但很喜欢这种风格。"张老师对中国传统文化的热爱可以说是发自内心深处,不需要什么道理,如同对恋人的一见钟情。我曾听他热烈地赞美北京大学校园的古代风格建筑,说让人非常心旷神怡,还表达了对金庸小说的喜爱,言语间流露出陶醉的神态。在我看来,金庸小说并非普通的武侠小说,而是浸透了浓浓的中国古代文化韵味,用富于生命力和古文功底的精彩文笔展开人情、亲情、爱情、义气、国恨家仇、人生百态,以及在天地之间自由飘荡的豪侠气魄……其风格充满中国儒道文化的色彩,既现实又浪漫,既深情又飘逸,而张老师正是儒道兼修的人,从早期的大道之思到后期的儒家情怀,始终沉浸在纯任天然、生生不息的缘构境域中。更令人钦佩的是,张老师并没有因为沉浸于中国古代文化的美妙境界而失去西方学者式的严肃治学态度,玄妙领悟的背后是全面扎实的研究,妙语生花的基础是卑下肥沃的土壤。张老师最反对以现成的、体系化的、僵硬的学理去宰割活泼的生命体验和构成境域,但他并不因此就信口开河,像某些狂放人物那样,仅仅凭着主观的立场和随意的猜测就对不曾深入研究的事物妄作论断。

　　张老师答应今后有空再来吉大做讲座。张老师走后,我花了两年时间全心全意投入"中国文化复兴系列讲座"的写作,但我没有忘记张老师的承诺,再次邀请他来吉大讲学,暗中希望借此和张老师有更深入的交流。张老师回信说:"我今年活动已经较多,所以没有增加的可能了。谢谢! 活动多往往不是什么好事情,占用许多精力,真正的收获虽然有时有,但很不确定。你专心于自己的讲座,这多半更有意义。"我在网上做的这个系列讲座经过完善后就形成了《太极之音》的书稿。我在加拿大研究西方哲学特别是海德格尔多年,最终被海德格尔带回中国哲学,走出了一条从海德格尔到中国哲学的道路,而张老师正是在这方面对我深有启发的先行者。但《太极之音》以现象学为基础进一步前进到本体论,从太极出发全面地解释了宇宙的生成和人类的发展,将中国哲学史统一成了世界哲学史,这种做法已经超出了中西哲学各自的视野。我感到张老师不会很赞同我向太极本体论的转化,因此向张老师解释了我从现象学到本体论的前进方式,还对张老师关于海德格尔时间性的解释表达了某些不同看法。张老师对我写作《太极之音》的计划给予鼓励,但未做任何评论,对我的不同看法则回信说:"我这一段处于治疗疾病状态,无精力深究学理。"这时我才第一次意识到张老师的身体出了问题。我相信中医能治好西医无法医治的许多疑难杂症,且很擅长调理,就向张老师推荐了陕西著名中医郭亚宁,还将刚出版的《太极之音》邮寄给了在北京养病的张老师。在电话中张老师显得还是很有精神,并告诉我他正在参加某个学术会议。我感到他的身体正在逐渐恢复,于是就放下心来。

2020年的现象学年会在北京召开。我向大会提交了论文《从生命到世界——〈太极之音〉的现象学之路》。我因故未能前去宣读论文,知道张老师将参加这个年会,于是就斗胆请张老师在会上简单介绍论文的思路。我在信中写道:"《太极之音》第三部分(太极本体论)是我多年探索的成果,而前两部分用现象学方法通达中国哲学则受到了您的启发。没有谁比您更适合介绍这篇论文了。"但从张老师的回信我才知道他的身体已经越来越差,无力胜任此事,于是找了其他人代我介绍论文。我一直希望就《太极之音》的新思维和张老师展开对话,但张老师显然已经没有足够精力深入这本十分厚重的著作,其中的现象学方法虽然受到张老师的启发,但与太极本体论密不可分,同时还突出了无法被存在维度完全包含的意志维度,而张老师的现象学方法则不受本体论的束缚,更为接近中国古代哲学微妙不可言、灵动无滞碍的纯构成境域。我感觉张老师可能不太接受我的现象学方法,更不会接受从现象学到本体论的转化,但是按照张老师的风格,在没有深入研究之前是不会随便发表议论的。张老师没有像某些人那样还没有认真读过《太极之音》就随意地加以赞赏或批评,而是自始至终对这部著作保持了沉默。这种沉默比那些随意的赞赏更让我肃然起敬。这是真正追求真理的人才会有的态度。海德格尔曾说过,真正的沉默只存在于真实的言谈中。如果上天给予张老师更多的时间,我相信总有一天我们能够就《太极之音》的新思维展开真诚、深入的对话甚至争辩。然而张老师肩负伟大的天命,在中国大地播下许多思想种子后就被召回了天庭。当这些种子充分成长,花果累累之时,张老师的在天之灵必将得到真正的安慰。所以我们纪念张老师的最好方式,就是让张老师在我们心中播下的思想种子开花结果,为中国文化复兴做出自己的贡献。

虽然我早已知道张老师在养病,但没有料到他走得这么快,因此忽然听到噩耗还是感到了震惊。我不了解张老师最后的日子是如何度过的,但其好友吴飞间接地做了一些描述:"据见到病中的祥龙老师的朋友们讲,他虽然承受着癌症带来的巨大疼痛,每天靠吃药止痛,非常憔悴虚弱,但长须依然不乱,神态依旧俨然,一身唐装仍很整齐,仍然在和朋友与弟子们讨论着哲学问题,而且从不讳言痛苦和死亡。"①这种哲人风采使我不禁联想到我在加拿大的老师加里·麦迪逊(Gary Madison)。加里用现象学阐释古典自由主义,和张老师用现象学阐释中国古代经典有异曲同工之妙。加里热爱中国文化,尤其敬重孔子,把孔子当成中国古代阐释学的先行者,并认为孔子思想在今天仍有世界性的意义,这与张老师对孔子的理解也很接近。两位哲人都非常热爱生活,有一颗纯真的赤子之心。加里70多岁时患了癌症,仍然笑对病痛,继续探索哲学问题,直至生命最后一刻,这又与张老师何其相似! 两人一东一西,但都是孔子式的真正儒家。不同的是,加里性格刚烈,嫉恶如仇,非常直率,而张老师的儒家精神则融入了道家和佛家的智慧,儒雅而飘逸,圆融而中道。加里非常热爱中国画的梅花,其品格也正如梅花那样傲雪凌霜,坚强不屈。如果要用某种植物来形容张祥龙老师的品格,我想应该是君子兰吧!君子兰的绿叶尖削如剑,正如祥龙君子品格之刚毅高贵,其叶子形状是流线型,正如祥龙君子风度之优雅飘逸,叶子质地厚实碧玉,正如祥龙内在情感之敦厚温润,橙红如霞的花朵则一年一度地从圣诞、元旦开放到春节,正如祥龙吸收西方智慧后融入中国传统文化中,在当代中国开出了绚丽多姿的精神之花。

> 海纳百川,大道不已。
> 融西入中,古语解密。
> 祥云东来,祥龙西去。
> 仙迹永留,中华大地!

---

① 吴飞:《缘在知几——张祥龙老师的哲人之思》,澎湃新闻,2022-06-09, https://baijiahao.baidu.com/s? id=1735118785976886277。

纯粹而且天真的哲人

孙周兴[①]

  2022 年 6 月 8 日晚,北京大学哲学系张祥龙教授因病于北京家中辞世,享年 73 岁。张祥龙是一位杰出的当代哲学家,对中国的现象学和儒家哲学研究做出了极为重要的贡献。他也是一位率真的思想家,有执着的文化信念,同时对他人保持开放。

  我跟张祥龙算是现象学哲学同道,甚至更具体点,都研究海德格尔。1995 至 1996 年间,中国的海德格尔研究出版了好几本专著,有陈嘉映的《海德格尔哲学概论》、靳希平的《海德格尔早期思想研究》、我的博士论文《语言存在论》(出版时改名为《说不可说之神秘》),以及张祥龙的《海德格尔思想与中国天道》等。当时,海德格尔著作的译介在中国还很少,海德格尔的研究者也不在多数,一下子冒出几本"专著"来,实在是令人吃惊。这是中国哲学界值得记录的现象。这几本书(特别是拙著)多半是"跟着说",算是阐释性的,唯独张祥龙这本是原创性的。此著副标题为"终极视域的开启与交融",旨在探讨中国古代哲理与海德格尔思想的内在相关性,具有伟大理想。这本书当时给了我很大的启发,特别是他在书中对于现象学方法的理解和接受,可谓毫不含糊,直截了当,取己所需。

  对张祥龙自己的哲学来说,这本《海德格尔思想与中国天道》也具有开端性的意义,其哲思的"中—印—西"互鉴大格局已经打开。但他此后的用力方向却是有所收缩的,2001 年出版的论文集《从现象学到孔夫子》,收录他 1992 年归国后发表的论文,虽然总体上看是接续前书的,继续探讨以现象学为代表的现代西方哲学的方法转机对于重新理解中国古代思想的可能意义,

---

① 作者简介:孙周兴,浙江大学哲学学院教授。

但正如书名所示,他这时的关注重点已经放在孔儒上了。他已经忧心忡忡地走上了儒学复兴之路。

2009年5月,我和张祥龙应邀在台湾讲学,先是在台北的政治大学,后赴花莲,在东华大学和慈济大学演讲。虽然是各讲各的,但课外总在一起行动——这是我们俩待在一起时间最长的一段。记得那次台湾之行的最后一天,用完晚餐,我们站在宾馆门口聊天。他终于跟我谈起国内新儒家学派关于儒家文化复兴的理想,要点之一是儒教建设计划,要点之二是儒学政治计划。他介绍的方案已经相当具体,当然不全是他个人的,而是他的一些新儒同道的共同或不共同的想法。我当时听了是不无惊讶的,同时也觉得他太天真。哲学家关心社会政治,经常如此。但我依然相信他的初心,他不是想当"国师",而是真心忧切于天道文脉。这在他的第一本书里已经显现出来。

自那以后,我们的见面机会少了许多。一是因为我较少参加现象学学会的年会了,二是因为他2012年退休后离开了北京,先转至山东大学,后又去了中山大学。有若干次见了面,也是众多朋友共聚,鲜有专门的交流和谈话。

2021年11月7日下午,复旦大学哲学学院在上海复星艺术中心举办了一次"艺术·哲学对话",分为两场,第一场是潘公凯教授与张祥龙教授对谈,第二场是隋建国教授与我的对谈。张祥龙当时正在复旦大学讲学,会间休息和自助餐时,我与他们夫妇坐在一起,聊的还是艺术和哲学,特别是当代艺术。我早听说他被查出难治的癌症,但这次见他气色尚可,十分健谈,以为他终于挺过来了。不想这竟是我们最后的会见。

祥龙是我的好友,是我的兄长。儒雅敦厚,文质彬彬,谦谦君子,这些词用来描写他都恰如其分。他是一个纯粹的哲人。他的世界里只有哲学。相识多年,我从未见过他与别人冲突,也从未听过他背后对别人随意评判。在学界和大学里见多了阴谋诡计和利益算计,愈加觉得他为人之稀罕。这也就说明了为什么他过世后的这些天,有这么多学人对他表达敬意与怀念。

哲人已逝。我得知祥龙兄患了跟哲学家维特根斯坦一样的病。据我所知,这是一种让患者极其苦痛的恶疾。维特根斯坦在病中写了一本笔记,专门讨论颜色问题。我不知道祥龙兄最后的所思所言,但我相信他是坚定的和宁静的——因为,他是一个纯粹而且天真的哲人。

忆张祥龙先生下乡

赵法生[1]

　　著名学者张祥龙先生去世，学界一片悲声。记起多年前，曾邀张先生下乡考察乡村儒学，往事历历在目，先生已然作古。

　　2014 年 5 月，在尼山乡村儒学实验开始一年半后，我们计划在青州市东坝镇一个村子开设乡村儒学讲堂。我和青州的老同学宋怀章预先到村子进行调查，这是个 2000 多人的大村子，位于城郊，经济发达，村里统一规划建设了两层小洋楼，街道笔直宽阔，两旁建有绿化带，可村里老人处境并不乐观，有的老人就住在小洋楼底层的车库里，常年不见太阳。和村委沟通后，准备以村小学的礼堂为教室，开展乡村儒学教育。此时张祥龙先生正在山东大学任教。由于他早就提出过儒家文化试验区的构想，我便邀请他参加 25 日的学堂活动，他当即答应。5 月 24 日下午，我和北京人文大学国学院的蔡恒奇院长，从北京乘火车赶到青州，祥龙教授与山东《农村大众》报的赵宗符总编已提前到达，入住青州宾馆。

　　25 日上午，有 300 多名村民前来听课。在开课仪式上，张祥龙教授和市委宣传部负责人分别致辞，蔡恒奇和赵宗符先生为讲堂揭牌，青州市京剧团表演了节目，然后我讲了一个半小时的孝道课程。祥龙教授的致辞，主要针对当下的社会伦理状况表示忧虑，介绍了他有关儒家文化示范区的构想，希望儒家文化在唤醒人心、重建道德方面发挥作用。

　　因次日我去济南有事，下午与祥龙先生一起乘火车赴济南。路上，他讲了自己青少年时期学习哲学的特殊经历。

　　由于家庭出身的问题，他小时候读书时受到歧视。那时大学已经停止

　　① 作者简介：赵法生，中国社会科学院世界宗教研究所儒教研究室研究员。

统一招生,他进入一家企业做清砂工,活儿又脏又累,他不知道何时是尽头,深感前途无望。由于母亲与哲学家贺麟先生的太太认识,便带他到贺麟先生家求教。当时的贺麟先生刚从干校回来,虽然停止了喂猪种田的改造,却尚未恢复正常教学和研究而赋闲在家。第一次拜访,他发现大名鼎鼎的贺先生是个可亲的长者,面带微笑,和蔼平易,谈起学问来,眼中会发出奇异的光彩,这光让他心里为之一振。

拜访结束时,贺先生让他从自己的书架上随意挑一本书,他挑了斯宾诺莎的《伦理学》,正是贺麟先生翻译的,这本书成了他的哲学启蒙。此后,他经常于周末前来贺先生家请教,长期无法登讲台的贺先生,也十分乐意引领着这位私淑弟子遨游哲学智慧的海洋。他说贺先生讲起话来目光发亮,那不像是讲课,而是哲学思想不能自已地宣泄,犹如决堤的洪水一般,以至于两人几次忘记了预先约定的活动。此时的外面,批林批孔的运动正热火朝天,这一老一少却是"不知有汉,无论魏晋"。沉醉于哲思的海洋,令贺麟太太深感不安,担心他"又要给青年灌输唯心论",贺麟先生说:"斯宾诺莎可不是唯心论啊"!但是,贺先生此后也就更加注意,每当弟子来了,他便先关好门窗,再开始讲课。祥龙教授特别提到贺先生讲课中的一个观点,即强调情在哲学中的重要性,有至情必有至理。我想,这可能与祥龙教授后来转向现象学研究不无关系,现象学伦理学正是主张以理性情感为伦理学奠基,而海德格尔则强调生存情态的意义。就这一话题,我也和他交流了乡村儒学授课的体会,就是当先动之以情,再晓之以理,抽象的道理村民几乎听不进去。

那次下乡之后,我曾请祥龙教授在关于在中小学开设国学经典必修课的呼吁书上联署,也在学术会议上相遇过。本想今年邀请他做一次现象学与儒家的讲座,却意外地看到了他辞世的消息,尚未发出的邀请,遂成永远的遗憾。

张祥龙教授给我最深的印象,在于他毫无心机,自然坦诚,待人平和友善,在这样的人面前,你甚至会隐隐有些不好意思。这种不好意思,并不是因为你做错了事,其实你并无丝毫过错可言,甚至心里连一丝不善的念头也未曾有,但何以还会心中不安呢? 这就是《大学》说的"小人闲居为不善,无所不至,见君子而后厌然,掩其不善,而著其善"。在一个日渐功利和虚伪的社会里,真正能出淤泥而不染的人是极少的,而今突然见到如此率真自然之人,将自己的不洁映照出来,犹如照镜子一般,便突然间不好意思起来。其实,这也正是我们内心深处良心未泯的证明吧?可惜,当今社会里,像他这般自然坦诚,可以令人发惭愧心的君子,实在是太少了。

网传祥龙教授病危期间,曾对学生们说:"我的信仰,一旦我能够摆脱身体的压制折磨,才能看到真正的自我本性,我觉得我看到过一些,但没能完全开悟,我很抱歉。但我很负责任地告诉你们,佛性、天性、禅性、道性、儒性,真的有那么个东西,是能起作用的,我无法再描述。"他说自己从儒释道的性体之真中,找到了宇宙人生的终极意义,希望弟子们能将它传递下去。这倒是符合他向来的为学之道,他的确是将哲学视为生命的学问,作为自己的安身立命之地。他曾说自己青少年时期就经常思索人生的苦闷与解决之道,他终于找到了它。张祥龙教授的哲学之旅表明,他在自身的精神追求中,真正恢复了中国哲学作为为己之学的品格,并力图将这种为己之学与西方的现象学思潮打通,为中西哲学会通开辟了一个新领域,这是他对于中国哲学研究的永久的贡献。

(2022 年 6 月 11 日下午初稿,12 日下午修改)

因　缘

——纪念张祥龙老师

陈小文[①]

我与张祥龙老师是极熟的,他是我敬重的良师益友。按照海德格尔《存在与时间》的说法,熟悉是因为打交道,打交道是"因……而缘"(bewenden),人与人之间的共同此在,就是在这种因缘(Bewandtnis)中指引而照面,照面而打交道,打交道而熟悉。我对张老师的熟悉而敬为良师益友,源于这样几个因缘。

第一个因缘,我们都是北京大学外国哲学研究所的(以下简称外哲所)。我是外哲所的学生,张老师是外哲所的老师。我毕业于1991年,张老师1992年入职,在教学上,我们没有交集。但是因为外哲所是我的"娘家",毕业后,我常回去,当然就知道娘家新来的骨干教师。不过与张老师相遇,应该是在熊伟先生家里。熊先生是外哲所的耆宿,张老师是新入职的后学,以张老师的为人,当然是要去拜访的。而熊先生向来有孟尝之风,对于那些与他相谈甚欢、能入他法眼的人,他常会邀请聚餐。像张老师这样博学多才、温文尔雅的谦谦君子,熊先生当然是非常赏识的。我有幸叨陪末座,因此结识张老师。张老师后来做了外哲所的所长,于我而言,算是娘家的家长了,因着多方面的因缘,接触和交往就更多了。1996年外哲所取消了独立编制,合并到哲学系,张老师不再担任所长。不过这也发挥了他的学术专长,哲学系的学生更多,尤其是他的课后来成为全校的公开课,选修的人就更多了,他的学术和思想能够更为广泛地传播给莘莘学子。张老师是个好老师,对学生像亲子,事事关心,在学术方向的指引上,更是精到而独到,很多学生毕业以后成为优秀

① 作者简介:陈小文,商务印书馆总编辑。

的学者。

第二个因缘,我们都是学现象学的,具体地说,都是学海德格尔哲学的。张老师在美国拿的博士学位,他的博士论文题目是《海德格尔与道家》,回国后的前十年,所做的学术研究,都是围绕海德格尔与道家的。出版的著作《海德格尔思想与中国天道》(1996 年)、《海德格尔传》(1998 年)是这一时期的代表作。从出版《从现象学到孔夫子》(2001 年)开始,其后的 20 年,主要从事现象学与儒家思想的研究。但是张老师所说的现象学,主要还是海德格尔的现象学。20 世纪 90 年代,现象学是个小圈子,每年的年会不到百人,各种专题会也就十来人。在这些会议上,与张老师多有交流和请益。大约从2010 年开始,我忝为现象学专业委员会的秘书长,到 2020 年卸任。现象学专业委员会是二级学会里较为活跃的学会,主要的事项有三个:一是年会,二是出版“现象学文库”,三是评熊伟青年学术奖。决策和操办都是专业委员会的相关委员们,我的作用是上传下达。那个时候流行用邮件,我的工作就是通过邮件与各位委员联系相关工作事宜。委员们都非常认真,对邮件都是每封必复,因此与张老师的联系始终没有中断。张老师是现象学会议的积极参与者,每次参加会议,他都会提交论文,对于提问者,他都是有问必答,从不会因为问题不当,或者提问者无知而敷衍。印象最深刻的是,他总是极为认真听取其他与会者的发言。无论是在主会场还是在分会场,他总是坐在前三排,听完论文宣读,他差不多总是第一个提问,所提问题切中要害,对于论文的进一步发展有很大的助益,对于我们这些听众,也有很好的启迪。

第三个因缘,是工作关系。身为商务印书馆的编辑,有责任、有义务出版中国最优秀学者的著作和译作。张老师当然是在最优秀的学者之列。这些工作主要有这几个方面:一是组织专家学者论证选题,其中最重要的就是汉译名著的专家论证会,张老师从 90 年代开始就是我们专家论证会的专家。2010 年之前,每隔两三年开一次论证会,之后的这些年,几乎每年都有论证会。我们开会,每次邀请张老师,只要他有时间都会来,他最后一次参加我们的会议是在 2021 年。他的建言献策专业而中肯,我们都极为重视。二是推荐作译者。对学术热点和学术前沿的了解,是我们做编辑的一门必备而常修的功课,张老师是积极追踪学术研究热点和前沿的学者。虽然在专业研究上,主要聚焦在现象学和中国哲学上,但是对西方哲学的其他方向,诸如分析哲学、结构主义、科学哲学、西方神秘学,他都有关注和涉猎,学术兴趣之广泛,在学者中也是少有的。每次向张老师请教,他都非常认真地回复,并且会提出具体的出版书目,有时会推荐相关的作译者。出版是有计划的,很多时候,他推荐的相关项目并没有列入出版计划,张老师也不以为忤,始终如一,抱着极大的热情给予我们指导和建议,这一点是非常不容易的。三是出版张老师本人的译作和著作。2000 年之前,我主要负责译作的编辑工作,那个时候他对翻译海德格尔有极大的兴趣,报了几个选题,可惜都没有翻译,最后只翻译了吕斯布鲁克的《精神的婚恋》。在著作方面,《从现象学到孔夫子》是王希勇做的编辑。《海德格尔传》是韩水法教授主编"北京大学外国哲学研究丛书"时收录的。大约在 2015 年左右,他跟我说,想把《西方哲学笔记》修订增补,改为《西方哲学史讲演录》,放在商务出版,我当然非常高兴。到 2019 年,中山大学哲学系庆祝复办 60 周年暨建系百年,计划在商务出版系列著作,收录了他的《儒家哲学史讲演录》四卷本。这样他的大部分作品都在商务出版了。这一年张老师虚岁 70,我建议他把全部作品整理一下,出版一个系统的《张祥龙文集》,张老师欣然同意,最后整理出来有 16 卷,这 16 卷就是张老师的立言了。文集的出版是由哲社室主任李婷婷负责,哲学室编辑卢明静专项责编的。关于文集的编辑过程,李婷婷在去年(2022)12 月 3 日的现象学年会上有一个发言。下面是她发言的节录。

今年我们出版了 16 卷《张祥龙文集》,站在现在这个时间节点上回顾,有两点欣慰,一点遗憾:

第一点是,我们可以较为欣慰地说,文集的样貌,从内容到设计,都是张老师认可的。确定出版《文集》后,我们请哲社室的编辑卢明静担任文集专项负责人。2021 年一整年,卢明静和张老师多次通过面谈及信件交流,确定了文集卷次、书名、篇目,还确定了文集总体例,对标题层级、中外文及古籍体例、天眉、说明性文字处理、引文处理等做了总体规定。

在这个过程中,我们总是能感受到张老师的严谨、认真。2019 年,张老师初步拟定文集有 18 卷,在整理过程中删去了两卷,余下现在的 16 卷。用张老师的话说,除非缺失这些内容则意思不完整,才予以保留,其他情况下则全部删除。因此,现有的 16 卷是基本没有重合的。此外,张老师文集的第 5、6 两卷《西方哲学史讲演录》一直在修改,直至今年 4 月,还在和编辑商议如何做参考文献和索引,以及如何处理文稿中的一些问题。

还值得一提的是,文集的封面图案,由张老师学生辈设计,张老师是看过这个封面的,他很满意。封面印着的盘龙图案,源自古玉"祥龙"符号,龙者,能幽能明、能飞能潜,不仅是对张老师名字的隐喻,也与张老师"思在边缘、融通中西"的学术旨趣相契合。这个祥龙的图案,还出现在张老师的墓碑上,它提醒我们,有这样一位真挚的学者,不走寻常路,一生以赤子之心追寻着真理。

第二点是,我们毕竟在今年完成了 16 卷的出版。尽管时间上有遗憾,但赶在今年将张老师的著作译作结集出版,基本反映了张老师毕生研究的总貌,为研究者和学生提供了比较全面和完善的版本,这也是我们感到欣慰的一点。文集 16 卷同时编辑出版,各卷相互呼应,对中文、外文、古籍等各类文献的引用和注释上尽可能用最严格的标准,保持严谨、规范、一致,方便读者进一步查询和研究。

最后一点遗憾是,我们未能在张老师生前出版文集。2022 年 3 月,得知张老师身体有恙,商务印书馆成立专项生产协调组,总编辑陈小文负责,将该项目作为重点项目,列出倒计时表,编辑、校对、封面设计、出版部、印刷厂,各环节都有专人负责跟进进度,但因为《西方哲学史讲演录》定稿较晚,按照先前的规划,其他各卷如有引用这两卷,还需确定这两卷的排版页码,只能等这两卷排版完成后,迅速完成其他各卷的页码,才能下印。我们全力追赶进度,在 7 月初出版了 8 卷。但是天不假年,张老师于 6 月离我们而去,没有让他在生前看到样书,真是莫大的遗憾!尽管如此,我们还是全力以赴,在 11 月出齐了全部 16 卷,以告慰张老师的在天之灵。

编辑和阅读张老师文集的时候,我们总是无法不想起张老师本人,他的学问与生活是一体的,他的真挚、热诚、活泼、生机、谦逊、儒雅,在这些文字中得到了最好的体现。

很荣幸能参与这套文集的出版,在眼下这个满是焦虑的时刻,读张老师的文集，会对张老师回忆贺麟先生时，说贺先生说过好几次的一句话印象格外深刻："真理不只是正确，而是能够感动人的光明，为艰难乃至黑暗人生带来根本的希望。"

李婷婷的发言，表达了我们编辑对张老师的敬意。对我本人而言，由于上面所说的三个方面的因缘，可以说，张老师是我的良师。但是，我还想说，张老师是我的益友。我们通常所说的朋友，是年岁相当、亲密无间、志趣相投的人，从这方面来说，我没有资格做张老师的朋友。我所说的"益友"，是在孟子所说的意义上的"益友"。孟子说："颂其诗，读其书，不知其人，可乎？是以论其世也。是尚友也。"赵歧注解孟子这段话的章指说："好高慕远，君子之道，虽各有伦，乐其崇茂，是以仲尼曰：'毋友不如己'者。高山仰止，景行行止。"赵歧这段话，说出了"益友"的本义，那就是：崇敬而慕之，尚论而友之，虽不能至，心向往之。因此张老师不仅是我的良师，更是我的益友。

一个开放的儒家，有信的儒家

——悼念张祥龙先生

黄裕生①

2022 年 6 月 9 日上午，惊悉张祥龙教授辞世，一阵悲伤袭来！外面天空低垂，时光暗淡。

悲哲人之永逝，天光失色；伤同仁之诀别，周遭黯然。

张祥龙先生是当代中国最具原创性的哲学家之一。他不只是把哲学当一项专业工作来做，更是把哲学当一项思想事业来奉献。他以通过哲学来改变自己与成就自己的方式从事着哲学。在哲学普遍被专业化与知识化的时代，他通过使哲学问题成为他生活世界的迫切问题来使哲学问题重新成为汉语世界里的迫切问题。他一生的哲学工作是听从问题召唤并回应这种召唤的努力，除此之外，哲学对他没有任何其他意味。他只为哲学本身而存在。

所以，祥龙先生属于最纯粹而不争的学者。他没有这个时代的各种头衔，但是，他的作品，他的思想，却会以标识这个时代的方式穿越他的时代。他没戴各种帽子，但他站到哪里，思想的纯净与闪光就出现在那里，干净磊落的学者站姿也在那里。

我与张祥龙先生直接交往不多，但是他关注的基础性问题，或者更确切地说，他据以展开哲学思考的一些主题，与我自己有一些交集。比如他也很重视时间问题，也基于对时间的理解去展开对其他一些问题的讨论，所以，我一直比较关注他的工作，虽然我对他有关时间的理解并不完全赞同，特别是他试图通过引入时间意识结构来为孝爱的原初性奠基，我一直持怀疑态度。因为所有人类关系都是基于时间意识结构，因此，毫无疑问，亲—子关系也是

---

① 作者简介：黄裕生，清华大学哲学系教授。

基于时间意识结构，但是，就亲—子关系乃一种角色关系而言，这种关系不是基于本原的时间意识结构，而只是基于非本原的时间意识结构。也就是说，亲—子之间的孝爱关系（情感）并非是一种原初性的关系（情感）。不过，试图把时间意识引入他所重视的问题域，并试图以时间意识为此类问题域奠基，这使他的哲学工作获得了一种内在的深度。

给我留下深刻印象的交往，都发生在两次公共场合。

2007 年贵州大学召开外国哲学两个学会的年会，张祥龙先生在大会上做了一次关于儒家保护区设想的报告。根据他这个设想，就像上个世纪 80 年代设置经济特区一样，也有必要找一个合适的区域设置一个儒家保护区。在这个保护区里，以儒家伦理和儒家信仰为基础建构一个社会共同体，让自愿迁徙而来的人们过着传统儒家式的生活，以恢复和保护儒家式的生活形态。他一方面担忧中国传统的儒家社会生态在现代性浪潮的不断冲击下面临消亡的危险，另一方面他确信，传统的儒家社会生态对人类克服现代性带来的问题会有参照意义。因此，设置儒家保护区具有双重意义。关于设置儒家保护区的想法，祥龙先生在这之前已表达了，我也有所了解，这次会上则是第一次现场听他对这一设想的详细说明。

对他的这一设想，我一直怀有好奇与怀疑。所以，在他发完言的讨论环节里，我向他提出了几个有内在关联的问题：

1. 您这个儒家保护区是封闭的，还是开放的？

2. 如果是开放的，是否允许基督宗教或其他宗教进入保护区交流，甚至传教？

3. 如果允许其他宗教进入传教，如何维护儒家保护区的原生态？

实际上，任何一个文化世界都是在开放中形成或造就的，它的维持与发展也不可能在自我封闭中进行。更不用说，在一个全球化时代，没有一个文化世界能够通过自我封闭来获得维持与发展。这一点祥龙教授是非常清醒的。他对第一个问题与第二个问题之间的逻辑关联也是很敏锐的，所以，沉吟之下，他对这两个问题都给出了非常明确的回答：是开放的，允许交流与传教。

在提问的时候，我没有预期他会这么明确地回答，倒是准备好了，如果他给出否定的回答，我将做进一步的推究：如果是封闭的，那么这个保护区将与现代社会隔绝而无法理解现代社会所产生与经历的问题,当然也就无法为回应现代社会存在的问题提供参考方案。如此一来,设置这样一个文化世界保护区就失去了意义。如果是开放的,却不允许其他宗教自由进出,那么也就意味着,在这个保护区里没有宗教信仰自由。如此一来,这里就不只是一个文化世界特区,而且是一个政治社会特区。但是,在一个奉行宗教信仰自由的现代国家里设置这样一个政治特区,显然在法理上是不可行的。即使允许了这么一个具有政治特权的文化保护区存在,由于它缺乏异文化的挑战而缺乏多元文化竞争的经验,如何能提供有益于化解多元的现代世界所面临的问题?

不过,由于祥龙教授给出了很"现代的"回答,所以,这个准备好的推究也就没有展开。

在北京大学哲学系举行的张祥龙教授追思会上,赵敦华教授有一个说法,说张祥龙教授是一个"开放的儒家",这是很准确的。同时,我想补充说:他是一个有信的儒家。一个对儒家义理与信仰有真信心的儒家,才是一个真儒家。对前面两个问题的回答就表明,他相信儒家不惧面对其他文化世界。这才是真正的信!

祥龙教授对儒家文化保护区的构想一直让我心怀疑虑的地方就在于,这样会否以保护传统文化为名把传统文化从世界文化中孤立出来。因为这不仅不可能是任何一种文化的出路,更重要的是,这恰恰是对自己所属的文化世界缺乏信心。为了一种文化世界或者为了自己心目中的某种文化信仰而排斥甚至仇视其他文化或其他信仰的人,实际上都是伪信者,都是对自己所要坚守的文化缺乏真正的信心。一直有不少人认为,儒家或中国文化近世以来处于弱势地位,所以需要通过拒斥外来文化以增强自己的文化,至少可以借此保障自己的文化不致丧失。而祥龙教授的透彻之处就在于,他明白,不可能靠拒斥其他文化来增强自己的文化,也不可能通过排斥外来文化来保卫自己的文化。所以,他设想的文化保护区是一个开放的保护区。在这个保护区里,并不是要储藏某种原生态的儒家文化世界,或者倡导某种原教旨主义儒家文化,而只是希望借保护区来排除时代各种偶然因素对文化社会的过渡干扰,尽可能让文化世界在与其他文化的交流与碰撞中自行运行出自己的轨道。这也就化解了第三个问题。

尽管我对祥龙先生文化保护区的设想仍怀有疑虑，对他有关传统文化精神的阐释并不赞同，但是，他对问题的洞见，对思想的真诚，对儒家的真信，都一直让我由衷敬佩。

这次会议之后，与会学者一起到青岩古镇和天龙堡古镇参观。天龙堡古镇是明朝戍边军人屯田的据点演化而成的，这里除了保留着很多明朝汉人的生活习俗外，还留存着诸如水井、石磨、石臼、脱谷桶、筛谷柜、蓑衣等传统社会的生活设备。记得在这个镇的时候，我带着开玩笑的口吻问正在旁边的祥龙教授："这里是否很合适做您的文化保护区?"

他泯然一笑，不置可否。我指着古镇上空蜘蛛网般杂乱的电线问："这个就不需要了吧?"

"电还是需要的。"祥龙教授很肯定地说。这是祥龙教授可爱与可贵的地方。他不仅是开放的儒家，也是理性的儒家。虽然我们不必要以现代科技自我刷新的速度去拥抱科技，甚至有必要对科技持警惕的态度，但是，科技毕竟也是自然展示自己的一种方式，甚至可以说，是自然向我们这种理性存在者展示其秘密与力量的一种方式。通过这种方式，自然既让我们的生活更加远离自然，同时却也让我们过上更高自然的生活。所以，自然的这种展示方式一旦被确立，就会伸展到世界的任何角落。因此，没有文化世界能排斥现代科技。在这点上，祥龙先生似乎非常清醒。

另一次交往是 2014 年在清华哲学系为叶秀山先生新著《启蒙与自由》一书出版举行的研讨会上。这是一天时长的会议。按惯例，比较资深的学者被安排在上午发言，更年轻的学者则被安排在下午发言。祥龙先生应邀出席了此次研讨会，并被安排在上午第一个发言。通常，上午发言的资深学者大都不会参加下午的会议，他们或者要回家午休，或者忙别的事情去。但是，祥龙教授一直参加到最后。这让我和我的朋友们很感动。在闭幕致辞时，我向祥龙教授表示了特别的感谢。

会后送他时，他说："我对你们下午讨论的问题感兴趣。"这既是祥龙教授的谦虚，也是他的真诚与可贵之处。

有真诚不一定有思想，但是没有真诚，就不可能有真正的思想。在这个意义上，真诚是思想的前提。唯有真诚，才能承受起根本的问题;或者更确切地说，唯有真诚，才能使根本问题急迫起来。而只有当能够让根本问题在自己的生命中变得急迫,人们才真正启动思想,开启哲学的事业。张祥龙教授是一个真诚而开启了哲学事业的思想者,一个真正配称哲学家的现代人。他的作品会是一个时代的标志。

2022 年 6 月 9 日

修订于 2022 年 11 月 22 日

"独自莫凭栏，无限江山"

——追忆与张祥龙教授的两面

应　奇[①]

命运待人何其薄吝！我与名满天下亦誉满天下的张祥龙教授就只有浅浅的两面之缘。

最初知道祥龙教授，记得是从《德国哲学》上读了一篇论海德格尔《康德书》的文章，因为那时对这个议题的兴趣，我读了不少这类文章，祥龙教授这篇是让人印象最深的。后来听说这篇文章还得了一个什么奖。其实此文的主要内容当然也出现在为祥龙教授赢得最初和主要声誉的《海德格尔思想与中国天道》一书中。不过以论文的方式读到，其兴味还是各不相同的，其力量似乎也更为"原发"——用祥龙教授喜用的表述，"蓬蓬浩浩而行"。

第一次见到祥龙教授，是很多年前在贵阳的那次会议上。在期间一次照面时，祥龙教授对我说了一句招呼语："和水法走得挺好啊！"虽然听上去转了一层，但此语却让人颇有亲切感，因为祥龙教授和水法教授虽然相差有10来岁，但他们却是燕园同窗，这一点应该是水法教授亲口告诉我的。当然此语也足证祥龙教授虽然正襟危坐目不斜视，但观察力却极其敏锐，因为那次会上，我确实"与水法（他们）走得挺熟"，不但一起去苗寨喝了茅台，还同去了贵阳郊外的青岩古镇闲逛，而那次祥龙教授好像是和王树人教授等同道一起去阳明洞朝圣了，所以我与祥龙教授的第一面也就只有那句招呼语的印象。

应该是在 2014 或 2015 年的样子，我受包利民教授之托，去玉泉灵峰山庄招宴应邀前来参加一个会议并顺道为我们研究所做一个演讲的祥龙教授。

---

① 作者简介：应奇，华东师范大学哲学系教授。

记得那次我是从紫金港打车或坐班车过去的。事隔多年有机会再次见到祥龙教授，我的心情还是有些兴奋和小小忐忑，好在同席的尚有祥龙教授在北大的学生、我的同事王俊博士，以及从我们所毕业的一位祥龙教授多年的仰慕者冯芳女史。有了这两层之转，我的"任务"也就变得"轻松"了不少。但是，包括祥龙教授在内的这三位朋友话都不多，而我似乎是有些怕"冷场"，于是一直在"滔滔不绝"，记得在宴毕同车去西溪咖啡馆的路上，祥龙教授看着已经喝了点酒依然在嗒嗒嗒的我，几乎没有任何调侃意味甚至还带着一丝惊讶地说："你知道得真挺多啊!"——这时候，旁边的王俊君顺便黑了我一句并送我一个外号"江湖百晓生"，我虽然有些意外，但也基本上照单全收了下来。

我坐在西溪咖啡馆最后一排的转椅上，听完了祥龙教授的报告，还提了一个问题，其实是发表了一点感想。在我的印象中，祥龙教授的工作是超出了格义与反向格义的阶段，但又与更为峻急的所谓"判教"不同——只是对于这个"不同"，我们或许可以有更多阐释，而我相信，在这方面，祥龙教授遍及海内外的门弟子以及更为熟悉他的思想的学子们应该还有更多的工作可以做。

写到这里，我想起来，祥龙教授那次来"浙里"应该就是来参加包利民教授组织的"华山论剑"之"巅峰对决"的——所谓"巅峰对决"，一头是现象学，一头是自然主义。那次与会者当中，各自的"巅峰"人物应该就是祥龙教授和叶峰教授。记得"对决"进行了至少两个回合，一次在玉泉林中，一次在西溪馆中。但我只记得一个场景了，在西溪馆中，好像是徐向东发言后，祥龙教授放下一直在记录的笔，似乎有些凝重地看着发言人问了一句："向东你真的是这么想的吗?"

在当代学林人物中，六十多岁就过世的朱迪斯·施克莱（Judith Shklar）被称作施特劳斯派和罗尔斯派共同尊崇的人物，想来这一定是基于她的某种卓越的理智德性。环顾当今学界，这样的人物当然是凤毛麟角的，而祥龙教授无疑属于这一稀缺的行列。只不过这里的所谓两造应该被卑之无甚高论地代之以现象学与分析哲学。其实，祥龙教授本来就是分析哲学出身，不出意外地，他那种呈现问题和展开论证的清晰度和力度都要高于不少专事分析哲学者。我的一位年长的同事有一次在谈到分析哲学与现象学的关系时有些随意地说:现象学提出问题,分析哲学解决问题或提供解决问题的手段。此说虽有些粗糙,但仍不可谓无见,只不过对于祥龙教授来说,"哲学上的好",用我前面提到的那位仰慕者的话——"'兴'字极要紧,张老师学问的精彩处正在这个字上吧?"——来说,也要靠这个"兴"字。

《孔子的现象学阐释九讲》有云:

"'帘外雨潺潺,春意阑珊',这就已经是在起兴了,'罗衾不耐五更寒',这是描述。下阕'独自莫凭栏,无限江山',好。一个人时不时要凭栏,如果接下来说'不忍(看)江山'之类的,气象一下子就没有了。'独自莫凭栏'后马上横出一个'无限江山',这样才叫好。不光写诗是好,哲学上也要靠这个才好。"

贫乏时代的思者,幽暗时代的光亮——张祥龙教授千古!

壬寅年五月十一,晨起于千岛新城寓所

诚者自成　而道自道

——纪念张祥龙先生

孙向晨①

张老师离开我们已经半年多了。张老师走得如此突然,他的思想学术对我影响如此深刻,一段时间以来,一直觉得精神上没有走出某种空缺,以致始终处于震恸中,久久不能写下纪念的文字。张老师最后的学术活动就是2021年下半年,在复旦所做的系列讲座"文学现象学",我们还相约在复旦的"日月光华·哲学讲堂"丛书来出版这个演讲。大约2021年10月中旬到12月,张老师和师母在复旦附近的大学路住了一段时间,那是一段美好惬意的时光,一幅幅温馨的画面再次浮现脑海。在茑屋书店闲逛,在西班牙餐厅对付八爪鱼,在上海中心俯瞰大地落日,最后一讲聆听张老师关于"痴情"的现象学分析。张老师就在眼前,依然栩栩如生,依然平和诚挚,然斯人已逝矣。美好生活会露出其狰狞的一面,哲学在此亦会怅然失语。我虽不是张老师的入门弟子,但在精神世界中,感觉与张老师非常亲近,一直把张老师视为学术道路上的引路人,自己的学术探索亦与张老师息息相关。

1994年到1995年我曾在北京大学哲学系进修,与北大许多老师在那时就熟悉起来,听过赵敦华老师和靳希平老师的课,甚至都到他们家中去拜访过,但"三公"中,唯独不认识张祥龙老师。最早知道张老师还是阅读了他的那本《海德格尔思想与中国天道》,一时有拨云见日之感。读本科时曾看到过罗克汀老师讲,需要用现象学来研究中国哲学,彼时一头雾水,觉得现象学与中国哲学云泥之间,不知这一判断从何说起。直到看了张老师的书,猛然间似有所悟。其实,那时还完全不知道,张老师的学术思想以后会对自己有

---

① 作者简介:孙向晨,复旦大学哲学学院教授。

多么大的影响。

第一次与张老师有深入交往是在 2002 年的夏天，在昆明召开的外国哲学年会上。张老师会上讲了什么已记不大得，唯张老师在爬玉龙雪山时的那种兴奋与激动，那种与山水大地融为一体的深情与投入，着实令人印象深刻。那时知道了张老师北大哲学系毕业后的首份工作居然是在北京市环保局，他非常骄傲地跟我说，北京周围的山他都走遍了，我脑子里马上蹦出"仁者乐山"四个字。想着孔子的说法还是很有道理，古人如何在仁者与山川之间建立联系呢？这也正是张老师的哲学所努力探究的。登玉龙雪山后，应我的请求，张老师在山上打了一套舒展的杨氏太极拳（图 26、27），他还兴致勃勃地告诉我他自小学拳的经历以及在美国教拳的种种体会，此时的张老师仿佛换了一个人，在儒雅学者的面貌背后有着更活跃、更灵动的生命面向，这让我对于张老师的学问有了新的理解，他的哲学融入了他的生命。

2005 年我去香港中文大学参加现象学会议，在大学宾馆与张老师彻夜讨论个体自由与孝的问题，这是一个非常值得纪念的日子。当时在座的还有小刚兄，我们在宾馆的大堂一直谈到深夜，张老师一直反复强调没有"孝"就没有中国文化的传统，我则坚持个体的自由、权利与尊严之于现代文明的积极意义。事实上，这是一个古老争论在当代的再现。彼时的我对于"孝"的生存论机制还没有深入研究，和大多数年轻人一样，受限于五四以来关于家与孝的流俗意见，对于"孝"有着非常陈腐的印象，"反家非孝"似乎已深入现代中国人的骨髓。那一晚张老师并没有说服我，我对张老师主张设立儒家文化保护区尤其不以为然，但张老师对于中国文化传统的深沉热爱，他的诚恳，他的从容，他的坚定，都为我重新思考这个问题埋下了思想的种子。

由于杂务缠身，我对这个问题的思考，直到 2012 年在《光明日报》发表《当代中国哲学的双重视野与双重使命》才有了一种回答，到 2015 年完成《双重本体：形塑现代中国价值形态的基础》，算是比较完整地回应了张老师的关切。我第一时间就把文稿发给了张老师，算起来距离那个夜晚的讨论已经过去了整整十年。张老师非常细致地阅读了全文，他在文章许多地方都标上了黄色的突出色，并用红字做了很多批注，甚至直接帮我改了原文。对我关于西方文化传统经过现代理性化和普遍化改造之后获得某种独立性的论述，张老师批注道："个体独立自由，科学技术的功利性是真普遍化的吗？关于此'独立'的理解是力量威慑的产物？下面对此观点是有保留的。所以这里的表述有偏差，易引起误解。应强调'看上去'。"张老师在很多批注后面打了"问号"，表示他的不同意见，或认为前后不一致。尽管与他的立场不同，最终张老师仍不忘鼓励后学："此文后边讲双重本体部分很精彩。但似乎有个如何与前边观点相协调的问题。也许是因为我未能充分理解前边的意思。"张老师的评点让我十分感动，真挚平易，深刻细致，随后他还发给我他的《中国研究范式探义》，完整地表达了他对这个问题的理解，使我有一个思考的参照。

一直与张老师保持着学术上的联系，只是非常可惜，因为我 email 地址的变化以及电脑系统的更新，许多精彩的 email 都丢失了，想来追悔莫及，这里转录一篇张老师的长信，以表达深深的纪念。2017 年在我发表《现代个体权利与儒家传统中的"个体"》后，还未等我转发给张老师，他就已经发来长信：

> 内人转来你的大作《现代个体权利与儒家传统中的"个体"》，读后很受启发，特别是其中对各种混淆西方近代的个体权利与儒家的道德个体的观点的反驳，以及强调儒家最该做的不是戴上道德面具去参加个体自由主义的化装舞会，而是以自己的特点来纠正个体自由主义之偏差，可谓真知灼见，深得我心之同然。
>
> 但似乎仍有不解处。如果必须先承认非道德的个体权利的无条件（不可剥夺、基础性的）正当，再以道德自律、宗教、社团和民族主义来约束，岂非是要在短期里驯狼为犬？西方最成熟的个体自由社会比如美国，似乎在此驯化上也并不成功，尤其是在面对大尺度问题如贫富分化、生态危机、群体安全等问题时。那么为何可以期待儒家的驯化力呢？我想这可能是你会面临的一个主要挑战。但它也似乎并不是不可解。你文中已经提出儒家的"家根性"可以是最有效的驯化力来源，即"通过'家庭'环境培育'个体'的德性……抵御'个体'消极后果"的切近方式，正中要害，惜乎语焉而未详。
>
> 另一文，即你关于"现代社会中的家庭（以阐发黑格尔《法哲学原理》为主）"的文章，似乎是在回答这个"如何以家庭驯化个体"的问题。

其中亦有相当丰富的思路,有学术上的补缺纠偏之特效,但是否能够有驯化"个体权利"的能力,还是令人存疑,因为第一,黑格尔好像不承认非道德的个体权利的根本地位,所以不切中上述问题;第二,家庭在他那里虽代表可贵的伦理学原则,但毕竟要被市民社会特别是国家从辩证逻辑上超越和扬弃,其合理性只能以同业公会和民族精神的形态残存。美国承认个体权利的非道德性和根本性,所以即便她有很多"公会"(含宗教性的),也不乏民族精神,但个体主义并没有被真正制约和驯化。而由行会等发展出的社会主义能否应对个体主义,是另一问题,但家庭在此社会主义中似更趋式微,因家庭功能大半被社会组织(如幼儿园、养老院、各种保险)顶替。此形态的确可部分制约个体主义,但往往以牺牲自由市场竞争力(这并非坏事,但在现实中是掣肘处)和家庭真实性为代价,因而难于稳定和独当一面,只是过渡者和补偿者而已。

似乎还有一可能,即沿霍布斯之流的自然权利说,然深究之,或可使个体权利与家庭在某种意义上对接。霍等视个人权利源于(转让自)个人之自然权力,而自然权利之首义就是保全自己生命的自由(《利》第14章开头)。签约立国皆为了更有效、更长久地实现此自然权利。但与何人签约最可能实现它? 答曰:与最可靠者。何人最可靠? 首先是亲人,然后是由此逐步外延者。或可争辩:霍契约学说或自然状态学说以个体人人平等为前提,所以不可诉诸亲人之特殊地位。但可如此回复:首先,既然保全自己生命高于一切,则人人平等说须以此为准,加以调整;其次,霍自己已经暗示或不经意地明示出此种特殊地位。

《论公民》第9章主张,母亲是自然状态中首先对婴儿有控制力者或可决定其生死者,因此母亲拥有婴儿的主权;如果(在当时的国家现实中)父亲对母亲形成控制力,则婴儿的主权再转到父亲。似乎是以权力、契约来决定家人关系和各自权利,但其中潜藏亲人特殊论。母亲在自然状态中既可以养育此婴儿,又可抛弃它,如果它对她自己的生命构成威胁。所以母亲养育婴儿的前提即婴儿长大后,甚至终生,都不成为她的敌人(第3节)。由此看,母亲(乃至父亲)的自然权利使她(他)在养育孩子中获得了与孩子的特殊关系,相当于在立国契约之前的"立家契约"。虽是契约,不及爱,但亲子特殊关系,特别是更安全的人际关系已经构成，由此为签订大约立国打下"自然"基础。如无视此特殊性，则不可谓能斟酌利弊而判断的理性个体，也就不符合契约论自身的前提。

另外还有一些从个体权利到亲子特殊关系的漏洞。比如说到父亲为何要将财产等遗留给儿子，霍的理由是只有儿子最可能带给去世之父以"荣耀"（15节）。为什么呢？他似未深究，视之为当然，但前面所讲的养育而不抛弃婴儿的家契约所构成的特殊关联，应该是答案。此特殊关系之根扎在自然状态和权利中，再在社会风俗和国家法律形态中体现。

由此，霍等人的自然状态—契约论赋予的个人权利，就可以与儒家的亲亲优先论挂钩，起码在"特殊关系"的层次上。于是破掉完全平等化的个人权利，使个人权利说循其本身逻辑进入亲人关系，为家庭培育个体德性打开最硬性的一扇门。由此就可再追究，既然亲子关系特殊、优先，那么为何一开头绝大多数母亲或父亲相信婴儿长大后会守约，从而自订"家约"呢？除了慈爱良知，还有什么可选择呢？

我觉得这条霍布斯—儒家之路，虽严刻，从非道德的个体自保出发，但比辩证化处理似更真实，更有论证力。也可能是一幻觉，还望吾兄指教。"

在此抄录张老师这一长信，一是彰显张老师对于学问的认真与细腻，尤其是与后学的学术对话以及对于后学的精神提携，二是为了保留张老师关于"个体与亲亲"关系问题的宝贵思路。张老师在一篇文字中提出了好几种思路，并有自己的意见判断。在我看来，霍布斯最终解决这个问题还是从神学入手的，但张老师巧妙地嵌入了儒家思想，从而形成了一种独特的"霍布斯—儒家"之路。我知道，张老师在这方面还有许多新颖的想法，如今只能空留万般遗憾。

2008年拙著《面对他者：莱维纳斯哲学思想研究》出版之后，我就一直在考虑未来的思想路向，曾花了一段时间来仔细研究近代哲学，探究现代性理念诞生的复杂性，同时也一直在补习中国的思想传统。莱维纳斯给我的最大启示就是以现代哲学的方式，背负起犹太思想传统的宝藏，形成了与海德格尔最深层次的对话。于我而言，努力以现代哲学形态去揭示中国文化传统的本体论预设与生存论结构成了最大的学术动力,事实上这个工作张老师早已开启。当我蓦然回首时,《海德格尔思想与中国天道》《从现象学到孔夫子》《思想避难:全球化中的中国古代哲理》等著作就会再次映入眼帘,张老师的著述帮助我以新的视角再次进入中国文化这个伟大传统。在阅读李泽厚先生的《该中国哲学登场了?》时,有一句话印象深刻,他说"不应拿老子来附会类比,而应由孔子即中国传统来消化海德格尔,现在似乎是时候了?"确实关于海德格尔与老子,西方学者多有论述。在《海德格尔思想与中国天道》一书中,张老师虽涉及面广,关于道家论述则更为突出,《海德格尔传》在这方面更是倾注了张老师的热情。事实上,张老师更大的学术贡献则是从儒家去"消化"海德格尔,留下了非常宝贵的精神财富。2014年我在广明兄主编的《宗教与哲学》上发表了《向死而生与生生不息:中国文化传统下的生存论结构》,承继的也正是这一思想路向,随后张老师的高足祥元兄2018年发表《儒家"生生之论"中的"向死而生"——兼与孙向晨的一个对话》,我则回以《生生:在世代之中存在》的文章。虽是回应张老师学生的文章,也是对张老师工作的致敬,更是对以儒家立场来"消化"海德格尔的认同。张老师曾多次提及这篇文章,对于"在世代之中存在"与"向生而生"等提法颇为赞许,这些奖掖于我而言都是莫大的鼓励,也让我感受到一种深厚的温暖。

2015年在筹办"汉语哲学"论坛时,我曾邀请张老师一同参加,在我心目中,他就是"汉语哲学"的典型代表。张老师对"汉语哲学"的论述颇为赞同,但因有事不能前来,于是向我推荐了他心目中的许多"汉语哲学"学者:"上海的柯小刚,广州中大的朱刚,我们山大的蔡祥元,西安电子科技大学的王珏,北大的吴飞、李猛,等等。较年长者,像叶秀山、王树人先生,李泽厚先生,香港的王庆节,西安的张再林,海南的张志扬,甚至中大的倪梁康这些年也关注现象学与唯识宗的对接。"这些学者便是张老师心中"汉语哲学"的思想代表。这个论坛2016年上半年在复旦召开,由于种种原因,很遗憾最后未能邀请许多老师;不过可以告慰张老师的是,"汉语哲学"的事业也正在蓬勃地发展。

在日常的学术交往上,与张老师有许多交集,若是能拉开一幅长卷的话,会是百米长卷,一幕幕,一幅幅,生动地记录了张老师对学术的支持,对后学的提点,对同行的尊重。2013年,吴飞兄在北京组织了一次研讨会"中西文明比较视野下的家"，我提交了一篇《家在近代伦理话语中的缺失及其缘由》的论文，张老师对这个问题非常感兴趣，当我因事要提前离开时，他特意送到宾馆门口，还谈了许久，此后他在论文中还专门引用这篇未刊稿，以示褒扬。张老师同样非常支持我的工作，2013 年，丁耘老师晋升教授时，我邀请张老师来做资深评论人时，他欣然答应，针对丁耘兄的"生生与造作"，张老师做了非常精彩与独到的评点，为我们的新晋教授就职典礼增添了浓墨重彩的一笔。2015 年，我们与乔治敦大学以及德国法兰克福大学有一个关于"规范性秩序"的工作团队，乔治敦大学为此特别举办了关于"道德创新"的系列课程，我们邀请张老师共同参与，他在乔治敦大学做了关于气候问题与未来世代的演讲，视角令人耳目一新。这样的学术画面还有许许多多……

　　与张老师的亲近，不仅是在学术思想上的，在生活中似乎也十分亲切。记得师母讲起北大同仁对于张老师主张在校园树立孔子像的种种激烈反应时，张老师微笑着自我辩护；记得张老师讲起泰苏这个优秀儿子时洋溢着的舐犊深情，虽然没见过泰苏，常听张老师讲起，有一次张老师拿来一篇文章，问我是否有杂志可以推荐，那是泰苏还在读博士时的一篇文章，因为文章的优秀，而获得了杂志采纳；记得 2020 年，疫情期间与卜天兄一起去畅春园拜访张老师和师母，讲起他们从美国回来的艰辛，也探讨起生命的敬畏。在最后的日子里，不敢去破坏张老师那终极的平静，当启祥兄发来张老师手边书籍照片时，终于意识到必须面对那不能接受的事实，已是生死离别时，我自悲中哭向天。然张老师以自己的生命阐释了"诚者物之终始，不诚无物"的境界，张老师的精神永存。

绕道而远，历远弥近

——纪念张祥龙老师

陈德中[①]

我们这一届研究生入学时，张祥龙老师刚刚勉为其难兼任北京大学外国哲学研究所所长。说是"勉为其难"，是因为张老师一介书生，不知行政为何物。张老师并不反感和批评行政，但是他也确实不知何为行政。所以王炜老师他们就说：祥龙你就别管什么所长不所长了，你就杵在那里，需要你作为外哲所的代表了就辛苦你站一会儿台。当时的风气，外哲所各位老师在学术的各个方向上奋勇精进，不遑多让，行政也就成了顺势而为的学术帮衬。祥龙老师的性格气质反倒更加成就了外哲所的学术繁盛。

张老师对待学生宽严相济，从来都是把我们学生当成一个独立自主的个体加以培养和对待。张老师对于我们交的课程作业，全都是非常认真地加以批注修改。让我们一下子感觉到了课程作业乃是学业和学术的有机部分，而非敷衍应景完成的任务。我至今仍清楚地记得，他在我的一篇有关帕斯卡尔的论文后面做了长长的批注，除了表扬论文的优点，他还特别严肃地提醒我，做学术论述需要有一分文献说一分话。在没有找到相应的严格证据之前，千万不要轻易妄下断定。尊师之嘱，我又花去多年时间，把这篇论文反复打磨，终于在毕业多年后完成了我的第一篇学术论文的发表。

但是在另一方面，张老师对于我们又非常宽容。他因为知道我在考研之前较为系统地阅读过牟宗三等新儒家著作，并对佛教哲学等都有同情，因此在一年级结束，学生拟选择导师之前，特意在外哲所教室叫住了我，跟我谈了他的想法，问我是否可以考虑跟着他学习中西比较哲学。作为学生，我深

① 作者简介：陈德中，中国社会科学院哲学研究所研究员。

知学习和研究比较哲学需要超出寻常的深厚积累才行,我自知自己积累远远不够,因此对于张老师的提议,我一下子显得颇为踌躇。张老师看出了我的踌躇,当即表示:这只是我的一个想法,将来选定什么方向,你回去思考后自己最后决定,不要有任何顾虑。至今回想起来,张老师与我谈话时那真挚坦诚的目光仍历历在目,谦逊宽容的言辞仍萦绕于耳。我因为自己的羞怯退缩失去了作为张老师亲炙弟子的机会,但是却有幸在随后的岁月里不断地有缘围绕在他的学术活动周边。

回想起来,这么多年以来,我不时离张老师很远,却在哲学思考的诸多线头上,呼应着张老师提出的哲学问题与线索不断回到其思考。毕业之后,我有幸从事学术编辑工作多年,因此也就有幸每年都在张老师周边领受教诲。张老师徐徐地讲道,我远远地聆听。绕道而远,历远而弥近,张老师在我心中就是这样一种悠远而又神秘的存在,我对张老师的哲学思考有着一种发自内心的共鸣。

"缘在"与记忆[①]

仰海峰[②]

尊敬的张德嘉老师、尊敬的各位师长和朋友：

上午好！对于今天在座的各位师长和朋友来说，2022 年的 6 月 8 日，会是一个让人心痛的日子，也会是一个让人记住的日子，这天晚上的 10 点 50 分，祥龙老师永远地离开了我们。今天的追思会表明，人的生命可以在肉体消逝后继续存在，祥龙老师以其言、以其著、以其哲学，让我们记住了他，让哲学界记住了他，让读者记住了他，在思想的历史中赢得了他自身的存在。

早在 1996 年左右的时候，他的《海德格尔思想与中国天道》一书，就让我受益良多。那时我正在阅读海德格尔，国内能找到的中文相关研究，基本上都搜罗到了。这本以"缘在"为重要纽带，将海德格尔与中国传统哲学融在一起的研究，一下子打开了哲学的视域。在我的体验中，虽然"缘"字带有因蕴而生的"从容"感，但那种思考中的"灵性"，读来却具有"爆裂"感，祥龙老师以海德格尔那种将"意谓"言说出来的哲学打开了传统哲学中的思考空间，但同时也以传统哲学的意境进一步打开了海德格尔哲学的境界，这是一种灵性意义上的中西融通。在这种融通中，我大约看到了祥龙老师那种温润、谦和又飘然于世的形象。

张老师是一个沉于学术与思想的人，他给学生开设的哲学导论，至今让学生们常常念及。他对现象学的研究，以现象学来会通中国哲学，在中西印哲学中打开中国哲学的意蕴，对哲学系学科建设、思想积淀、学生培养的贡献，都呈现出学术上的恢弘之气，体现出北大学术通融无碍的样态。祥龙老师的哲学思考与对生命的态度是一致的，即便是在生命的最后时刻，他也坦

---

① 此文为作者在 2022 年 7 月 27 日张祥龙教授追思会上的发言整理稿。

② 作者简介：仰海峰，北京大学哲学系教授。

然面对,只有在思想上理解了生命的本质,才能做到这份从容,才能将"缘在"与"存在"统一起来。在这个意义上的,祥龙老师本身就是"哲学"的存在。北大哲学系为拥有张祥龙老师而骄傲!我们也会永远地记住祥龙老师为哲学系做出的一切!

最后特别感谢各位师长和朋友对祥龙老师的关心!感谢德嘉老师和泰苏老师对这次会议的支持与帮助,感谢外哲所、外哲教研室各位老师为追思会付出的辛苦。我还是想以祥龙老师的"缘在"一词做结束:让我们记住这个"缘",记住曾经"缘在"的祥龙老师!

谢谢!

2022 年 7 月 27 日

最后一位君子

——敬悼张祥龙兄

白彤东[①]

称张祥龙老师为兄,实在有点托大。我比他差了一代,叫他张老师更合适。只是虽然我在北大做学生的时候(1989—1996),他已经回北大任教,但我并没有听过他的课。跟他第一次打交道,还是我已经在美国泽维尔(Xavier)大学任教,收到 *Philosophy East & West* 的一篇投稿,让我做匿名评审人。这篇稿子里面提到了作者的一篇文章,我好奇搜了一下,知道了作者是他。那篇文章,试图论述海德格尔晚年哲学受了《道德经》的影响。文章写得很清楚,文本证据很多,但并没有完全说服我。我反而觉得,海德格尔对《道德经》是误用的,而这种误用,展示了海德格尔只不过是想通过在他的哲学和老子之间建立关系,来论证他哲学的普世。并且,为了展示老子思想的深邃,我们也不需要论证他影响了海德格尔,而只要论证老子与海德格尔思想的共鸣就可以了。这一点,这篇文章其实是充分论证了。我把这些想法写在了评审意见里面,但最终是推荐发表。后来祥龙兄还修改了文章,并且回应了我的批评,我们之后也开始有电邮往来,虽然在老子影响海德格尔这一点上,我还是没有完全被他说服。

之后我在泽维尔大学请过一位学者讲座。在海德格尔与老子关系的问题上,她的论证,我更接受一些。讲座之后,带她在辛辛那提游览的时候,她跟我说,张祥龙很坏,压制她。我很惊讶地问她为什么。结果是她有一篇中文文章,批评张祥龙的观点,希望在一个中文期刊发表。结果对方希望张祥龙写一篇回应文章,才能发表。祥龙兄写了,当然表达了自己的不同观点,但

---

① 作者简介:白彤东,复旦大学哲学学院教授。

说明，如果不合适，可以不发他的文章，但支持这位年轻学者的文章发表。我听到这里，觉得这明摆着是祥龙兄仁义与大方的表现，于是我为他辩护了几句。结果这位学者质问我，你到底是我的朋友，还是张祥龙的朋友。我没再说什么，虽然我很明确知道，我的回答是什么。

2008 年夏天，我回国参加了祥龙兄组织的一个比较哲学的会议，他也很热情地邀请我做了讲座。讲座时他提的问题，对我的思考特别有帮助。我们之后还在勺园坐下聊天。在我的《旧邦新命》的致谢中，我特别感谢了他："笔者也为他的谦谦君子的儒家风范，对儒家的真挚情感，但又是不拘门派的严肃反思所深深打动。"

虽然也是在美国拿的哲学博士，但祥龙兄做的是海德格尔。我自己虽然受到施特劳斯弟子罗森（Stanley Rosen）影响很大，但我做学术的路数，分析哲学更多一些。祥龙兄提出过建立儒家文化保护区的主张，而我自己更认同韩非子的尧舜时代不再的论证。祥龙兄虽然是北京长大，但京腔几乎没有，一看就是大家风范。而我身上有改不了并且也不想改的胡同串子的气息。因为这一点，所以我更喜欢有一股坏劲儿和玩世不恭的人，并且，对那些正儿八经的人，我有一种抑制不住地想去调侃甚至贬损一下的念头，或者被其严肃无聊烦得想投河的冲动（我游泳还行，投河是为了清爽一下）。但祥龙兄是极少有的例外。哪怕是他后来蓄须，穿着传统些的服装，一切都那么自然，没有任何矫揉造作，看着他，让我觉得这个世界上确实有君子，因为祥龙兄就是君子。我从来没有听他说过损人的话。即使是不愉快的事情，他都是很平静地讲出来，没有一丝恶毒。他虽然不嬉笑调侃，但他说话有他的意思，一点儿都不让人厌烦。他也并不是不知道韩非子的批评。他的儒家保护区，也并非出自无知的天真，而是在知道世道凶险之后的坚持。他的很多观点，是带着现象学的背景和话语的。但即使像我这种于现象学无感的人，还是会被他的观点启发，因为他的观点，完全可以去掉现象学的包装，而依然充满哲学的深邃。并且，即使他的论证没有说服我，他的存在、他的气象，却有着让人很难以抵御的说服力。

祥龙兄对我也一直包容。他来复旦讲座，我主持，当面挑战他的说法，甚至我自己都觉得挑战得太直接，甚至有点尖刻，他并不以为忤。后来因为美国通过同性婚姻法案的多数意见中，大法官肯尼迪（Anthony Kennedy）引用了孔子,在大陆儒者中引起轩然大波。祥龙兄写的评论文章(最终版在《中国人民大学学报》发表)是各种讨论中考据最充分,也是在坚持儒家立场上能同情、理解同性恋立场的最温和的文章之一。但他最终还是反对同性婚姻。我写了一篇报纸文章(发表在《澎湃新闻》上),其中回应了他的反对,最终论证儒家可以接受同性婚姻。他知道了,还鼓励我把这篇东西好好写写,写成学术文章。

去年秋季,我们学院请祥龙兄来做系列讲座,不过主题是文学现象学,我实在不懂,并没有去听,但还是请他和他夫人在大学路吃了午饭。他不用微信,我是先通过电邮和短信联系了他,然后跟他夫人微信联系,最终定下来吃饭的地方。他们很客气,还带了一瓶威士忌来作为礼物。那是一家意大利餐厅,叫 Momenti,相当于英语的 moments,时间、瞬间、时刻的意思。现在想起来,在这个地方最后一次吃饭,也是与祥龙兄这位现象学家的种种时刻的一个冥冥中的巧合。

今年1月,我有事情要麻烦他一下,还比较急。打电话给他,他欣然答应,但很平静地说,他现在刚刚检查出问题,体力不一定能允许他充分和及时地帮到我。我说没关系。但结果他很快就处理好了我的请求。其实我特别内疚,因为他跟我说的身体上的问题,不但是不治之症,并且给病人的时间都不长,而我在这个时候还要勉强他。再之后,我就一直忐忑,希望能有并不可能的好消息,希望能问问寒暖,但又怕给他们添乱。我与祥龙兄的儿子、耶鲁大学法学院的张泰苏教授是 Facebook 上的朋友,他对学术和政治的很多观点我都很认同,因此我经常会看他发的东西。知道祥龙兄的病情以后,我更是每天都去看泰苏的 Facebook 页面,希望在不打扰他们的情况下知道一些消息。后来泰苏说要回国。当时正值上海疫情最严重的时候,我的一个朋友,从美国飞回来公干,隔离快结束的时候,知道公干无望,买了机票直接飞了回去。后来看了一些更加惊险的故事,觉得这个朋友的决定很对,于是我跟泰苏说了这个情况。还好他是飞到其他地方,隔离结束,也终于到了北京,这也算老天眷顾了。

今天也看到,《茶馆》里面演实业救国的秦二爷的演员蓝天野,在同一天也走了。他戏不多,但是最后与王掌柜和常四爷自己给自己、给他们的时代撒纸钱的一幕,每次我看了都要流泪。20世纪的儒者梁漱溟被称作最后的儒家,看到祥龙兄去世的消息,我脑子里第一个冒出来的词,就是"最后的君子"。

我自己博士论文的研究对象之一的物理学家泡利,得的是类似的病。其实这也是我第一次知道这种病,也知道了这种病的厉害。物理学里面有一个常数,137,是与时空紧密相关的一个数,可谓万物的最终秘密。有犹太血统的泡利后来还了解到,137 也与犹太的一个神秘思想"卡巴拉"紧密相关。结果在他得病后,他发现住院的房间号也是 137,他就知道他的时刻到了。祥龙兄是 1949 年生人,今年 73 岁,是孔子的年龄。对一个真君子,也许这是他的时间到了吧。但这么想,并不能改变我们对世间失去了最后的君子所感到的伤感与哀恸。

真 儒 祥 龙

——缅怀哲学家张祥龙先生

冯　哲①

晨起看到德嘉师母微信："祥龙昨晚 10 点 50 分去世了"。

微信发来时间是凌晨 1 点 21 分，真不敢相信，最担心的事还是发生了。我一时惊恐意乱，找不到合适的话语回应师母。

祥龙老师学贯中西，是中西印贯通的哲学家，曾长期在北大哲学系任教，退休后曾受聘为山东大学一级教授，中山大学讲席教授，是四海孔子书院创院理事和导师。

今年春天至今，我一直牵挂着张祥龙老师病情，和内人几次商量着想去北大畅春园看望，但又深知他和师母向来宁静素淡，我俩不敢贸然前往，怕扰了老师的安静疗养。中间忍不住几度微信向师母问询状况，三周前致电恳邀可否来西山走走，到书院小住，这里有年轻儒学老师和小朋友读经，老师看到应会高兴。师母言老师体弱无力，偶下楼去北大校内散步也只能一小会儿，刚去了趟畅春园旁边的圆明园，也仅仅是小走一段路就觉无力，不得不返回。师母将手机转给张老师和我通话，电话的那头，老师声音微弱，明显不支，我和内人闻之难过，看来老师的病的确很严重了。这周一傍晚我又微信师母可否前去探望，昨天早上 8 点 27 分收到师母微信说："祥龙已进入弥留之际，再联系。"

我即刻回复师母："这太让人难过了，一直想着去探望，还盼着张老师能来书院给师生讲学呢。我们全家为张老师祈祷。""这么多年来，张老师一直是我们的榜样、导师，有需要我们做什么，师母您尽管吩嘱。"

---

①　作者简介：冯哲，四海孔子书院院长。

其实,内心很想师母允许我们去看望祥龙老师。

今祥龙老师走了。悲夫!上天不该丧失这么好的一位老师。无比遗憾,受张老师恩惠如山,竟未能在他临终前见上一面。

回想这二十几年来的交往,他大力支持四海推动儿童读经,我俩曾一起到海淀小学做读经讲座。后又为四海申办书院挺身力荐,担任书院创院理事。二十多年来,四海举事,凡请必允,逢请必到,从未推辞。一直是四海台前背后温和而坚定的支持者、参与者。今他走了,我好悲痛。

书院台北导师杨庆亮闻之发来微信:"在我心中,他应是当今中国哲学最好的一位老师了。"

我回复杨老师:"是的。最难能可贵的,他是一位纯粹而深情的君子。"

杨老师说:"我会说他是中国哲学中最好的,因为他可以用各种不同于传统的方法,找到人性的核心价值,意味着,他所说的,是他的独立体悟。游走于儒释道,用的却是现象学与诠释学。我受他的启发甚大,也看得出,他所说的,都非虚言。"对此,我完全认同。

张老师的学生,老友中山大学张卫红教授发来微信:"生命总是难敌命数的,我们能够自主自立的,唯有精神。与冯兄共勉。"

祥龙老师的精神世界是意志自由,是人间温暖,更是大仁大义、仁爱悲悯。与其说他是深通中西的哲学家,我更愿用真儒来形容他,"真儒祥龙"。

想着想着,不觉泪流满面,内心升腾起一种莫名的豪情与心愿:"大德者必受命。祥龙老师走了,他的儒学事业,我们继承。"

泣记于 2022 年 6 月 9 日北京中和斋

怀念张祥龙老师

冯 哲[①]

自昨晨起得知祥龙老师去世,悲痛不已,精神恍惚,思绪一直沉浸在与祥龙老师 20 多年的交往中。与祥龙老师初识是缘于我推动儿童读经,2000年在北京海淀南路 7 号初创四海儿童经典导读中心,张老师就来四海讲学,记得他当时的讲题是濒危的儒家,他希望能为儒家保留一点元气,建立儒家文化保护区,移风易俗,进而教化天下。这场讲座似乎为刚草创的四海中心找到了方向,继承与弘扬儒学成了我后来生命的主轴。

自此而后,从海德格尔到中国天道,从现象学到孔夫子,沿着祥龙老师开辟的中西文化哲学比较道路,四海发起推动的儿童经典诵读工程不仅有孔孟老庄等中国文化经典,还包括柏拉图、圣经、莎士比亚等西方文化经典,祥龙老师也成了四海儿童读经活动热情的参与者、推动者。记得有一次北京海淀实验二小希望能有两位专家去学校演讲并座谈,我一时找不到合适的老师,仓促间打电话给祥龙老师,祥龙老师当即同意随我一起去,给实验二小师生上课并介绍自己的亲子读经经历。当然那天的演讲和座谈非常成功,他陪儿子读三字经及论语的故事也成为经典案例与美谈。

10 年后的初夏,祥龙老师致电邀我做他公子泰苏、儿媳宵雪的证婚人,并主持婚礼。这对新人同在耶鲁读博士,泰苏是法学,宵雪是经济学,堪称青年才俊。记得我俩约在清华西门附近一家梦旅人咖啡馆讨论婚礼议程,见面时他已打印好足足三页婚礼议程稿让我看,原来是他根据古代儒家三礼文献综合优化的现代儒式婚礼,不仅有临行焚香告拜双方祖先,还要敬拜天地君亲师。我顿感他对此事的重视与用心。结果儒家婚礼圆满成功,不仅让到场

---

① 作者简介:冯哲,四海孔子书院院长。

的双方亲族师友深深受教,后来听说还传为耶鲁大学中国儒家婚礼案例。

2012 年春节期间,我去纽约,顺去耶鲁访学。此前胡锦涛主席访问过耶鲁,还向耶鲁赠送汉英对照《大中华文库》,我任此文库工委会委员兼海外发行人,那天中午幸获耶鲁助理校务卿王芳老师中餐宴请,餐间听我介绍泰苏夫妇及祥龙老师情况,她对我说,像泰苏博士这样优秀的学生应留在耶鲁教书,可惜耶鲁不招自己的当年毕业生。没想到 10 年后,张泰苏博士现己是美国耶鲁大学法学院教授。昨日去畅春园老师家里吊唁,泰苏出来迎,听德嘉师母说,在张老师住院期间,泰苏从美国赶回,朝夕陪伴,日夜侍奉,我不禁赞叹,心想父慈子孝,这应是祥龙老师晚年极大的安慰。

2006 年夏天,随着四海推动儿童经典诵读工程的普及,我愈加发觉需要深入文教实践,创办书院成了我强烈的愿望。按民政与教委的申办要求,书院作为非企业法人教育机构需有至少 7 人组成的理事会,其中至少需要有三分之一有中级以上职称。为此,我又一次敲开祥龙老师的家门,祥龙老师立刻应允,并把他身份证、户口本、学位证、职称证等原件一并交我去教委民政审验。我当时感动莫名,心想这是多大的信任与支持啊。神奇的是,有了张老师第一个支持,一天下来我顺次找的其他学者教授无一不允。第二天,当我和内人抱着一摞证件原件去教委与民政局,验审人员一一看完,开玩笑说你们这哪是办民办学校,我看更像办个大学国学院。

2006 年 9 月,四海孔子书院在北京西山诞生。自此,与祥龙老师往来就更多了。2016 年书院 10 周年文教展,他兴致勃勃专程赶来祝贺并给予高度评价。2021 年书院在北京国子监举办儿童经典诵读工程 20 周年纪念,尽管他身体大不如前,却又专程到场,这极大鼓舞了我和书院师生兴办文教、传承经典的热情与信心。

每年的 9 月 28 日是孔子诞辰,书院都会在这一天举办祭孔典礼。依古礼,祭典中的三位献礼官应是望重士林的硕学鸿儒。对儒学复兴抱有真诚热望、视儒学为生命信仰的张老师自然是众望所归,恭请祥龙老师担任书院祭孔献礼官是我许久的心愿。2020 年因疫情防控,书院祭孔典礼改在户外温泉白家疃生态广场举行,祥龙老师应邀而至。其儒雅庄重谦和之风度气象,令全场嘉宾与师生为之一振。此次典礼由人民网、中国网直播。

早年,在哈利·波特盛行的时候,祥龙老师来书院师训营为大家解析科幻小说中主要人物的伦理与家意识。3 年前，为培养儒学师资，书院在两岸师友及台办支持下创办四海儒师院，祥龙老师又亲临现场揭牌指导，提出笃诚践行之重要。面对全球信息技术浪潮，祥龙老师来书院做"从儒家立场如何看待人工智能与东方心学"的问题，为我们建立对待网络信息数字技术的儒学视角。面对全球盛行的个人主义，张老师这些年又大力倡导重建中国人的家与孝。

20 年间，无论是我个人还是书院，无论是好坏顺逆，我都愿找祥龙老师倾诉，每次都能从他那里获得极大的理解宽慰和真情支持。渐渐觉得，哪怕是一想到祥龙老师，就觉温暖。

张老师最近一次来书院是去年冬天，我记得是 12 月 12 日，当天下午他和师母同汉学大师安乐哲一起莅临书院，两人既是老友又都是中西比较哲学大家。我提出围绕家与孝和儒学全球化请两人对谈，他俩当场同意，从下午到晚上，先在书院易经楼对谈家与孝，百合素食晚餐后在中西人文讲堂谈阳明与儒学未来，我临时主持，三人热叙畅谈，结束时我笑称是西山夜话，大家欢喜，相约再聚，尽兴而归。没想到这一次的欢聚，竟是与祥龙老师的永别。

昨日下午接到德嘉师母微信，说家里设了灵堂，可以去。我立刻提前结束视频会议，和内人匆匆前往北大畅春园祥龙老师家，灵堂设在老师的书房，在满屋图书与左右鲜花环丛中，供奉着温和清朗渊深大气的祥龙老师的像，我和内人上香跪拜，热泪不止。我忍不住向老师说，您真不该这么早走，多想还能再请教您。既然您走了，您未了的愿，未竟的儒学事业，我们纵资浅力单，但誓愿继承。

　　　　　　　　　　　　　　　　晨记于 2022 年 6 月 10 日西山中和斋

缘在赤子心①

——纪念张祥龙老师

陈建洪②

　　我一直不太情愿写纪念文字。对人的纪念,心底比文字更为深切更为纯净。记忆就像一缕烟,不论看不看它,总会消失。对于曾经一起看过烟火的人来说,文字纪念也许能够挽回一些忘却,能够传递曾经照耀心灵的缕缕光影。我虽非张祥龙老师入室弟子,但多年来一直幸得张老师照拂。回想起来,从北京到鲁汶的求学生涯、从天津到珠海的教学生涯,无一例外。故此,希望穿过遗忘的河岸,找回一些记忆中的烟火,不至于全然忘却。

一、北大外哲所

　　我跟张祥龙老师的缘分始于 1996 年到 1999 年我在北京大学外国哲学研究所的求学生涯。1996 年,我从北大中文系考入外哲所,成为一名硕士研究生。由此,我有幸得遇外哲所和哲学系的各位老师。入读外哲所的机缘,起因是刘小枫老师当时还在道风工作,在跟北大比较文学与比较文化研究所、外哲所合作,希望和文史哲合作招收研究生。由于这个机缘,我从中文系考入了外哲所,跟随王炜老师读硕士学位。入读外哲所之前,也曾经常去参加外哲所、哲学系以及比较所举办的各种学术讲座和会议。但是,进入外哲所之后,才真正有机会聆听各位老师的课。那一级,外哲所一共招收了三名硕士,除我之外,还有关群德和陈德中。老关和德中分别跟杜小真和陈嘉映

---

①　本文缩减版本曾刊于《中华读书报》2022 年 7 月 8 日第 7 版。
②　作者简介:陈建洪,中山大学哲学系(珠海)教授。

两位老师学习。我们三位虽然都不是张老师门下弟子,但都对张老师充满崇敬之心。

那个时候,王炜老师正忙于风入松书店的事业,从北大南门外右侧的小门脸忙到南门左侧的地下大厅。我理解,王炜老师在把风入松忙成一个学术事业平台。我想特别提一下跟王老师一起学习的那段时光里,我曾经参与和见证的三件事情。第一件,王老师张罗在风入松召开了《陈寅恪的最后二十年》的新书座谈会,成了一件轰动的文化盛事。第二件,王老师组织召开熊伟先生学术纪念会,让我负责一些具体会务。当时,王老师主持编辑熊先生文集,把具体的文稿阅读和结构编排工作交给我,这也是王老师对我的一种锻炼和栽培。在编辑文稿的过程中,我发现在一本民国影印书中有一篇跟胡适商榷的文章《从先秦学术思想变迁大势观测老子的年代》署名熊伟,感觉很像是出自熊先生手笔,于是兴奋地去向王老师求证。王老师表示了肯定,最后这篇文章也收进了文集。熊先生文稿经王老师审定,最后以"自由的真谛"为题由中央编译出版社出版。我因此有机会通读熊先生文稿,领略他独特的文字风格,也因此有幸认识熊先生的夫人钱先生。2021年10月,熊门小师叔陈小文来珠海开会,还提及钱先生当年对我的关爱之情。第三件事情,王老师有一次派我去接叶秀山先生来所讲座。接叶先生来北大的路上,跟叶先生聊了什么的前后细节,就像一缕烟一样跟随时光消散了。但有一点印象仍然不灭。记得叶先生在车上称赞当时外哲所的年轻学人,特别提及张老师的《海德格尔思想与中国天道》,表示其中所论涉及中西印思想,很了不得,气象很不一般。当时少不更事,既不能领悟叶先生评论之意,更无学力跟叶先生多请教几句。但听叶先生夸奖外哲所和张老师,不免心生与有荣焉之感。因此,接叶先生来北大路上的这一段,印象颇深。这个事情,从未与人说过。张老师辞世之后,这一段却忽然又像一缕烟,从记忆河谷中重新升腾。如今,不免有些遗憾。之前每逢见到张老师,从未想到要与他说起这个事情。我也只能把这个遗憾当作是心中对张老师的一种敬意。

在外哲所就读期间,所里师生无不敬重年长的陈启伟老师。硕士毕业前,收到陈老师所译《泛神论要义》,印象中,还斗胆给陈老师写了几点读后感。陈老师也不计较后生浅薄,还留言表示感谢。当时,所里最年轻的是研究维特根斯坦的韩林合老师,那时的他还是未脱青涩味道的纯"青椒",如今业已步入康庄大道。杜小真、陈嘉映、张祥龙三位老师时值盛年,代表了其时外哲所的中年学术台柱。我从文学乍入哲学,很多课程都听得云里雾里,但因此领略了外哲所各位老师的课堂风采。杜老师娓娓道来的沉静,陈老师衔烟踱步的从容,张老师手之舞之的激情,仿佛就在眼前,不时会在记忆中泛起。那个时候,外哲所与哲学系虽然还是两块牌子,但是老师之间的交流是密切的,对研究生来说,上课也是互通的。记忆中,我至少有幸上过朱德生老师讲亚里士多德的形而上学。印象中也旁听过靳希平老师的古希腊语课程,但最后好像没有跟下来。周濂和陆丁他们,也时常活跃在外哲所的课堂上。张老师在课堂上经常引用文学文本来展开哲学分析。由于我本科毕业论文以托尔斯泰宗教思想为主题,张老师当年课堂对伊凡·伊里奇的分析以及他对托尔斯泰的重视,至今仍然印象深刻。

　　我在外哲所的硕士论文以蒂利希的位格概念为选题。在准备和写作论文期间,有不少困惑,也没少烦扰请教张老师。张老师从来不吝赐教,循循善诱,对于学生来说,那是春风化雨般的温润。在学期间,蒙张老师信任,我有幸翻译了关于吕斯布鲁克的论文与著作。我自己的研究最终更多立足在政治哲学领域,但也一直跟宗教学有一点关系。如果没有张老师的影响,我很难想象自己会注意到吕斯布鲁克的著作。

二、吕斯布鲁克

　　1997 年,张老师去比利时安特卫普大学访学,期间研读吕斯布鲁克。是年底,我们几个学生一起到张老师家里拜访,张老师提及吕斯布鲁克神秘体验论的动人之处。转年春天,北大举办了欧洲传统哲学与宗教讲座系列,前三讲的主题是基督教神秘主义。张老师推荐我担任了其中两讲(德巴赫教授和法森博士)的讲稿翻译,我也因此跟吕斯布鲁克的作品结下了一些缘分。那次系列讲座之后,我跟那时候还很年轻的法森(Rob Faesen)教授建立了友谊。之后,张老师主编了一套丛书,推荐我翻译费尔代恩(Paul Verdeyen)教授关于吕斯布鲁克神秘主义思想导论的著作。1998 年 10 月底,我翻译完了费尔代恩教授的这本书。张老师像以前一样不辞辛劳地通读了我的译文并做了部分校正。2000 年夏天,我亦有幸赴安特卫普大学吕斯布鲁克

研究中心访问,跟法森教授逐字逐句阅读并翻译吕斯布鲁克的《启导小书》
(*Little Book of Enlightenment*),并见到了费尔代恩教授本人。2001 年夏天之
后,在鲁汶大学哲学院就读的五年多时间,我个人的研究主要在于施特劳斯
和施米特。然而,比利时的吕斯布鲁克学人师长依然不离不弃,热情邀请我
参加他们的各种活动。这种友谊的建立,首先要归功于张老师最初的引导。

　　2006 年 10 月底,我回国到南开大学教书。如今翻查邮件,发现自己刚
到天津两周之时,给张老师发过一封邮件,提及自己的适应问题,也表示很高
兴在南开见到外哲所的学兄学弟。南开大学外哲教研室中,李国山是陈启伟
老师的博士,贾江鸿是杜小真老师的博士,郑辟瑞是张老师的硕士。国山和
辟瑞都是 1997 年入学,各在博硕,皆为旧识。我们一家三口从比利时回国,
于凌晨抵达首都机场,国山兄亲自随车接机,亦属感人难忘。之后和张老师
的邮件中,我提及拟推动吕斯布鲁克著作中译工作的想法。将吕斯布鲁克
《精神的婚恋》翻译成中文,本是张老师多年前在北大提过的一个心愿。我
问张老师是否可重拾旧愿,因为找不到比他"更理想"的译者了。又隔了约
两周,收到张老师回邮,表示他本愿意重拾旧愿,但由于文债太重,经过反复
思考,暂且搁置。不过张老师也没有把门关上,他表示:"如果未来有什么机
缘,我再做它。而且,假如我译此书,我会通过多加注释的方式来做现象学的
诠释。"之后,在法森教授的指导下,我选了吕斯布鲁克的六种作品,在老田
和观溟两位老友和南开同事张仕颖的支持下,组成了吕斯布鲁克的第一个中
文译文集。在文集编后记(作于 2010 年春)中,我提到吕斯布鲁克的代表作
品《精神的婚恋》将由张老师另行翻译单独出版,也向张老师表达了敬意。
所编文集《七重阶梯》由华东师范大学出版社于 2011 年出版。

　　2011 年 2 月 19 日,收到张老师的一封简短邮件,说他将于 3 月初至 5 月
底再访安特卫普大学,"为翻译《精神的婚恋》做准备",并表示"计划利用这
段时间基本上将此书文本译出,并为以后的注解工作做个准备"。张老师时
隔十多年再赴安特卫普,终于可以完成翻译《精神的婚恋》的夙愿,我自是高
兴,也为张老师感到高兴。半年之后,也就是 8 月 19 日收到张老师邮件,提
到前一天曾经通过一个电话,应该就是商量他译文如何出版一事。在这封邮
件中,张老师再次提到他自己关于《精神的婚恋》译本的两个形式:"此翻译
将以两个形式出现:1. 通常的译本形式,即翻译出的原文,加上必需的一些

说明和注释。2. 阐释本，既包括译文、说明和注释，还有比较多的解释和阐发的文字，意在以某种有限的方式沟通耶儒、耶道的'精神'层面。前者很快就可完成，后者的完成则不确定。"那个时候，张老师应该尚在最后修订译文。那段时间，应该通常是我打电话向张老师汇报情况，然后张老师回邮件。所以张老师有时会提到，这个我们在电话里说过了，而我现在已经想不起来那时候在电话里说了些什么。9 月 11 日，再次收到邮件，张老师这位理想译者决定将所译《精神的婚恋》先由商务印书馆出版，也就是现在所见 2012 年"汉译世界学术名著丛书"之一种。

2015 年盛夏，收到中山大学哲学系系主任鞠实儿教授的电话，询问转到中大工作的可能性。2015 年国庆节后，我开始正式筹备中山大学哲学系（珠海）的起步工作。那年冬日的一个晚上，我给张老师打了一个电话，汇报了我的情况，也欢迎他能够到珠海来。印象中，他跟我表达了三个意思：其一，祝贺我开启一份新事业；其二，会认真考虑到珠海的可能性，但是要等当前合同期结束；其三，希望将来可以在珠海完成吕斯布鲁克《精神的婚恋》阐释本的工作。我自然是一不怕等，二满怀期待。

从一开始，我就一直期待张老师的阐释本。《精神的婚恋》中译工作虽然在 2012 年已经完成了，但张老师的这项工作并没有画上句号，他心中的沟通耶儒、耶道的现象学阐释本，依然没有完成。我始终相信，张老师总有一天会划上这个句号。原本心中笃定会变成现实的期待，如今却因命运而成为遗憾，再也无法见到那个圆满的句号。

三、中大哲学系（珠海）

2016 年，农历大年初三，我和家人从雾霾中的天津出发，中经开封、岳阳和韶关，一辆车，两个箱子，一家三口，四日行程，终于在正月初六抵达静谧的珠海校区。春季开学之后，便开始跟张老师商量，请他到珠海来做报告。那时，张老师尚在美国探亲。4 月 6 日，收到张老师邮件发来的两个讲座题目和提要：（1）"父亲"的地位——从儒家和人类学的视野看；（2）现象学要义。一个是为珠海文化大讲堂准备的题目，另一个是为专业学生准备的题目。考虑到哲学系（珠海）还没有开始招生，现象学那一讲就商定以后择机再讲。不过,珠海市的一个单位得悉张老师将要做客珠海文化大讲堂,于是也来询问可否给他们内部讲一次,张老师也欣然发来了另一个讲题"儒家孝道的合理性何在?"6 月 23 日,张老师来到珠海时还未从时差中完全调整过来。25 日做客珠海文化大讲堂第 275 讲,主题就是从儒家和人类学视野看"父亲"的地位。讲座之前,张老师在嘉宾签到纪念册上写道:儒家为中华民族和人类的未来希望。很庆幸,朋友圈还能找到当时所拍张老师讲座和题字的照片。6 月 26 日的《珠海特区报》第 5 版对张老师和讲座做了专门报道。张老师的这次讲座内容,最终形成文稿,见于《同济大学学报(社会科学版)》2017 年第 1 期。

2016 年 12 月,中大哲学系(珠海)承办全国外哲年会。筹备期间,张老师来信表示可于 2017 年 1 月携夫人一同到访珠海,并坚持由他自己承担行程费用。这次的行程是 1 月 3 日抵达珠海,5 日讲座,然后 6 日应中大南校区哲学系朱刚教授之请做讲座,7 日回程。1 月 5 日的讲座题目为"时间的奇异与真实",这应该是张老师在哲学系(珠海)的第一次讲座。澳门大学《南国学术》田卫平总编辑慧眼识珠,来询演讲文稿。于是,我请在读硕士生胡晓鲁根据录音和演示稿整理成文,经编辑部修改并经张老师审定后,刊于《南国学术》2017 年第 2 期。

自 2017 年初这次珠海讲座之后,我跟张老师一直密切联系,商量他到珠海来的具体事宜。开始的时候都很顺利,中间经过一段稍嫌停滞的程序期,其间,我大概每隔一两周要去一趟人事处询问进展。最终,总算顺利走完程序。2017 年 9 月 20 日,迎来了期待已久的聘任仪式。作为系主任,我在欢迎词中大概表达了三个意思。一是无比高兴在珠海迎接张老师的到来。张老师是哲学系(珠海)成立以来教研队伍的第 20 位成员,也是加盟中山大学珠海校区人文学科的首位讲座教授。二是简要介绍了对张老师为人为学的几点粗浅认识:对学问的热忱投入,对现象学方法的源发思考,对思想原创性和灵动性的不渝追求,对中西印思想的深入比较,对儒家传统如何重新焕发当代生命力问题的独特贡献。三是描述张老师的加盟对于哲学系(珠海)的意义。当时,哲学系(珠海)成立将满两年。张老师的加盟对哲学系(珠海)无疑具有"重要的里程碑意义",定将为年轻的哲学系(珠海)"奠定新的高度"。最后,我用了三个"福"来形容自己内心的认识:张老师的到来是哲学系(珠海)之福,是珠海校区之福,也是中大学子之福。

年轻的时候,我领略过张老师的课堂魅力,也深信这种魅力会继续在哲学系(珠海)得到延伸。2017—2018学年春季学期,张老师为本科生开设了"欧陆哲学"课程,为研究生开设了"中国哲学前沿问题"课程。2018年秋季学期,为本科生开设了"哲学导论",为硕士生开设了"比较哲学研讨课",为博士生开设了"中国哲学专题研究"课。所以,哲学系(珠海)的学生,从本科生到博士生,都曾受惠于张老师的课堂。2016级和2018级本科生都曾有幸上过张老师的课。因为课程安排之故,2017级本科生恰好错过了张老师的课。2017级的学生也曾跟我当面表达,为未能上到张老师的课而感到伤心。张老师的那几门课都是哲学系(珠海)学生的专业课,但也吸引了不少慕名而来的外系学生,甚至吸引了些许外系老师。我的博士生张楠和硕士生冯潇屹曾经给张老师做过助教。冯潇屹本科期间就感动于张老师的讲座,且有志于现象学研究,硕士毕业之后,去了浙大追随倪梁康教授。所以,能给张老师做助教,对于他为人为学的养成,都是一个莫大的幸运。

2018年8月13—20日,第24届世界哲学大会在北京召开。张老师作为哲学系(珠海)讲座教授于13日下午做大会著名学者专题讲座,大主题是"仁、团契、爱、心"。我自己也很荣幸作为政治哲学的召集人之一参与此次盛会。开幕式之后,哲学系(珠海)师生跟张老师在人民大会堂内一起合影留念。张老师在哲学系(珠海)的很多活动中都留下了身影。师生和张老师因世界哲学大会的机缘一起在北京合影,则是难得的纪念。

2018年年底,系里按惯例统计年度科研成果。当我看到统计数据的时候,就慨叹张老师的思想活跃和写作勤勉,为后辈所莫及。那一年,张老师发表了五篇期刊论文:(1)《舍勒伦理学与儒家的关系》(《世界哲学》2018年第3期);(2)《儒家能接受母系家庭吗?》(《广西大学学报(哲学社会科学版)》2018年第3期);(3)《人工智能与广义心学》(《哲学动态》2018年第4期);(4)《在中西间性里反对个体主义》(《道德与文明》2018年第4期);(5)《"家"与中华文明》(《中央社会主义学院学报》2018年第6期)。见此,我不免想起张老师常用的一个词,叫做热思。张老师的思想一直是热的。他一直保持着他的思想热度。我想,思想热到一定程度,应该也会燃烧吧。

2019年6月底,张老师最后一次回到哲学系(珠海),恰逢系里于6月28

日举行的毕业典礼。颇有意义的是,张老师在典礼上为冯潇屹颁发了优秀硕士论文证书,同时为我颁发了优秀硕士指导教师证书。这应该是张老师为我颁发的第一个也是最后一个证书。张老师还为哲学系(珠海)的毕业生送上了寄语。张老师首先指出,人生选择很重要,在选择中思考如何过更有意义的生活则更为重要。其次,张老师说,感动于万物的状态才是人最自发、最自然的情感。值得过的人生,应该是经常被真诚感动的人生。最后,张老师祝福毕业生在人生面临选择的时候可以做出无悔的选择,享受“感动”的人生。可以说,张老师终其一生都在追求发自肺腑的感动人生。这种追求,感动过在北大求学的我,也感动着中大哲学系(珠海)的师生。

四、儒家之爱

在《精神的婚恋》导言中,张老师讲述了翻译这本书的两个目的:其一是为了向中文读者介绍基督教神秘体验论的一个代表著作;其二是“为中华宗教、哲理——特别是儒家——与基督教的深层对话提供一个有活力的文本空间”。张老师强调,中华宗教与哲理传统拥有自己的“精神的或灵性的维度”,而且具有自己的“表现方式”。他表示,儒家也主张爱是“人性的根本乃至天道的根本”。这里,张老师举例提到孝爱,仁爱,男女夫妇之爱,对祖先、家乡和祖国之爱。最为重要的是,张老师由此提出了一个问题,儒家之爱有没有可与“精神的婚恋”参比的精神世界。张老师指出,对这个问题的回答关系到“儒家进入未来的能力”,也关系到基督教在中国的前途。对张老师来说,“儒家进入未来的能力”这个问题可能更为根本。我一直也在关注张老师这个方面的思想动向。

2013 年 5 月,任教韩国崇实大学的郭峻赫教授到访南开,提及他和韩国同仁要办一个电子学术期刊,题为 *Aporia Review of Books*,邀我为其写作学术专栏。没想到我一直坚持了前后两年多,直至我转到珠海后,便再也没有时间继续这个专栏。那段时间,我每个月为其提供短则 3000、长则 5000 字的读书札记和短评,然后迅即由当时就读于首尔大学中文系的研究生李秀炫先生翻译成韩文在线发表。前前后后,居然一共也写了 20 多篇读书小短文。当时,我有意识地选择和阅读了中国学界的一些新书,带着自己的理解和评论,介绍一些新著作和新动向。这些短文和评论,最后形成了一本韩文小书,于2017年在首尔出版。我起的中文题目叫做《既无君子,何以天下》。我的译者跟我说,这个书名很难翻。他的翻译如果再翻回中文,可能就会是"天下无君子"。2014年冬,我集中阅读了张老师的《复见天地心》以及之前论儒家的著作。《既无君子,何以天下》第二部分第二篇短评的中文题目就是"张祥龙论亲爱的儒家"。我的文章《如何理解儒"家"的当代复兴?》(《中山大学学报(社会科学版)》2021年第3期)中涉及张老师的讨论部分,其思想基础还是2014年年底的那篇短文。

张老师在学界的影响一开始首先体现在他的现象学研究,尤其是海德格尔研究,但他从一开始就很儒家。他很早就提出,要想振兴中华文化,还得回到儒家,于是提出建立儒家文化保护区的想法。在《孔子的现象学阐释九讲》里,他开始集中讨论亲子关系。对张老师来说,亲子关系是儒家之爱的根本精神,也是我们伦理存在的源头。在翻译吕斯布鲁克的时候,张老师始终保持儒家的"参比"精神。在讨论儒家的时候,张老师也同样保持着对话的精神。张老师把亲子关系放在中国和西方对比的视角上进行阐述。在他看来,"亲爱"是儒家传统独一无二的思想特色,有别于其他思想传统(无论中西)。他认为,儒家的亲子关系体现了植物文化或绿色文化的特色,是一种比较柔软的文化特色。西方文化则属于动物文化,是一种掠夺性的文化。从这个角度来看,儒家传统是比较柔弱的存在,容易遭到掠夺文化的侵袭和打击。这是一个弱点,但同时也是一个优点,因为儒家传统是一种温暖的思想。换句话说,儒家传统里的亲子之爱在张老师那里始终是热情的、感动的、鲜活的。在哲学言说上,张老师区分了概念言说方式和诗意言说方式。张老师自己的思想及其方式在根本上始终毫不犹疑地站在热情和诗意一方。从以柔克刚、以静制动的倾向来看,张老师的思想又不无道家风采。

在西方哲学经典作品中,爱的概念得到了充分的讨论,亲情的概念地位则相对较弱。当然,在斯多亚学派的一些作品中,亲情也占据着比较重要的位置。不管怎样,亲子关系在西方哲学史中的确不是一个显要问题,这一点我完全认同张老师。如果去看柏拉图的《斐多》,就会发现苏格拉底临终那一天不是和妻子孩子在一起,而是和朋友学生在一起讨论死亡。这是另一种爱,其基础是对一种共同的、最高的善的知识的追求。跟这种爱相比,亲情在西方哲学史上处于一种弱势地位。不过,思想史上的弱势地位未必就等于制度史的弱势地位。库朗热的《古代城邦》就展现了西方社会制度史的这一面,它与哲学史、思想史的倾向截然不同。《古代城邦》展现了家和亲情在古希腊和古罗马社会中所具宗教性的根本地位。对于古希腊和古罗马社会来说,家和亲情都具有极端的重要性。但是,在哲学和基督教思想的不断侵蚀下,家和亲情的凝聚力逐渐瓦解。在思想层面失势之后,家和亲情在社会制度层面还保存了很长一段时间。库朗热的著作表明,古罗马社会和中国传统社会在祖先崇拜方面具有高度相似性。家和亲情的地位都具有宗教性和神圣性。从这个角度来看,中国对家的重视和对祖先的崇拜无论在思想层面还是在制度层面都比它们在西方延续的时间要更为久远。张老师在阐述儒家亲子关系的时候也很重视制度和仪式层面的意义。不过,在比较视野下讨论西方"无家"的思想特色时,他主要侧重的是思想层面而不是制度层面。

张老师反思了现代社会的"无家"状态,也批评了晚清五四以来对"家"的批判。在这个方面,张老师比孙向晨教授《论家》中融通儒家亲子和现代个体思想的立场要更为决绝。张老师关于亲爱的比较思考,我个人也从中受益匪浅。在不同的著作里,张老师都有关于儒家仁政作为天道政治样板的讨论。他还区分了先秦的"大一统"政治与后秦的"大统一"政治。我本来也很期待张老师能有机会展开儒家仁政作为一种政治哲学的讨论,这个期待如今也只能是一个无可实现的期待了。

结　语

2019 年 11 月 23 日,"现象学与儒学——张祥龙先生《儒家哲学史讲演录》新书座谈会暨学术研讨会"在中大哲学系召开。张老师向中山大学现象学文献馆捐赠了《海德格尔思想与中国天道》的手稿。在赶回珠海的途中,我给张门弟子朱刚教授发了一句话:千里一家亲,缘在赤子心。家和亲、缘在和赤子都是张老师著作、思想和人生中的重要构成部分。不久前,跟张门另一位弟子蔡祥元教授聊起我和张老师在不同阶段的交集,令我想到,无论是基督教世界的吕斯布鲁克还是中华世界的亲亲思想,张老师所思所行都带着他那始终不渝的激情和热情。这恰恰是我所要仰望的燃烧精神。我相信,这也不仅仅是我所仰望的精神,它曾震撼过许许多多在课上和在书中被感动的心灵。

　　《儒家哲学史讲演录》的前三卷之前都曾单行出版,第四卷则是全新的讲稿。第四卷内容正是张老师在中大哲学系(珠海)"中国哲学前沿问题"这门课的讲课稿。这一卷讲儒家心学,结于罗近溪。张老师引用和分析了罗近溪关于赤子下胎之初哑啼一声的意义。张老师为人为学最为感人之处,也始终是不失其赤子之心。李贽曾说,天下至文,未有不出于童心。张老师为文如此,为人也是如此。张老师终其一生所追寻和护佑的,应该就是这种绝假纯真的最初一念之本心。人生在世,经常不得不首先处理迫在眉睫的事情,但张老师并没有因此而疏忽专注于最为重要的事情。我不能说,张老师的一生一定是无悔的一生。但我相信,他的一生一定是动人的一生。

　　谨以此文敬悼张祥龙老师!愿人间初心不改、热心不息、真心不泯!

依缘而生：依张祥龙老师意缘之意生

温海明[①]

　　张祥龙老师去世的消息传出后，家人旋即相告，我一时悲痛难抑。此前总觉得还有机会渐次请益，却没料想师缘之生机这么快就要从生者的意缘回到已成为"完成时"的著作之中。悲伤之余，我给济南出版社编辑去电，询问祥龙师在我和赵薇教授主编的"传统文化大家谈"丛书里面的那本《家与中华文明》的最新进展，她说书稿已由祥龙师亲自校对过了，我听罢略感欣慰，但绝难想到帮祥龙师联系出版的这部小书，居然可能会成为经他审校的最后之作。如今此书将出，或能以此表达对他的敬意和怀念。[②]

　　见祥龙师最后一面还是去年9月18日。那时受孙伟兄邀请，到祥龙师年轻时工作过的北京市社科院参加"新时代哲学的使命与担当"会议。会后因为编书的事情跟他通过几次电话，本想着等疫情和缓后再当面请教，然而无常迅速，竟没有了这样的机会。疫情以来，人们总叹惋一切相见都加上了"疫情结束"这样的限定，但我想疫情终会结束，可"相见"有时却殊为不易。很快通过朋友圈和网络看到师友们的怀念文字，这些文字就像一个个时间的晕圈，交叠在一起，不住地召唤与祥龙师的层层记忆，那些曾经跟他请益的点点滴滴，不断在心海涌现，难以忘怀，让人感激。这些缘分促进了我哲学意识的生发和成长。与他交往时那种理智感动的缘生情态，从学生时代一直绵延至今，读者从我同班同学吴飞和柯小刚的回忆文字里，自然会有同感。

　　我虽未亲炙张门，但多年来与祥龙师及其门下弟子常有交流。从1996年秋听他请 Melville Stewart 教授合开的比较哲学课至今已20多年，听其课、

　　① 作者简介：温海明，中国人民大学哲学院教授。

　　② 《家与中华文明》已由济南出版社于2022年9月出版。该丛书由济南出版社张元立副总编于2018年发起，李敏编辑，目前已出到第二辑，共19本。

读其书、感其人,他的音容笑貌,他的睿智通天的境界,时刻入意而难忘。感慨及此,于是草就一联:

> 传道振铎祥师音容犹在
> 释西阐印龙德中道长存

寇方墀女史忆起她在北大听祥龙师讲课,认为祥龙师是躬行实践的儒家君子,而"历数在躬"正可表明他从骨子里是个儒者,是将儒家看作信仰和生命并躬身践行者。或许这正符合孔门弟子将儒家天命之心传放在《论语》的末章加以强调的微言大义。祥龙师走了,走完了与孔子同岁的"命",但其哲思天命或许刚刚开启,一如孔子弟子们通过《论语》记录孔子一生的"命",而孔子真正的文化之"命",其实是在《论语》文本传世之中开启和完成的进行时。祥龙师的天"命",或也将通过他的著作,与孔子的天命融贯一体,弘道生生,绵延不绝。

祥龙师去世后的当天上午,我去接安乐哲教授参加北京外国语大学聘请他担任中华文化国际传播研究院首席专家的仪式。路上安老师回忆起自己跟祥龙师的交往,他说祥龙师虽然是美国博士出身,但每次见面都跟他说中文,好像总要邀请他一起来体会没有边界的中国象思维的微妙之处一般,总想与他一同品味中国哲学思维与西方有边界的概念思维的天壤之别。祥龙师非常认同安乐哲先生试图改变世界哲学地图的理想,我回国不久后他就请我概述《安乐哲比较哲学方法论》,如今想来,两位老师在世界哲学视域下的比较哲学意识是相通且相惜的,因为他们的终生努力都是为了在世界哲学的地图当中重新安放中国哲学,为中国哲学勾画新颖的未来图景。

中国哲学一直在比较哲学的境遇中常生常新,因为机缘总是新的,缘生的缘分就一直依境而生。彤东兄提到 2008 年的比较哲学会议,当时祥龙师兼任美国中西比较哲学学会的主席,我记得我们交流过学者们提出的不同的比较哲学方法,其中祥龙师的比较哲学方法无疑是出西入中的典范,饱含中西哲学交流会通的探索感和原初性的时机化体验。2018 年 12 月 13 日,安老师和我参加北师大中国文化国际传播研究院为祥龙师《家与孝》一书举办的研讨会,祥龙师感到现象学没有深入儒家亲亲关系,家庭和孝道一般仅被当作伦理学问题处理,而现象学应该有能力处理和回应。西方哲学家、中国港台新儒家普遍对家庭不关注，这些年他和孙向晨等对家哲学问题的持续关注引发了学界的讨论。祥龙师开创了孝道儒学，其本体论基础被学界多加讨论。我认为"孝"有非反思的先行性，"亲亲为大"可谓儒家文化的先行设定，虽有自然血缘亲情做基础，但要求一代代人理解接受从而进入"非反思"的自然之域。安乐哲先生欣赏从祥龙师到孙向晨教授阐发的在代际之间存在的生存状态，认为这把中国的时间观结合进去了，可谓海德格尔"存在"与"时间"关系的中国式发展。我虽然受过一点分析哲学训练，但对欧陆哲学更有感情，对现象学和存在主义、心灵哲学中的意向性问题兴趣浓厚，我在《儒家实意伦理学》里谈"缘生"，在《周易明意》里谈"意缘"，多少都受到他对"缘在"的翻译和相关论述的启发。

祥龙师的比较哲学研究一定程度上改变了二三十年来中国哲学史研究的地图和走向，开启了中国哲学"思"的新时代，而他的哲学之"思"的根本，就是中国哲学生生不息的智慧之"缘"，这种缘分，唯有作者本人先体悟和感知之后，才能因"缘"而有所"言"，这就与不少治中国哲学史的学者们试图剥离学问和生命的做法迥然不同，也感召了学界众多青年学子前赴后继地沉迷于他哲思丰沛的著作中，追随他、体知他、发扬他。我门下就有从本科时代就受祥龙师精神气质的影响和感召的弟子，从这样的弟子身上，我能感到祥龙师为人为学令后辈们感动的地方，这种感动就是儒家"斯文"的感召，也是天之历数在其一生躬行实践当中密付心传的彰显和表达。

我刚回国不久，祥龙师就推荐我去"北京中国学中心"（The Beijing Center）任教，从2007年春天开始，接替他之前用英文教了多年的中国哲学课程。我想祥龙师是希望给我一个上英文课的机会，保持用英文运思哲学问题的敏感度。我上这门课时，祥龙师的讲课风貌常浮现在眼前。据中心当时的主任墨儒思（Russell Leigh Moses）先生说，祥龙师给外国学生们用英文讲《论语》，总是分析得那么精微、细致、深刻，确实是儒者在沉思，即使有些学生可能难以理解，但也能够感通他的言外意境，让外国学生们为中国经典的魅力感叹佩服。我总觉得祥龙师上课回答提问的时候，那种"时机化"地回应学生的境界，是与孔子回答学生问"仁"之境相通的。儒家的哲思可以而且应当通过英文和其他不同语言来与各个文明交流碰撞激发，让儒者的精神气度和思想光芒能够在中外文明对话交流的境遇中不断流动、长生长存。

祥龙师意识到生生之间，时刻都要让中国哲学的天道依缘而生，因其"缘"而在当下的"场"之中。他上课时那种沉醉其中、边教学边运思的风格对我影响很大，也总让我觉得哲学教学虽然是运用概念、命题和论证的艺术，但其中的哲学深意从来都在言象构成的艺术作品之外。换言之，思者意识流淌的"言"和"境"是情境化交融激荡的艺术。立刚兄编了他的四本书，不以祥龙师的所"言"，而以其"言"时之"切"来传递那种听者被带入他在思想和文字的边界孜孜以求，在言语与意义的边疆奔驰冲突的艰辛努力，而探索古今哲思的边缘和思想冒险的终极境界，才是一个哲学家的天职。

正因如此，祥龙师的著述总是让读者体会到其间有无穷深意。上课时，他好像领着学生们同他一起闯荡哲学的江湖，进行上下千年的思想探索和冒险，在平静的言辞之间，中西哲思激荡的原发境遇如此有张力地适时展开，那种动人心魄的紧张感让很多学生们多年以后仍回味无穷，他融通中西印的"哲学导论"课也就成了"永远的导论"。[①] 我刚开始教学的时候，曾认真琢磨他的"哲学导论"课，受益无穷之余，还和同行分享他的教材和学习的心得体会，多年之后，其学其思，如木铎钟声，阵阵传扬，仍旧余音绕梁，三日不绝。

祥龙师是情感先行的儒者，对儒家的复兴有着真诚的信仰和深厚的寄托之情。2005 年圣诞节后，在美国东部的哲学年会上，祥龙师的发言主要是向在场的美国哲学同行介绍当时国内儒家复兴的代表人物。他认真地介绍了我在北大的同学柯小刚，小刚那时刚刚出道，祥龙师就如此真纯善良地欣赏和提携后生，其宽广的心胸和包容精神让很多晚辈学人受益无穷。去年底祥龙师去小刚兄在青浦的书院讲学论道，当时精神矍铄，谈笑风生，可如今已成绝响。他是谦谦君子，温润如玉，即使提携后生，也尽量润物无声。"润"从来都是从边缘开始的，他和他人关系的介入，也总是给人一种从边缘之"润"开始的感觉，那么多学生受惠于他的思想之"润"，有些已卓然成家。正是这种"润"能入身走心，持续绵长地转变人生，从而可能改天换地。

祥龙师 60 岁那年就坚决从北大退休，"金盆洗手"传遍士林。我猜想他的本意应该是要退隐江湖，从此不过问江湖是非恩怨，不过江湖上还是流传着他的很多传说。或许他的学术魄力和写作计划被纷纷扰扰的俗务不断推

---

① 张祥龙：《中西印哲学导论》，北京大学出版社，2022。

后,所以需要有安宁的心境来重启内心的抱负。他退休之后的讲学生涯,风采并不输于燕园墙内,在济南和珠海各地都培养了很多品学兼优的晚辈学人,也收获了大量的追随者。王珏说祥龙师从来不在学生面前抱怨任何事,心中所念的只有学术和真理。他给弟子的最后教诲就是"永远追求真理",这是他一生的信念。人的身体是对待性的"缘",相对于他人和他物而有自"身",祥龙师一生不以自己与世俗对,他的意念之生虽然也要因"身"之"缘"而生,但早已超出世俗意义上身体与世界相对待的格局,从来都在追求真理的无对待格局之中。

虽然祥龙师更多保持着苏格拉底和孔子一般的师者身份,通常不主动介入世俗事务,但立刚兄说,祥龙师提出"儒家文化保护区"是对百年来西化运动不给儒家留地盘的一种纠偏,经历坎坷,曾经饱受磨难的祥龙师也以这种思想介入了现实。2014 年 7 月 12 日我陪同安乐哲先生去"阳明精舍"拜访蒋庆先生,因为我们第二天还有安排,所以跟次日进山的祥龙师交臂失之。在经济大潮汹涌澎湃的形势下,蒋庆先生在深山里建了一个形而下的"保护区",我觉得祥龙师想要建一个形而上的"保护区",让儒家的哲学思想得到真正的护持、加持和保持,而他自己哪怕力量再微弱,也要以"虽千万人吾往矣"的精神去坚持和维持。祥龙师一生大部分时光都在面对儒学复兴的艰难时势,所以其言充满忧患,而彤东兄说他此言并非出自无知的天真,而是在知道世道凶险之后的坚守,可谓知人论世。

2019 年,祥龙师出版了四卷本《儒家哲学讲演录》,完成了很多前辈学人没能完成的工作,或可跟黑格尔《哲学史讲演录》媲美。他认为孔子是中华文化和哲理的试金石,要理解其中的神髓,就要到孔子这个文化最高峰和极深渊来检验。孔子的极致哲理之深邃原发和质朴绚烂,有待今天和未来的人们逐步领会。[1] 可见祥龙师沉醉于《论语》的哲学境界,并坦承自己"属于那极少数至今还真心相信他的圣人性和思想真理性的人"[2]。祥龙师和安乐哲先生关于儒家的系列著作,字里行间都充满对孔子哲思的典范性挖掘和揭示,某种程度上可谓对黑格尔到德里达以来对中国哲学误解的绝地反击。

---

① 参张祥龙:《孔子的现象学阐释九讲——礼乐人生与哲理》,华东师范大学出版社,2009,"作者序",第 3 页。

② 同上书,"作者序",第 1 页。

　　诚如吴飞兄在给祥龙师新著《中西印哲学导论》的书评所言,祥龙师最后已将孔子和易学作为理解中国哲学的主线。我刚回国在北大跟陈少峰老师做博士后时,国内盛行到度假村开学期总结会议,一次开会路上有幸坐在祥龙师身边,跟他请教一路。记得当时谈起安乐哲先生用实用主义解读中国哲学的思路对我的影响,他提到对詹姆士哲学的感悟,我也跟他分享我博士阶段的意向创生(intentional creativity)等想法。他高度赞叹了《周易》卦爻象哲学的精妙,告诉我他如何沉迷其中,这让长期喜易的我心有戚戚焉。他的学思之路开启了借助经典,体悟性地解读中国哲学的新路,而这当是中国哲学开创新局、走向世界哲学场域的必经之路。我受到他对中西印相通的"哲学感受性"的震撼,其中的深邃洞见能让我理解孔子"三月不知肉味"的神思境界。

　　这种在喧嚣的车上和祥龙师海阔天空神聊一路,就能震动听者的五脏六腑以致经年不忘的境界,吴飞兄也体会过。尤其是在车上听他谈易的情景,好像随时能够把"道"代入当场,哪怕周围正洪水滔天,他都能够沉浸在自己的哲思之境中,娓娓道来,向你展示他的思想探索历险记。正是在这种"缘生"情态当中,我们才能够理解为何那么多人认为他是一流的哲学家,而且他不需要借助海德格尔那种在绝美的托特瑙山坡上的人间仙境般的小屋、梭罗那种在瓦尔登湖的湖光山色里清冷孤独的蜗居,就可以在沧海横流的人世间,随缘点化、点石成金,这当是天时随缘呈现的时机化魔力。在《中国古代思想中的天时观》中,祥龙师提到阴阳交遇才有时,而这正是基于阴阳交交换的消息卦变的精髓。潘雨廷一生钻研虞翻卦变易学,留下很多启人深思的读易笔记,祥龙师读易有得,其《周易象数与毕达哥拉斯之数》见解过人,令人击节赞叹。他对古典中国时空观的理解和时机化的深刻体悟,一直是我多年来引导学生们感悟中国古代天时观的重要"门道"。

　　祥龙师反对中国哲学从孔子或者老子开始的成见,明确认为《周易》经文才是中国古代哲学思维的源头,阐述中国哲学史应该以此为开端。他深入对比考察毕达哥拉斯和莱布尼茨的数哲学,认为还是中国的数理才能真正成为哲学,而西方哲学家们虽然努力,却并不成功。可见,河图洛书和八卦体系的数理哲学,当在哲学史上有其位置。祥龙师认为卦爻辞并非散乱无序,意识到其中应该有个序列,可惜他借助潘雨廷和虞翻易学,无法全面了解十二消息卦变六十四卦的内在系统。他认为爻辞的象与意义可以对应，而从取象之法中悟出哲理含义正是《周易明意》每卦每爻阐发的哲学意义。他琢磨《周易》卦爻辞"这种空—时的位相对应如何能具有一个生发转换结构，有助于人去领会世界与人生的终极含义"，追问"易象与易文之间应该是什么样的一种关系"，明确反对顾颉刚把《周易》的思想价值理解为以筮辞为中心的历史故事，因为这"几乎完全遮蔽了《易》的哲理命脉，因为这命脉首先是与象数相关着的"。他对象数易学的哲理深意有合理判断，只离推开卦变哲理之门一步之遥。他认为，与中国哲学相比，西方古代"连几何与算术都还没有真正打通，更不是西方的形而上学的范畴体系所能具有的演绎特性了"，中国古代数与卦的哲学才能真正建立形而上学的根基。祥龙师对中国古代《周易》宇宙论基于五行八卦的原发性天时观有充满"时机化"的深层感悟，对我建构《周易明意》等书的意本论形上学体系多有启发。

在祥龙师看来，中国古人认为人生世界为唯一真实世界，"这个世界既是我们经验的，又是玄妙的或有无相生相成的，因为我们的生存经验本身就充满了张力而玄之又玄"①。他不同意用"神秘主义"给中国和印度的哲学思想贴标签，因为中国古代思想的根本识度（insight，Einsicht）超出西方概念和观念哲学的范围，运用反理性主义意义上的神秘主义这种标签是极为有害的偏见，这种中国哲学观会阻拦当代人理解古人的真智慧。② 他认为道家和道教对道的体悟和修炼传承都没有任何神秘主义意味，这一点我完全认同。道路需要感受，而且要"感受到它息息相关与中国命运的道性"③，他试图推开中国哲学智慧之"道"门，让"道"在"门"与"门"之间敞开而为人意会，如此"玄门"其实是阴阳激荡、生死俱现的"玄意门"，是似有若无的自然之"门"，玄意之"门"。

祥龙师对于有无之间的深意体悟深厚，认为"常有"在于显示一切现成者的界限，而这种界限的充分完整的暴露也就是"无"的显现。④ 借用海德格

① 张祥龙：《海德格尔思想与中国天道：终极视域的开启与交融》（修订第三版），中国人民大学出版社，2011，第240页。
② 参张祥龙：《海德格尔思想与中国天道：终极视域的开启与交融》，第156页。又见温海明：《道德经明意》，中国社会科学出版社，2019，第31页。
③ 张祥龙：《海德格尔思想与中国天道：终极视域的开启与交融》，"修订新版序"第2页。
④ 参张祥龙：《海德格尔思想与中国天道：终极视域的开启与交融》，第223页。

尔以"道"(Tao，Ereignis，本成，大道发生)为"有"，祥龙师不赞成把"有生于无"做宇宙发生论的解释，认为"无"就是"根本的构成"。构成域就是指"有"的构成态，不存在一个在一切"有"之外的"无"的境域。"真正的无境或道境就是我们对于有的构成式的领会，得道体无就意味着进入这样的领会境域。"①安乐哲先生喜欢谈焦点和场域(focus-field)，祥龙师对于撇开知觉中的现成"焦点"，而入至柔、至朴、至虚的"边缘域"也情有独钟，如他所说，乘势者需要敏锐地感知边缘构成域为最真实的存在，才能入此境而得天势。② 得"道"的势态犹若任天势而行，这是面对自然力求生机的生存战争之势态，"人生的一切波澜变幻、柔情慷慨，实际上都因势而发。天势即活的'自然'"，"道象的特点就在于含势而不滞于形名"③，等等，连最亲最熟的"母"都可能"处在日常视野边缘而不为人知的构成境域"④。阴阳当然不是基本元素，所构成的气也不是具体物，而是一种"原发的构成态"，"一种得机中时的势态"⑤。由此可见，祥龙师别具一格的哲人视角，从"缘""势""域"等角度切入会通中西，哲思所至、新意迭出。

细品祥龙师著述，其中既有深邃的西方哲学内涵，又有精深的概念和历史文献的解读见识，字字有出处，句句有根据，毫无空言，丝丝入扣，条分缕析，深入浅出，让人意犹未尽。哲学沉思和文字风格正是祥龙师求真意念的实化，追求实现"极高明而道中庸"的极致境界。他的哲学意识可谓一种本质性、真理性的直观，永远要超越和突破二元论的藩篱，他的哲学意识境遇之中，心物融通，放下对待。他总是在超对待地、非对象化地面对他所沉思的现象，试图进入一种纯粹、绝对、无人非人的、超越时空或无时空的、纯净至极的意识状态当中，他的哲学其实超越这个时代和所有常俗的时空观，与最根本、最原发的"未发之中"融通不分，这种哲学思索意识总是跟全体的境域关联不二，与一阳来复的天地生物之心相即不离。

早年他讲课的时候常提龙树的《中论》："众因缘生有，我说即是空，亦为是假名，亦是中道义。"他用中英文反复讲解多遍，还总觉得词不达意，那种

---

① 参张祥龙：《海德格尔思想与中国天道：终极视域的开启与交融》，第 224 页。
② 同上书，第 229 页。
③ 同上书，第 225—226 页。
④ 同上书，第 229 页。
⑤ 同上书，第 227 页。

在修炼言辞过程中的沉思,很像"观象玩辞"的"玩索"状态,把旁观的学生们带入直觉性的原发境遇,提醒学生们直面那种意在言外、只可意会不可言传的空境。2014 年 11 月 23 日,友人带我去拜访闽南佛学院研究龙树中观论的圆智法师,正当我跟法师请教中观和因缘、空、假、中道等问题之时,祥龙师打了电话过来,我瞬间浮现他当年在燕园心传中观智慧的那一幕,感慨意念与情境之因缘和合之缘分和业力居然如此不可思议,意与缘的境界重重叠叠,跨越时空,迭代交织,期于未来,同时圆成。

文明兄提到,这么多年来,学界追随祥龙师路子的人不少,而能够自成一家、言之成理的却不多,因为这需要在中西哲学问题边缘探求的特殊体验和神性运思。祥龙师曾经沧海,又纵横东西,其穿透经典留下的文字背后的体验和力度,都远非常人可见、常识可比。他们这一代对俄罗斯文学和哲学有特殊的感情,他喜欢托尔斯泰、陀思妥耶夫斯基,强调东正教跟新教、天主教根本不同在于对人之神秘性的体认,东正教认为人只有受苦才能跟神沟通,这成为俄罗斯文学和哲学的根源,甚至和社会变革和发展相连。祥龙师上下求索之后返归五经,决心将中国哲学范畴与问题哲学化,这无疑需要一种极其特殊的抱负,并要基于通神气度的才气方可。诚如江怡老师所言,祥龙师有屈原一般的精神气度,为了解脱当代中国人的深重孽障而"通天人之际",他是这个时代少有的心意通神的哲人。

这种近乎通神才气的来源,根子上或来自德国哲学与文化传统。他对谢林和黑格尔的学友荷尔德林情有独钟,喜欢其"深邃思想在古希腊与大自然的谐荡中放射出"的那种"令人神往的美"。我觉得本雅明说"多少年来,在这样的夜晚都是荷尔德林的光芒照射着我"这句话同样适用于祥龙师,因为他强调,海德格尔终生无条件推崇的只有荷尔德林和老子两个人,而祥龙师试图悟通他们终生不失的那种通天意境,认为荷尔德林的疯狂是由于"接受了过多的神性光明"[1]。应该说,正是德国哲学这种诗化的神性之光照耀进了他对儒释道的诠释和领会,才让儒释道的经典智慧绽放出如此辉煌的哲理之光。他对德国哲学和文化之体悟可谓深入骨髓,字里行间行云流水,好像莱茵河的流光余韵,也像日内瓦湖清澈澄明的湖水。他带有神性而透亮的

---

① 　参张祥龙:《德国文化感受》,《社会科学论坛》2005 年第 12 期,第 102—103 页。

理智之光,点亮了传统儒释道思想的哲学之缘,激发着他的神思,绽放出他的天才,挽住了他的才情,思想不灭,魂即长存。他走的时候,应该可以自豪地面对自己一生的梦想,那个始自青年时代做护林员仰望星空时的人生梦想,也许就是要用此生去找到一束意识之光,透过自己经历和感悟的意缘,让有"见识"和"识度"的"意"生生而长生,照亮中西印哲学之思交相辉映的人类理智星空。

缘 在 知 几

——张祥龙老师的哲人之思

吴 飞[①]

今年 5 月 28 日,北大出版社的王立刚编辑送给我张祥龙老师的新书《中西印哲学导论》,很自豪地说,这是他编过的祥龙老师的第四本书了。翻开这本厚厚的著作,其中很多内容都是似曾相识的,从 2002 年开始,祥龙老师在北大开讲全校通选课"哲学概论"(2005 年纳入哲学系必修课,改称"哲学导论"),就已经形成了此书的基本架构和思想,后来又在山东大学和中山大学(珠海校区)反复讲授和修改,历经 20 年,终于出版了这部讲义。朱刚教授说,这应该是祥龙老师对哲学的最终理解。

"哲学导论"和"宗教学导论",是北大哲学系给大一本科生开设的入门课程,"哲学导论"曾先后请张世英、叶秀山、张祥龙、赵敦华、李猛等名师讲授。这门课很不好上,非常考验讲授者的见识和功力:既要对主要哲学流派和哲学家有非常专业的理解,又不能讲成哲学史(因为另外有哲学史课程);既要有哲学性的思考,但又不能向学生灌输某一派哲学思想,而要能够展现出哲学研究的深度与广度;既要成为学生进入哲学学习的门径与津梁,接引大一学生从高中转入大学学习的课程,还要深入浅出,帮助学生成功地完成过渡,而不能将学生吓跑。总之,"哲学导论"这门课,是最应该由有哲学家气质的老师讲授的课程。2005 年我回到哲学系任教的时候,正是祥龙老师在上这门课,2006 年,我开始讲授"宗教学导论",与祥龙老师搭档数年,深知祥龙老师对学生的吸引力。很多学生是从他身上感受到了哲学的魅力,开始走上哲学之路。在相当长的时间里,祥龙老师成为北大哲学系的象征:他的

① 作者简介:吴飞,北京大学哲学系教授。

飘飘长髯、整洁的唐装、洪亮的声音、高远的气象、严谨的学风、风趣的语言、精光四射的双目、字正腔圆的普通话,以及跨越中西印三大哲学体系的讲义,处处都呈现出一丝不苟的哲学家的赤子之心。

很羡慕我的那些学生,能够接受如此精醇的哲学教育。这对于我自己的课,既是一种压力,也是一种鞭策。但我当时也回想起,在10年前,也就是我还在哲学系读硕士的时候,也曾经听过祥龙老师的几门课,感受过他的哲学魅力。当时祥龙老师也是回国没有几年,40多岁,刚刚出版其成名作《海德格尔思想与中国天道》。那时的祥龙老师,深深的眼窝上架着一副眼镜,喜欢穿西装和夹克,文质彬彬,非常帅气,不仅显得非常年轻,而且很洋气——得知他出生在香港后,更加深了这种印象。很难想象他和靳希平、赵敦华老师都是1949年生人。据说有一次他们三人一起坐公交车,祥龙老师有座位,靳老师和赵老师都站在旁边,售票员说:“你这小伙子怎么这么不懂事,座位不知让给老人坐?”我在他的课上也听到了中、西、印三大哲学体系,也听了他讲海德格尔。上他课的时候,我正在准备申请去美国读博士,非常冒昧地去请祥龙老师写推荐信,当时很多中国老师乐得做个人情,往往就答应了,甚至会让学生自己写,然后签名,但祥龙老师却以对我不够了解为由婉拒了。这次挫败使我深刻体会到了祥龙老师的严谨方正。

等我回到北大教书,祥龙老师已经与10年前大不相同了。他不知何时蓄起了长长的胡须,再也不会被人误认为小伙子了,更重要的是,无论他的学问还是授课风格,都已变得更加圆融老到,但其哲学的活力和其中深深蕴藏的赤子之心,却呈现出更加蓬勃的朝气。作为同事和搭档,我开始更近距离地接触课堂之下的祥龙老师,体会到了他的温和与热情,可谓“望之俨然,即之也温”。随着祥龙老师的形象变得越来越清晰丰满,我也对他的哲学思考有了更多的了解,但直到读了这本书,才对他的思想有了比较全面的把握。这本《中西印哲学导论》,可以算作他哲学思考的总体架构,也是了解他哲学思想的最好入门书。

此书以哲学问题为线索,从中国、西方、印度三大哲学体系比较论述,分为七大部分,二十一章,第一部分总述哲学的含义与东西方哲学家,第二部分讲述终极实在,第三部分是知识论,第四部分是伦理学,第五部分是政治哲学,第六部分是美学,第七部分是当代西方哲学。

边缘问题

在全书的序言中，他给出了自己对哲学的独特理解："哲学是对边缘问题的各种合理探讨，与流行的'世界观''方法论''总规律''科学的科学''批判理性''澄清语言的逻辑结构'等说法都不同。"这真是一个非常与众不同的哲学定义，他随后做了澄清："'边缘'意味着半实半虚的境地，超出了现成的理性手段，要面对深邃的不可测，但毕竟还是站在广义理性之中，要讲出一番道理，可加深我们对自己生存和所面对世界的理解，而不只是激发感觉和形成信念。所以哲学不是科学，当然也不是科学的科学，而科学在其边缘处或大变革时，倒可能是哲学。"①

祥龙老师说的"边缘"，并不是通常理解的"非中心"的意思，而是既受到其现象学思考的深刻影响，又带着佛教禅宗的味道。在他的哲学思考中，祥龙老师对"缘"这个字情有独钟，他将现象学的 Horizont 一词译为"构成边缘域"或"构成境域"："一切意向性的体验中都有一个围绕在显示点周围的边缘域，它总已在暗中匿名地、非主题地准备好了下一步的显示可能性。"②更重要的是，他将海德格尔《存在与时间》中的核心概念 Dasein 译为"缘在"，将 Da 译为"缘"，并如此解说自己的译法：

> 这个 Da 具有相互牵引、揭示开启、自身的当场构成、以自身的生存活动本身为目的、生存的空间和境遇、与世间不可分、有限的却充满了发生的契机等意义。考虑到这些因素，中文里的"缘"字可以用来比较贴切地翻译它。这不仅是因为"缘"字基本上具备了这些含义，而且由于历史上的佛经翻译使用了这个词，使它那些含义在一千多年的中印文化交融的语境中被酿出了更加丰富微妙的思想含义。而且，龙树的《中论》消除了佛家"缘起"说中的种种杂质，比如因果缘起说、聚散缘起说，给予了这"缘"以无任何现成前提的或"空"（sūnyatā）的存在论

① 张祥龙:《中西印哲学导论》，第 1 页。
② 张祥龙:《海德格尔思想与中国天道》，生活·读书·新知三联书店，1998，第 35 页。

含义。①

　　他还专门写了一篇论文《Dasein 的含义与译名》，更详细深入地讨论了这一问题，对以"缘在"翻译 Dasein，给出了六个理由：第一，《说文解字》以"衣纯"释"缘"，本有边缘、束丝之义；第二，由此引申出"攀援""凭借"之义；第三，攀援、凭借既包含了"因由"，又有"机会"之义，因而有原本的"时间"含义；第四，边缘有"有限"义；第五，边缘衍生出"围绕""沿着"之义，皆与"空间"有关；第六，最重要的是，佛教已经用"缘"来阐释"缘起性空"这样的中心思想。②

　　他在描述《海德格尔思想与中国天道》之主旨时说："这本书中对于海德格尔、中国天道观(儒、道、兵、法等)及其关系的讨论中都有这样一个境域构成的张力背景。没有这种被现象学者称之为边缘域或构成视野(Horizont)的领会晕圈，关于人文现象的比较研究就会或牵强或不及，而达不到相摩相荡、氤氲化醇、'其言曲而中'的对话境界。"③此书的副标题是"终极视域的开启与交融"，他在脚注中说："本书中'视野''视域''境域''境界''缘境''境'是一组同义词。只是，有'视'的词突出人的纯体验的一面；而有'境'的词则更多地意味着这体验的源泉和归宿。不过，很明白，这'视'和'境'水乳交融，相互做成。没有哪个视野中能无境，也没有哪个境界不在视野的构成之中。"④在正文中，他提醒读者，这里的"源"字亦可作"缘"。⑤ 正是视野与境界水乳交融、相互做成而相摩相荡、氤氲化醇的体验，构成了祥龙老师哲学思考的缘在。

　　对于海德格尔使用频繁的 Ereignis，他则译为"缘构发生"，并解释说："海德格尔要用这个词表达这样一个思想：任何'自身'或存在者的存在性从根本上都不是现成的，而只能在一种相互牵引、来回交荡的缘构态中被发生出来。所以，这个词可以被译为'自身的缘构成'，或含糊一些地译为'缘构

---

①　张祥龙：《海德格尔思想与中国天道》，第 94 页。
②　张祥龙：《从现象学到孔夫子》，商务印书馆，2001，第 84—86 页。
③　张祥龙：《海德格尔思想与中国天道》，第 1 页。
④　同上书，第 16 页脚注。
⑤　同上书，第 13 页。

发生'‘缘发生'。"①

　　这几个本来在字面上没有直接关联的概念,被祥龙老师用"缘"字牵连起来,这种牵连方式,已经展现出其独特的哲学视角和世界文明观。他认为,仅有中西哲学的对话与比较还不够,为了使这种比较"更广阔、更具蕴育力",还需要找到"位于中西之间的第三者或参照者,使得整个对比研究获得新的一维"②,这一维就是印度哲学,这就是为什么他如此看重佛教汉译对"缘"字的使用。初看《海德格尔思想与中国天道》的目录,我很不理解为什么要有相当的篇幅谈印度哲学,但深入阅读祥龙老师对边缘域、缘在和缘构发生等概念的思考,就会清楚,印度哲学是其哲学视域中不可或缺的一部分。祥龙老师早年跟随贺麟先生读哲学,已经形成了中西哲学双向思考的格局,后来在美国跟随一位印度老师读硕士,这种难得的哲学缘使他能够在中西印三大哲学体系的相互激发之下展开思考。在中西印三大思想体系之间做哲学思考的,前有梁漱溟,后有丁耘,但祥龙老师和他们二位的用意都很不一样。他勾连三大体系靠的是"缘",使三个哲学传统交叠构成了他的边缘域,这在祥龙老师哲学思考的开端就已经初具规模,那时候,读者往往还不大能理解,但在他后来对各种哲学问题的深入思考与践行中逐渐展开,越来越成熟,最终呈现为《中西印哲学导论》中的这一形态。

　　我们再回过头来看他对哲学的定义,也就能够理解,哲学所处理的"边缘"问题,并非远离中心的次要问题,而是呈现在这视野和境界之间的,极其重要,却不能被确定的科学话语所涵盖的问题:"它出现在面对‘不可测'的边缘形势中,当我们穷尽了现有的手段,比如技术化的、常规科学的、感官常识的、概念推衍的认知手段之后,这个问题还是没有得到真正解决,但是它又好像可以被解决,而且在深入的追求中,的确可能得到时机化的解决。"③他举的一个例子是:"一个注定要以死亡结束的人生还有什么意义?"这样的问题,当然是常规科学所无法回答的,却正好落在他的终极视域中:"总之,‘边缘'意味着活的终极,它让思想走到了头儿,立于悬崖边上,因此它是半有半无、半虚半实,既不能作为对象、哪怕是观念对象被把捉到,却又牵涉全局,可

————————

①　张祥龙:《海德格尔思想与中国天道》,第 163 页。
②　同上书,第 4 页。
③　张祥龙:《中西印哲学导论》,第 10 页。

以是那'动全身'的'一发'。"①他将边缘问题的主要特征称为"非定域性",以量子力学来说明。这个"非定域性",与其早期思想中的"视域""境域""构成域"等说法是何关系? 他之所以强调"视野"和"境界"的水乳交融,是因为以科学确定性为特征的定域,是无法与视野交融的,两相交融的边缘域,是境域,却并非"定域",像"人生的意义""什么是幸福""生死问题""世界的开端"等问题,都具备这样的特点,却绝非不重要的问题,反而是最重要的问题。"总之,哲学就是要应对边缘问题,它永远出现在人类精神的惊涛骇浪处,不可能是四平八稳、一劳永逸的。如果你凭借一般印象而认为,哲学是一套体系,哲学家必须是那种通过构造概念化学说来告诉你世界是怎么回事、灌输给你一个世界观的论证,那就错了。"②

时 间 观

在上述对哲学问题的界定中,他特别强调"时机化的解决",后文又说:"边缘问题还有一个特点,就是他是有时间性和情境性的。"③对时间的理解当然也是祥龙老师研究海德格尔哲学的一个结果。在《海德格尔思想与中国天道》中,他非常详细地分析了海德格尔的时间学说,并以此触及了海德格尔哲学最根本的问题意识:对主体性的重思。胡塞尔和海德格尔现象学的一个中心问题是面对笛卡尔以来的主体性传统,④至于他们是否成功则有很大争议。萨特就批评海德格尔丧失了自我意识,而祥龙老师认为,萨特没有看到,海德格尔的缘在分析和先行决断"已经比前人的自我分析远为微妙地揭示了'自我'(包括意识的自我)的那些有活力的存在论特征,同时滤掉了传统自我意识观中的'内在的'、私有的、心理的和现成的东西"⑤。在他看来,海德格尔从思想的角度已经达到了佛家禅宗既讲缘起,又讲自性的境界。海德格尔是否如此完美地解决了主体性问题,恐怕还有可商榷的余地,但这

---

① 张祥龙:《中西印哲学导论》,第 11 页。
② 同上书,第 22 页。
③ 同上书,第 21 页。
④ 参吴增定:《〈艺术作品的起源〉与海德格尔的现象学革命》,《文艺研究》2011 年第 9 期。
⑤ 张祥龙:《海德格尔思想与中国天道》,第 133 页。

对祥龙老师自己的哲学思考无疑是有深刻影响的。他说:"缘在在历尽人间幻境、死亡的熬炼、良知的发现和决断的开悟之后,终于找到了自己的真身所在:时间性。""缘在说到底就是这样一种纯缘构着的时间境域。"①坦率说,这种充满激情的语言方式与海德格尔那种极其冷峻绵密的语言方式颇有距离,但我们从中更多看到的是祥龙老师被海德格尔打开的汹涌哲思,看到了其边缘化哲学意识中充满时间性和情境性的生命律动。缘在对时间性的探询,更多像是祥龙老师的夫子自道。

　　说祥龙老师很具哲学家气质,不仅在于他思想中的原创性,更在于他对终极问题的哲学思考,都深深植根于自己的人生阅历与体悟。祥龙老师和他的哥哥年轻时曾经积极参与红卫兵组织,到各地串联、扒火车,做过很多轰轰烈烈的事,而且还在一些同学的鼓动下办了一份报纸,写过影响很大的文章,但他的报纸最终被定性为"反动"报纸,他也因此遭到批判,自己曾投入极大热情的理想幻灭了,他一度陷入深刻的绝望、怀疑与苦闷中。由于母亲与贺麟先生的夫人是同学,祥龙老师找到了尚未获得平反的贺麟先生,成为私淑弟子,读了斯宾诺莎、康德、费希特、谢林、黑格尔等哲学家的著作,在这样的哲学阅读与思考中逐渐走出人生低谷。那个时候他找到的是否就是"时间性"已不可知,但"人间幻境""死亡的熬炼""良知的发现""决断的开悟",肯定是曾在他内心反复翻腾、屡经锻造的边缘体验,促使他去思考终极问题。他对中国思想中时机化的时间观的极具原创性的研究,正是他在反复体验人生况味之后的哲学提升。

　　由于种种原因,在现代中国哲学的研究传统中,时间问题很少被纳入到研究者的视野中来。但从《海德格尔思想与中国天道》开始,祥龙老师就非常关注这个方面,这也成为我从他那里学到的最有价值的东西。②祥龙老师在对中国古代各大哲学家天道观的研究中,非常关注时间问题,并指出:"中国古代思想中最本源的时间思想并不在五行或五德循环的说法之中,而是在天道的时机化之中。"所谓时机化,是对海德格尔 Zeitigung 这一概念的翻译,"主要是指人的不同种类的生存方式,比如'处身情境''领会''与人们共

----

① 张祥龙:《海德格尔思想与中国天道》,第134页。
② 关于这方面的初步思考,请见拙文《身心一体观与性命论主体的确立》,《中国社会科学》2022年第6期。

在',实现自身的时间模式,即以时间三相中的哪一相为首要的逸出态(Ek-stasis)而构成自身"①。由于海德格尔时间观深刻地转化了西方时间历史观,从而"既深入了时间境域的思路,又没有失落掉理性的终极追求"②,"海德格尔的时间观与天道时间观有着关键的相通之处","它们都既不是物质自然的时间观,也不是目的论的时间观,而是缘发境域的自然时间观"③。天道本身既有时间性,又是时机化的,"'时中'而非'对于永恒不变者的把握'是最高智慧,这一见地不会产生于西方和印度的主流传统,而只能出现于天道文化中"④。但也是在时间观和时机化的问题上,祥龙老师深刻意识到海德格尔哲学与中国天道思想的相异之处。他无法接受海德格尔向死而生的时间指向,认为"用时间的时机化方式来重新解释缘在的存在形态的路子缺少真实的思想开启力"。"海德格尔的时间观和后期的语言观,除了开出一个新的思想天地这一伟绩之外,似乎对我们的人生并无直接的帮助。"⑤另一方面,他对于充满时机化的中国天道观同样不满意:"中国天道思想家们长于境域中的机变和洞察,却疏于反省其根据,并说清为何只能如此的道理。结果就是,这时机化的终极观不能再被后来的玄学家、理学家、心学家们所领会,只能在各种被士大夫们视为雕虫小技的技艺中东露一鳞、西伸一爪了。"⑥与他充满热情讨论的其他问题不同,他对时间,特别是时机化的思考中有很多保留和意犹未尽的地方,而这也恰恰为他后来的研究提供了更多思考与提升的空间。

天之时与天时

2016 年深秋,我和祥龙老师一同乘车去八宝山,参加叶秀山先生的遗体告别仪式。一路上,我们聊了很多话题,他特别谈到自己遭遇《周易》的经历,说是易学为他打开了理解中国时间观的钥匙,而当时我也开始接触易学,

---

① 张祥龙:《海德格尔思想与中国天道》,第 374 页。
② 同上书,第 371 页。
③ 同上书,第 373 页。
④ 同上书,第 373—374 页。
⑤ 同上书,第 374—375 页。
⑥ 同上书,第 376 页。

苦于找不到门径。他告诉我,自己是通过读潘雨廷先生的书进入易学的。我听了他的话,迅速下单买到了潘先生的书,果然有豁然开朗的感觉。在这个方面,真要特别感谢祥龙老师,而我也由此看清楚了他时间哲学转变的关键,是 1999 年发表的《中国古代思想中的天时观》一文。

文中首次详细讨论了《海德格尔思想与中国天道》中未能深入处理的《易》学和五行循环,区分了"天之时"与"天时":"我们可以称'时制''四时'等意义上的天时为'天之时',即天的时间表现,而称原本微妙的天时为'原发天时'或'原发时间'。"①这对区分非常类似于宋代易学对后天八卦与先天八卦的区分。易学与五行相结合,以模拟四时历法变化,应当是易学时间观较朴素的形态,按照震、巽、离、坤、兑、乾、坎、艮的次序构成的八卦方位图,与木、火、土、金、水之五行次序相应,代表了东、南、西、北之方位和春、夏、秋、冬之四时。祥龙老师又提及的十二辟卦、卦气七十二候、六日七分诸图,都是结合易象与历法来看待时间的,即"天之时"。董仲舒之《春秋繁露》,正是以对天之时的阐释,形成了一个虽不免呆板,但非常系统的思想体系,祥龙老师将董氏之说理解为,"从阴阳五行的气化变易学说衍生出来的理性信念,也就是将原发时间观以比较呆板的方式运用到人生的具体情境中来的结果"②。而"原发时间或'易时'绝非线性的,也不是形式上循环的,而是氤氲醇化而生的时境、时气。更重要的是,这'相推而生'的原发时间必与人的'彰往察来、微显阐幽'之'知'不可分。也就是说,此原发时间乃是'时机',得此时者必'知几',而能以'神'会事"③。《系辞》云:"知几其神乎! 君子上交不谄,下交不渎,其知几乎! 几者,动之微,吉之先见者也。君子见几而作,不俟终日。"牟宗三先生已然注意到"几"在《周易》哲学中的关键作用,④却并未从时间哲学的角度来理解。祥龙老师则指出,知几就是知时机,乃是易学时间观中的时机化。其实,知几的朴素含义仍需要在天之时的维度上来理解。一叶落而天下知秋,便是历象天文的知几。但易象卦爻的变化所表现出来的阴阳和合而成的各种时机(或"几"),体现的是一种更加灵动的时间观,

---

① 张祥龙:《中国古代思想中的天时观》,《社会科学战线》1999 年第 2 期,第 62 页;亦可见《从现象学到孔夫子》,第 204—228 页。

② 张祥龙:《中国古代思想中的天时观》,第 70 页。

③ 同上书,第 62—63 页。

④ 参牟宗三:《周易哲学演讲录》,华东师范大学出版社,2004,第 9—11 页。

远远不只是一个更精微的"天气预报",而是对人生处境中各种吉凶悔吝之事的时机感。在我看来,这正是宋儒画出的先天八卦图,即按照阴阳次序排列的,自南向西向北向东为:乾,巽,坎,艮,坤,震,离,兑。由于先天八卦规律更明显,汉易中的方位图就被称为后天八卦。同样,祥龙老师认为天时是更原发的时间观,而天之时是更呆板的时间观,但天时是建立在天之时的基础上,或者说,是对天之时的历法时间更深入的解释和更巧妙的运用。

祥龙老师所区分的天时与天之时,乃是中国时间观中的要害。他很强调天时对天之时的超越,但另一方面,如果仅仅抽象地从时机化来讲"见机而作"和"圣之时",则有可能会流入凡俗的投机之弊。时机化的"知几"虽不必固着于春夏秋冬的固定循环模式,却总会追溯到生长收藏的性命节律,阴阳交合亦终究来自阴阳消息的天之时。只有坚持从性命节律出发,辩证地看待天之时与天时的关系,才能使之成为对根本性命处境的一种关照。也正是因为对这一点越来越清晰的认识,祥龙老师的时机化研究始终拒斥申韩权谋之趋向,而是走入对慈孝意识的研究。他在 2006 年刊发的《孝意识的时间分析》中,不再仅以外在的伦理观来看待慈孝之德,而是指出:"'孝爱本源论'之所以能在古代中国出现,一个重要原因是《易》阴阳时间观的存在,不仅《易》的爻象与卦象有父母子女的含义,而且《易》中的'时义'之深邃宏大和生存化,也会促进人们对于慈孝现象的哲理理解。"①这一思想后来在《舜孝的艰难性与时间性》(删节版载《文史哲》2014 年第 2 期,全文收入拙编《神圣的家》,宗教文化出版社,2014 年)和《孝道时间性与人类学》(《中州学刊》2014 年第 5 期,后收入《家与孝——从中西间视野看》,生活·读书·新知三联书店,2017 年)等论文中又有一进步的阐发,且体现在其《孔夫子的现象学阐释九讲》(商务印书馆,2019 年)一书中。《"美在其中"的时—间性——〈尧典〉和〈周易〉中的哲理之"观"及与他者哲学的比较》(《华中师范大学学报》2014 年第 2 期)一文,则是更全面阐发其中国时间哲学的力作。文中将《周易》"观"卦"观天之神道,而四时不忒",《尧典》中的观象授时,以及舜孝之时间性及其事业的时慧大美关联起来讨论,在天之时与天时、天时与人时之间,搭建了一个更为宏阔与圆融的时间哲学和美学。

---

① 张祥龙:《孝意识的时间分析》,《北京大学学报》2006 年第 1 期,第 24 页。

天 鹅 之 歌

《中西印哲学导论》为祥龙老师留给哲学界的最后告白,呈现出这一系列思考的最终形态,不仅是以时机化和情境化来理解边缘问题,更是将其贯穿在全书三大体系最根本哲学问题的展开中。相对于希腊人为西方确立的,以追求不变为最根本特征的终极实在观,祥龙老师以《周易》中的易、阴阳和卦变时几为中心,阐释中国古代的终极实在观,指出:"易象既不是几何的图形、事物的形象,也不是一般的数字,也不是形而上学的静态结构,而是引发我们感受变化的能力的那种意象结构,所以它确实能够帮助我们来理解边缘问题。"因而,孔子"通过领会《周易》阴阳时几的要义来深究人生本身乃至国家、文明兴亡的趋向,从这个大占卜中得出了儒家对人生和世界的根本性理解。比如什么是美德,什么是仁政,什么是天道和性命,等等"①。

正是由于终极实在是处在变易中的,因而在认识论上,主客之间的硬性对象化而导致的无公度性问题便很不突出,"认识的要害和神髓就是要知几"②。在伦理学上,相对于西方具有强烈普遍主义倾向的、抽象的、全知预设的善恶观,强调亲亲为本,通过学习六艺,达致时机化、中庸和并非对象化的乐感。③在政治哲学上,相对于西方基于二元论思维的权力、契约政治,特别是重内政、轻国际的特点,祥龙老师以四个断句概括西周到孔子的政治观:天道变化,天人感应,以德配天,文化多样。④讨论华夏诗乐境界之美学的部分,是《"美在其中"的时—间性》中基本观念的进一步阐发,认为美的根本来源在于几微之象,"易象是引发意义和存在的结构表现,因此也可称为'[构]意[之]象',充溢着时几、态势、丰饶(冗余)、回旋和晕圈(气象)"⑤。

以上是以其"边缘问题"和"时机化"为纲领,对《中西印哲学导论》一书主要部分的极简概括。与其起步之时的《海德格尔思想与中国天道》相较,此书仍然包含了中西印三大体系的基本视野,仍然以印度哲学为媒介,旨在

---

① 张祥龙:《中西印哲学导论》,第 104 页。
② 同上书,第 163 页。
③ 同上书,第 264—275 页。
④ 同上书,第 321 页。
⑤ 同上书,第 415 页。

对比中西哲学,且其中的主要观念在早期著作中已见其几。但将其一头一尾两部书对比,我们仍然可以看到一些非常有趣的变化。早期那本书,通过从海德格尔哲学中学到的哲学观念,来考察中国天道,并进而对比中西,同时展现出中西两大哲学体系的广阔与纵深。现在这本书,虽然每部分仍然是以西学开篇,但以作者已经相当成形的中国哲学视角来评判各大哲学体系,虽不乏对中国和印度哲学的揄扬,对西方哲学却并非批判,而是仍能充分展现出其精妙、伟大与丰富。三大哲学体系在面对边缘问题时相互激荡与对话,各自呈现出自己的魅力,是这本书一个重要特点。还有一个非常值得注意的变化是,早期那本书对中国天道的阐发是以老庄为主的,但经过近 30 年的思考之后,这本书已经将孔子和易学作为理解中国哲学的主线,对老庄和其他相关各家虽亦尽可能展现出其丰富体系,却使之居于相对次要的地位,因而形成一个以易学为主线的中国思想观。

《中西印哲学导论》中相对薄弱的是政治哲学部分,而美学部分则尤其能彰显祥龙老师思想的灵动与气韵。值得注意的是,在五大哲学问题之后,他特别增加了最后一部分"当代西方哲学",但其中并未专门谈他最擅长的现象学和海德格尔,而是讲了伯格森、叔本华、尼采、弗洛伊德,最后一章是"梭罗和中西哲学的当代共鸣"。这种意味深长的安排,和他研究海德格尔时的一个基本判断是一致的:当代西方哲学越来越突破其传统的对象化视野,走向与中国哲学的共鸣,也为中国哲学回答当代世界的普遍问题创造了时机。以梭罗作为终章,不仅暗中呼应了前一部分美学,更重要的是,与祥龙老师自己的一段经历有关。

早就听祥龙老师大学时的同学说过,在他们即将毕业之时,祥龙老师神秘地失踪了,有人说他出家了,有人说他隐居起来了,有人说他去修道了,人们大多不知道详情。在《海德格尔思想与中国天道》的"后记"中,他说:"一段时间中,我感到绝望,很想到山中静居,直接体验那'言不尽意'的道境。"①在一次闲聊的时候,祥龙老师告诉我,他那时是在京北山区(是昌平、延庆还是哪里,已经记不清了)找了一个农家院落住了进去,每天清晨起来登高望远、亲近自然、沉思天地,他因此还成为北京环境保护局的一员,"从事自然

---

① 　张祥龙:《海德格尔思想与中国天道》,第 455 页。

保护工作"。那个院落被他长期租下来或是买下来,在中国房地产业尚远未起步的时代,是非常惊世骇俗的一件事。但无论如何,那不是一个舒适宽阔的别墅,而是一个非常简陋狭小的房子。后来,祥龙老师隔一段时间就去那个院落住一住,找回天地大美的感觉。我们在他的著作中不时能看到"于塞外蜗居"的字样,指的就是那里。对他而言,这里如同海德格尔的托特瑙山,如同梭罗的瓦尔登湖,是哲思栖居的地方。

在祥龙老师离开北大,相继赴山东大学和中山大学任教之后,我就不是经常能见到他了。但忘年相交,莫逆于心,一年半年遇到一次,总有聊不完的话题,也总能从他那里学到很多。我组织的几次学术会议,他都非常热情地参加,和年轻人在会场上非常认真投入地争论。2017 年,我的《人伦的"解体"》书稿完成,交给三联书店前,他为我写了一封充满溢美之词的推荐信,我都不好意思交上去(终于弥补了当初未能得到他的推荐信的遗憾)。有一次,我和他一起乘机去广州,飞机晚点六七个小时,在首都机场,他向我大讲量子力学,这成为继易学之后的又一次知识启蒙,为我打开一个新的世界,以至于一会儿就被喇叭催促登机,都没觉得时间过去了。到了飞机上,他坐在我后面三四排。一路上我抱着一本书读得津津有味,心无旁骛,中间听到广播找医生,说一位乘客在呕吐,我也浑未在意,直到落地之后,才发现就是祥龙老师,因为旅途颠簸而呕吐不止,此时他虽已止住,却也面色不好,这令我着实惭愧,而祥龙老师还一再说:"没有什么,已经好了。"

之后两年,得到了祥龙老师生病住院的消息。但 2021 年年初,在北大医院体检的时候,我又遇到了祥龙老师,问他身体怎么样,他张开双臂扭扭腰说:"你看,已经没任何问题了。"他的身体确实恢复了,还去美国带了一年孙子,刚刚回来,向我讲起美国疫情的状况,深以中国为自豪。

2022 年的古典学年会,为了提振久已萎靡的人文学术界的士气,激发问题意识,我们设定了"海德格尔与古典"为年会主题,很多人觉得,这简直是为祥龙老师量身定做的。在 2021 年年底,我给祥龙老师发邮件,邀请他参会,在元旦那天,接到了他一封简短的回信:"吴飞兄,我最近体检出了问题,今天又有不利的信息。可见的将来不可能参加这样的活动了。非常抱歉!新年好!张祥龙。"原来他查出了胰腺癌,又在疫情期间,我很想去探望,却终究未能成行。据见到病中的祥龙老师的朋友们讲,他虽然承受着癌症带来的巨大疼痛,每天靠吃药止痛,非常憔悴虚弱,但长须依然不乱,神态依旧俨然,一身唐装仍很整齐,仍然在和朋友与弟子们讨论着哲学问题,而且从不讳言痛苦和死亡。在疼痛比较剧烈的时候,他会说:"我做不到像苏格拉底那样,但苏格拉底也没有受这样的身体折磨。"那时的他,正站在"悬崖边上",经历"死亡的熬炼",再没有比这更真切的边缘问题了。祥龙老师终于要面对"向死而生"的问题,那个曾让那么多人迷上海德格尔的命题,这位海德格尔专家却颇有保留。而今,他切切实实地告诉大家,他对这个命题的保留并非虚言。真真切切的痛苦和折磨没有使他放弃自己的坚持,他到最后时刻仍然在拒绝对象化,仍然靠自己的信仰期待着美好与真实。这个深知有生必有死的缘在,面对最终极的边缘问题,仍然在以其思想中生生不息的伟大力量,见几而作,不俟终日,为的不是虚幻的价值,不是不变的静止存在,而是永远活泼泼的生命力量,依然可以感受到"黄中通理,正位居体"的生命之美。在这精神的惊涛骇浪中,他经常引用的这句诗应该最能描述他的状态:"道通天地有形外,思入风云变态中。"

一个人的会饮

——纪念张祥龙先生

王立刚[1]

动笔写这篇文章是在一个月前，因为那时就听朱刚教授说祥龙先生年来身体很不好。我手上正编辑他的《中西印哲学导论》，刚下厂付印，本以为可以暂时喘口气，静等样书送到，可一听到这个消息，立刻又紧张起来。幸好，在多方协调下，精装书一个星期就印好，急急如律，快递给他，先生家人回复短信说，他见到书很高兴。

这是我给他出的第四本书，之前出过他的《西方哲学笔记》《当代西方哲学笔记》《思想避难》，后来都在别的社再版了。

他和安乐哲是我合作较多的两位作者。又这么巧，他们两个都让学界对儒家的认识发生了巨大的转变，也深深启迪了我，虽未入室，但早已将自己作为祥龙先生的私淑。写一篇怀念文字，既是感恩他的启迪，也是一篇编辑手记。

1. 光　晕

与祥龙师交往的 20 年，可以毋庸置疑地说，他是一个以思考为乐的人。以思考为乐，听上去似乎很令人向往，过程也一定很愉快。但实际上却远非如此。虽然学者的本职似乎就应该是学和思，但真正能以此为毕生恪守的事业，且能好之乐之的学者却并不多见，而能有所成就，为业界所服膺认可，就更是凤毛麟角，否则孔子弟子三千，为何一再赞叹颜回既好学又善学呢？不

---

① 作者简介：王立刚，毕业于北京大学哲学系，现就职于北京大学出版社。

论在校园里偶尔碰见祥龙师,还是翻他的书,总有那种感觉:他又要一个人子子前行了,他在学问中获得的是那种对月成三、一个人会饮的快乐吧。

　　自由探索思维的极致,抵达精神的边缘,是人类最珍贵也最艰难的自由。这让我想起美国曾经有一段时间按照大教育家杜威的教育理念,建立了一些小学。在这些校园里,老师不能对孩子的"学习"进行任何灌输、干涉或引导,完全由着孩子自己的意愿和兴趣来游戏。可是新鲜期一过,孩子们就陷入无聊和迷茫之中,他们每天早上会愁眉苦脸地对老师说,今天我们能不自由学习了了吗?

　　在缺乏成人引导的情况下,儿童的自由探索会陷入瓶颈,甚至让他们感到无聊,以至放弃。那么,成年人呢,在没有"更智慧"的主体对我们进行引导的情况下,我们自由思考的意愿又能坚持多久呢,我们自由思考的能力又能走多远呢? 这并非无中生有之问。中国自然科学界多年来,一直屡有"钱学森之问"的乌云罩顶,其实相比于自然科学界,社会科学和人文学界才更是"钱学森之问"的重灾区,以探索真理的真理为己任的哲学界,更是饱受"缺乏原创""没有大师"的诟病。哲学界面对大师之荒,曾有过一段时间的创造体系热,"欲与康德试比高"者亦不乏人。时至今日,这条道路上的人发现除了自己和一些心猿意马的弟子,并没有别人跟在后面。更多的人则在体系热退潮后,如同一大群鸟,各个抱定一枝,实际上就像某些批评者所说的,成为哲学史学者,或哲学问题史学者。但众所周知,哲学史之思与哲学之思,是不相同的两种思考。没有人能脱离哲学史,发展出真正的哲学之思。但不幸的是也没有人能只通过熟悉哲学史,成就哲学之思。

　　祥龙师属于那些幸运的人,他从多年的哲学史研究榛莽中,完成了关键的一跃,跃升到哲思之地。我绝非在此鼓吹他是"大师",也不敢置喙他是否真的开创了"现象学儒学",这都超出了我本人的评价能力。我只能诚挚地袒露我本人在阅读他的书、在和他交流时所受到的巨大触动。

　　我在外哲所听过张祥龙老师和陈嘉映老师两位的课。他们都讲现象学,都讲海德格尔。陈老师讲课起范儿,抽烟,45 度角面向学生,来回踱步,如同从墙到窗之间有一条哲人小径,说话抑扬顿挫且自带翻译腔……我想说的是,听他的课,你得配得起这种智者沙龙的水准。张老师讲课,几乎只在讲桌范围之内,就像相声里那个兢兢业业的捧哏,不出桌子。他的声音恳切、严重,有时卡顿,其表情也能看出某种艰难,就如同意义与语词要在苍茫太空中完成对接,我想起《论语》里的一段话,"司马牛问仁,子曰:'仁者,其言也讱'"。祥龙师大概就是其言也讱的人。但诡异的是,相较而言,虽然其言也讱,但却能吸引我专注于他所讲的东西,更准确地说,专注于他想讲却无法讲出的东西。就如同我看不见密林深处的猎物,却能通过一个猎人举着的枪和他的神情来想象那猎物是雉还是虎,那本身也是非常美妙的感受。

后来看张老师的书里频频提到"光晕""晕圈""惚恍""氤氲",我想当时听课的感受就是那样的;更重要的是,明白了原来听哲学课也并非都要肝胆楚越、逻辑分明,它也应该有一些说不清楚只能心领神会的东西。

祥龙师的言讱,还有一次让人印象深刻的是 2001 年德里达来访北大哲学系,和系内老师座谈。当时祥龙师用英语问了一个问题,令大家诧异的是,祥龙师的口语非常讱,几乎是一个音节一个音节说出来的,好似带棱带角的声音颗粒。估计在场的国内师生没有人完全听懂,但法国人德里达却向在场的众人点头,表示他听懂了祥龙师的问题。想来,还是我们的英语程度不够。记得祥龙师当时问的问题好像是关于"延异"的,这是德里达发明的一个概念,但祥龙师在那时显然已经关注到这个概念对于自己的价值,和之后他所喜欢的"晕圈"概念有深刻的联系,任何一个语词其实都是中心与外围共同构成的层层涟漪的场域,这场域又不断地在时间中生成着变化着,这种机制又可以类比他关于原初意义生成之场域(道)与象的关系。

2. 哲学家自身作为一种象

其实,祥龙师的言讱本身就可以视为一种象。

其一,君子敏于行而讷于言。谨言,本身是君子象的一个侧面。祥龙师去世的第二天,朋友圈里那么多人在感怀悼念他,白彤东老师在文章标题里就说他是"最后一位君子",不知道这是不是一种悲观,但能让不同圈子不同立场的人都服膺他的正直,在今日国内学界是可贵的。就如白老师所说,他没听见祥龙师臧否他人的。其实我和他 20 年的交往中,也没听他说别人的坏,同时也没听到别人说他的坏话。《论语》里可是没少记录孔圣人被人臧否或讥讽,也没少写他臧否别人,以及骂人的。当然我不是说祥龙师心中无臧否,刻意一团和气。吴飞老师说他去美国留学前请祥龙师写一封推荐信,但祥龙师因为对他不够了解而婉拒,顺水人情在他这里是不行的。吴飞事后反而因此更加敬重他。

其二,君子言讱,是因为君子固其本。作为一个学者,本职是通过挖掘自己智识的极限,来思考终极问题,或一探边缘之境,其他的事情都是枝节。祥龙师的整个哲学生涯都专注于一个学者的天职,心无旁骛,无所止境。就如他做工人的时候就开始读斯宾诺莎,其后读现代西方哲学,成为国内首屈一指的现象学专家,但之后他又坚定转向中国哲学,并且逐渐把学问的根底也转换为中国式的,再之后又研读佛经和吠陀,扩展到印度文明,甚至在厄瓜多尔访学一年,对拉美文明也颇多感受。我记得有一次和哲学系的师友去京郊开会,会上有人慨叹北大外哲所如今青黄不接,骨干各有怀抱,外国哲学这一块花果凋零,其中有一句揶揄祥龙师,"如今祥龙要去搞印第安哲学了"。我看见一向神情严冷的祥龙师也不禁嘴角一噱。显然那位老师犯了一个逻辑谬误,"印第安哲学"严格来讲也是外国哲学,祥龙师即便投身于此也不能算不务正业。往深里想,这话里其实正蕴含着一个底层逻辑的问题:所谓外国哲学其实只限于欧洲人的哲学,甚至更狭窄,只是西欧的哲学,东欧的东正教哲学就已经血统不纯了,而伊斯兰、印度和东亚哲学,非洲、印第安这些文明的思想都不能算是哲学。

祥龙师主动离开舒适区,不断拓展视野,变化视角,其实道理非常简单,因为只通过一扇窗户是看不清周围,也就不能确定自己所处的位置的。我们人类最根本的处境大概就是"巴别塔处境",也就是我们每个人,每个文明都困在人类的巴别塔里,只拥有塔上的一个窗户,但幸运的是,我们可以移步到其他文化的窗户前,通过他们的视野来完善我们对世界和自己的认知。库萨的尼古拉在 15 世纪时就说每一种人类的语言都有价值,不管是梵蒂冈使用的拉丁语,还是顿河森林里鞑靼人的语言,他们都是人了解上帝智慧的窗口。所以说,哲学,或者其他任何学问,天生就应该是比较研究的,只不过由于此前几千年信息技术的落后,各个文化的快速交互无法实现,而 20 世纪以后,要研究自己的文化,不参照其他文化,对于有点抱负的学者来说,几乎是不可能的了。祥龙师在《中西印哲学导论》里还特意强调这本三相结构的书,并不是(原始的)比较哲学,因为这书不是在单纯比较某些特征……比如中国哲学是圆融的,西方哲学是极端的,中国哲学是和谐的,西方哲学是矛盾的……祥龙师的比较研究早已经远远超越这个阶段了,相反,比较作为一种基本方法,实际上早应该内化了。比如祥龙师用"时间化""在场"等概念来分析《史记》《诗经》里的场景,以及孝—慈结构,这都是比较哲学方法的内化。每一次视角和视野的转换,其实都是对自己的一次挑战,是离开自己浸淫多年的舒适区,开始一次又一次精神上的极限探险。我想即便是以探求真知为本职的学者,这样勇于放弃,勇于尝试,勇于保持好奇、进取和开放的人也是稀罕的。毕竟在北大里,还是能听到有人30年前讲一门课时所举的例子,至今还没变过,一提到母爱,就要开始朗诵高尔基……祥龙师之言切,是因为除了自己专注的精神探险之外,哪有那么多时间说与之无关的话呢。

其三,言切正是思维抵达边缘之象。因为要跟别人分享这种精神探险,要传达意思,就需要用语言,可是如果那个意本身不能被充分对象化,那用言来描述可就太难了。"为之难,言之得无切乎?"又有所谓"道,可道非常道"。对海德格尔、老子、兵家和《周易》谙熟的祥龙师当然明白,自己一直游走在哲思的边缘和终极地带,经常处于语言半失效,甚至完全言不尽意的状态,言切不正是他思维深远之象吗? 虽然如此,但所谓他山之石可以攻玉,祥龙师还是从现象学里获得了很多可以传达中国哲学中这种边缘之境的思路和方法,这也是他在当代中国哲学转型过程中最华彩生光的贡献。吴飞在《缘在知几》一文中,精准地点出了祥龙师最重要的理论贡献:以边缘性重新界定哲学的核心问题;将"时"(或时机、时几)作为中国哲学的核心主题大大推进了中国哲学的研究深度;对孝—慈结构的哲学分析是几十年来中国哲学最具原创性和意义的示范之一。而这三个贡献完全有着一根贯穿的内在逻辑,在其他问题上,祥龙师业已达到触类旁通、援藤摘果的佳境,只可惜天不假年。

3. 时的哲学意义

比方说,"时"(或时几)作为核心范畴的分析。一般而言,儒家相比于释道两家,似乎缺少思辨的味道,更少触及"终极"或"边缘"问题。但祥龙师对儒家的深入分析,完全翻转了这种刻板认知,将儒家哲学拓展到前人所未至的深度。其实，孟子在评价圣人的不同类型时，就已经说孔子是"圣之时也"。乍一看一定非常奇怪，孔子是文化上的复古派，应该说是个生不逢时的人，或过时的人，怎么能成为得时的圣人呢？但这个"时"，实际上说的是"时机"（或时几），也就是说孔子是一个把握时机的大师。从这个思路就可以理解，为什么《论语》里，弟子问仁，问礼，问义，问君子，几乎每一次孔子都给出不同的回答。何以如此？就是因为每一次问答发生在不同的时几中，有不同的时几结构，这是对人类交往复杂性的深刻展开。在每一次问答中，孔子和弟子都是不同的状态，还有各种其他的参数，比如周围是哪些弟子在侧，是在野地还是朝堂，弟子问的目的是什么，弟子的性格是什么样的，孔子的回答可能会产生什么样的效果……可以说，在这看似简单的问—答结构中，时几结构的涟漪在不断激荡、改变、生成和创造新的关系、意义和现实。普通人身处其中而不自觉，像孔子这样的大师，则能时刻根据这种动态结构，既利用这种结构，又不被裹挟、失去控制，从而达到与弟子沟通的最大效果，这大概是从另一个层次来理解"从心所欲而不逾矩"吧。

而和孔子经常如切如磋的弟子们怎么评价这种交流的效果呢？"仰之弥高，钻之弥坚。瞻之在前，忽焉在后。夫子循循然善诱之，博我以文，约我以礼，欲罢不能。既竭吾才，如有所立卓尔。"或许很多人会认为这是颜回举世无双的歌德体范文，但假如颜回说的是真心话呢？在我们这个后现代和解构主义盛行的时代，可能会有很多人以为是前者，但我相信颜回是由衷的赞叹。而这些诗性的描述，其实恰恰可以反证我们上面描述的孔子与弟子在问答时展现的时几结构，一种"道"的在场，用祥龙师的话讲，道的缘在。

也许有人会说，这是不是把孔门问答活动夸张得太吓人了。并不是。问答在古代西方也同样是非常普遍的哲学探索模式。苏格拉底也经常让对话者感到"瞻之在前，忽焉在后"。但我们可以看到苏格拉底与孔子的谈话方式何其不同，前者是充分对象化的，定域式的，如果讨论美或幸福问题，苏格拉底不论和谁讨论，最后的结论应该是一样的；但孔子恰恰相反，和不同的人讨论，结论一定是不同的。祥龙师对时的重视，让他专门研究了古代兵家的理论，势、变、用间这些概念都丰富了"时"的内涵，最终祥龙师在《周易》里，找到了"时"最根本的缘起。

4. 孝对于文明的意义

对"时"这一思想，更为具体同时也更为宝贵的贡献，是祥龙师将其引入了"孝—慈"结构的分析中，唐文明老师说祥龙师在融通西方哲学基础上研究儒学，可能是唯一一个坚持到最后并且形成一系列独创性论说的人，其中最重要的独创性论说，应该就是对于孝的分析了。因为孝是儒家最重要的特征，因而也就成了以儒家为主流的中国文明最重要的文化特征，所以要想建立中国文化的主体性，能够与其他文明平等对话，不对孝文化做出现代性的说明和转换，所谓复兴和崛起就是空话。而孝—慈所关涉的亲子之爱，具有全人类的普遍性，理应成为未来人类文化中重要的组成部分，也理应由中国这样一个孝文化最为深厚的文明做出这份贡献。

在孝—慈结构中，祖先与后代，共同构成了一个过去—现在—未来的整体的"现象"，亲与子，祖先与后代在养育和侍奉中不断互动、生成和成就，彼此构成。就如华兹华斯所言，没有孩子，男人怎么会成为父亲？这其中也同样有微妙的时机结构。不仅是在养育与陪伴中充满人格和精神塑造的契机，还包括在出生、庆生、生日、冠礼、婚礼、葬礼、祭祀等仪式化的重要时机，祖先与后代融汇为"家族"，在场的、不在场的个体完成一种相互的创造和生命的相互构成，所谓"三年之丧""慎终追远""丧，与其易也，宁戚"。祥龙师将这个古老的，几乎被新文化运动扫进历史垃圾桶的陈旧之物，重新阐发得如此诗意微妙，激动人心，让人看到了中国哲学所显露的巨大的人类性的价值。

5. 死亡与哲思的完成

祥龙师的言切，作为一种象，一种君子端严修己、执着好学之气象，是合乎情理的。但紧接着，就会有这样一种疑问：哲学家难道都是康德那种城堡式学者吗？马克思不是说过，哲学只是解释世界，而重要的是改变世界么，这句话还曾经是北大哲学系办公楼一进门时赫然入目的 slogan，还有哈道那本《作为一种生活方式的哲学》，这些似乎都对单纯求知式的学者生涯存在一种矫正的要求。吴飞在前文中说,祥龙师和他哥哥年轻时曾是活跃的红卫兵,干过很多轰轰烈烈的事情,和后来看似严冷、平静的纯粹学者判若两人。所谓"予生也晚矣",见到祥龙师时,他已是"退潮的沧海"。

但就如鲁迅所说看似风起云涌的地方,其实并无革命,祥龙师大概也终于明白了红卫兵时期的叱咤到头来终究是一种荒废,他如曾经周游列国而不能用世的孔子一样,退而订书讲学。

我所知道的祥龙师不仅仅是通过自己的知识,而是通过自己的社会行为来改变世界的事情并不多,大概有两件。一件是他曾经做过外哲所的主任。我曾经看到过毕业多年的师兄卢某写过一篇回忆录,说祥龙师在所内纷争、无人接手的情况下勉为其难接了这个行政职务。但祥龙师并不善于政治,更不善于斡旋人际斗争,所以这个官做到最后并没有得到"政通人和,百废俱兴"的善果。还有一件是祥龙师在千禧年时提出建立"儒家文化保护区"的观点,作为一个话题,进入了公众视野,一时热议。这也算超出了学者独善其身的生活方式,是以思想改变社会了。祥龙师的这个观点当然不是一时兴起的灵感,自有其深思熟虑,但一些媒体和文化人要么喜欢望文生义,要么喜欢歪曲原意,把这个话题拿来和自然保护区比照,于是文化保护区就成了强制人生活在落后封建的保留地,而几乎完全掩盖了"自愿社群"的本意。

其实儒家文化区,就其最低程度的形态,和宋庄艺术家区有什么本质的不同么?何以前者好笑,后者就成了创意产业了?儒家文化区的高级形态,其实也并不匪夷所思,比如美国就有阿米什人的社区,过了200多年"前工业文明"的生活。

祥龙师在《中华读书报》的专访中澄清了很多质疑,但其实最有力的理由并没有明说。他提到了中国自古以来儒释道三种传统,后两种通过寺庙道观的僧道社团得以延续到今天,而儒家传统却被连根刨掉。的确,追溯中国今天的社会现实的形成,我们会发现其开始并没有给中国人以充分的选择,比方说废科举,废私塾,废四书五经,废祠堂,废族谱,废……试问这些废止都经过"民意"了吗?有没有给一些人,即便他们是少数人,以自己选择生活方式的权利?如果有,那么今天我们就可能会看到"衣冠简朴古风存"的儒家村落,而不必建立什么儒家文化保护区了。祥龙师的提议,其实只是对清末、五四以来激进的西化运动、持续百年的废旧立新社会改造工程的一种纠偏。

　　吴飞老师说，祥龙师在去世前和弟子们在线告别，那是哲学家的天鹅之歌，让人不禁想到苏格拉底临终前的演说。但祥龙师说："我做不到像苏格拉底那样（主动赴死），但苏格拉底也没有受这样的身体折磨。""而今的他，正站在'悬崖边上'，经历'死亡的熬炼'，再没有比这更真切的边缘问题了……真真切切的痛苦和折磨没有使他放弃自己的坚持，他到最后时刻仍然在拒绝对象化，仍然靠自己的信仰期待着美好与真实。"

　　我不想说，哲学的尽头是宗教的开始。但我真的希望，对于哲学家，对于智者而言，现实生命的终结，就是去往一个和古今所有哲人重逢的雅典学院、兜率之天、舞雩之台，将不会再有一个人的会饮。

我与祥龙先生二三事

孟　强①

2022 年 6 月 9 日早上起床,打开微信,惊悉祥龙先生逝世,震惊且痛心。想到与先生的点滴交往,有诉诸笔端的强烈冲动,于是成文。

我与祥龙先生的交往大多是在全国现象学科技哲学会议上。该会议始于 2007 年,发起人为吴国盛教授、邓波教授诸豪杰,会议宗旨是从大陆哲学特别是现象学切入科学技术哲学。2007 年 4 月,我从浙江大学盛晓明教授门下博士毕业,转投北京大学吴国盛教授做博士后,有幸参加了首届会议。

首届会议由西安建筑科技大学邓波教授承办,可谓"群贤毕至,少长咸集"。会上,祥龙先生做了关于儒家文化保护区的报告,并引起激烈争论。印象中,此前我在中关村的一个民营书店里听过他的类似报告。在我们这个圈子里,大家私下称呼他为"祥龙大师",尊敬而不失亲切。此次会议上,我在评论某位发言人的报告时提出要区分"谁的现象学"(胡塞尔的、海德格尔的、梅洛-庞蒂的),祥龙先生表示赞许。因为被前辈表扬,所以这件事我记得很清楚,也很高兴。

2010 年,第 4 届全国现象学科技哲学会议在内蒙古呼伦贝尔大草原举办,祥龙先生第二次参会。因为没有找到会议议程,所以不确定他的发言题目是什么。我的发言题目是"怀特海、梅洛-庞蒂与当代科学论"。会后被邱慧师姐严肃批评,说我表达不清晰。相反,祥龙先生的夫人却拉着我说,整个上午的发言就我的听懂了。我顿时内心凌乱,喜忧莫辨。此次会议,大家玩得都很疯,美酒、篝火、漂流一应俱全。在返程的路上,我与先生及其夫人并排乘坐同一航班。一路上,他对我谈了很多西方哲学、中国哲学的研究心得,

---

① 作者简介:孟强,中国社会科学院哲学研究所研究员。

并特别鼓励我读一点中国哲学。我的性格属于冥顽不化型，不易受别人的影响，而一旦受影响，就会持续终身。祥龙老师的教诲犹在耳畔，我时常利用业余时间读一点中国古典，尽管从不落笔。

2013年第7届全国现象学科技哲学会议在江西白鹿洞书院，也即庐山举办，这是先生第三次参会（图38）。白鹿洞书院为中国四大书院之一，朱熹、陆九渊等曾在此讲学，特别契合先生的儒家气质。在会议之余，他带领大家参观书院，讲解中国哲学，轻松愉快。值得一提的是，在从北京去九江的路上，祥龙夫妇、国盛老师与我乘同一列火车，大家相聚相谈。他为我们讲解自己对孔子的最新所得，国盛老师与我深以为然，而他夫人则报以亲切的嘲弄，让人不禁莞尔。会后，我在九江等待返程时，在长江边与先生夫妇偶遇，并共同参观了历史博物馆。

2018年，第12届全国现象学科技哲学会议在浙江安吉举办，由我的导师盛晓明教授承办。这是先生第五次参会，也是最后一次。第四次参会是2016年在西昌，但因为当时我在美国斯坦福大学访学，遗憾错过。安吉会议也如海拉尔会议一般有趣，篝火、啤酒、烧烤以及欢歌笑语。祥龙先生作为儒雅君子，内心对年轻人的狂狷是很欣赏的，甚至有几分迷恋。因此，他时常坐在角落，静静地看着我们狂欢。在总结发言时，他提出大家应该对中国哲学持更加开放和包容的态度。

祥龙先生走了，其人已逝，其文与我同在。我真的十分怀念他，愿先生安息！

2020年6月9日于北京月坛

永远的缘在

——纪念张祥龙老师

王　俊①

2022 年 6 月 8 日晚上 11 点多,拿起手机,看到张任之兄发来的消息,张祥龙老师于 10 点 50 分归于道山。最近因为防疫政策无法赴京探望,但一直在关注祥龙老师的病情,内心很害怕听到这个消息。看到信息心下悲痛难忍,翻看去年 11 月我们在浙江台州同游的照片,恍若隔世。

我与祥龙老师的缘分要追溯到 1999 年我大二的时候,那一年我选了张老师的"现代西方哲学"的课,用的教材就是他的《现代西方哲学笔记》。1999 年的祥龙老师已经名满燕园,大教室坐得满满当当,他在讲台上娓娓道来,从尼采到海德格尔到维特根斯坦。彼时的我是一个初闯入哲学世界的懵懂少年,既被张老师的讲述和风度感染,更被一种带着淡淡神秘主义色彩的思想气质深深吸引,可能这也正是我一直期待的哲学的样子。记得当时张老师鼓励同学们课后给他发邮件提问,有一次我斗胆发了一个比较长的邮件问了一个关于海德格尔哲学的问题,下一次课张老师在课上逐字念了这个邮件并做了回答,令我倍受鼓舞。

这门课结课后,我买了张老师的《海德格尔思想与中国天道》,尽管限于学力,自觉抓不住其中很多关键点,但第一次读到一种纵横捭阖的宏大的哲学论述方式,心里十分激动。

2003 年我负笈到德国维尔茨堡,在那里系统学习现象学,一年后我读到维尔茨堡大学哲学系的前辈学者海因里希·罗姆巴赫的现象学文章,心有戚戚,觉得罗姆巴赫要说的,与祥龙老师的思想要义不谋而合,以至于我当时把

---

①　作者简介:王俊,浙江大学哲学学院教授。

罗姆巴赫文章中的 Dasein 译成"缘在"。当时北大哲学系与欧洲几个大学的汉学系有一个叫做 ECCS 的合作计划,欧洲的汉学学生到北大学习,北大哲学系的老师到欧洲的汉学系授课交流,这个计划里包括维尔茨堡大学。2004年夏天,祥龙老师与师母从图宾根来到维尔茨堡,04/05 的秋冬学期要在这里讲学半年,当时我正在维尔茨堡大学汉学系担任助教,因此有了与张老师真正交往的机会。

接下来与祥龙老师共处的半年时间,可以说是我的学术生涯的转折点。我把自己试译的罗姆巴赫的文章给祥龙老师看,他认真阅读后给出了非常积极的评价,同时也给出了很多修改意见,包括一些关键概念的翻译。之后我将罗姆巴赫的 Hermetik 译成"密释学",就是根据张老师的建议。我清楚地记得,当时他给出一句《周易》里的话,"几事不密则害成",建议这个词可以译成密释。当时我译的三篇文章,经张老师推荐,发在《世界哲学》2006 年第1 期上,张老师作为组稿人写了组稿辞表达了对罗姆巴赫的推崇。同时我还译了一本罗姆巴赫的文集,经过祥龙老师的校对和推荐,后来在上海书店出版社出版,这也是汉语世界第一本罗姆巴赫的著作。

罗姆巴赫 2004 年年初去世,虽然我们曾在一个城市,却遗憾从未谋面。而祥龙老师的到来让我的学术人生发生了奇妙的转折。他的学问路径,以及对罗姆巴赫哲学的肯定坚定了我沿着这个向度继续研究现象学的信心,并最终选择罗姆巴赫作为我的博士论文的重要主题。

在维尔茨堡的半年接触,除了学术上的探讨之外,我们在日常上多有交往,共同在 Hubland 山路上散步,共同到巴伐利亚南部旅行,我对祥龙老师的性情和涵养也有了深刻的了解。老师学养深厚,又温润如玉,待人接物宽厚平和,是内外如一的谦谦君子。在维尔茨堡的半年里,他给汉学系的学生上中国哲学的课程,每天还带着一个随身听,练习德语。汉学系的同事和学生们都十分尊敬和喜欢张老师。我记得当时先生还利用课余时间,给德国学生传授太极拳,在一个大雪纷飞的日子里,他穿着中式服装,在汉学系前面宽阔的走道里一招一式地带着德国学生们练习,不疾不徐,稳如泰山。这一幕一直深深地印在我的脑海里。

我说与张老师在维尔茨堡共处的半年,是我学术生涯的转折点,并不只是学问选择上,也是在学界的人事关系上。祥龙老师性子内敛敦和,在学术圈人缘很好，我正是在他的住所里，第一次遇到了到德国访学的倪梁康老师夫妇，当时倪老师刚去中山大学不久。我们共同进餐，还一起到巴伐利亚的罗腾堡游玩。分别时倪老师对我说："你好好学，将来要回国工作时，你来找我"。当时未曾想到，后来十几年兜兜转转，现在我跟倪老师有缘一同在浙江大学工作。而 2008 年我临近毕业时，还没有来得及找倪老师，祥龙老师就在一次通信里询问我的工作意愿，他说可以把我推荐给浙江大学的庞学铨教授，果然几天后，我就收到了庞老师的来信，问我是否愿意到杭州工作。庞老师和倪老师后来都成了我的学术人生的重要引领者，但这一连串的际遇的开端，则是祥龙老师对我的关心和帮助，可以说，祥龙老师对我个人研究和事业发展起到了关键的影响，如果我的生命里没有祥龙老师，今天我可能会走上完全不同的人生道路。

蒙祥龙老师的牵线，我回国入职浙江大学工作。到杭州后也一直与先生保持着联系，数度邀请张老师到杭州讲学。2013 年 10 月他到浙大做过一个演讲，题目是"海德格尔与儒家论'家'"。当时张老师已经对家的问题有了很深的思考，接下来几年国内越来越多的学者从不同角度加入家哲学的讨论，蔚然成风。2014 年 6 月他还来杭州参加过我们组织的一个自然主义与人文主义的论坛。除了学术活动之外，在杭州的共处有一些让我感动的细节，有一次陪张老师到西溪湿地坐摇橹船，他对于湿地的水鸟和植物充满了孩童般的欣喜和好奇。另外一段特别的经历是 2017 年 5 月，当时我有个偶然的机会认识了在成都搞华德福教育的教育家李泽武先生，他盛邀我组织一些现象学专家到成都共同举办一个哲学与教育的会议（图 40）。我邀请了张祥龙、倪梁康、孙周兴、王恒、高松、王歌等现象学和哲学圈子里的师友赴会，祥龙老师对华德福学校的自然教育大为赞赏。这期间除了祥龙老师到杭州，我们也在广州、北京等地的学术会议上见面，每年总有几次机会能与祥龙师当面请教。每每与先生攀谈后，便觉得心里十分踏实通透。

在这之前几年，祥龙老师就已从北大退休，先是到山东大学工作。齐鲁大地是孔孟之乡，以祥龙师的情怀，到山东工作是一个完全可以理解的选择。在山东大学一个聘期结束后，他又决定南下到珠海的中大哲学系工作了一个聘期，这个聘期临近结束时，庞学铨老师就和我商量过，看能不能请他到浙大也工作一段时间，当时我们也设想了一些引进的方式，但最后因为各种原因没有落实。2019 年倪梁康教授入职浙大后,也多次提出请祥龙老师到杭州工作一段时间,2020 年刘东教授从清华到浙大组建中西书院,也设想请祥龙老师到书院执教。我们隔空邀请了几次,当时祥龙老师和师母正从珠海返回北京居住,体检时发现肺部有恙,幸而发现及时,做了小手术。当年 10 月趁着现象学年会在首都师范大学召开,倪梁康老师和我提早到北京请祥龙老师和师母吃饭,盛邀他们到杭州工作居住一段时间,席间祥龙老师并未立即答应,但说可以考虑,这样事情又搁下了。后来刘东教授也数度力邀,均未能如愿。最近一次就是 2021 年秋天,祥龙老师在复旦讲学一个月,期间倪梁康教授安排了一个学术活动,在 10 月底 11 月初请祥龙老师、高瑞泉教授、冯达文教授、陈立胜教授等到杭州一聚,期间刘东教授和梁治平教授又力劝祥龙老师到中西书院共事,这回先生有所动心,我猜大概是看了梁治平教授在之江校区山上的居所的缘故。之江校区原先是教会大学旧址,在钱塘江边的山上,极为幽静,与世隔绝,可能正好符合祥龙老师对于理想住所的期待。他答应等在复旦的课程结束后,再来趟杭州详谈细节。11 月 1 日我们一起到台州游玩,去了天台和我的老家临海,在临海那天晚餐时,众人看到杭州和上海都有新冠病例出现,风声鹤唳,所以临时决定缩短了游玩旅程,大家第二天各自踏上回程,祥龙老师也回到上海继续授课。之后疫情起起伏伏,旅行越来越不便,他完成了复旦的授课后,没有按之前的计划再到杭州,而是直接启程回京,到浙大工作之事便又搁下了。然而回京不久,就听到先生检查出恶疾的消息。

此前浙大哲学学院刚有一位先生患此疾病去世,我深知此病凶险,但受防疫政策限制,又不得赴京探望,只能偶尔问候张师母,并从先生亲近的学兄学友处探听消息。后来得知先生选择不去医院接受手术,在家接受中医治疗。先生一生推崇中医国术,在个人重病关头,仍然选择了坚持信念。此后一段时间听说病情愈下,但仍在心底祈祷有奇迹发生,到了 6 月初得知先生已处弥留状态,几天后噩耗传来,令人痛心不已。

祥龙老师对待学问真诚虔敬,全身心地投入他热爱的学问之中,始终在孜孜不倦探索原创性的思想路径。他从心里推崇海德格尔和现象学的思想方式,在中西比较哲学上着力甚勤,同时一生尊奉儒学和中国传统,早年他设想设立儒家文化保护区,对于复兴儒学有着天降大任的责任感。晚年在山东大学和中大（珠海）时着力完成他对儒家思想史的阐释，出入于中西之间，游刃有余，以西方哲学、现象学之视野开辟了"家"这样的儒家论题，融通中西，惠启后学。可恨我资质驽钝，性子愚殆，近年来未能紧随先生的学术思路发展，对中国传统思想一窍不通，但是先生对于现象学的理解方式，对于海德格尔哲学的阐释方式，对我影响至深，这些年我正是沿着先生在这个向度上开辟的道路往前行进的。

先生一生尊奉孔子，最后竟与夫子同寿。在这个初夏的深夜，回忆起先生温润如玉的君子之风以及我们这些年交往的点点滴滴，犹在昨日。我永远感念先生在我的学术道路上对我的鼓励、提携和帮助，也时刻体贴先生在现象学哲学上开辟出的融通中西的思想道路，我会沿着这条道路继续走下去，努力像先生一样虔敬为学、真诚生活。先生在他早年的《海德格尔思想与中国天道》中把海德格尔的 Dasein 译成"缘在"，每个个体生命都存在于绵绵不断的缘起生成之中。今夜之后，先生虽与我们天人永隔，但是他的思想之缘在永远与我们相伴相连，我们无时无刻不在先生致力于开拓的会通中西的境遇下继续思考。

补记：祥龙老师去世后几天，我的老师和朋友、维也纳大学教授格奥尔格·斯汀格给我发来他与祥龙老师在广州的合影（图 31），并写了一篇悼念文字，高度评价了张老师在跨文化哲学向度上的努力。2022 年 7 月 22 日，北京大学哲学系组织了张祥龙先生追思会，我记得陈嘉映先生在会上评价张老师的一句话"祥龙是一个不曲学阿世的人"，诚哉斯言。在这样一个时代为学能够不曲学阿世，并不容易，祥龙老师是一位坦荡君子，他就像一面镜子，时刻让我们这些后学警醒，保持对待学问和世间之事的赤子之心。

2022 年 6 月 9 日凌晨于浙大紫金港
2022 年 11 月 13 日补记于千岛湖

"气""象"有深意

——怀念张祥龙老师

张任之①

一直以来,我自己都觉得和张祥龙老师很亲近,也许是因为祥龙老师和我的老师倪梁康老师很近,也或许是因为我和祥龙老师的学生朱刚兄很近。当然这种近只是外在的,慢慢地我越来越发现,祥龙老师给人的那种亲近感更多是源于他自身的"气象"。

记不清第一次见祥龙老师是什么时候了,也记不得第一次从祥龙老师那里切身地受到教益是什么时候了。从可以翻检到的电子邮件来看,我和祥龙老师的邮件往来可以溯至 2003 年。当然读他的书听他的报告肯定要更早些。

祥龙老师给予我的第一次系统指导是对我博士论文的评阅。那是在2010 年。当时我在德国做联合培养博士研究生,论文初稿完成后发回国内请师弟帮忙打印送审。收到评审意见后,师弟坚持匿名评审的原则,电话告知了我几位评审专家的意见,我边听边记,但当时更多听的是老师们总体的鼓励意见,对于一些不那么刚性的修改建议记得则不全。因此,在论文的修订以及随后的出版过程中,这些意见,特别是帮助我进一步提高的建议并没有被我充分关注。而且当时我也只是根据老师们提出的意见猜测分别出自哪一位评阅老师,并不十分确切。这一次,在祥龙老师逝世之后,我请同事在中山大学档案馆复印了我的博士学位档案材料,我才第一次读到祥龙老师亲笔手写的评阅意见。除去一些对后学的鼓励以外,祥龙老师对我的论文从标题到文献综述再到内容论证都给予了明确的指导。祥龙老师认为我博士论

---

① 作者简介:张任之,中山大学哲学系教授。

文的题目"失于平板",没能反映出该论文研究的长处和特点。这一点是我至今都没能修改好的。论文在商务印书馆出版时沿用了博士论文答辩时的标题:《质料先天与人格生成——对舍勒现象学的质料价值伦理学的重构》,陈小文老师也曾打趣我说,这么冗长的标题影响了该书的销量。后来,我曾当面向祥龙老师说明过论文标题的选择考虑。正标题的两个概念都来自舍勒本人,是其思想中的核心概念,也刚好对应我的论文的上篇和下篇。这两个概念从德文来看倒还是简洁的:materiales Apriori 与 Personwerden。他听后只是笑笑,大概还是觉得"平板"。祥龙老师也指出我送审的论文缺少文献综述,没有在导言中介绍国内外研究,这一点令我惭愧不已。尽管博士论文的准备时间很长,但完成却仍显仓促,这在论文提交送审前也被我的导师倪梁康老师批评了。我博士论文的主体分为上下两篇,其中上篇的主要内容曾以德文撰写,于 2009 年作为欧盟"德法哲学在欧洲"硕士项目的成果提交布拉格查理大学并获答辩通过。博士论文下篇也有近 20 万字的中文笔记稿打底。因此,我自己原本对博士论文的完成是"胸有成竹"的,但论文的最后成稿依然忙乱,以至于提交送审时并未来得及做文献综述,包括文后的参考文献都是直接拷贝了我的德文论文的参考文献。祥龙老师包容却又不失严厉地指出"文献未列中文文献"。

对于我的博士论文,祥龙老师还提了两个内容论证上的关键问题。第一个问题涉及我对舍勒人格概念的界定。祥龙老师提道:"深究'主体性'含义和用它刻画舍勒思想(即便舍勒本人这么做)的合适与否。如此非对象化、时机化、情境化的人格学说,为何还是'主体性的'?"这个问题确实一直推动着我后来持续关注"主体性"以及与之相关的"自身意识"等问题。一来我认为,尽管舍勒的人格学说对近代以来的主体性问题有深刻的批判和根本性的推进,但舍勒本人的确仍纠缠在近代以来的术语体系中,这一点海德格尔在其《时间概念史导引》中也有评说;二来我也想尝试(或者跟随着我所理解的舍勒去尝试)跳出近代西方在"主—客体"对立模式上来谈"主体性",更多从日常语言的"主—谓"结构的框架去把捉"Subjekt"的意涵。我在博士毕业以后的工作中对这个问题的继续思考得益于祥龙老师此处的质疑。祥龙老师提出的第二个问题是关于维特根斯坦的。我在论文的上篇处理波尔扎诺、胡塞尔、石里克等人对于"质料先天"的理解时,曾援引维特根斯坦的"句法"(Syntax)思想,提到维特根斯坦同逻辑实证主义、现象学的异同。祥龙老师提醒我要进一步深化对维特根斯坦思想的理解。不过这个问题当时的我并没有特别留意。回头来看,波尔扎诺对于现象学和分析哲学的思想意义无疑是值得继续深究的,20世纪20年代至30年代的现象学、逻辑实证主义、早期分析哲学之间的思想联系同样需要进一步关注。

博士毕业以后,我留在中大哲学系工作。彼时,祥龙老师也从北大哲学系荣休,并受聘山东大学一级教授。2013年11月,祥龙老师邀请倪梁康老师、朱刚兄和我一起访问山东大学,并邀请我们都做了学术报告。我提交的报告题为"舍勒交互主体性现象学之导引——从'自身欺罔'到'内陌己感知'"。这个报告的主题是关于交互主体性的问题,但谈论交互主体性必然会涉及主体性。这也是我当面向祥龙老师汇报我对主体性新理解的机会。这次访问中更令我感动的事情是祥龙老师和师母对我个人家事的关心。在我报告结束的当晚,接到母亲电话告知外公已近弥留,我悲伤万分。我至今仍清晰地记得我向祥龙老师告假要提前离开时祥龙老师那慈爱和关切的目光,那时候给了我莫大的鼓励。

那几年,中大和山大两个现象学的研究团队往来很多,我几乎每年都有机会向祥龙老师请益。也正是在那几年,倪梁康老师编辑并主持翻译了耿宁的《心的现象——耿宁心性现象学研究文集》,翻译出版了耿宁的生命之作《人生第一等事——王阳明及其后学论"致良知"》。汉语学界开始了解并熟悉耿宁对阳明及阳明后学的现象学阐释。我曾协助倪老师组织过江门、贵阳和广州的几次专题研讨会,也参加过高雄中山大学主办的心性现象学研讨会。祥龙老师参加过贵阳的那一次。在老师们的影响下,我也开始学习、阅读阳明学和阳明后学的相关经典,并尝试做了一篇小文章"再思'寂静意识'——以耿宁对'视于无形、听于无声'的分析为中心",该文是对耿宁在"中国哲学向胡塞尔现象学之三问"以及《人生第一等事》中对"寂静意识"或"冥思沉定"之现象学反思的进一步讨论。文章初稿完成后,我发给祥龙老师请他批评指导。祥龙老师给我回了封长信,除去一直以来对我的鼓励以外,也专门谈论了他对于寂静意识这种非对象性意识的现象学分析的看法。2019年我邀请祥龙老师来参加中山大学哲学系第22届哲学月活动,他为我们的"智慧之光名师讲座·现象学在东方"系列主讲了"现象学的边缘性"的讲座,餐叙讨论时,祥龙老师和我提到我对寂静意识的现象学分析是符合现象学的"边缘性"的。在祥龙老师的回信中,祥龙老师还提及了罗念庵(洪先),以及耿宁对阳明后学的阅读方式,但没有展开,我也是在后来读到祥龙老师的《儒家哲学史讲演录》(第4卷)之后才体会到祥龙老师这里的意思。

说到《儒家哲学史讲演录》,得先从2017年9月说起。在中山大学哲学系(珠海)陈建洪教授的努力推动下,张祥龙老师于2017年9月正式受聘中山大学讲座教授,我和朱刚兄去观礼聘任仪式。在仪式上,我提到,倪梁康老师主要推动的"心性现象学"研究和祥龙老师推进的"天道现象学"研究是汉语现象学的两个重要方向,祥龙老师加盟中大,对于中大现象学团队的"现象学的中国化"和"传统思想的当代化"研究大有裨益。事实也的确如此,在此后的三年中,广州和珠海的研究团队交往频密,共同推进汉语现象学的开展。

2017年11月,第14届国际舍勒思想研讨会在广州召开。国际舍勒思想研讨会是由国际舍勒协会主办的双年会,该次会议也是国际舍勒思想研讨会首次在欧洲以外举办,具有特殊的意义。倪梁康老师和我邀请祥龙老师与会并做主题报告。祥龙老师以英文做了大会主题报告,讨论舍勒伦理学和儒家的关系,涉及价值感受、爱的秩序和共同体等舍勒思想的核心问题,同时从儒家的视角予以检讨。报告引起了国际舍勒学者对于舍勒思想的跨文化理解,特别是舍勒思想与中国古代思想之间可能的沟通的浓厚兴趣。祥龙老师预先将文稿发给我学习,我学习到很多,也从我的角度做了点小的读后感。在随后的几年中,祥龙老师私下不止一次和我说过,尽管早前就读过舍勒(主要是《舍勒选集》和倪老师翻译的《伦理学中的形式主义与质料的价值伦理学》),但他越发感觉到舍勒思想很有意思,舍勒思想和儒家传统之间也有很多话题可以深入讨论。在商务印书馆的《张祥龙文集》总序中,祥龙老师写道:"这许多年来,舍勒、列维纳斯等也越来越被我看重。"《家与孝:从现象学视野看》的增订版加了讨论舍勒的章节,在"增订版序"中,祥龙老师说:"此书第一版于2017年由北京的三联书店发行。限于当时条件,有些必要的内容如对代际时间的正面阐发没有收录,一些有益的扩展如对父性和母系家庭的哲理展示也没能实现,还有一些很相关的西方哲学家(如舍勒和列维纳斯)的学说没有引入,实为缺憾。"在新版的《现象学导论七讲》中,祥龙老师也新增了讨论舍勒现象学的附录。祥龙老师晚期的现象学儒学研究中的舍勒因素，是一个需要细致考察的问题。

2017 年 11 月，法国当代现象学家马里翁来华访问。在设计中大访问行程时，除了马里翁的学术演讲以外，方向红教授、朱刚教授和我一直想策划一场中外现象学者的学术对话。这场对话后来以"心性与神性 天命与天道：中法现象学的新世代对话"为题，在马里翁、倪梁康老师和张祥龙老师三人之间展开。学术对话安排在中大图书馆的学人文库，感觉很好。这场对话也受到国内学界的广泛关注，网络上也有朋友将这场对话称作"Ereignis der Phänomenologie"。在一定意义上，这场对话不仅仅是中外现象学者的对话，其实也是汉语现象学界两位顶尖学者的思想交锋，特别是汉语现象学两条可能的道路的同台展现(图 33、34)。

为庆贺 2019 年祥龙老师荣开七秩，朱刚兄在 2018 年就开始筹划相关的活动。我向朱刚兄建议，是否可以将祥龙老师在珠海讲的儒家哲学史的最后一部分整理出来，和此前已经整理出版的三部书合并一起出版。其实朱刚兄也早有此意，旋即约请几位同事同学开始整理书稿，祥龙老师也开始校订前三书，并在商务印书馆的支持下，于 2019 年出版了《儒家哲学史讲演录》(四卷本)，其中第 4 卷《儒家心学及其意识依据》为新整理出版，至此，祥龙老师以现象学的方式阐发儒家思想，自先秦至晚明，形成了一个较完整的思想史脉络。2019 年 11 月，借四卷本出版之机，朱刚兄主持操办了"现象学与儒学——张祥龙先生《儒家哲学史讲演录》新书座谈会暨学术研讨会"。在会议的开幕式上，祥龙老师还把他的成名作《海德格尔思想与中国天道》的手稿捐赠给中山大学现象学文献馆。

《儒家心学及其意识依据》这一卷主要关注儒家心学出现的条件(古代印度的正统心学、印度佛教心学和禅宗与本心意识等)，以及华夏心学(《周易》和道家心学)、宋明心学。全书花一半的篇幅谈阳明心学以及阳明后学的心学思想，同耿宁的《人生第一等事》有着大致相同的论题域。如何看待耿宁和祥龙老师这两位现象学者对阳明学以及阳明后学的研究就是一个有趣且有意义的话题。也是在读了这本书之后，我日渐明白了祥龙老师在此前给我的回信中的意思，即他所说的耿宁从现象学的视角出发阅读阳明和阳明后学的"阅读方式"，包括祥龙老师对罗念庵的态度。

耿宁是胡塞尔研究专家,尤重"意识"现象学的研究,比如他在"中国哲学向胡塞尔现象学之三问"一文中,通过对儒家思想中的"恻隐之心""良知"和"寂静意识"的分析,更多是希望揭显这些"意识"(宽泛意义上)行为的现象学本质结构。耿宁在阳明后学中给予罗念庵以极高(甚至可以说是最高)的评价。在他看来,王龙溪与罗念庵是"面对当时各种精神潮流最开放的、目光最开阔的和在哲学上最敏锐的"两位思想家,但是王龙溪"时而也会给人以语词轻浮的印象",罗念庵则是在阳明第一代后继者中"对'致良知'做了最彻底的思考、最仔细的实践和在建基于本己经验的话语中最可靠把握的人"。较之于王门诸子,罗念庵不执着于言词概念之辨、"不诉诸援引文献章句的知解方式",而是躬身实践"致良知"并"直接以自家生命的体验与实践工夫的经验所得"来理解"致良知"。在这个意义上人们甚至可以说,在罗念庵的学问中浸润着从而透显出现象学的彻底的"面向实事本身"的精神。或许,这恰恰是现象学家耿宁最为欣赏罗念庵的原因之所在。

祥龙老师的《儒家心学及其意识依据》则以阳明后学中泰州学派的罗近溪做结,并将罗近溪的学说定位为"宋明心学的又一高峰"。这恐怕并不是一个没有争议的结论,但祥龙老师的学术旨趣却是清晰可见的。祥龙老师强调,罗近溪继承了孟子和宋明心学的"心即理"和"致良知"的主流路子,通过原发本心来进入终极真实和道德至理;罗近溪以现象学的方式开显出时机化的、孝悌慈化的"赤子之心",他阐发和当场实践的回复赤子之心的工夫论,达到了充分见在化、当场构意化和时中化的高妙境界。与耿宁追究"恻隐之心""良知"和"寂静意识"等"意识"行为的现象学本质结构不完全一样,祥龙老师更倾心于现象学的时机化、生机性和源发性。祥龙老师尊罗近溪为"罗子",一个重要原因在于,罗近溪提出格物知本的关节点在于亲子之间血脉相连的孝悌慈,"格物之本在亲亲"。祥龙老师多年来推进"家与孝"的现象学和哲学研究,致力于阐发亲亲现象学,很自然他会引罗近溪为儒家现象学研究的先行的同道。

朱刚兄曾筹划编辑出版庆贺祥龙老师荣开七秩的文集,嘱我撰文,我结合当时读书心得拟了一个题目"象之忸怩与舜之忧喜——对圣贤、家与孝悌的心性现象学思考",梳理了一些文献,勾勒了一个框架,在不同场合讲过,但一直未及成文。后来,朱刚兄操持祥龙老师四卷本《儒家哲学史讲演录》

的学术研讨会,因前文多个场合讲过,不好意思再讲,就此也错失了向祥龙老师请教的机会,实在是遗憾。在那个会上,我又草拟了个题目"观圣贤气象——一项心性现象学的思考",祥龙老师听了我的发言后多有鼓励,并在赠我的《儒家哲学史讲演录》首卷扉页上题签勉励:"'气''象'有深意,愿君深究之"。

在祥龙老师的告别仪式上,我一直在心里默默地对自己说:我以"儒者气象"致敬于祥龙老师,祥龙老师则以"气象深意"引我前行! 是的,继续前行!

一直在我的灵魂里：悼念祥龙先生

林光华[①]

　　一直都无法下笔,先生在脑海中在心灵中还那样真实,白天感觉心中有个缺口,无论如何都补不上了,无论在忙碌什么事情,甚至在笑的时候,也依然觉得心口有个洞,盛满对先生的回忆,还有愧疚,还有遗憾,也有对未来还能以某种形式见面的信念,只是,再也没有办法上先生的课了,再也不能见到"望之俨然,即之也温"的先生了,再也无法在电邮里写下"张老师,您好……"认识二十年,通信三十封,从未想过,有一天会永别。

　　我 2001 年在苏北一所大学读古典文学魏晋方向的研究生,最初的兴趣只在老庄与魏晋玄学。有位本科同学叫胡项东,他特别喜欢海德格尔,推荐我读,于是大学时读到先生的《海德格尔传》,被深深地吸引。我硕士论文写的是"言意之辨",涉及不能言说之"道",把自己绕进去了,就在写不下去的最苦闷的时候又读到先生的《海德格尔思想与中国天道:终极视域的开启与交融》,顿时灵光一现,不仅点燃了我对西哲的兴趣,并且让我找到了未来学术的方向,于是当时就决定报考先生的博士。接下来就是一发不可收拾的读哲岁月,从文学跨哲学,最初的感觉是筋脉大乱,思维的转换非常痛苦,幸有先生的书,让我对哲学始终没有畏惧过,它像一座桥梁、一条开满鲜花的小路,接引无数像我一样缺乏哲学训练又热爱哲学的人,给我们方向的时候也给我们勇气。

　　2003 年 11 月 15 日报名那天,我买到了先生的《从现象学到孔夫子》,之后先生每有新书我就第一时间买来阅读。后来从北大一位校友那得知先生的电邮,激动地去信,非常忐忑我这样普通高校又跨专业的学生能否得到老

————————
　　① 作者简介:林光华,中国人民大学国学院副教授。

师的回复，结果先生很快回复说："无论是你的专业背景，还是求学的热忱，都会有助你的学业发展"，先生不仅说欢迎我报考，给予鼓励，还发来34本书的参考书目，包括硕士与博士的，并且给了我他的博士张晓华的电邮与电话，让我有不懂的问他。那是2003年12月2日，我生命中多么珍贵的日子。

2004年3月14日考完试，第一次去办公室见了先生。我忐忑不安地敲门进去，先生第一句便问："你家乡是山脉还是平原？"瞬间让我觉得世界好宽，后来我领悟到他的言语都有独特的气象。先生的目光犀利又温和，亮亮的，说话总像带着好奇与探问，这是给我的第一印象。我当时的申请材料做了83页，包括一些读书笔记，但功底不够，总分差了9分没能考上。难过之时收到先生回信："这是很多参考学生都经历过的。对思想的喜爱要比对思想的训练更原本，希望你保持这种诚挚的寻求精神"，我永远记得最后这句话，当时给我的鼓励是巨大的。先生多么温厚善良，才能如此善待一个普通得不能再普通的学生。那是2004年4月19日，我生命中多么重要的日子，虽败犹荣。

我去了北京的另一所学校读博，开启了在北大旁听的幸福时光，每周坐吱嘎吱嘎响的332支路公交去听课，回来的时候对着窗外满脑都是诗。先生的课人很多，有时候近一半都是旁听的，教室后面与走廊站得满满的，先生有一次对站着的同学们说："不好意思，让你们都站着，我也站着陪你们。"温润的善意给人尊严，幽默的智慧又让人放松。旁听的那些日子，我们旁听生经常缠着助教蔡祥元、朱锦良要老师的各种上课录音与资料，我们用磁带录音，回来反复听。早上会早早去占座，来不及吃饭，经常会在教室里无礼地吃包子，每次上完课，会三两成群，绕着未名湖散步，继续在兴奋中讨论他课上所讲的，还喜欢模仿他的常用词——"根儿上""实心"……当时校园里甚至流行一个段子："没听过张祥龙老师课的，别说你读过北大。"我有幸亲见先生与王博老师、杨立华老师、周学农老师的一次讲座对谈，他称其他老师为"青年才俊"，温文尔雅，娓娓道来，那个场景让人想起"暮春者，春服既成……"。后又读到他回应林毅夫老师的论文，真是精彩，也开始了解先生严谨的学术与中西哲学思考下还有热气腾腾的现实关怀。课上听到老师讲爱因斯坦，讲后人类，讲新科技，讲人脑试验等，又赞叹老师的视野之广。那时候先生是我们这群旁听生心中的偶像，甚至有同学对我说过："张老师不是我的偶像，是我的支柱。他让我知道我想的问题原来是哲学问题，他是唯一能理解我的人。"

后来每有习作就给先生指正，2016 年我开始申请去港中文哲学系继续读书，先生不吝破例给我这个旁听生写了推荐信，详细陈述了我们接触的全过程，给了我特别大的鼓励，说我"开始进入了现象学的天地，对现象学方法的基本特点有了亲切的体会，尤其是对它的发生性、时间性与生成性，能够开始用现象学分析中国哲学与文学批评的领域，有了一些令我为之欣喜的表现……"先生还举了我论文中的具体例子，那是 2006 年 11 月 5 日，我生命中多么幸运的日子。

2010 年我到人大国学院任教，2011 年从同事那得知先生身体不适，立刻去信介绍了我认识的一位老中医给他，先生回信说只是感冒，倒是师母的身体让他忧心，他说有需要时会联系我。后来我又送了中医潘德孚先生的三本书给他。2012 年送给先生我的小文集，并告诉先生我刚刚生了女儿，先生回信说张师母喜欢这本文集，还说"哺育孩子，是让我们再活一次"。先生这句话也让当时刚做了新手妈妈的我备受鼓舞。2015 年、2016 年，我的两本博士论文先后出版，拿到后寄给了先生。后来先生来人大哲学院做讲座，讲座结束后，我跟在先生的后面赶紧汇报我的近况，临上电梯时先生问："你就是在这儿的国学院工作是吧？"我说是的。先生又问："是正式编制是吧？"我说是的。先生一副终于放心了的样子，那微露欣喜的笑容竟是最后一面。

后得知先生去了中山大学珠海校区，我只要遇到那边的老师就问你见到过张先生吗，脑海中总是想象着先生携师母由北而南在美丽的风景中云游的画面。去年 9 月云南大学的蒋永青教授约我参与申请一个项目，填表时竟然看到了先生的联系方式，蒋教授特别推崇先生的研究，竟然请到了先生坐镇，我赶快偷偷记下先生的手机号，以前只有先生家中的电话，在蔚秀园还偶遇过他与师母散步，也见过几次先生骑自行车匆匆上班的身影。手机号存下，依旧没有想过打扰先生，我一直觉得不能浪费先生的时间，他需要非常静谧的生活来不断挺进精神的高地。今年 3 月我的一本小书付梓，出版社一直催我说还差一位推荐人，我第一个想到的就是先生，但随即又觉得先生已经帮过我太多，小书粗浅，怎能叨扰，没想到一念之间，竟成永别。

5 月 24 日我给先生去信，告诉先生我生了二宝，还说等庄子那本书的香港修订版出来了再送他……没有收到回复,心中忐忑,29 号收到师母回信,得知先生已非常虚弱,非常震惊难过,恍惚了几日,不知如何是好。6 月 6 日我联系了之前认识的老中医李医生,李医生立刻回信说 8 号去看,但未收到师母回信,便知情况不好,彻夜难眠,夜读先生著作至凌晨 1 点 16 分,感到黑暗弥漫过来,从未有过的不安,写下:

> 黑暗在夜空中刻下几星,
>
> 盛夏在一阵风后刻下秋凉,
>
> 时间刻下记忆,
>
> 沉寂刻下鸣蝉,
>
> 那诸神的足迹,迂回于命运的回廊,
>
> 通宵达旦谈论哲学,
>
> 苏格拉底对未知的坦荡。
>
> 孤绝之夜,
>
> 何人赴那春花与晚霞……

凌晨 3 点 27 分,收到晓华老师的回信,说先生已于 8 号晚上 10 点 50 分与世长辞。那些美好的旁听时光,那些扶着我走过的欢欣鼓舞的著作,不多的几次见面,温润如玉,慈悲如佛,课上那智慧明亮的目光,书中那些惊艳的洞见,文中那遥远的春花与晚霞,轻轻写下板书的清瘦的身影,让人拍案叫绝的神思妙句,俯首倾听提问时的那份认真,让我们神往的思想胜地的轻松漫步,古今中西信手拈来……瞬间涌入脑海,泪如雨下。

先生学贯中西,我觉得先生从道家转向对儒学的推崇更多是站在与西方文化对话的背景下而发。先生最早从海德格尔与道家诠释入,从思维到个人气质都与道家密切关联,天真如婴,上善若水,思想灵动,跳出所有的框架而立乎"边缘"之境。所以,先生的研究与信仰无法简单地归于儒家。先生对我的最大启发是在中西方思维层面的互照与现象学视野下对中国古代经典的激活上,他拆解掉了现代一些死板的实体化与二元论的解释框架,对中国古代的阴阳思维,对生思维与非对象化思维有精妙的诠释,让人击节,让人信服,让人开阔。先生的研究比我们纯国学专业的更恢弘深邃,又克服了纯西哲专业的概念化表达和体会上的隔阂,更避免了西方中心的"反向格义"

与强解读,例如先生讲孝,就重在亲子互动爱孝并举的"时性"与获得人生自足意义之"家",而非简单地解读为一种美德。无论儒家、道家,本身都还有很多问题,需要批判性地继承,先生开出了一条非常艰难的理性澄清之路,学生愚钝,力有不逮,但希望有更多的学生与我共同走一走这条开满鲜花的小路。

先生在我脑海中永远是初次相识时那神采飞扬眼中有光的样子,我见过先生一张在美国时抱着大概四五岁的泰苏的照片,9号清晨安顿好孩子赶去吊唁,看到开门的泰苏教授,形神都酷似先生,终于没能控制住,拥抱着只有一面之交的清瘦而坚强的师母,泣不成声……我第一次感觉到"如丧考妣"这个词,虽然我非入室弟子,但思想与命运皆因先生而转折,走到了完全契合我自己心性的地方,我一直感恩在心。先生的猝然离世,让人黯然神伤,麒麟入世,多有艰辛,也包括最后直面死亡时的脆弱与真实,这才是活生生的先生,直到生命最后依然保持着内心真纯与真切的纯思状态。先生不只为中国文化的困境开出了一条深度比较的道路,也为无数像我这样普通的学生点亮了一盏永不熄灭的明灯,先生的学术与风骨永照浊世,于我,是一直活在灵魂深处的亲人。我相信真正过去的在未来都会与我们相遇,如先生所说,"在这个世界上,我们还会相见,真实的,美好的",我特别想对先生说:我懂。

孔元二五三七年(公元 2022 年)6 月 14 日

回忆张祥龙老师在中央美术学院的一次讲座

祝　帅①

2022 年 6 月 9 日,通过多位哲学系老师和校友的朋友圈惊悉张祥龙老师仙逝的消息。我虽然不是哲学系的系友,回到北大任教时张老师也已经退休多年,但仍然非常震惊和难过。渐渐地,20 多年前,我邀请张祥龙老师来中央美院讲座的一桩往事不禁涌上心头。那时候还没有现在这样方便的媒体和通信设备,讲座海报甚至是用手写张贴在校园的宣传栏上的,以至于这场讲座在今天的互联网上几乎没有留下任何痕迹。对于张祥龙老师来说,这肯定也是他在各种高校和研究机构的讲座中极其普通和平凡的一场,但我感觉自己有责任、有义务把它写下来,让更多的人了解张老师,也作为我自己对他的一种怀念。

那是 2001 年 11 月,我当时还是中央美术学院大学三年级的学生。这一年的秋季,中央美术学院刚刚结束在西八间房万红西街 2 号"二厂"校区的中转办学,整体迁入花家地南街 8 号的现址。"二厂时代"的中央美术学院很少有讲座,毕竟校园太寒碜了,现在有了新的校园和教室,我感觉邀请校外专家来讲座还有点底气。作为当时的团刊《空间》杂志的主编,在当时的学生处处长岳峥老师(已故)和团委书记潘承辉老师(现任中央美术学院校长助理)的支持下,我策划了名为"《空间》讲坛"的系列讲座,目的是邀请北大文史哲领域的专家学者来美院交流。记得第一讲邀请的是当时还在哲学系任教的彭锋老师。彼时,恰好我得知大名鼎鼎的张祥龙老师(此前我曾购买过他的《海德格尔思想与中国天道》与《海德格尔传》二书)刚刚在当时还在东三环光华路原址,由中央工艺美术学院更名而来的清华大学美术学院举办

---

①　作者简介:祝帅,北京大学图书馆副馆长、北京大学艺术学院研究员。

过一场讲座,便萌生了邀请张老师也来中央美术学院讲座的念头。

记得我是上哲学系的网站查到张老师的邮箱,给他发了一封电子邮件,说明原委,然后很快就收到了张老师的回信。至今我还清晰地记得张老师回信的第一句话是:"祝帅先生:我愿意做一次演讲。"其实邮件中我自我介绍过是学生,对一个素昧平生的本科生以"先生"相称,自然让我受宠若惊。然后张老师说,他可以讲两个题目,一个是"现象学与美学",另一个是给我们专门准备的题目,叫做"叔本华、尼采与音乐"。此外,他还可以把他在清华大学美术学院的同题演讲再讲一遍。我虽然也没有听过张老师在清华大学美术学院的演讲,但还是给张老师回信,希望他讲一个新的题目。最后张老师选择了"叔本华、尼采与音乐"这个题目。此后我还问张老师要了家庭电话,以便跟他后续联系。可惜的是,我和张老师的几次通信用的都是电子邮箱,如果当时还是手写书信的话,我相信一定会保存至今。

还记得我是请学校派车来接送张老师的。起初张老师执意不必接送,但我觉得路程遥远,更何况当时北京的出租车司机都没有几个人知道花家地的中央美术学院,就和美院车队的师傅一起到畅春园接的张老师。晚高峰时期从北大到望京,加上堵车,有将近一个小时的车程。路上我也有难得的一段向张老师请教和聊天的机会,还记得我问及张老师的家庭,以及那时正在着迷的海德格尔。面对我这个晚辈肤浅的提问,张老师有问必答。到了美院以后天色已经晚了,但距离讲座开始还有一段时间。张老师连校园都没有看一眼,就提出让我找个地方,他要看看讲稿。于是我把张老师带到图书馆一层大厅,在那里有几个供读者休息的桌椅,张老师就在那里非常认真地看他手写的讲稿,一直到我带他去讲座的教室。至今我还清晰地记得张老师在美院图书馆一层看讲稿的身影。期间我拿了一本刚买到的他的新著《现象学与孔夫子》请他签了一个名,还记得他落款中写的日期是"辛巳十月"。

讲座是在中央美术学院最大的 F-109 阶梯教室进行的,座无虚席,我主持了讲座。那时候张老师还没有蓄须,但穿了一身深灰色的棉布长衫,显然是为讲座专门准备的。美院的同学虽然对于哲学非常陌生,但是对于这一陌生的学问也都表现出了极强的求知欲。记得张老师开场就说:"选择讲这个题目,当然是跟你们是艺术学院有关。但是叔本华和尼采,的确也是我最看重的西方现代思想家中的两位。"在讲座中他提出,这两位思想家是西方现代哲学的源头。任何学说在源头的时候总是清澈的。记得他还说,叔本华的《作为意志与表象的世界》一书,书名中的"意志"应该翻译为"意愿",讲到这里,还起身在黑板上写下了这个词的德语"Wille"。张老师的普通话极其标准,他的讲座也是那种娓娓道来的感觉,听起来不是那种振臂一呼的激情四射,所以听众也要非常认真,容不得开小差。从内容来说,其实哲学的讲座对于美术类学生来说多少是有些枯燥的,同学们听得很吃力,但也很用心,自始至终会场鸦雀无声。

讲座结束以后,我请新加入《空间》编辑部的低年级同学根据录音,逐字逐句把张老师的演讲整理成了文字,并通过电子邮件发给张老师本人,很快就收到了张老师的修改稿(由于当时的电子邮箱服务商中途停止服务,迫不得已更换过几次电子邮箱,那段时间我的电子邮件并没有完全保留下来,这封修改返回讲稿的邮件的正文我已经找不到了)。我把经过张老师本人修改过的稿子和彭锋老师的演讲"美是真理的显现——兼谈艺术与科学的关系"一起刊发在了自己主编的《空间》杂志第 10 期上。只可惜由于《空间》并非正式出版物,只是中央美术学院内部的学生刊物,今天知道它的人已经不多了。说起来,张老师的著作此前、此后我也购买过好几种,我记得有一次他把这篇讲稿《叔本华、尼采与音乐》收在了他的一本论文集里面,就是根据我们整理的这一稿,正式发表的时候删去了开头谈论艺术学院的几句话,并在最后注明"根据一次演讲整理"。这就是张老师去世后在网上流传甚广的《艺术是痛苦的暂时解脱——叔本华、尼采与音乐》这篇微信文章的缘起。我想,如果我不写下来,大概已经没有几个人知道这是张老师 20 多年前在中央美术学院举办的演讲吧。

现在想起来,自己对张老师的邀请还真是有点冒昧的。面对一个第一次见面的外校学生,一个刚刚投入使用的校园,一个完全陌生的环境,张老师对这一切的冒昧都毫无戒心,这应该都是出于他对于一个求知若渴的青年学生的信任吧。最关键的是,那时候美院的讲课费只有区区 200 元钱,无论如何也与张老师这种级别的学者极不相称。更何况面对的还是一群完全不懂ABC 的哲学外行,他还是那么认真地专门准备讲稿,到逐字逐句修改润色。

尽管后来我还曾听过张老师在清华的一场演讲,以及在北大开设的"现象学导论"课程的部分内容,但现代学术的专业壁垒,终究让我来到北大读博以后反而无缘再次向张老师叩门请教。作为非哲学专业的票友,张老师的学术思想我不能领会万一,但也深深影响了我在第一本书《中国文化与中国设计十讲》(2008 年)中关于易象的时机性的解释。后来重新回到北大任教,我也曾关注过张老师一系列最新的思想,比如对于儒家文化保护区的提倡等,但终究由于"隔行如隔山",竟然一直无缘再见,直到 9 日听到张老师去世的噩耗。当天下午是我的书法课,我在课上专门引用了张祥龙老师的学术观点介绍给听课的艺术学院的学生,作为向张老师的致敬。我想,今后只要有机会,我还是会在北大的课堂上,向一届又一届非哲学专业的学子传播张老师的思想和人生境界,也讲述以他为代表的一代学术大师对于青年学生的关爱的。

2022 年 6 月 10 日初稿

2022 年 11 月 14 日修改 于北京大学图书馆

附:张老师的回信及笔者的原信:

祝帅先生:

我愿意做一次演讲。你提到现代哲学,我理解为是现代西方哲学。我的演讲题目可以是:"现象学与美学",讲现象学(胡塞尔、海德格尔等)对于理解"美"所提供的新的思想视野。这个题目有一定的哲理性。还有一个题目是"叔本华、尼采与音乐",讲这两位唯意愿主义大师为何会对音乐给予那么深刻的哲学含义。这个题目还未讲过,需要准备一下。最后,我在清华美院讲了"美与技艺"。如果你们愿意,我可再讲一次。

张祥龙

(注:回信时间为 2001 年 11 月 27 日)

张老师:您好!

我是中央美术学院的团刊主编。本学期我们将负责中央美院的系列学术讲座。今天冒昧地给您写信,是因为您的现代西方哲学研究成果为我们所钦佩,并且在得知您曾在清华大学美术学院的讲座非常受欢迎之后,经学校团委备案,我们真心希望能够邀请到您来中央美院为我们全校师生做一次有关现代哲学的讲座。

我们学校的新校址刚刚落成,位于北四环的四元桥。我们可以去接您。时间请您决定(下午、晚上或周六、日均可)。如果有可能,可否请您将电话留给我们,我们会给您正式的邀请函;如果您很忙,请原谅我们打扰了您。不过,我们真心希望能够收到您的回复!

如果您有任何要求,请您回复我,我的电话是×××××××(晚);或打中央美院团委办公室的电话××××××××。再次向您表示衷心的感谢!

祝您工作顺利!

中央美院学生:祝帅

(注:写信时间为 2001 年 11 月 22 日)

悼念张祥龙先生

毛朝晖①

早晨醒来,我从微信群上读到张祥龙先生去世的消息。刹那间,张先生那长须拂胸、古服古行、仙风道骨的形象又浮现在我的眼前。我与张先生的交往并不多,但在雪泥鸿爪的几次交往中,他给我留下的印象却是奇特的。

我与张先生的初次见面是在新加坡。2015 年底,梁秉赋老师与李晨阳老师联手主办"比较视野下的先秦儒学"国际学术研讨会。梁老师安排我去帮忙。在会场上,我见到了多位儒学大家,而首先出场的就是张祥龙先生。只见他一袭唐装,长须飘拂,用缓慢而低沉的声音开始讲他的通三统、儒家文化特区和阿米什人的社团生活。在发言的空当,他常常微闭着双眼,就像禅师在静坐时那样。"通三统"是今文经学的传统观念,"阿米什人"是 17 世纪欧洲的一个新教再洗礼派,"儒家文化特区"则是一个充满想象力的全新概念(根据我的了解,应该就是张先生首创的概念)。这是一个非常奇特的组合:既非常传统,又非常前卫;既秉持对儒家传统观念的固守,又充满理论的想象力与创造力。这是张先生留给我的第一印象。

2018 年,我博士毕业后去中山大学珠海校区应聘,起初被录用为博士后人员,合作导师正是张先生。我获悉这个消息后,非常高兴,庆幸自己法缘殊胜、得遇明师,正好借此机会"进补"西方哲学尤其是现象学方面的训练。当天,我就给张先生写了一封长信。信上说道:"我的博士论文《唐文治与学堂经学的改革》便是从思想史的角度对近代经学进行系统反省,并揭示其在近代中国的生命力。历史的反省只是第一步工作。接下来,我计划从哲学的角度探讨经学如何作为现代哲学的思想源泉,如何与佛学或西方哲学相区分、

① 作者简介:毛朝晖,华侨大学哲学与社会发展学院、华侨大学国际儒学研究院特聘研究员,曾任中山大学哲学系(珠海)特聘副研究员。

相调和,共同参与中国现代哲学的建构。您在儒家哲学、西方哲学、比较哲学方面都有深厚的学养,是我素所景仰的前辈学者。能够获得您的指导,这是我的缘分,也是我的幸运。相信在您的指导下,我一定能弥补自己学养的不足,打开新的学术视野,进入新的思想境界。这实在是弥足珍贵的学术际遇。"很快,我就收到张先生的回信。他表示乐意担任我的合作导师,让我着手准备一份研究计划。后来,由于我当时已经超过 35 岁,结果由哲学系出面协调,最终给我安排了一份副研究员的工作。

动身去珠海之前,我给张先生又写了一封信,表示希望能前去拜见。不巧的是,张先生那时已经返回北京。春季学期开学之前,系里临时通知我,说"比较哲学"这门课原本是由张先生负责,由于张先生最近身体不适,希望由我来接替,并让我尽快准备教学大纲。我先是一愣,随后抓紧时间草拟了一份教学大纲,发给张先生指正。张先生回信说:"我最近身体是出了问题(谢谢问候),所以下学期无法上课。看来只能麻烦你了。你的大纲做得很丰富、细致,应该是可以教好这门课的。"这样一来,我没有做成张先生的学生,反而成了他的同事,而且是"代课老师"。现在回过头看,这实在是我的人生中一段很不可思议、很奇特的缘分。

在"比较哲学"这门课上,我带领研究生一起研读了张先生的《海德格尔思想与中国天道》一书的相关章节。说实在的,我原本毫无现象学的训练,骤然带领学生研究这本大著,一方面深感吃力,另一方面也深感惭愧。在这种情形下,我与其说是在指导学生研读,倒不如说是在与学生一起学习。然而,吃力归吃力,惭愧归惭愧,研读的收获却是很大的。让我印象最深刻的是,张先生强调中国哲学对"天道"的理解是基于一种境域型的思路,而西方哲学对于形而上学的理解则大抵属于一种概念型的思路。时间、境域、缘在……这些概念是我从前在思考中国哲学时很少注意的,而在他这里却成了理解中国哲学的关键概念。他的一些论述有时不是非常分析的,我一时之间未能完全接受,但我必须承认,他的思想与论说对于我而言是诚恳的、亲切的、富有冲击力的。就这样,我通过教学的方式与张先生的精神世界发生了一种奇特的交会。

暑假的时候,张先生的病似乎越发沉重了,不久他就离开了中大。离开之前,他曾回珠海校区一趟,我们在校园里不期而遇。与在新加坡初见时相比,张先生这时身体显得比较消瘦,声音也更弱了一些,但精神还是很矍铄的。我询问了他的病情,然后简单寒暄了几句,他就赶着要收拾行李返回北京。此后,我们还有过几次通信。我一直期待他康复后能再返回珠海,以便有机会进一步向他请教。没想到,这样的一番期待竟成了永远的遗憾,而珠海校区的匆匆邂逅竟然成了永诀。

未来,我还会开设"比较哲学",还会指导学生研读张先生的《海德格尔思想与中国天道》,也还会重温与张先生雪泥鸿爪的交往,而张先生那长须拂胸、古服古行、仙风道骨的形象也必然会一次又一次地浮现在我的眼前,为我传递源自他那独特的精神世界深处的缘在讯息。

边缘记忆：缅怀张祥龙老师

程　炜[①]

　　6月8日深夜,微信群里传来祥龙老师去世的噩耗,让人毫无准备,夜不能寐。这些天以来,过去那些关于祥龙老师的回忆渐渐浮现,真实又缥缈。我并非祥龙老师的弟子,也不是哲学系的正式学生,甚至自从2004年出国后多年未曾与他见面,本来非常不确信自己是否有资格来写一篇回忆。然而作为一名非哲学系的选课生,有时是旁听生,祥龙老师确实曾对本科初入学术的我产生过重大影响。从这一角度来说,或许仍旧值得提供一些边缘的感怀(毕竟祥龙师也是一位强调"边缘问题"和"边缘域"的学者)。我记忆中的祥龙老师或许也跟后来很多人熟悉(但于我相对陌生)的蓄须长者略有不同,在我这里,他的形象被定格为一个清秀、诚恳又神采奕奕的中青年教师(2001—2003年)。

　　初识祥龙老师是在我大二的第一学期(2001年秋),那时我刚从某商科专业转至中文系。整个大一时期,我对商科的课程都兴味索然,而把主要精力都放在了文史哲基础课和各类讲座上。大二开学,哲学系开设的"现代西方哲学"就迅速引起了我的注意,因为刚修过"西方哲学史"课程的我,正希望继续恶补现代以来的哲学知识。但授课教师一栏的"张祥龙(副教授)"让我颇有犹豫,这位老师的名字从未听闻,我向哲学系多位学生打听,得到的也都是没听说过或不了解的回答。在上课前,我只是搜索到他有留美背景,著有《海德格尔思想与中国天道》《从现象学到孔夫子》等作品,因而推断这是一位主业为"中西比较"的学者,但这反而让我对他能否胜任西方哲学专业课程略有怀疑。

---

　　①　作者简介,程炜,北京大学哲学系长聘副教授。

　　带着疑虑，我开始了"现代西方哲学"课程的试听。我到现在还记得第一次听课，也就是第一次遇到祥龙老师的情景。讲台上的老师比我设想的要年轻很多，语速中等但抑扬顿挫，富含感情。尤其让我印象深刻的是他的讲义，一沓八开左右的大型稿纸，上面印有格子，蓝色钢笔写满了页面。讲课时他不时参看和翻阅讲义，但很少去念写作的内容。隐约记得第二周讲到尼采哲学时，他并没有集中介绍中晚期尼采的权力意志和重估一切价值等概念，而是以早期的《悲剧的诞生》为中心刻画尼采哲学，颇让人感觉独具匠心。试听周的良好体验让我完全放下了顾虑，之后的课程和阅读也不出所料成为了我当时的快乐源泉，甚至不知不觉我已然成为祥龙老师的"粉丝"。课程中一些印象深刻的主题包括威廉·詹姆士的意识流理论、格式塔心理学、维特根斯坦的图像论和语言游戏、胡塞尔的内时间意识等。这些内容当然显示出祥龙老师的学术趣味，也一度成了我研读的重点。

　　大二下学期（2002 年），我继续追踪祥龙老师的课程"现象学导论"。相比于大一时糊里糊涂学了一学期的胡塞尔和海德格尔，这一课程让我第一次似乎隐约把握住了两位哲学家工作的意义，甚至第一次看懂了这两位哲学家的部分原作。在现象学理论之外，祥龙老师尤其擅长来自世界文学的例证和发挥，记得庄子的"有机事者必有机心"，托尔斯泰的《伊凡·伊里奇之死》以及一些禅宗公案等，我都是从这门课听来。他甚至用了至少两节课时间详细讲解茨威格《象棋的故事》，以此阐发胡塞尔关于意指和独白的理论，让当时的我颇为沉醉。结课后，我利用大二暑假埋头重读课程涉及的文献，尤其是海德格尔的《存在与时间》和《通向语言的途中》，以及中华书局三卷本的《庄子》，这可以说是这门"现象学导论"对我的直接效应。在大四学习德语期间，我首先选择了茨威格的《看不见的珍藏》作为阅读练习的读本，可能也是间接因为祥龙老师对于这位作家的推崇。

　　大三上学期（2002—2003 年），我跟军训时结识的哲学系好友余亮再次去旁听祥龙老师的"哲学导论"。对于当时已自诩为本科高年级学生的我们，这门课的内容上实际上已经有些过于简单了，尤其跟之前一学期更为艰难的"现象学导论"相比。不过，当时余亮和我都喜欢模仿祥龙老师的语气和词句说话（尤其是他的自我设问和随即拉长的回答："不"），笑称去这门课的主要意图不是听"课"，而是去听"气"。对我个人而言，这门课程的高潮是有一次祥龙老师下课前朗诵诗人食指的名作《这是四点零八分的北京》。这首诗本来对我并不陌生，但全文的情绪似乎只有通过祥龙老师恳切的声音才让我真正体悟。这种情绪多年后仍旧萦绕，虽然我无论如何也想不起是什么契机，使得祥龙老师得以在"哲学导论"的课程中朗诵这一作品。

当时觉得内容有些过于基础的"哲学导论"课，站在现在来看，其构想理念至少是具有前瞻性的。因为除了鼓励大家阅读原作，祥龙老师避免将"哲学导论"限定为"西方哲学导论"，而试图融合中、西、印三个传统，增加哲学的多样性和包容性。关于类似的尝试，近年来西方一些学者多有鼓励和讨论（可以参看 Alexander Guerrero 给 Daily Nous 播客写的"To Be a Department of Philosophy"，后面的读者留言也提供了很多有价值的网络和纸本资源）。

除了上文提及的课程，可以说我本科时期的学术发展也与祥龙老师有着密切的联系。还记得课程结束后，他常常会推着自行车跟我们几个学生聊天，一直从教学楼走到蔚秀园大门。聊天的课程内容不限于课堂，甚至也会包括对他提议的"儒家文化保护区"的质疑。我曾向他借过胡塞尔和海德格尔相关的英文书复印，严格来说复印的是祥龙老师自己使用的复印本（当时几乎没有电子资源，北大本身的西哲馆藏也颇为匮乏），他有时会问我是否介意上面的批注。其实相比于得到一个洁本，我更惊叹于这些批注，因为它们仿佛在说："这些困难的大部头，老师真的仔细读过！"而这本身就仿佛一种感召吧。也正是因为这种召唤，大三开始时，我和好友余亮共同约定要努力超越本科前两年的幼稚期，写出自己第一篇像样的论文，并把这一抱负定位在学年论文上。他是哲学系的学生，顺理成章地找了祥龙老师做导师，选择了祁克果做研究对象。而我由于身在中文系，只能曲线救国。不过由于恰好在选修中文系美学相关课程时，读到了深受现象学影响的接受美学学派（特别是 Hans Robert Jauss 和 Wolfgang Iser）的作品，并发现伊瑟尔（Iser）与胡塞尔的直接联系——而不必通过后者的学生茵伽登（R. W. Ingarden）——值得研究。我在这一基础上写了学年论文《效应美学的现象学发生》，讨论伊瑟尔如何在对阅读行为的刻画中依赖和转化了胡塞尔的时间理论，甚至也批评其理论中的一些元素实则相对于胡塞尔的原版是某种"倒退"。当然，这篇论文里的胡塞尔，原则上说，是带着祥龙老师滤镜版本的胡塞尔。写完这篇文章之后，我自然也发给了祥龙老师一份电子版，期待他的评论。不过,整个大三暑假我并没有收到回复,就这样带着遗憾,我又匆匆进入了忙碌的大四。

本科最后一年(2003—2004年),我不得不把更多精力放在德语学习和毕业论文上,再也无暇参与祥龙老师的课堂。但我与他的精神关联并没有完全断掉。在北外德语课无聊的时候,我会拿出海德格尔早期的课程讲义自己低头练习翻译,这个文本就是祥龙老师课上颇为推崇的《宗教生活现象学》讲稿。不过最让我吃惊的还是,在我毕业前夕,有天忽然收到了祥龙老师的来信,居然是对我一年前发给他的学年论文的评议,而我本来已将此事都差不多淡忘了。信中祥龙老师表示抱歉,由于太忙,未能及时给我回复。同时,他表示自己并没有太多接受美学的阅读经验,但从我文章的内部论述来看,似乎观点和论证可以通过。我倍受鼓舞,也很感激他还能记得这么久远的一封信并且去阅读一篇价值不大但内容还很冗长的论文。

2004年10月,我到图宾根开始了第二个本科生活。事实上,这一年的上半年,祥龙老师也在这里访学。然而不巧的是,在我抵达之时,也是他离开此地,去维尔茨堡任客座教授的时候。光阴荏苒,等到我2016年回到母校工作,祥龙老师已经从北大退休,后来先后在山大和中大(珠海)任客座教授,因而也很少出现在北大校园里了。有一两次在畅春园,我似乎远远看到过他,但由于羞怯,都未能鼓起勇气上去和他打招呼,只是在心里默默询问他是否还记得从前那个旁听的中文系学生。我似乎总以为之后有更好的机会,但未曾想这样的机会已经永远失去了。

我又在B站上听了一遍祥龙老师讲"哲学导论"的第一讲。课程的最后十分钟一直在讲死亡在什么意义上是一个边缘问题,并由此成为哲学问题。想到祥龙老师过早地离开了我们,想到他最后身体所承受的苦痛,让我十分难过。但我也确信,他属于苏格拉底所言的爱智者,对于死亡是始终有着理解、准备和练习的。今天是他遗体告别的日子,受限于防疫政策,无法前往送别,甚为遗憾。唯有在家中依靠回忆和文字拼凑的记忆,同他告别。希望他一路走好。

2022年6月12日

张祥龙先生是我心目中的"求道者"

邹晓东①

2015 年夏,正式入职《文史哲》编辑部不久的我,编发了大约是在头一年约来的《儒家传统的开放性新探:"孝—慈"现象分析(笔谈)》(《文史哲》2015 年第 4 期),其中最后一篇是请张祥龙老师写的总括性文字。这是我第一次近距离地接触张门学术,也是我编辑生涯的第一单业务——收到了很好的效果,是一个很幸运的开端! 有同事曾祝贺我说,这组笔谈做得"很成功",后来黄玉顺教授主持的《当代儒学》辑刊还专门转载了这组笔谈。这让我体验到,编辑可以与所编发的优秀文章共荣。

从最开始接触张祥龙先生的书起,他便给我留下了"是一个求道者"的印象。我是 2001 年开始在山东大学物理学专业读本科的,那时我的志向是成为一名理论物理学家。早在中学阶段,我即通过一些语文延伸读物了解到大物理学家都得通哲学。于是,大学期间,我便无所不用其极地物理、数学、哲学一起抓(效率其实并不太高),尤其渴望遇到"文在兹""道在兹"的高手。大约是在大三时候吧,我接触到了张祥龙先生出版不久的《西方哲学笔记》,开卷即感觉其中"有道"。我带着这本书去旁听黄启祥老师的西方哲学史课,得知作者正是黄老师的导师,真是没有想到。我至今记得张祥龙先生在书中从现象学角度对赫拉克利特"这个世界是一团永恒的活火"的激赏,以及作者对为何采取笔记体写法的说明。印象中的大意是:线性行文并不适切真实的思想态势,活生生的思想,其前端总是"分叉"的。这个"思想前端总是分叉"的提法,在我的记忆中就此与赫拉克利特"永恒的活火"勾连在了一起,成为我心目中的"张氏现象学"的代表意象。

---

① 作者简介:邹晓东,《文史哲》编辑部编辑,山东大学儒学高等研究院副教授。

考到本校哲学(宗教学)专业读研究生期间,我聆听过张祥龙老师谈"热思"的一场演讲。那时大约正是他从北京大学提前退休加盟山东大学之际,也是我对《中庸》前几则孔子语录大谈特谈"过之""不及"找到了自己的感觉的时候。在演讲之后的互动环节,我遂向张祥龙老师提问:从"热思"角度,如何回应、如何处理"过犹不及"问题? 只见身着合体的深蓝色唐装的美髯公张老师听后莞尔一笑,说"这个问题有难度","比如子路,看起来很'热',但不恰当地'过了'"。紧接着,张祥龙老师话锋一转,"但也只能说子路还不够'热'"。于是我知道,张祥龙老师这是把"热思"等同为"体道"了。

张祥龙老师在山东大学任教期间,恰好是我刚开始编辑、学者双肩挑职业生涯之际。虽然我心中希望能通过他的课程或读书班之类入一入现象学的门,但一直未能调适出合适的"求道"状态,终把这个意向拖黄了(张祥龙老师后来转任中山大学珠海分校)。本学期(2022 春季学期),李珊老师发起,我积极参与,一起陪研究生们逐句阅读张祥龙老师的《现象学导论七讲》,想由此开始认真了解现象学。我们逐句逐段研讨这本导论,发表过不少不客气的追问。上一次(本周一),也是本学期最后一次,阅读刚入佳境,但几天前已得知张老师病重,我们大概无法在读完这本讲稿后当面向他请教了(李珊老师做了不少问题记录)。

以前,我隐约感到张祥龙老师似未能自然而然地享受与其造诣和知名度相称的"待遇"——刚刚读了江怡老师的悼念文字,方知张祥龙老师的学术职业生涯竟多有坎坷! 也罢,也罢——"文章憎命达""哲学是忧患之学"又多了一枚有效例证! 吾辈正可以贤者为师为友,坦然面对职业生涯中的风风雨雨了! 榜样的意义,乃在于斯!!

——邹晓东记于张祥龙先生曾居住、讲学过的山东大学兴隆山校区
2022 年 6 月 9 日上午初记,2022 年 11 月 18 日夜晚补记

悼念张祥龙先生，记与先生的一次缘分

李竞恒[1]

惊悉张祥龙先生遽归道山，至今不敢相信先生已离我们远去，虽然未曾拜见过先生，但却曾经有缘得到过先生的帮助与提携，在此述诸笔端，以为纪念。

2013 年拙作《论语新劄：自由孔学的历史世界》书稿出版前，想请张祥龙先生过目斧正，并赐一评语。我虽然治历史学科，但一直对哲学和思想领域有浓厚兴趣，很早就拜读过先生的《思想避难》等著作，对先生的学问与修养甚为敬慕。因此，若能得到先生斧正与评议，是我的荣幸。

在 2013 年 11 月 29 日，我给先生发一电邮云：

> 过去解释《论语》，大多是谈大道理，或者就文献谈文献，很多是循环论证，甚至成为"心灵鸡汤"之流。此次拙作，尝试从考古学、古文字资料、出土简帛等大量实证资料角度切入，对过去解释《论语》诸说进行阐释，进而进行修正和解释。

> 您是我非常尊敬的学者、长辈。这里冒昧将书稿发给您，想烦请您过目，盼能赐教斧正。

2013 年 12 月 3 日，先生便回复电邮云，已浏览了拙作书稿，并给一评语云："本书吸收许多考古发现，又借鉴不少今人研究成果，常能发表一些新见解，或对旧解的新解释，体现了王静安先生主张的纸上地下互证的研究方法，丰富了深化了我们对这本儒家'圣经'的理解。但那些有意思的旧解也不一定就要废掉，'敬崇文本，宽待众训'是我对经典的态度。"

---

① 作者简介：李竞恒，四川师范大学巴蜀文化研究中心副研究员。

　　我与先生素昧平生,第一次冒昧通信请教,先生便于百忙之中,数日之内阅读了拙稿并回复,令我非常感动。我是幸运的,能得到先生的肯定与意见,先生此一回复和学术判断,也把我们带上了一个新的高度,即对于经典的态度,要以"敬崇文本,宽待众训"为本,在此基础上再进行创新,但不能因创新就废掉旧解。

　　拙作出版前,我在"后记"中致谢:"我要感谢张祥龙先生,当年阅读他《思想避难》一书,当我读到张先生充满深情的论述时,几次强忍着夺眶而出的泪水,心已融化在他力透纸背的中国情怀之中。此次得到他的肯定与推荐,是我的荣幸。"

　　与先生的这次结缘,对先生或许是小事,却是我学术生命成长过程中难以忘怀的一件事。先生短短一段评论,其提携后学之精神,总结为学之精要,便跃然纸上。先生已经仙逝,再也无缘拜见,或是当面聆听先生讲论中西学问思想。我想,纪念先生最好的方式,便是学习先生的人格,并继承发扬先生未竟的事业!

记"现象学导论读书会"

——谨以此文纪念张祥龙老师

李　珮①

2022 年春季学期初,我与邹晓东老师在儒学高等研究院支持下,组织发起了"现象学导论读书会",所读书籍正是张祥龙老师的《现象学导论七讲:从原著阐发原意》。我与邹老师都是现象学的爱好者,之所以选择张祥龙老师的这本书,是因为这本现象学导论不仅对主要的现象学传统做了很好的解读,还将现象学放在整个哲学史中进行分析,这对理解为什么会产生现象学、现象学可以解决什么问题提供了重要的帮助。

张祥龙老师学贯中西,他在讲述现象学有关要点时,会联系佛教、中国哲学的相关知识。在张祥龙老师看来,现象学讲究"时机化视域"与中国古代思想有着相似、相通的地方。就此而言,现象学有助于东西方文化的对话与交流。有观点认为,目前的世界哲学舞台是以西方哲学为主导的,中国哲学正处于边缘化的位置。现象学或许正可以帮助中国哲学在一定程度上说服西哲传统,推动树立中国哲学的"合法性"地位。

在张祥龙老师看来,传统西方哲学主要使用主客二分的思维方式,这种思维方式割裂了现象与本质,使得个别与普遍如何相互关联成为问题。而胡塞尔现象学的出现可以解决这个传统哲学难以解决的棘手问题。在胡塞尔那里,具有普遍性的本质既不是依靠抽象,从代表个别的现象中抽取出来的,亦不是提前假设一个独立于个别的、普遍的本质。胡塞尔认为本质就在现象之中(普遍就在个别之中),我们通过本质直观就可以把握到本质。

直观是对现象的直观,这里的现象不是脱离人的意向性而存在的独立

---

①　作者简介:李珮,山东大学儒学高等研究院助理研究员。

的客体,而是已经处于意向性之中与我们的内时间意识紧密相连的现象。我们的内时间意识不仅包含当下的知觉,亦包含过去知觉的滞留,以及对未来知觉的前摄。由此,我们的知觉不是一个固定的知觉,而是处于一个包含滞留、当下、前摄的晕圈之中的非固定的、非对象化的知觉。这与我们的人生经历、周遭文化、环境紧密相关,因此我们经历了什么会直接或间接影响我们知觉到什么。

这种处于晕圈之中的知觉意识就是我们经验的原初状态,这种原初状态是动态的、鲜活的,不仅类似于道家所强调的"道法自然",亦近似于儒家所强调的"亲亲而仁"。"道法自然"与"亲亲而仁"都不预设我与外物之间的分离,都强调从亲身感受出发来感知、思考世界。由于滞留、前摄本身不是固定的,晕圈本身带有某种模糊性,我们的原初经验本身也带有某种模糊性,因此着重于对原初经验进行思考的中国哲学就不可避免地不如强调逻辑、辩证的西方哲学那样清晰、明确。张祥龙老师倡导将现象学方法用于儒学研究之中,这或许是中西文化进行交流对话的很有希望的方式!

现象学方法可以进入各个研究领域,参与我们读书会的不只有学习哲学的学生,还有学习民俗学、文学等专业的学生。大家在阅读《现象学导论七讲》的过程中产生了很多问题,比如,如何理解对象与非对象,如何界定主体与客体,当我们在谈论非对象的体验时难道不也是将其作为一种对象来谈论的吗?胡塞尔的意向性理论强调我们的意识参与到对所意识到的事物的构造中,那么这种意向性本身有没有反思性能力的参与,认识对象有没有参与认识主体的构造呢?本质直观等同于格物致知吗?如果我们所"格"的不是竹子,而是像描述和表达自我的文学作品这样的东西,那么是否还有可能使用本质直观的方式?

面对这么多疑惑,我原本计划在读完这本书后请张祥龙老师给我们答疑解惑,但未曾想到在我们刚结束本学期读书会后的第二天就看到了张祥龙老师仙逝的消息,这多么令人心痛与不舍!

我与张祥龙老师及其夫人德嘉老师相识于 2016 年在四川西昌举办的第 10 届全国现象学科技哲学会议。会后我打算独自前往泸沽湖,正在发愁乘坐何种交通工具更安全可靠时,偶然得知张祥龙老师与德嘉老师也要去泸沽湖。于是,我便搭乘两位老师与摄影师司机的顺风车,一起同游了泸沽湖。

从西昌到泸沽湖要走六七个小时的山路,但我们一路谈天说地,非常愉悦,也不觉得山路漫长。泸沽湖不仅风景优美,还是传说中最后的"母系社会"。这种没太受到现代文明冲击的、罕见的摩梭女性文化或许是吸引张祥龙老师前往泸沽湖的重要原因。在同游泸沽湖期间,我跟随三位老师一起访谈了当地村民,听当地比较有权威的长者讲述他们的走婚文化、以女性为核心的风俗习惯、生活礼仪(图 42)。张祥龙老师对这种罕见的母系文化非常重视,他跟我要了访谈的全部录像。

在同游泸沽湖期间,我感受到了张祥龙老师的率真与可爱,以及张祥龙老师对德嘉老师的依赖与尊重。张祥龙老师与德嘉老师之间深厚的感情让我深受触动。同游泸沽湖的最后一天正好是张祥龙老师的生日,那天中午德嘉老师选择在一家面馆进行了简单的庆祝(图 43)。我本以为日后会有很多机会再见到张祥龙老师,没想到那一"面"竟也是最后一"面"……

张祥龙老师虽然离开了我们,但是其精神、思想却会一直存在。江畔何人初见月,江月何年初照人,相信我们在思想的碰撞之间,在追问的边缘意识之间、在江畔月明处终将会再次见面! 祥龙老师千古!

第三部分

师恩永在——来自弟子的纪念

回忆张祥龙老师

郑辟瑞[1]

张祥龙老师离开我们已经半年多了,我一直想写点什么,但又不知道该从哪里说起。

2022年5月28日,张老师通过视频会议和门下弟子们见了最后一面,在最后的教诲中,张老师希望我们都"追求真理,不只是追求世俗的利益"。我们知道,张老师自己所追求的并且嘱托我们追求的真理不仅是知识学问的真理,而且是良知本心的真理。

那时候,张老师的身体已经非常虚弱,师门建议大家将想对老师说的话写下来,由师母和泰苏在张老师身体状况允许的时候读给他听。我也给老师写了一封短信,在信中,我讲述了自己在生命与学问之间寻求平衡的心路历程,以及老师对我的深远影响。后来,在追思会后的师门聚会上,师母告诉我,她把我的这封信读给老师听了,老师那时已无法言语,他流泪了,那是老师为他的学生们感到欣慰。

张老师是位哲人,他对我们的影响和我们自己的精神求索过程总是密不可分的,那么,我想,记录下张老师对我的生活和学问的影响,也可以当作对老师的回忆吧。

和大多数人一样,我是通过阅读《海德格尔思想与中国天道》这本书开始了解张老师的。我本科就读于厦门大学中文系,并非哲学科班出身,研究生转向哲学,主要是受到两本书的影响,一本是刘小枫先生的《拯救与逍遥》,另一本就是张老师的《海德格尔思想与中国天道》。如今想来,这两本书几乎形成对立的两极,但在当时都一同向我提出了人生意义的问题:伴随

---

① 作者简介:郑辟瑞,张祥龙老师1997级硕士研究生,现为中山大学哲学系教授。

自我意识的觉醒而来的是巨大的虚无感,在广袤无边的宇宙中,孤独的自我如何处身呢?张老师的《海德格尔思想与中国天道》一书提供了一种非信仰的意义生发机制,虽然那时的我并不能真正理解书中精妙的哲学思想,但能够感受到其中流淌的活泼泼的生命。

那时候,通过南普陀寺的广济和尚,我结识了温海明君,他正在厦门工作,等待入学北大哲学系研究生。在温海明君的鼓励和帮助下,我联系了张老师,并且顺利地考入北大外哲所,成为了张老师的学生,那一年是1997年,张老师与现在的我年龄相仿。

1997年的外哲所还是独立的研究机构,但很快就被并入哲学系。那一年外哲所共招收6名研究生,其中4名硕士研究生,2名博士研究生,我们由外哲所录取,从哲学系毕业。

关于外哲所的那段历史,周枫师兄在圈内流传一时的文章《我所见证的北大外哲所》中有过生动而传神的刻画,其中,他谈到当时外哲所的学术研究方向,"分析哲学和海德格尔哲学——在外哲所,海德格尔几乎就等于现象学,胡塞尔倒成了其次人物——是外哲所的两大知识板块"。1995—1996年间,汉语学界出版了俞宣孟、孙周兴、张汝伦、陈嘉映、靳希平等诸位老师的海德格尔专著,张老师的《海德格尔思想与中国天道》一书也在其中,一时间海学成为显学。但是,张老师似乎无意于成为海德格尔专家,那几年,张老师研究和授课的重心并不在海德格尔上。我仍记得三院的小教室里,张老师带领学生们阅读的是胡塞尔的《逻辑研究》和德里达的《声音与现象》,张老师以德里达解胡塞尔,这种不同寻常且颇为叛逆的解读方式让学生们大开眼界,我也由此窥得哲学的些许堂奥。正是在张老师的影响下,我们4个硕士生中有3人都选择胡塞尔现象学作为硕士论文的选题,我选择的主题是"本质上机遇性的表述"和"边缘域"的关系,而这显然是一个有着深重德里达印记的选题。

事实上,张老师的解读路径深刻影响了我之后的胡塞尔研究,尽管在很长一段时间里,我对此并没有明确的意识。

在2017年年末中山大学举办的第14届国际舍勒思想研讨会上,我提交的报告主题是"符号行为与直观行为的交织",在报告中,我重构了胡塞尔的"流渡说"充实理论。我记得,那天我和朱刚陪张老师回珀丽酒店,在路上,他对我的报告做出两点评论,一方面,他肯定了我的解释模式可以有效地缓解意指的含义与充实的意义之间的张力,另一方面,他提出一个问题,这种解释模式是否会使得失实不再可能?我不记得当时我是如何回答的,想来多半是无言以对。

去年下半年,为了写《张祥龙的胡塞尔研究》一文,我重新阅读了张老师的相关论文和讲稿,深深感觉到,张老师的思想一以贯之,却又在细微处见功夫。张老师的胡塞尔研究别具一格,其精妙处恰恰在于对其徘徊曲折之心境的体贴。张老师的胡塞尔研究著述并不多,但都不是泛泛而谈,而是切中肯綮,搅得人心神不宁,2017年张老师给我提出的问题就是这一点的明证。张老师的问题促使我进一步考察胡塞尔的"失实"概念,并探求其与"流渡说"的相容性。为此,我写了一篇后续文章,在论文的一个注释中,我说明了这个过程,并且表示,"本文可以算作对张祥龙先生的问题的一个初步回应"。我曾想在论文发表后再向张老师求教,如今却已没有了机会。

硕士毕业后,我没有继续留在学校读书,而是选择离开校园,去了南方的一家报社。其中自然有围城心理的作用,在象牙塔里待得太久了,想看看外面的世界,张老师对我的选择也是宽容的。

工作一年后,我重新回到北大,跟随靳希平老师继续胡塞尔的意义理论研究。期间,我听了张老师的现象学课程,参加了他组织的雅各布森语言学的读书班,还跟着他练习太极拳。毕业后,我去了南开大学,和张老师见面机会少了,只是在会议和讲座期间能和老师聊上几句。那时,我被卷入强力的学术机制而不自觉,我错误地理解了胡塞尔对哲学家的定位,即"无兴趣的旁观者",以为学问和生命应当分离,学问追求客观和严格,生命的意义问题应当让给宗教来回答。

这一段求学和研究的心路历程,我写在了南开大学哲学院2015级迎新大会上作为教师代表的发言中:

> 我记得是在大三的时候,一位和尚朋友介绍我读了刘小枫的《拯救与逍遥》,被书中的基督教思想刺激得神魂颠倒,于是转向西方哲学,然后对海德格尔崇拜不已,考了北大外哲所,决定研究胡塞尔,然后,至今我还在胡塞尔里面。

我记得有一次学术会议，我有幸第一次和老师们一起吃饭，席间我大吃一惊，居然老师们都不谈人生，不聊哲学，聊的都是买房啊，孩子上学啊这类日常琐事，天哪，这不是海德格尔所说的常人的世界吗？向死而生呢，本真的生存呢？事后，我又对我当时的吃惊感到吃惊，对啊，我为什么会吃惊呢？即便哲学系的老师们也是人啊，也有沉重的肉身啊，学术之外，生活继续。

然后，十几年的学术生涯把我训练成了一个专家，我逐渐遗忘了哲学是在追求真理，就像网络上有人这样评价哲学，"研究哲学和打麻将差不多，都是有趣无用的东西，唯一的区别，玩哲学能给参与者带来一些智商上的优越感"。和古代的智术师一样，我学会了修辞学，重要的不是观点，而是论辩，正说反说，都能成理。可是，为什么在张口说话、提笔写字时总是伴随着一种不踏实感、不确定感呢？因为哲学还是哲学，我还是我，两者没有打成一片。我常常想起张志扬先生特别喜欢引用的舍斯托夫在他的文章《纪念伟大的哲学家埃德蒙德·胡塞尔》中记录下的胡塞尔说过的一句话："有一次我在一个大学里讲课，当时我阐述了我从当代哲学家们接受过来的一些概念，我忽然感到我没有什么可说了，我并且感到我站在学生面前，两手空空，而且灵魂也是空虚的。"

去年7月，在张老师的追思会上，泰苏说到他和他父亲关于理性的一次辩论，这一事件他后来记录在回忆文章《父亲和我》中，"疫情尚未暴发之前，我邀请了几位研究法哲学的同事来家中做客。这些同事无一例外是分析哲学出身，在席间自然和父亲有好一番争论，双方都颇为尽兴。客人走后，父亲却带着一脸玩味的表情问我：'你们这些理性主义者是不是内心深处都有点悲观？'"泰苏解释说，张老师所说的悲观"既包含了对自身感性的不自信，也包含了对他人理解能力的不信任"，理性将心灵与世界隔绝开来。泰苏的讲述真真切切击中了我，我就是深陷于此种"理性主义"而不自知的人啊！我很遗憾没能早一点听到张老师这样的批评。又或许，我忽略了什么？我想起2019年年末在中山大学举办的"现象学与儒学——张祥龙先生《儒家哲学史讲演录》新书座谈会暨学术研讨会"，会上，我做了题为"'知行合一'的'概念论'解读"的报告，尝试引入塞尔、麦克道威尔等哲学家对"行动中的意向"

的讨论,为阳明的"知行合一"学说提供一个新的视角。报告开始不久,我看到张老师放下了他做记录的笔,我深感惶恐,我想,那一定是张老师在批评我玩弄概念,"簸弄精神"吧!

在很长一段时间里,我试图从宗教中寻求解脱之道。2009 年,访学奥地利因斯布鲁克大学期间,我读到任不寐先生的一篇旧文《祭李思怡文》,心中大恸,感受到那难以承受的罪责。在当年 6 月 8 日给友人的一封信中,我告诉他:"一个小女孩无辜地被饿死。这个事情令我痛哭流涕,深感'没有义人,连一个也没有'的真义,人皆有罪,我被来自心底的罪恶感所压倒。我在当地基督教会组织的最近一次学习班最后的发言中讲了这件事,之后,牧师停止了常规的一个一个的发言,而是让我们手拉手唱赞美诗,祷告,我很感动,尽管我事后还是对牧师说,我对信仰基督还不确定,我还没有确信。"想来还是那一点点理智上的疑虑阻止了我,让我最终没有接受信仰的道路。

2013 年暑假,我参加了湖北黄梅四祖寺的夏令营,希望能通过禅修静坐,窥得心中的那点灵明,期间看到弘一大师的传记电影《一轮明月》。电影中,李叔同出家前,友人夏丏尊问他"怎忍抛离妻儿",李叔同回答说:"人世无常,如暴病而死,想不抛也做不到。"这句话深深地刺痛了我,甚至让我一时有了出世的念头。2014 年国庆期间,我决心去江西云居山真如寺参加禅七。那时候,我自以为一心求道,却没有意识到已经陷入偏执,深深地伤了家人的心。或许是良知的唤起,让我在火车开出的第一站毅然下车。记得那是一个很小的站,人很少,却让我深切感受到,生命虽没有理念世界的纯净,但充满芜杂的喜悦。从那时起,我才开始能够体会到张老师的儒学转向以及对家与孝的体贴,那里一定蕴藏着非信仰的意义生发机制。

在给张老师最后一封信的末尾处,我引用了徐爱对阳明先生的认识,"始闻而骇,既而疑,已而殚精竭思,参互错综以质于先生。然后知先生之说若水之寒,若火之热,断断乎'百世以俟圣人而不惑'者也。"这句话确乎能表达我对张老师思想的理解和接受的过程。之后,我写道,"先生的学问是生命的学问,先生是真正做到知行合一的哲人。先生 28 日的讲话,让弟子领悟到,良知是真实真切的,良知是活泼呈现的,先生坚定了弟子们追求真理的信心"。是的,追求张老师见证的真理!

谢谢张老师无与伦比的馈赠!

夫子循循然善诱人

——张祥龙先生杂忆

我只是想写出我对先生的追忆、思念与感激。

——题记

王志宏①

一

和绝大多数读书人知道张祥龙先生的方式一样，我也是因为读到先生的大作《海德格尔思想与中国天道：终极视域的开启与交融》而记住了这个名字。此书一出，祥龙先生一举成名天下知。但是，我在捧读该书时从来没有想过，有朝一日我会成为他的学生。

"三联·哈佛燕京学术丛书"从第一辑开始就引起了读书界的广泛关注，有几本书出版不久就被认为将跻身经典之列，其中就包括张先生的这本书。这套书的学术含金量自不待言，而我爱屋及乌，觉得它的装帧设计也有一种独特的韵味，不仅如此，甚至先生著作前勒口上的作者像也让我觉得透露出了一种难以言喻的英气和睿智。海德格尔在《我进入现象学之路》一文中提到过他阅读胡塞尔《逻辑研究》一书的经历：

> 我曾期望从胡塞尔的《逻辑研究》深入到由布伦塔诺的博士论文所引起的问题之中去。但是，后来我才认识到，由于我的研究方法不对，所以我的努力白费了。尽管我一直迷恋于胡塞尔的这部著作，以至于

① 作者简介：王志宏，张祥龙老师 1998 级博士研究生，现为云南大学政府管理学院哲学系副教授。

在随后的几年里，我总是反复地阅读它，然而仍未充分地洞悉到书中那种迷住我的东西。这本书的魅力甚至弥漫到版式和扉页这些外在的东西上，在那张扉页上，我看到了马克斯·尼迈耶出版社这一名字；这一情景至今还历历在目。①

海德格尔的这个经历常常让我想起我阅读张先生《海德格尔思想与中国天道》一书时的情形。

刚上研一的小赵喜欢找有志于从事学术研究的学兄讨论问题，有一次他邀请我去他宿舍讨论海德格尔，主要是张先生的这本新书。除了各种质量参差不齐的教科书中关于海德格尔的介绍，我读过陈嘉映老师的《海德格尔哲学概论》和倪梁康老师的《现象学及其效应》，似乎对现象学与海德格尔的思想有一个粗略的整体印象。刚上完张志伟老师讲授的"《存在与时间》导读"课，由于我的基础薄弱，张老师紧贴着文本的解读非但没有让我领略到海德格尔的深刻与伟大，反而让我如坠迷雾。我在别人的推荐下开始读《海德格尔思想与中国天道》，一方面感觉被一种思想牵引着，另一方面又把握不到该书要义。但是，无知者无畏，我记得，我和小赵站在他的寝室里侃侃而谈了几个小时，对于国内的海德格尔研究品头论足。但是我们一致承认，这本新出的《海德格尔思想与中国天道》的确包含了某种真正的思考。

但是，当然，以我们那时的见识之浅，还只能把它当作理解海德格尔思想的"引论"，而没有意识到它本身就是思想，它在接下来的四分之一个世纪里成了对学术界和思想界影响巨大的一本书。

二

在考上硕士研究生时，我就计划将来一定要读博士。我跟很多朋友说过我的一次经历。1995 年 4 月我到北京参加中国人民大学哲学系硕士生招生复试，面试完毕后，我去北大看望在那里读研的一位本科学长。学长事先叮嘱我在南门下车，我阴差阳错从西门下的车。我走到西门，映入眼帘的是那个风格古朴、庄严典雅的大门和门口那一对石狮子，进到校园里，迈过小

---

① 海德格尔：《面向思的事情》，陈小文、孙周兴译，商务印书馆，1999，第 91 页。

桥,走到华表下,在东语系门口的草坪站了一会儿,比较了一下人大的校园环境,一种说不出的失落感油然而生。我当时暗暗发誓,硕士错过了北大,博士再也不能错过北大。

到了硕士毕业的年份,我同时报考了两位教授。一位是北京大学的张世英教授,因为张世英先生招生专业中有一个是"中国哲学和西方哲学",这深深地吸引住了"材剧志大,闻见杂博"的我;另一位是中国人民大学的苗力田先生,他主持翻译了《亚里士多德全集》,而他提倡的"三点论"("多读一点,多思一点,少写一点")曾经被我奉为圭臬。北大的博士生招生考试要早近一个月的时间,我顺利地考上了,为了避免不必要的麻烦,我还专门去苗先生家中说明我不再参加人大博士招生考试并致以歉意。

我第一次见到张祥龙先生是在笔试进行完毕后的那个下午的面试会上。为我们这一批报考张世英先生的博士的考生进行面试的老师只有三位:张世英先生、祥龙先生和李超杰老师。张世英先生晚到,我此前已经拜访过几次;祥龙先生和李超杰老师我都是第一次见,但是我第一眼就认出了祥龙先生,毕竟《海德格尔思想和中国天道》上的作者像让我印象太深刻了。事实上,张先生比那张照片上的样子更帅气,更年轻,而且走起路来昂首挺胸,虎虎生风。如果我没有记错的话,张先生还背着一个小书包,显得特别扎眼。

那天下午面试的全过程我已经记得不太清楚了,但是有一个细节却记得清清楚楚,如在昨日。也许是因为我已经拜访过几次张世英先生,他对我有一定的了解,他好像没有问我问题。李超杰老师似乎也没有问什么问题。只有祥龙先生问了一个问题,而我并没有很好地回答那个问题。

祥龙先生问:"你能不能说说主体间性这个思想是谁提出来的,它的主要内容什么?"

这并不是一个很难的题目,而且我保证我对此还算比较熟悉,但是我当时绞尽脑汁、搜索枯肠,怎么也想不出这个概念是谁提出的。在北大读书期间,祥龙先生有几次和我们谈到过法家的"势"的思想,而"势"在这一场合中体现得淋漓尽致,我作为学生、作为考生在接受考核时处于弱势,总是难免紧张,哪怕胸有成竹,也很难尽展风采。

因为感觉到了脑袋中空空如也,我极力让自己平静下来。在经过极其难熬的几分钟之后,我不得不给出一个回答,我记得我的开场白是:"很抱歉，我一下子想不起来是谁提出了主体间性思想，但是我认为我有足够的理由说，马克思的交往概念中已经包含了主体间性的思想。(以下略)"

我回答完这个问题后，面试就结束了。我心有不甘地走出教室，走出外哲所的院子，心情极其郁闷，而这个时候，我的脑海里突然浮现出了胡塞尔和哈贝马斯这两个名字。

我第一次接受祥龙先生的考核，就如此狼狈！

三

我在北大胡乱上过很多课。这一方面说明我在学识方面的贪多鹜奇，另一方面也说明了我还没有找到我自己的研究方向。那是我的一段长长的迷茫期。我似乎想以不停地上课来弥补我自己独立思考的不足，很多年之后我读傅斯年的传记时知道，他在德国留学时也是从早到晚拼命上课，而这在一定程度上虽然拓展了他的知识，却最终限制了他的思想的深度。我觉得我犯了和他一样的毛病。所以，后来我去复旦读书时，除了张汝伦师的课程和培养计划规定的必修课外，我从不去听别人的课，虽然这似乎从一个极端走到了另一个极端，但是对我个人的成长而言，这的确是一个很好的选择。不过，我还是要说，在北大求学期间，我记忆中最深刻且给我启发最大，甚至给我心灵以震撼的课都是祥龙先生的课，虽然张先生从来不是以"教学的艺术"而俘获学生的心灵的。

我去听过赵汀阳、陈嘉映和程炼三人合开的课，我也去听过韩水法主持的关于罗尔斯《政治自由主义》的讨论班，我在唐文明兄的建议下去听过一个学期的何九盈先生开设的《说文解字》精读课，我还去钱理群的课堂上听他情绪激昂地颂扬鲁迅，我跟随过杨适教授一字一句用王太庆先生的未刊译本研读过《裴洞篇》(一般根据英语发音译作《斐多篇》)，我也在谢龙教授主持的课程中听叶秀山先生评介海德格尔的《康德书》，听庞朴先生娓娓讲述新发现的世界上最古老的书"郭店楚简"。这些课程都使我受益良多。但是，真正影响了我对学问的根本理解的还是祥龙先生的课。我听祥龙先生讲授的第一门课程是"中西哲学比较"，后来还和本科生一起听了祥龙先生的"西方哲学史"，最后一门课程的名称我忘记了，其主要内容应该相当于后来以"《论语》的现象学阐释九讲"为题出版的那本书。

李旭提到祥龙先生上"中西哲学比较"课程时曾说：

> 我最初听张先生的课是在 1998 年的冬季学期，硕士刚入北大就有幸听到了张先生的课，课名应该是"中西哲学比较"，内容记得不全了，只记得讲到毕达哥拉斯数本原思想与周易象数思想的比较，课堂上还拿了火柴盒棍(老师不抽烟)演示算卦。上课在北大静园三院。老师的课很吸引人，除了内容外，还有老师投入讲课的声容情态(现身情态)。老师的讲课很有激情，可见老师对讲述内容的理解饱含感情。但这种汹涌激情又是清澈的，没有半点混浊，一如老师清亮而富于磁性的音色。

这一点我同样记忆犹新。但是，我记得更加清楚的是祥龙先生在演示如何占卦时的那种严肃与虔诚。坦白地说，祥龙先生并不是那种具有高超动人的讲课艺术的学者，他没有抑扬顿挫、慷慨激昂的声音，没有各种辅助的姿态和表情，语速平淡而均匀，只有讲到动情处，才会突然神采飞扬，语速加快，另具一种妩媚。张先生在这门课程中，不仅比较了周易和毕达哥拉斯的数的思想，还比较了周易象数和莱布尼兹的数理语言的思想。我在听课时发现，张先生并没有使用某些孤本秘籍或者"秘而不宣"的材料而得出他那些启人深思的结论，相反，张先生借以思考的绝大部分材料都是我们耳熟能详的，有的甚至出于本科生就熟读的材料，比如商务印书馆出版的《西方哲学原著选读》《古希腊罗马哲学原著选辑》和中华书局出版的《中国哲学史教学资料选辑》。按理说，这些材料从事哲学研究者大都寓目过，然而，张先生的与众不同之处在于，他能从这些看似极其平常的材料中得出令人耳目一新的结论。不，他能够经由这些材料思入文明的深处，从而促使我们重新反思那些大家广泛接受并且以为理所当然的结论。

不过，祥龙先生给我造成的最大冲击是他对中国文化与思想的理解和态度。我从研二开始系统阅读中国古代思想典籍，但是，如果没有听过祥龙先生的课程的话，我真正理解中国古代思想的本性就要晚很多年，也许终身都不得其门而入。在我还没有真正深入中国古学的本性之时，我认为，也许是为了让我们感到惊讶并因此有所反省，祥龙先生在课堂上会刻意抬高中国古代思想而贬低西方哲学，但是，在我自己真正沉浸到中华古学之中并且思想到它的高明与精微之后，我才明白那是祥龙先生至诚至信的流露，其中不惨杂任何做作与杂质。

也许是因为我硕士期间攻读的是马克思主义哲学专业，祥龙先生担心我的西哲底子比较薄弱，他曾经明确要求我去旁听他为本科生开设的西方哲学史课程。虽然人民大学有本科非哲学专业的硕士生必须无学分必修中哲和西哲的制度，我曾经听过张志伟老师讲授的一个学期的西方哲学史课程，但是我在旁听祥龙先生讲授西哲史课程期间仍然有很大的收获。有两次课堂，我记得很清楚。在第一次课堂上，祥龙先生在课程一开始就讨论现在讲授西哲史的必要性与重要性，引入了"华夷之辨"的概念，当时对我的冲击非常大。在另一次课堂上，祥龙先生在讨论安瑟尔谟的本体论论证时，为了说明这个论证的瑕疵，详细地演绎了我们能否设想"一个最恶的魔鬼"的可能性，予我以极大的启发。

上过的最后一门祥龙先生的课是关于《论语》的课。可以说，张先生"境遇中的'无限'——《论语》'学而时习之'章析读"为我打开了阅读《论语》的一个全新的境界。多年以后我写过一篇"孔门学规——《论语》首章释义"，在某种意义上说，我写这篇文章是为了向祥龙先生致敬。但是，祥龙先生那篇文章只是文字，只是在理智上为我打开了一扇窗户，而上张先生讨论《论语》的课程又完全是另一回事，因为张先生在课堂上所体现出来的对于文本的熟悉程度，对于文献利用的广度，对于文本解读的深度等都令我赞叹不已。而张先生在讲课时通过手势、身体和声音流露出来的对于孔子人格的景仰，对于中国文化的情怀却常常让我明白哲学不是"思维的体操"，也不是简单地借鉴西方文化的途径、论证"西胜于中"的工具，而是理解人之为人的本质这一所有人都必须面对的困境和哲学家必须承担起来的思想劳作。

可以毫不夸张地说，我不是祥龙先生合格的学生，但是，我从他那里获得的东西却使我这一生受益无穷。

四

到现在为止，我在反省自己在学术上所做的成绩时，总是很无奈地说：

"我现在所做出来的成绩和我的能力远远不相称。"回顾自己这么多年所做的工作,唯有翻译还算拿得出手,而我最初从事哲学著作的翻译,就是因为祥龙先生的推荐。

1999 年暑假结束,"时维九月,亦属三秋",我从家乡回到北京才几天,就接到张先生的电话,张先生在电话里跟我说,商务印书馆对于一部译稿不太满意,想找一位英语不错且熟悉海德格尔哲学的学者进行校订,在他们请祥龙先生推荐人选的时候,祥龙先生认为我可堪此任。过了几天,商务印书馆译作室的陈小文兄就敲响了我的宿舍的门。原来,商务印书馆约请南京大学的周宪教授翻译理查德·沃林的《存在的政治:海德格尔的政治思想》,收到译稿之后,还想请人对译稿做一番彻底的校订。我有过一段极不愉快的翻译经历,但是我对自己从事专业翻译工作还是有信心的,于是我愉快地接受了这个工作,把小文兄带来的原著和打印好的译稿留了下来。这是我和商务印书馆结缘之始,也是我和陈小文兄结缘之始。值得一提的是,从那以后,逢年过节,小文兄总是会来北大约我见面,请我吃饭,给我鼓励,当然,也给我讲述了许多学界的趣闻轶事。

在接下来差不多三个月的时间里,我最主要的工作就是从事《存在的政治》的译文校订工作。公正地说,周宪教授的译文的品质还是不错的,但是的确也有很多可以改进的地方。我不知道商务印书馆是否还保存着我的校订稿,我可以毫无愧色地说,我几乎在每一句译文上都动了手术,有的小,只是改动句子中的某一个字词,有的大,几乎是完全改译整个句子。校订别人的译文固然总有吹毛求疵的嫌疑,但是这对于我的英文原著阅读能力之提高是一次巨大的推动。该书校译完之后,我先请唐文明兄通读了一遍,得到了他的肯定。而在我把改正后的稿子送回商务印书馆的时候,陈小文兄说我做的工作已经不能简单地说是校订了,而应该算作"合译"。于是,那本书最后出版时署"周宪、王志宏译"。周宪教授本来还写了篇译者序,商务印书馆没有采用。我自己也写了一篇,但是我没有给出版社,我觉得这样做不合适,它后来作为书评刊登在北大的《哲学门》上。

另一次,张先生找到我,希望我能够把他的一篇中文文章翻译成英文,好像是在美国的王蓉蓉教授想要把张先生的这篇文章收入他计划在美国出版的一本文集中。张先生给了我他的中文文章,并给我一篇与他的内容相关的英文论文供我参考。我记得韦卓民先生谈到他为何从康蒲·斯密的英文译本而不是从康德的德文原文翻译《纯粹理性批判》时说,他觉得他自己的英文水平比斯密要高,翻译起来有把握,而德文水平绝无可能高于康德,有的地方没有把握。我最初读到这段话时觉得韦卓民先生有些矫情,而在我把张先生的文章翻译成英文时对他这句话却有了异样的体会。在把英文翻译成中文时,总的说来,我自己是有把握的,但是在把中文译成英文时,我对自己译出的句子毫无把握,我甚至不知道一个 native speaker(母语者)是否会像我一样表达同样的意思,我使用的那些词是否准确。后来张先生告诉我,因为翻译质量的原因,这篇译稿没有被采用,但是对方支付了我 80 美金的辛苦费。

张先生曾经想为商务印书馆编选一本西方学者关于比较哲学的文集,他把其中一些文章的翻译和校订工作交给了我们——他所指导的博士生和硕士生。分配给我翻译的那篇文章是一篇从方法论和本体论的角度讨论比较哲学的可能性与必要性的。这篇文章曾经给我一定的启发,因为我也曾想从事比较哲学的研究。关于比较哲学,在人大读书时听得最多的是苗力田先生的名言:"一个人不到 60 岁,不要轻易谈论什么比较哲学。"但是这篇文章却告诉我们,只要从事哲学研究就是进行比较,因为没有对于前人工作的批判性反思,任何人都不会有真正的思想。但是,我们现在所说的比较哲学是有着某种特定含义的,亦即,它是文化间的哲学思想之比较,这就意味着,比较哲学蕴含着文化之间的开放与互补,蕴含着不同文化之中的合作与碰撞。今天,任何思想,尤其是西方哲学,对于其他文明的傲慢与优越性应该得到彻底的反省乃至于取消。

近几十年,北大哲学系外国哲学专业似乎形成了一个传统,研究西方哲学中的一个人物,一个概念或者一种思潮,必须先学习研究对象自身的语言,而且最好是能够翻译一些原著或者有价值的二手文献。我虽然也警惕"以译代研"的现象,也不赞成读博期间把太多的时间放在翻译上,但是很感激张先生,是他安排我去做的一些翻译,让我意识到译事之难,通过翻译更为细致地体察到一位学者思考的轨迹。

五

张先生很少谈论自己,但是,在师从张祥龙先生的几年里,偶尔也会听到张先生谈论自己过去的经历。我是个对名人轶事很感兴趣的人,极为可惜的是,我当时没有把张先生讲述的那些事件及时地记录下来,以至于现在能够记起的只是星星点点,构不成一个完整的叙述。当然,我本来无意于在这里详细叙述张先生的生平,只是想存下我听张先生本人讲述而对我影响较深的三五旧事。

曾经有学者讨论过"文学史上的失踪者"这个词,也有人认为顾准是1949 年以后尤其是"文革"期间硕果仅存的真正的思想者。我想,张先生在"文革"中的经历也具有特殊的意义。张先生告诉我们,他在"文革"中先是因为很偶然的机会跟从贺麟先生学习斯宾诺莎哲学。他们的学习方式类似于古代的书院教育,学生自修,每隔一段时间和老师进行讨论。这是一个所有人都不知道真正的思想还有什么意义的时期。他们的教与学不是为了文凭学位,不是为了职业,不是为了做思想家。我每次想到张先生的这段经历就会想到陈寅恪《赠蒋秉南序》中的那段话:

> 清光绪之季年,寅恪家居白下,一日偶检架上旧书,见有易堂九子集,取而读之,不甚喜其文,唯深美其事。以为魏丘诸子值明清嬗蜕之际,犹能兄弟戚友保聚一地,相与从容讲文论学于乾撼坤岌之际,不谓为天下之至乐大幸,不可也。

张先生提到他大学毕业后没有继续读研究生,而是去了北京市林业局工作。一直对老庄哲学比较痴迷的他天真地以为,去林业局工作就可以经常在深山老林子散步,甚至可以像陶渊明一样隐居山林,过上"采菊东篱下,悠然见南山"的生活。后来他才发现,事实和他所想象的完全不是一回事,他的工作不过是每天坐办公室里喝茶读报和处理文件而已,跟山水渔樵没有一丁点的关系,真可谓"结庐在人境""日夜车马喧"。也许正是对于这种朝九晚五按部就班的生活的不满足,促使张先生决定出国留学。在听张先生讲这个故事时,我暗暗嘲笑张先生天真,竟然不了解体制内生活。时隔多年,等我自己在大学里教书时,看到大学里各种怪现状,想起自己当年对在大学任教的种种美妙的设想和莫名其妙的向往,我才明白自己当年是多么天真,而这种天真又是多么可贵!

有一次,张先生表达了他对于传统文化培育出来的人的歆羡之情。张先生说,他去美国留学时,有一位台湾的同学去机场接他,并且陪伴他找到住处和到学校注册。张先生在谈到那位同学的文质彬彬和言行规矩时反复赞叹。在张先生看来,那位同学的言行举止所表现出来的是中国传统文化对人的教化的结果。我清楚地记得张先生的一句感慨:"我那段时间非常羞愧。和我的同学相比,我简直就是一个野蛮人!"张先生认为这位同学对他的冲击很大,让他知道原来中国传统文化是这么"养人的",而几十年来,这种文化在大陆的处境是"不绝若线"。那正是我对钱穆先生的著作开始感兴趣的岁月,也是我能够初步领略《论语》中夫子对于历代圣贤的评价之精义的时候,懂得中国文化的真精神在于,"但即在春秋时代,中国社会上之道德观念与夫道德精神,已极普遍存在,并极洋溢活跃,有其生命充沛之显现"。所以,钱穆先生认为,二十四史以人物为主(无论本纪、世家、列传皆可如是观之),就是要通过记载这些明圣盛德,使他们的事迹与人格垂范永久,不断地教化世人,使得世世代代又出现无数具有这种道德观念和道德精神的人。

中国的学者有一个很有趣的倾向,喜爱儒家者大多力辟道家,而喜爱道家者大多鄙视儒家,殊不知这二者本是同源,而且合则双美,离则两伤,他们不仅在最高的天道理解方面具有深刻的一致性,而且在为人处世的原则上也颇有相通与互补之处。天下有道则现,天行健自强不息为儒,学而优则仕为儒,达则兼济天下为儒;天下无道则隐,君子以厚德载物为道,避世以自全为道,穷则独善其身为道。但是我在祥龙先生的文章中看到了他对儒道思想的兼容。在祥龙先生的性格中既有想要遁迹山林的道家特征,但是更有对于儒家的极力颂扬与开掘,而且越往后越重视儒家思想,尤其是晚年倾力研究"家与孝"的问题,四卷本的皇皇巨著《儒家哲学史演讲录》更可以见出他对儒家的皈依与诚服。求学期间,在不同场合,听祥龙先生几次讲过他对于儒家思想的信服来自养育儿子的过程中。祥龙先生常说,他在教导和陪伴儿子成长的过程中体会到了儒家思想并非一种思想的光景,而是不断生成的生命经验。祥龙先生的思想是"自家体贴出来的",而不仅是一种外在的理智的证成。

祥龙先生有一次突然和我们提到他和北岛之间的友谊。北岛在《北京四中》一文中提道：

> 1967年开春，校内造反派组织联合成立了"新四中公社"。北京中学分成"四三派"和"四四派"，"新四中公社"属于温和的"四三派"。发表在《四三战报》上的《论新思潮——四三派宣言》，提出"实行财产和权力的再分配""打碎特权阶层"。作者张祥龙后来成了我的好朋友，他哥哥张祥平是"新四中公社"的笔杆子。

除了跟随贺麟先生读书，我很少听到祥龙先生和我们谈论他在"文革"中其他经历的细节，但是，我却听到过他讲如何在寒冷的冬夜帮助北岛在北大三角地张贴《今天》的故事。《今天》创刊号是油印刊物，它的影响基本上是靠张贴在各种具有广场效应的地方和大学里。据北岛回忆："（1978年）12月23日我们先在市内转了一圈，在民主墙、中南海、天安门广场、文化部、人民文学出版社、《诗刊》《人民文学》等处张贴。第二天去的是大学区，包括北大、清华、人大、师大等。"我想，张先生提到的应该是这次吧。我之所以对这件事情记得特别清楚，除了惊讶于祥龙先生和北岛之间的关系外，更是因为我们那个时代由于邱庆枫事件而使得三角地最后一次成为策源地。我感觉我们在延续始于张先生那一代学生的北大牌激情。三角地从现实的北大校园的一方角落搬到了网上，从北大思想与舆论的地标变成了新东方等海报的专属地。

六

"给学生开小灶"是祥龙先生指导研究生的一种特殊方式。所谓的"开小灶"，是指张先生和自己指导的研究生一起组织一个范围极窄、人数有限的读书会。当然，读书会中偶尔也有编外人员，陈志远兄就是我在这个读书上认识的，当时他的外语水平和对胡塞尔的掌握程度给我留下了极深的印象。读书会的形式很简单，只需要一个独立的空间，几张桌椅，几个人，大家围成一个圆形，共读一本书。我在北大读书期间，正是读书会兴起的时期，无论是在老师中间还是在学生中间都盛行读书会,李猛组织的"福柯小组"应该是其中最著名的吧。但是,据我所知,老师领着自己的研究生定期举办读书会的并不多。据厉才茂兄告诉我,张先生的读书会也可以称得上是一个传统,他读硕士时,有几乎两年左右的时间,读书会成员只有张先生和他两个人。

　　现在回想起来,我前后参加过两次张先生组织的读书会。张先生的读书会实际上采取了两种形式,这两种形式正好对应于德国大学中的两类课程,一是讲座,二是讨论班。前一种形式以先生讲授为主,他是主要发言者,其余的参与者主要扮演补充和提问的角色,后一种形式以所有参与者的讨论为主,先生最多是引导讨论或做适当的点评,而从不把自己的思考当做不可置疑的东西强加给我们学生。

　　张先生给我们的全是外文材料,我们想找中文译著作参考都找不到,基本上是大家轮流读一段,翻译一段,讨论一段。我参加第一次读书会时读的是胡塞尔的《逻辑研究》,主要是第二卷的前两个研究。那个时候《逻辑研究》第二卷还没有译本。我现在都还记得读书会进行过程中第二卷出版了,我买到新书时候的那种兴奋的感觉!在读硕士期间,也许是因为我读的专业是马克思主义哲学,没有人告诉我们必须读外文原著,也没有人跟我说过用外文读原著的重要性,必须形成读外文书的习惯,虽然我已经很熟悉我们系某位老先生曾经因为李泽厚只是据英文本而写出了《批判哲学的批判》而颇有微词的今典,虽然我在读硕期间选修了英文哲学原著选读课程并得到老师的积极评价,虽然我也有过翻译一本英文书的部分章节的经验,虽然我也曾经硬着头皮对照着中译本阅读过一两本外文书。那个时候的我还不能理解哲学和语言的关系是多么紧密,还没有要求自己经常用外文读一本对我来说全新的书。我那个时候的德文水平还不足以阅读胡塞尔,于是,张先生要我们每个人都复印了一本厚厚的英译本。顺便提一句,我是到北大之后才开始经常复印外文书的,那个时候北大的研究生谁没有一堆复印的外文书呢,没有一堆复印的外文书怎么能够称得上北大的研究生呢!值得一提而且令我惊奇的是,张先生和我们一样用的也是复印的书。

　　张先生和我们一起读的书在某种意义上说是他自己正在读的书,更确切地说,是张先生认为对他极具启发性的著作。张先生是国内少有的以研究海德格尔知名但却对胡塞尔一直特别看重的学者,但是张先生之看重胡塞尔又不是因为他想成为胡塞尔的专家,而是因为他自己真正体会到了胡塞尔思想中的原创性和启发性,想和海德格尔等哲学家一样从胡塞尔那里获得启发。我在读书会中感觉到,张先生一方面把他自己看作和我们一样的求知者,并不认为他的看法比我们更高明,另一方面,张先生又总是很愿意和我们分享他自己对所读内容的独到理解。第二次读书会上阅读的文本是雅各布森关于语言的区别性特征的一篇文章。坦白地说,我最初阅读这篇文章时既不知所云,又莫名其妙,不能理解张先生为什么会选择这个文本。多年以后,我读到先生所著《孔子的现象学阐释九讲》中借助于区别性特征讨论亲子关系"这样一个最原发的人类的意义机制"时,才若有所悟。

七

我在张先生门下读书几年,张先生很少要我帮他做什么,在我略有些模糊的记忆中,除了有一两次帮他到商务印书馆送过文章,领过稿费,还说得上为张先生做过的事就只有在张先生美国的硕士导师与博士导师及夫人来中国的时候,我分别陪同他们在北京城里游逛过一整天了。虽然张先生因为有别的工作安排而让我们陪同远客,似乎是浪费了我们的时间,但是稍一思索就会想到,这何尝不是张先生给我们一个训练口语以及锻炼与外国人打交道的机会呢!

我常常开玩笑说,我都不知道我自己的英语是怎么学的,居然学到了可以读书和翻译专业论著的程度。我读初中几年,我记忆中有五位老师教过我们的英语,而每位老师的发音都"各具特色",更重要的是,这些老师自身的外语水平都不高。虽然我参加各类英语考试总是能拿高分,但是上大学之前没有在日常生活中说过或听过一个英语句子。大一时我们的听力教材用的是《新概念英语》第一册,而我居然常常听不懂。好像是直到在北大攻读博士,我才和外国人面对面交流过,那个外国人是我们的外教。非常感谢那对外教夫妇,哈里先生和哈里太太,在我用结结巴巴的英语回答完问题时,总是很热情地表扬我,说我词汇丰富,发音纯正,其实,我心里明白,那不过是老外对我的"礼貌性鼓励"。所以,当张先生第一次跟我说,要我陪同他美国的硕士导师逛北京城时,我极为忐忑,我不知道我是否能顺利完成任务,但于情于理,我又无法拒绝,只能硬着头皮上。

张先生的硕士生导师是一位印度裔学者。我对他印象最深的地方是他的发音极不纯正,或者说,他说的是一口典型的印度英语,把 tree 读成[te'ri],把 bedroom 读成[bed'ru:m]。我带他去了故宫和天坛,晚上安排的是去湖北会馆看戏。但是,在傍晚四五点的时候,他要我陪他去药店买药。结果,我们还闹了一场笑话。到了药店,他告诉我他要买 laxative,那时的我一下子就懵了,根本不知道这是什么东西,药店的工作人员也不知道是什么,后来还来了一位据说比较专业的工作人员,在太老师把单词写在纸上之后,他也不知道到底是什么。最后,我只好打电话向张先生求助。张先生接到电话,听完我拼写的单词之后,笑了笑说:"Laxative 是泻药,通便药。我们不是经常用 relax(使轻松)这个词嘛,它有一个义项是通便。"这才把问题解决了。

张先生的博士生导师是和他太太一起来的,而他太太除了对故宫感兴趣之外,说必须去看的是毛主席纪念堂。说起来也很有意思,似乎他们二位都是阿根廷裔,太师母对格瓦拉尤其推崇。那个时候的我已经对去毛主席纪念堂没有什么兴趣了,对于一个老外的类似兴趣也有些不太理解,但还是很愉快地陪着他们。有了上次陪同的经验,又因为太师母是一个健谈的人,我们那一天谈了很多。这好像是我迄今为止唯一一次用英语和一个外国人促膝长谈的经历。

张先生很贴心,在我去陪同的前一天会很耐心地告诉我们他的导师的相关情况,性格特征,交代我注意一些事项,并会给我们一笔钱,足够用来打车,买各景点门票和吃饭。事后,祥龙先生还会请我们所有参加陪同活动的学生一起吃饭,以表示对我们的感谢。

八

在张先生病重垂危之时,我经常和同门一起回忆与张先生相处的时光,提取张先生各种美好的品质,除了张先生在学术中所取得的成就以及教学工作中的鞠躬尽瘁,大家不约而同地提到张先生对待学生的真诚与关心,有几位同门列举了张先生在遇到学生发生困难时对学生慷慨解囊。对于张先生的这种品质,我想,我是最有体会的,最有资格谈起的,因为我就是张先生这种品质的一个受惠者。

有一天,我在宿舍接到了我父亲在乡中学校长家给我打来的电话。我父亲在电话里几乎是拖着哭腔跟我说,在福建打工的二哥因为骑摩托车撞死了一位当地的老人,现在被羁押在当地的派出所。经过协商,对方愿意在二哥出两万多块赔偿金的前提下和二哥达成谅解。当时,二哥打工所挣的钱和父亲从各处借来的钱加起来还缺 8000 元左右,父亲觉得他已经无能为力了,只好打电话问我能否借到这笔钱。如果不能凑齐这笔赔偿金的话,二哥就会被判刑坐几年牢。我隐约听到母亲也在电话旁,在和电话机的主人说话,叙说事情的原委,同样是拖着哭腔。我一口承应了借钱的任务。

对那个年代的我来说,这是一笔很大的数目,而我的朋友基本上要么还是学生,要么刚刚走上工作岗位,很少有人有这么大一笔数目的钱。我借了一圈,最终借到了 3500 百元,这都是平日关系特别好的学弟学妹惠借的。走投无路之际,我想到了张先生,于是给他拨了一个电话说了事情的经过,并表达了向他借钱的意思。张先生二话不说,和我约了一个时间,让我去他家一趟。到了张先生家,他给了我一个信封,说里面是 3000 块钱,让我尽快寄回家解家中燃眉之急。

我把借来的钱寄回家,过了一段时间,二哥就释放回家了。但是,因为各种原因,我一直没有还张先生的钱,而张先生也从来没有提起过这件事情。

九

我经常说,张先生和梁漱溟先生一样,是"问题中人",而非单纯的"学问中人"。作为一个"学问中人",一个具有原创性的哲学家,张先生的成就到现在为止也只为学院中人所理解,而且恐怕目前还得不到普遍的承认。这无关乎张先生思想的原创性和深刻性的问题,而只关乎绝大多数国内学者还迷信西方思想的效力和对于中国思想缺乏必要的体认。作为一个"问题中人",一个关怀现实的思想家,张先生更难得到"同情的理解",他的设立儒家保护区的倡议甚至没有得到严肃的对待,他在北大校园内设立孔子塑像的倡议所得到的反响也别无二致。张先生写过一篇表彰辜鸿铭的文章《奇哉!

辜鸿铭——读〈中国人的精神〉有感》，这很容易让人得出一个错误的印象，似乎张先生无论在什么地方都引辜鸿铭为同调，而实际上张先生真正欣赏辜鸿铭的地方只是他的作品所能够达到的"总体效果是：向西方人显明中国古文化的深邃蓬勃，让他们直接'嗅到'这文明浸透到人性深处的馥郁芬芳，令其反省，甚至令其自惭形秽"。

　　坦白地说，我自己就曾经是那些不能理解张先生苦心孤诣者中的一员，虽然我能够理解张先生作为"学院中人"的学术论文对于经典所做的解读，但是我一度不能理解张先生作为"问题中人"提出的某些倡议，比如设立文化保护区。在张先生发表《给中国古代濒危文化一个避难所：成立儒家文化保护区的建议》一文之时，我更多只是看到了那些建议的具体内容，而没有从更深的角度去理解文章背后的思考与关怀。于是，我做了一个很糟糕的举动，写了一篇题为"儒家文化保护区作为现代乌托邦"的文章与张先生进行商榷。

　　我并不适合写这篇文章。我是张先生的在读弟子，无论从什么角度上说，我都不应该写一篇文章去批评我自己的导师。即使我能够用"吾爱吾师，吾更爱真理"为自己辩护，我也不该写这篇文章，因为刚才已经简述过的理由，我并没有深刻体会这篇文章的用意及其可行性，而只是从非常外在的方面读解它，所以，我的文章有点无的放矢的味道，它不过是除了匆匆表一个态度之外，压根儿就没有认准目标的批评。在这个意义上，我的批评同那种出于戏谑的说法——"我也赞同设立文化保护区，因为在那里我就可以娶三妻四妾了"——有什么本质的区别呢？从学理上说，我在文章中揭示的张先生倡议的两个预设严格地说完全不存在：一、"儒家精神、儒家文明的核心与作为制度建设的社会政治结构完全不可分割"；二、"儒家哲学是一种弱者的哲学"。

　　文章发表之后，张先生从未因此而批评过我，但这却让我有种隐隐的不安。在那之后，我也持续关注张先生在这一问题的思考和学界对它的反应。如今，我更认同唐文明兄的一个相关阐释："乍看之下，重建儒教的中行路线自然比建立儒家文化保护区更为可行，然而，就这二者在张祥龙思想中的意义而言，后者其实更为重要。在此我想强调的是这一主张的警示作用。实际上，毋宁说，这里的主张越不可行，其警示作用就越大；而只有从这个具有高度警示性的主张中,我们才能真正领会到张祥龙的思想境地。换言之,建立儒家文化保护区更多是一个警示性的路标,它避开大多数被人们认为可行的路线,其实是要警示人们,选择那些表面上看起来的平坦大道不过是死路一条。想一想,如果重建儒教——无论是上行、下行还是中行路线——是可能的,而建立儒家文化保护区是不可能的,那会是一个怎样的状况与结果?"

十

我考入北大哲学系的时候,我的指导老师是张世英先生,一年后,因为张世英先生退休,张先生于是把我转给刚刚取得博士生指导教师资格的张祥龙先生。事实上,在我刚进北大的时候,张世英先生就在我面前多次盛赞祥龙先生,并说祥龙先生会在一定程度上协助他指导我。但是,因为我的顽劣,我终于没有在北大毕业。作为张世英先生招收的最后一届博士生,我没有把门关上;而作为张祥龙先生的第一届博士,我也没有把门打开。论语中有一则云:"叔孙武叔语大夫于朝曰:'子贡贤于仲尼。'子服景伯以告子贡。子贡曰:'譬之宫墙,赐之墙也及肩,窥见家室之好。夫子之墙数仞,不得其门而入,不见宗庙之美,百官之富。得其门者或寡矣。夫子之云,不亦宜乎!'"我自不敢自比于子贡,但我之于祥龙先生的学问确实可以说是"不得其门而入,不见宗庙之美,百官之富"。这对于有幸忝列张门之下的我不得不说是一个巨大的不幸。

决定肄业离开北大之时,我去找张祥龙先生做了一次长谈,告诉他我的决定。张先生跟我说了一席话,我把我记得的大意抄录在下面:

> 原则上,我并不反对你这样离开北大。我觉得,对于一个学生来说,北大最大的好处有两点,一是书多,你想读什么书,基本上都可以找得到;另一点是自由,没有人会约束你。但是,它同时也是有问题的。书多,你就会陷入书海,以为做学问就是读书,而忘记了思考的重要性。泛观博览而不能心知其意,有所会意而不能笔之成文,这都不能做成真正的学问。自由在某种意义上就是散漫。获得自由的人应该懂得约束自己。不约束自己而滥用自由,一定会一事无成。

　　数年以后,在我经过多年辗转终于获得博士学位并去一所大学任教之时,我给张先生打了个电话汇报了我当时的状况。祥龙先生丝毫没有嫌弃我的意思,而是同样在电话里对我谆谆教诲了一番:

　　　　首先,我要祝贺你毕业,获得学位,找到工作。在这个时间点儿,我想跟你说两个意思。一是要珍惜你的工作。现在的就业形势有目共睹,很不好,而你有个工作岗位实属幸运,不要对它挑三拣四,而要爱岗敬业。其次,你是大学老师,一定要记得,在课堂上一定要教给学生基本的知识,而不要天马行空,只讲自己的思考。作为一个老师,你要扎扎实实地备好每堂课,每堂课上都要呈现出确定的东西。

　　张先生所言也许都是"卑之无甚高论",但是,对我几乎都有很强的针对性。我刚从祥龙先生问学时,祥龙先生恰好是我现在的年纪;而我到了这个年纪时,祥龙先生却遽尔驾鹤西归了。在知天命之年回忆起先生的告诫,回想起自己多年来的言行和处境,除了感慨先生知我之深,就只有无限的愧怍了。但愿像祥龙先生最后一次召集我们弟子见面时说的,我们会在另一个世界再见面,我希望那时我可以对他说,虽然我到很晚才听懂了先生的教导,但是我做到了"闻斯行也"。

2022 年 11 月 15 日 改毕

如 岗 如 川

——亲炙恩师张祥龙先生的感念

李　旭[①]

恩师张祥龙先生仙逝已近 50 天,这些天里,不时地回忆亲炙恩师的点点滴滴,听老师讲课、讲座的音像,一边也看老师故旧门生的回忆文字,一个个片段汇聚起来,越发生出"仰之弥高、钻之弥坚"的感慨,自己原先与老师的有限接触所感知到的,只是大河的一曲、山脉的一面而已,也越发痛惜老师在世时没能珍惜亲炙受教的宝贵机会,而今阴阳两隔,不再能亲受江汉一般的洗濯、秋阳一般的炙烤了。恩师虽然以哲学教授的身份行于世,但留给我们的远不只是概念思辨、逻辑论证的专家著述,而是让自己穷究、体证的哲理获得了饱满的生命、身体与形象。如果用恩师所重视的"象"来形容的话,大概可以说恩师的为学为人既像一眼清泉、一道川流,又像一道绵亘的山脉,既有智者的灵动活泼,也有仁者的温厚庄严。就不才的亲炙感知而言,老师早年的为学为人更多显出"乐水"的道家的一面,越到晚年越显出更多"乐山"的仁者风范。老师热爱大自然,热爱山川本色,暇日喜欢带家人、学生登临旷望,曾卜居于北京延庆海坨山之麓,自号"海坨山人"。在人生理想方面,老师也特别心仪"性本爱丘山"的陶渊明,心仪陶渊明的"桃源气象",在西方哲人中,则倾慕《瓦尔登湖》的作者梭罗,在其《中西印哲学导论》这一巨著中,还别出心裁地以梭罗这一"自然的情圣"煞尾。老师活泼而庄严的学思道路中实有华夏古老山川的滋养,与山川有缘,得山川灵秀之源。

---

① 作者简介:李旭,张祥龙老师 1998 级硕士研究生,现为浙江省社会科学院政治学所副研究员。

一、保持源头的沛然与清澈①

我最初听老师的课是在 1998 年的冬季学期,硕士刚入北大就有幸听到了张老师的课,课名应该是"中西哲学比较",记得讲到了毕达哥拉斯数本原思想与周易象数思想的比较,课堂上还拿了火柴棍演示算卦。上课在北大静园三院。老师的课很吸引人,除了内容外,还有老师投入讲课的声容情态(海德格尔《存在与时间》中讲的"现身情态")。老师对讲述内容的理解饱含感情,但这种汹涌激情又是清澈的,没有半点混浊,一如老师清亮而富于磁性的音色。

后来选了张老师做硕士导师,与同门宫睿一起给张老师做助教,在北大昌平园听老师给大一学生讲西方哲学史(就是在那门课上最早认识师弟李峻),再一次感受到老师讲课的声情并茂。记得老师讲古希腊自然哲学家一波接过一波的本原学说时打了个比方,说就像春天一拨换过一拨的繁花盛开。讲到赫拉克利特的"自然喜欢躲藏起来"时,老师猛地做了一个转身背对学生的动作。但老师的声情并茂又很自然,没有一点取悦学生的意思。这是老师的思想激情不容已的发动,沛然如泉,澄澈如泉。

毕业后听老师讲课和讲座的机会少了,但每次拜访老师,或者师门聚会时,与老师叙谈,仍能感觉到当年听课时老师哲思之泉的涌动。老师平常话不多,更多是在默默地听我们说,有正襟危坐之感。而一旦说到老师心动的话题,顿时就会有思想之流汩汩滔滔,清澈而热烈,回味之间,犹如在长白山泡天然温泉。

记得有一次春节,与在深圳听过我西方哲学史课的赵达到老师延庆的家中拜访,聊到附近山里的溪流,老师的热情顿时高涨,描绘起雨季时溪流的姿态,河边的各种植物,老师还会带着植物图谱去认。除了对家、对亲人的深情,对思想学问的激情,最激发老师热情的大概就是大自然,就是山野。可惜我读硕士的时候同门还不多,没有机会和老师一起爬北京附近的山。

---

① 2022 年 5 月 31 日所写,当时老师病情已在垂危之际,不再能与诸弟子单独直接交流,老师大弟子黄启祥兄建议诸位同门各自回忆受学于老师的经历,由老师的家人念给老师听,没想到数日之后老师就溘然仙逝了。

老师对纯思想的追求充满激情,待人接物看似平淡,但不经意间却会实实在在地给学生以关爱。我来浙江省社科院工作之后,孤陋寡闻,长时期与哲学界,包括现象学界很少往来,很少参加现象学的会议,是后来张老师转发了现象学年会的通知,建议我参加,我与现象学界同仁的交往才相对多起来。

近几年来,我蒙师教之恩最深的是去年夏天老师为拙著《心之德业》作序。老师通读了拙著全稿并做了详细的批注,既有嘉许,也有恳切的批评。老师在序中特别批评了我对耿宁先生良知三义说的盲从,反对将知善知恶的良知(耿宁称之为"对本己意向中的伦理价值的直接意识")看作孝弟恻隐之良知(耿宁称之为"向善的秉性")的更高阶段,认为后者只是随附前者,并警示后学,如果脱开了自发的向善情感,"良知本体"之类的思辨可能滑向"漂白、自欺和狂妄"。这个告诫对我有振聋发聩之效,值得终生铭记。老师还特别标举王阳明的"知行合一"之说,认为相对后来的"致良知"学说更是阳明学命脉所在。我表达了一些对老师的异议,与老师邮件往来探讨数通,老师不以为忤逆冒犯,耐心疏陈指教,挚诚不倦之心、宽厚平实之怀,令我赧然有愧。

"江汉以濯之,秋阳以曝之,皓皓乎不可尚矣。"老师对曾子赞孔子的这段话颇为倾心(《儒家哲学史讲演录》第二册第四讲"曾子之孝与《大学》古本蕴义"有精到阐述)。从游张老师二十几年来,我也越来越深地感觉到"江汉以濯之"的清澈与浩荡,那是永葆赤子之心的诚意涌动,是淡泊世俗名利的澄澈无邪,是回到本源、保持住本源的沛然介然。子在川上曰:"逝者如斯夫,不舍昼夜。"本源与本源之间的激荡交汇总是一再开启,并将发皇光大、涌流不尽。

二、泰山其颓仰弥高:恩师张祥龙先生与中华道术的旧邦新命[①]

"仰之弥高,钻之弥坚,瞻之在前,忽焉在后。"颜渊——孔子独许为好学的弟子——如是感叹夫子之道。不肖如某,何敢望颜子,但恩师驾鹤西去之

---

① 2022年6月25日上午在青浦古典学舍张祥龙老师纪念会上的发言分享,由同济大学哲学系毕业、现于中国社科院哲学所读博士的窦建英同学记录整理。

际,回想从游先生之路,披读先生之书,聆听先生讲课音像,最心有戚戚的还是颜子的弥高弥坚之叹,只是先生已永远只能瞻之在前,不会忽焉在后了。

不才于1998年秋季入北京大学哲学系,有幸在入学第一学期就听到了张老师的中西哲学比较课,被老师充满激情活力的授课吸引,第二学期选导师时选了张老师。之后还听了张老师的现象学导论课,以及西方哲学史课(因为做助教的缘故)。说来惭愧,除了感觉老师讲课的生动与投入之外,对老师思想的深度、力度感知并不深。那时老师已经出版的主要著作是《海德格尔思想与中国天道》,后来还有《海德格尔传》。当时也感觉到了老师思想的独到,但并未全然真切地领受,特别是对老师以"缘在"译海德格尔《存在与时间》的Dasein,以及与之相关的解读海德格尔的思路、风格,并未很好理解、认同。

硕士毕业后我来了杭州工作,与老师的联系少了。但每次去北京,基本上都会去看望老师。2007年年底,妻子与我在北京举办婚礼,请张老师参加。说实话,当时我邀请张老师的时候心里还有些忐忑,由于各种原因,我没有选择继续跟随张老师读博士,心里嘀咕张老师会不会不那么认我这个不肖弟子呢?没想到张老师慷慨地答应了,还在我们的婚礼上讲了话,引了《中庸》的"君子之道造端乎夫妇",勉励我们以夫妇家庭之道为起点体悟天地造化的终极哲理。

还有一件事回忆起来让我特别感喟于老师的宽厚。1999年春天我选择了张老师做硕士导师后,老师曾表示过希望我学梵语,如果将来从事中西哲学比较研究,这是有必要的。张老师自己在美国读博士时对印度思想有深入了解,但没有系统学过梵文,颇以为憾。但是我没能听从张老师的建议,主要是因为想先深入一点研究德国哲学和古希腊哲学,所以先选修了德语和古希腊语(靳希平老师给我们开的)。张老师并没有计较我的自作主张,2000年初夏还特意托美国友人送了我一本Liddell and Scott版的《希腊语英语词典》(罗念生、水建馥编的《古希腊语汉语词典》2004年才出第1版)。

21世纪初的几年,张老师逐渐进入了学术的高产期,除了关于现象学、西方哲学的讲课稿之外,出版了好几部关于中国古代哲理,特别是儒家哲理的书:《从现象学到孔夫子》《思想避难:全球化中的中国古代哲理》《复见天地心:儒家再临的意蕴与道路》《〈尚书尧典〉解说:以时、孝为源的正治》《家与孝:从中西间视野看》,等等。张老师把自己最关切的中华古哲理展现在了这些著作中。也是在这个时期,张老师提出了要建立儒家文化保护区的想法,可见张老师以复兴中华古道为己任的使命感与忧患意识。

2019 年,商务出版张老师四卷本的《儒家哲学史讲演录》,从孔子、子思、孟子、荀子一直讲到王阳明与罗近溪,对两千年的儒学史中重大关节、重要人物都有自己独到的阐发。读了这套讲演录,深感老师学问的扎实、精到,自己太疏忽懒惰了,已远跟不上老师的步伐。

张老师最后一本生前公开出版的著作是《中西印哲学导论》,这本书是由给哲学系大一学生开的哲学导论课(最初是在北大,后来在山东大学也开过)讲稿所编成,从中可见当年我读硕士时听的那门"中西哲学比较"课的影子,但是思想的独到、系统、深入已远非当年可比。这本《中西印哲学导论》与四卷本的《儒家哲学史讲演录》,一纵一横,展开了张老师统绪分明又恢弘开阔的哲思世界。在我们面前有待打开的这个哲思世界不只是一座高峰,而是一道绵亘深远、纵横交错的山脉。

张老师有很强的儒家文化认同。柯小刚兄也讲过,他的认同很深厚,同时视野也很开阔。这种开阔既表现在他对中西印经典的持续研读,也体现在他对中外文学,乃至各种前沿的实证科学的广泛兴趣。《儒家哲学史讲演录》体现了他对儒家的深刻认同,《中西印哲学导论》则反映了他广博的学问视野。张老师对中国哲学(中国的哲学,不只是作为研究对象的中国哲学)的贡献是多方面的,其深邃意义会逐渐显现出来,就我个人有限理解,主要有这么几点:

其一,重新阐发了儒道哲理深邃、原本的活力,将中华古道术[①]从对象化、意识形态化的概念切割中挽救出来了。张老师对儒家亲亲、孝意识的阐释,对《周易》阴阳时机哲理的阐发,对孔子和儒道思想中技艺维度的解读,无不别开生面,正如笑思先生的挽联中所言"活泼了千年古经"。这种为六经开生面的思想活力来自多个方面,张老师既有广阔的学问视野,同时学问又不离自己身心经验,而且张老师还有很强的方法论自觉,对现象学的方法

---

① 张老师在《中西印哲学导论》讲,中国古代有道术一词,可以与 philosophy 相应。张老师不太喜欢用"中国哲学"这个词,更愿意用"中华古学""中国古代哲理"这样的称呼。

思路有自己独到的体贴。

其二,与第一点相关,中国古代哲理,特别是儒家思想,在张老师这里重新获得了可观可感可敬可亲的气象,而不只是一些文字义理。这种儒者气象奔涌绽放于张老师的一言一行——专注投入的课堂教学与讲座、文章著述中的睿智与激情、待人接物中的真挚庄重而宽厚洒脱,等等。老师的著述文章,不仅有学理,还有激情,他的著述和讲课一样,不只是概念和思辨的东西,还有饱满的气象。这种矜庄中有率真热烈的儒者气象,可见张老师养心持身的工夫。这个工夫用一个字来说,就是"诚",用两个字展开是"诚敬",用四个字讲是"诚敬活泼"。小刚兄以"至情至性"概括张老师 2021 年 11 月青浦座谈的主题,"至情至性"就是"诚"。去年拙著出版请张老师作序,张老师非常认真地把我的书通看了一遍,提了很多中肯的批注意见。从这次各界人士怀念张老师的文字中看到,张老师一贯秉持这种坦诚认真的态度,不只是对自己名下带过的学生。

其三,张老师为中国(的)哲学、儒学研究带来了宽广、深邃的视野,和求真务实的新锐意识。这不仅表现在张老师贯通中西印的比较哲学视野,也表现在张老师对各门前沿的实证科学的关注,如通过进化人类学的新研究论证家与孝对人性生成的意义,张老师还关注过意大利心理学家鲁格・肇嘉的《父性》一书,在同济大学学报上发表过《父亲的地位,从儒学和人类学的视野看》一文。张老师关注的实证科学中,不只有人文社会科学,还有具有哲理意味的自然科学,例如他以量子力学中量子运动非定域性来旁证终极实在的非现成性等等。此外,张老师还对人工智能、同性婚姻等热点现象和问题,发表了有哲理深度的议论。这些都表现了张老师哲思的新锐性、边缘性一面。(颇为奇妙的是,张老师很晚才用手机,只有家人的微信,似乎与世隔绝,但隔绝的只是无谓的纷纷众议和无聊应酬,却没有与时代大势的真切消息隔绝。)张老师对儒家美好传统的保守并非迂腐顽固的"原教旨主义",而是基于求真论理精神的合理坚持。张老师在临终前对门下弟子们的遗言中讲到,期待我们能追求真理,而不只是世俗利益。这个"真理",我觉得,不只是现象学的心性之真,也包括实证科学维度的真。总之,是终极实在有所隐藏又永远在被重新揭示的真实。在张老师这里,对神秘体验与实证新知的兴趣不可思议地浑融为一。这种"如葆赤子""守死善道"又永在日新探究(绽出生存)的精神活力,是中华道术重获生机与尊严的命脉所在。"他的时间结束了,他的时间正在开始。"(柯小刚语)开始于我们沿着先生的道路继续求索攀登的仰望与行走中。

张老师从北大退休以后,一直在勤奋地从事讲学、著述,去年还应邀在复旦、华东师大、清华等多所高校做了多场系列讲座。以张老师本来的身体素质和学问生命力而言,他是过早地离开了我们。张老师身后留下了大量的著述,还有未刊的讲座稿、邮件往来、日记等,这些都是留给我们的宝贵精神财富。哲人其萎,泰山其颓! 但是,恩师在思想道路上求索攀登的身姿永远在前方引领我们,恩师清澈奔涌的哲言永远在心底净化并激励我们。95 级的胡笑容师兄在《吾爱吾师》的诗里写道:"怎么别过巍峨的山/怎么别过浩荡的河/怎么别过湖边的柳/怎么别过塔尖的月。"我想,恩师虽然别我们而遽归道山了,但是恩师人格的宽厚庄严、学思的清澈浩荡将永垂人间,给贫乏时代的我们以感召、以润泽。我们将:

> 在每一座巍峨的高山前
> 重逢你的容颜
> 在每一条湍流的清溪畔
> 重逢你的话音
> 在每一朵无名的鲜花
> 每一队高翔的野鸟
> 每一处幸福的家园间
> 重逢你的欢欣……

夏历壬寅年六月二十七日
(西元 2022 年 7 月 25 日)
不肖弟子李旭 于杭州

怀念吾师，他引导我们寻求真理

朱　刚[①]

张师离开我们已经一个多月了。一个多月以来，一直想着写点什么，但又一直不知从何写起。不知从何写起，也许是因为在潜意识里从来就没有接受张师离开这个事实：从 2001 年以来，至今已逾 20 年，张师，还有他的思想以及追求，早已成为我生活与思想的一部分，在我思想与生活的深处存在着，作为我思想与生活的边缘境域构成着，甚至引导着我的思想与生活……

但张师毕竟还是离我们而去了，在对象化的意义上。因此毕竟还是要写点什么，以对象化的形式来回忆、怀念吾师。

然而，20 余年的师生缘在，要回忆的太多，要写的也太多，究竟该从何入手？既然这 20 余年的思想与生活，实离不开张师的缘构与引导，那就写写张师是如何从根本上缘构和引导了我的生活与思想吧。若用一句话来概括张师对我的这种缘构与引导的话，那就是：张师始终以其独有的追求姿态和理解方式，引导着我与他一起寻求真理。张师之成为现象学家，之成为儒家，根本上，都是为了寻求真理，或用中华古学的话说，寻求道。吾师，根本上是一位求真理者，求道者。而吾与吾师之"结缘"，亦在此：正是对真理的追求，最终把我引向吾师，虽然充满了貌似偶然的机缘巧合。

那就首先说说，对真理的追求，如何使我与张师结缘。

一

如果说我的人生，尤其是思想学术之路有所谓转折的话，那么，成为张

---

①　作者简介：朱刚，张祥龙老师 2001 级博士研究生，现为中山大学哲学系教授。

师弟子可视为我思想学术之路上的一个根本转折。又或者,如果把我迄今为止的思想学术之路分为助跑和起跳两个阶段,那么,成为张师弟子就是我思想学术之路上的一个关键起跳,而在此之前的读书与思考,都是为这一起跳做准备,做助跑。

要想理解成为张师弟子这一"机缘"何以构成我学术思想之路的转折或起跳,就不得不从之前的准备与助跑说起。我在成为张师弟子之前,深受启蒙思潮影响,热爱鲁迅(现在仍热爱鲁迅,只是不再那么不加反思地"凡是"鲁迅了),是一个坚定的或不如说盲目的反传统文化者。启蒙本来是要人敢于运用自己的理性,但那时的我却一方面坚信启蒙的正当性,但另一方面却盲目地接受某些启蒙主义者带给我的对于传统文化、传统思想的"先入之见"而不加反思,或不如说,根本就没想到或没有勇气去反思。这是一种真理在握式的自信,并伴随着毫不自知的傲慢与偏见。

但在遇到张师后,一切都发生了改变。首先遇到的还不是张师本人,而是他的《海德格尔思想与中国天道》。那是我在武汉大学哲学系攻读硕士研究生期间,应该是在 1998 年(因为我现在手中该书的最早版本是 1997 年 12 月第 2 次印刷的)。张师此书的出版在当时无疑是中国哲学界的一个"事件",但于我而言尤其如此,我现在还记得初读这本书时给我带来的惊喜与震撼。惊喜来自它以"缘在"和"缘构发生"为线索对海德格尔哲学的重新解读让我发现了一个全新的、更加激动人心的海德格尔。震撼则来自它对中国哲学尤其是中国天道观的解读完全超出我的想象,乃至彻底颠覆了我对中国传统思想的刻板印象:原来"天"可以不必先理解为"自然之天"或"义理之天",而是首先理解为"终极的构成境域";原来"道"也可以不按西方形而上学化了的"形而上者"来理解,而是理解为"终极处境中的构成之道";甚至"终极"本身也必须理解为"构成境域",而非各式现成的"实体"。在张师此书的解读中,中国传统哲学对"终极"理解得是如此的彻底,如此的非现成,对各式对象化、现成化的思想及其后果是如此警惕并自觉地加以防范,这让当时的我极为震撼,并开始反思自己以前对于中国传统思想的态度:也许中国传统文化未开出我们今天奉为圭臬并苦苦追求的一些东西,并非其不能,而是出于其更深层、更长远的考虑而有意加以避免的结果?

可以想见,当初我对中国传统文化偏见有多深,那时我受到的震撼就有多强烈。于是，与张师这本书的"相遇"就构成了我学术思想之路上的一个发生性事件，一个不仅改变我学术方向，而且在深层扭转我思想认同的一个构成性的"机缘"。

但在那时，我与张师本人尚无缘共在。真正与张师本人结缘，是三年后的考博。考博是在 2001 年。本来我在武大三年更多是受邓晓芒先生的影响，如果硕士毕业时即考博，肯定就考邓先生的了——虽然那一年由于读到了张师的《海德格尔思想与中国天道》而备受震撼，但在当时邓先生对我的影响仍是直接且巨大的，因此当时考博的首选还是邓先生。但张师特别强调的"时机性"在那时显露出它对我后来生活和思想的构成性作用：我自入读硕士开始即已罹患甲亢，1998 年硕士毕业前尚未痊愈，身体状况不允许我同时承受硕士论文写作与博士备考两项高强度任务，同时经济的压力也需要我先工作以便解决生活上的后顾之忧。所以硕士毕业时我没有直接考博，而是到湖北沙洋师范学校暂时栖身，并下定决心三年后再回来考邓晓芒先生的博士。

但起决定性作用的远非或至少不仅是对象化层次的决定，而是或更是在边缘境域处起构成作用的时间性本身。准备考博的三年中我对张师的思想了解得更多更深了。因此不知不觉间，时间已在暗中为我转而报考张师的博士做好了准备，只等着一个机缘让这一转折实现。机缘就在 2000 年准备报考博士的时候到来了。应该是那一年秋季博士报名之前，我到邓晓芒先生家拜访他，同时表达要考他博士的意向。他当时为难地说，他自己有一个很优秀的硕士生（即现在武汉大学哲学学院的苏德超教授）也要在那一年考他的博士，同时还有另外一个已经跟他约了几年要考他博士的学生也是准备在同一年报考。他说我们几个都很优秀，但他只有一个名额，只能谁考得最好就录取谁了。他建议我做两手准备，同时也报考其他学校的老师。我当时一下子就想到了张师祥龙先生，于是就毫不犹豫地跟邓先生说了我的想法，并恳请邓先生帮忙写推荐信。我现在还记得，当时邓先生稍微犹豫了一下，甚至表现出些许的困惑——后来我才明白，在当代中国哲学界，邓先生的思想与张师的思想正处于直接对立的两极，所以当他得知我另外要考的竟然是张师时，一时的困惑与迟疑是完全可以理解的。邓先生当时甚至向我建议了另外的老师，我记得是一位美学老师。但此前时间性暗中准备的一切那时终于从我的意识深处突破出来,开始发挥决定性的作用:我坚定地跟邓老师说,除去他之外,我另外要报考的首选张祥龙先生。邓老师雅人雅量,尊重我的想法,还是为我写了推荐信。

就这样,虽然我一开始从没想过报考张师的博士,但我对真理的追求与冥冥中的机缘仍把我引向了张师,而且是与我一开始信奉的那种彻底的反传统思想截然对立的张师。

但从报考到真正成为张师弟子,中间仍然小有波折,再次让我感受到机缘的不可预测的构成作用。事情是这样的:初试专业成绩出来之后,我打电话——我现在还记得是在武汉的一个路边的电话亭打的——给张师,问我能否录取。张师说我在报考他的考生中专业成绩排名第二,但他只能录取一个,也就是排名第一的,所以张师问我愿不愿意调剂到靳希平老师门下。我还记得他特地安慰我说:虽然调剂到靳老师那边,但他们都是一起培养学生的,其实差别不大。我当然知道张师是在宽慰我,但我当时为了确保考取,而且知道靳老师同样研究现象学尤其是海德格尔,于是我就答应了调剂。就在我以为错失了机缘、无法成为张师弟子后不久,没想到又柳暗花明,事情重现转机:因为我是用德语考的,德语试卷相对来说要简单,所以我的外语成绩相比用英语考的考生来说可能要高出不少,于是在外语成绩出来后,我的总成绩一下子又排到了第一。这时候我又赶紧给张师打电话,我清晰地记得张师当时在电话中问了我一个问题:"你真实的意愿是想跟谁读博?"我一听就知道事情或有转机,但我也不知道答应了调剂后再提出调回原来报考的导师是否合适,于是我就只是说:"我真实的意愿其实就在报名的意向里。"张师当时也没有多说什么,只是说:"好的,我知道了。"我想这就是我和张师的师徒缘分吧:我虽然当时并没有明确提出想调回张师门下,但内心仍不免暗暗怀着期待,而我从张师的这简短答复中也仿佛看到了一扇本已向我关上的门又向我重新缓缓打开……果然,我最终还是如愿以偿成为了张师的弟子。

二

从此,我便在张师身边亲炙教诲,开始了与张师真正共在的日子。如果说,是张师的《海德格尔思想与中国天道》第一次让我放下对整个中国古典思想与哲学的偏见，那么正是这种与张师的朝夕相处和亲承教化，尤其是张师身上当场直接呈现出来的儒者气象、仁者之风与赤子之心，让身为弟子的我第一次真真切切地感受到儒家思想、儒者人格原来可以是如此的动人与美好，从而促使我开始认真反思我对儒家的各种先见乃至偏见，开始对我自己的思想与执态实行现象学的悬置。我开始慢慢学会不带偏见地去朝向儒家思想和儒家文化的事情本身，并最终从"朝向"走向"认同"。说实话，作为深受 80 年代反传统精神影响的学人，不带先见地对待儒家要比不带先见地对待道家或其他中华古学要困难得多，遑论认同了。我之所以能从 80 年代的反传统氛围中走出来乃至认同儒家，与成为张师弟子这一"因缘大事"密不可分：正是这一"因缘大事"及其伴随着的发生性的"人生境域"和"实际生活经验"，重新"缘构"了我的心性与思想，使我从早先的思想桎梏中解放出来。

当然，除去与张师的相与共在这种实际生活经验，在北大期间我读到的张师另一本书《从现象学到孔夫子》也对我触动极深，尤其是这本书的《序——中华古学的当代生命》。如果说，《海德格尔思想与中国天道》一书让我对中华古学尤其是中国天道有了全新的认识，但这些全新的认识还只是动摇乃至震撼了旧有的先见，还并没有促使我对这些先见本身的成因进行分析和诊断，那么，《从现象学到孔夫子》尤其是其"序"，则好像是专门针对我以前对传统文化的所有先见进行逐条诊断并对症治疗，直至把我以前的所有先入之见全都格式塔化或连根拔除。关于此"序"所具有的这种动人心魄、移人性情的作用，有一插曲可为佐证：张师于 2004 年 4 月 20 日（张师时在德国）给我的一封邮件中谈及此书时说："《从现象学到孔夫子》出版后，曾有一段时间是'风入松'等书店的畅销书之一，这出乎我的意料。德嘉讲是因为'序'的关系。也可能吧。"从这份邮件可知，这篇"序"很可能连一向在传统文化上与张师唱"对台戏"的师母都打动了，以至于她会认为这本书之所以畅销"是因为'序'的关系"。

张师的这篇序对当时之我的"缘构"和"引导"作用如此重要，我这里不得不简要回顾。

比如，序中有言："有人讲，你说的古文化衰退的现象在西方也一样有，这是一个现代与传统，而不是中国与西方之间的气数消长的问题。现代的技术—商业文化对一切传统和高雅的文化都是不利的。"①显然,我曾经就属于张师这里说的"有人"之列,并曾激烈地以"有人讲"的这种理由批判传统文化。然而张师接下来的一段话却对我曾经持有的"论点"给出了有力的反驳,并深深地击中了我。他写道:"我不认为这种论点切中了这里谈的问题,因为中西传统文化的现代命运确实不可同日而语。在那里基本上是个文化的世代演替的问题,而这里却是个断子绝孙、无以为继的问题。那里有重大意义的文化活种都被最仔细小心地保存着,养育着,甚至在某些方面还能自然生长着。尽管'现代的'美国总统可以拿丑闻当内衣换着穿,却依然是在按着《新旧约全书》宣誓就职。而且,谁能否认古希腊、基督教文化在现代西方生活、学术乃至科学中的延续?谁能否认'文艺复兴'的当代活力?非西方的古老民族中,似乎只有中国的现代人如此六亲不认,自嫌'丑陋'。"②由此可见,认为唯有彻底数典忘祖、抛弃传统文化,才能走向现代——这不仅不是普遍规律,反而唯有我们才如此。所以我们不能以此为我们对自己传统文化的"六亲不认"背书。

又如,有人认为"中国人逆祖师夷事出有因,是由于这里几千年来比别的民族都更成功地保存了古制,以致到现代竟如'大山'一样,不搬掉不炸掉就不足以让这个民族存活"——这是从新文化运动以来就一直盛行不衰的主流观点,张师首先对这一论断(不搬掉不炸掉传统文化、传统古制,就不足以让这个民族存活)表示怀疑。其次,即使这一论断是对的,张师说:"那么我要说,现在就既不用搬也不用炸了,因为它早已被毁得快像坟头一样了……清帝退位都多少年了,是谁造的孽就该由谁来担着了。"③好吧,就算传统文化真的阻碍了历史的进步,但那曾经像群山一样连绵不绝、巍峨耸立的传统文化,现在已被炸成、毁成坟头了呀!何须再搬再炸?字里行间不无悲愤乃至悲凉!对于那种颇富迷惑性的主张,即"只管放手去破旧追新,传统中有生命力者自会留下来,与西方文化折衷成一个仍然是中国本位的新文化",张师亦从根本逻辑上进行了剖析与驳斥:"其逻辑相当于,只管去毁林

---

① 张祥龙:《序——中华古学的当代生命》,载《从现象学到孔夫子》(增订版),商务印书馆,2011,第5页。
② 同上。
③ 同上书,第5—6页。

开荒建工厂,自然中的有生命力的东西自然会留下来,形成一个与原来的生态无根本区别的新生态。"①其逻辑之谬一目了然!张师甚至说:"其中不错的只有一点:某些'有生命力的东西'会留下来,像蟑螂、怪异的病毒……"②

但也许有人会反对说:传统文化并不是都是好的,我们对传统文化要采取"取其精华,剔其糟粕"的态度。这也正是我曾经深信不疑的。而张师对此也尤为警惕甚至痛心疾首:"说实话,我一听'取其精华,剔其糟粕'之类的话就脖子根儿发凉,心里明白,不管'取'和'剔'的标准是什么,那被取被剔的是没命了。我就纳闷,如果这取舍的标准已现成在那儿了,还有什么真实意义上的'史'和'古代思想'可言,不过是开肉铺,按'范畴'挂上那被取者,设垃圾场,将那被剔者囫囵个儿埋掉罢了。"③张师这样说,并不是在主张"一切都从祖制",他只是想强调,我们对所谓精华与糟粕的判断与取舍,不能以先杀死传统为代价。反之,我们需要的是一种能维持传统文化生机的原发取舍,而"那能维持生机的原发取舍只能在与父母先辈共度患难的诚心侍奉中自然产生"。要之,"文化和思想是生命体,而生命是湍流,是构境,不在其中则不知其正在构成着的、被牵挂着的命运,也不会明了其中活生生的'是'与'非'"④。所以,站在孕育我们、本来构成我们母体的文化和思想传统之外,以一种外在的、实用的、功利的甚至居高临下的姿态进行所谓的"取其精华、剔其糟粕",其实是在斩断我们的文化之根,堵塞我们的意义源头,使我们的生活成为只知道进步、效率、有用没用的,干瘪枯萎的对象化生活。张师对此有痛彻心扉的感受:"我总觉着,我们现在正在丢掉的已不是那些让中国人蒙受耻辱、遭逢危难的东西,而是那使我们是一个中国人的东西,是那让我们觉得活得有意思,有祖母的爱意和古老城墙怀抱的东西。那曾经显得有些凶霸霸的旧文化或所谓的'封建主义',就如同一个不幸的大家族,早已经历了多少轮红白相间的暴虐剥夺,查抄收监,其中作威作福者早已被开刀问斩……眼下所剩者只是杜甫笔下'石壕吏'所能抓到的残年老妇。你不去管,她也将在最后几声叹息中撒手人寰,永辞我们而去了。那时,'中国人'面对

---

① 张祥龙:《序——中华古学的当代生命》,第6页。
② 同上。
③ 同上书,第4页。
④ 同上书,第5页。

的就将是一个完全没有真正中国味道的世界,而要过的就将是一种总在艳羡进步者(这在可见的将来就是西方),而自己又总也不够进步的喘气心跳的生活。"①

　　这样的生活,就曾经是我很长一段时间义无反顾去追求的生活。我曾经坚信,我们失去中国文化传统并不可惜,只要我们能够进步。但读了张师的这些文字,我才猛然醒悟:人之所以为人,总是处身于具体文化和思想传统中的人,是由具体的文化和思想传统形塑的人。人当然有其超出具体文化传统的普遍性、超越性,比如理性,但这种普遍性和超越性一定要在具体的文化、思想、文字中体现出来,才是真实的、具体的理性和普遍性。生活的意义、意味、意思、归宿,并不能由"进步"本身提供,只能来自生活本身,但生活本身并不是抽象的,生活总已经是在生活所创造出来并处身其中的、作为生活本身之形式的某种文化身体中展开。这种作为生活之活的形式的文化身体,才是生活的意义源头。当我们拼命斩断文化传统、思想传统时,我们就已经脱离或堵塞了我们生活的意义源头。对于这一意义源头来说,我们其实是自断来路的不孝之子。当然我们可以跳出我们的文化传统,但我们的生活要有意义,仍要进入、融入其他文化传统。而张师之最让人感动者,莫过于他对中华文化、中华文明的这份孝心,正是这种文化孝心,让他"半夜醒来想到此事,心头常要隐隐作痛,有一种觉得自己的母亲、祖母、先人蒙了冤案,被关在了疯人院、收容所和死囚牢里的感觉"②。

　　"夫孝者,善继人之志,善述人之事者也。"(《中庸》)张师要做的正是这样一种继儒家先贤之志、述中华古学之事的大孝之举!而张师感动我、击中我、促使我不仅重新认识和研究儒家而且走向儒家的,也正是他的这种让他常隐隐作痛的文化孝心,这种痛到啼血的文字,以及他所亲身践履的对于儒家文化的种种孝行,如不顾滔滔者天下皆是的嘲笑而力倡"儒家文化保护区"(后改为"儒家文化特区")!而张师之于我所深望者,亦正在此,至少是能早日回到中国哲学的研究上来。

　　然而张师又绝非狭隘的。其对中华古学尤其是儒家思想之热爱,固有

　　① 张祥龙:《序——中华古学的当代生命》,第2—3页。
　　② 同上书,第3页。

其"故园之情""家国之思"这份文化孝心的因素，但更是因为，张师的确在中华文化尤其是儒家思想这里找到了"人性的真理"！是对真理的寻求，把张师引向了儒家！比如，在张师看来，儒家文化最为重视的"孝道"，就绝不仅仅是因后天的文化和教育形成的，而是有其人性基础，是人性的表达，而且这种"人性基础"也不是某种生物性的本能，而是人类的"更深长的内时间意识"。张师最终回归中华之道尤其儒家，并不是因为她是我们自己的，而是因为，她是真理，她是美好的，她让我们的生活更能体现我们所是之人的人性或人道——正如张师本人所说："孔子讲'仁者人也，亲亲为大'（《中庸》），老子讲'圣人无常心，以百姓心为心'（《道德经》第 49 章）。他们早已意识到，一旦去寻求那据说是终极超越的、可言可求的真理，则必有非人世界的出现。中华之道的命脉就在认同真正的人道，增之一分则太长，减之一分则太短，必'乐而不淫，哀而不伤'地行中道、王道、阴阳冲和之妙道而已矣！……中华文化教人做人，做活人，不要做[古希腊神话中]赫剌克勒斯那样的人神之子，也不要做[《旧约·创世纪》中]亚伯拉罕那种能毫不犹豫拿自己的独子去献祭上帝的圣徒，而只要做真正的人——善人、真人、圣人、仁人！"[①]所以，张师之回归儒家，信仰儒家，绝非因为他是中国人这一事实，而是因为以儒家为代表的中华文化，可以让我们"做真正的人——善人、真人、圣人、仁人！"而"做真正的人"，必然也就能"亲亲而仁民，仁民而爱物"（《孟子·尽心上》)，从而参天地、赞化育，从而实现人性、物性、道性的一以贯通。此正是儒家思想之真理性、至善性与美好性之所在。张师之返归儒家，根源实在此。吾追随恩师之脚步走向儒家，根源亦在此。

三

张师之于我的"缘构"与"引导"，不仅体现在他促我反省我以前对于中国传统文化和传统哲学的偏见，从而促成我在文化认同和情感依归上的转向或回归，而且更在思想和学术上直接给我打开了视野，指引了方向，塑造了严

---

①　张祥龙：《序言：面对迷蒙未来》，载《思想避难：全球化中的中国古代哲学》，北京大学出版社，2007，第 9—10 页。

谨踏实的学风。

刚入北大读博时,我的学术视野在美学之外主要局限于德国古典哲学和德国现象学,而且即使在德国现象学领域,由于受张师身上的"海德格尔专家"的标签所影响,我也更多关注海德格尔的哲学。但来到张师身边受教后,我才感到自己学术视野的狭隘。首先张师纠正了我的一个偏见,就是以为研究海德格尔可以不管胡塞尔。记得非常清楚,有一次谈话,我说到以后主要想研究海德格尔的哲学,张老师非常严肃认真地跟我说:要想把海德格尔哲学研究深入,首先必须弄懂胡塞尔。这让当时的我非常惊讶,因为当时海学盛行,海德格尔被国内一些学者视为古往今来第一大哲,而张师当时已是国内重要的海学代表,他竟然说让我先要把胡塞尔弄懂才能学好海德格尔。此外他还特别强调康德的重要性,提醒我注意海德格尔的《康德书》。这都让我深切感受到,张师虽然在学术思想上以海德格尔哲学研究名重学林,在情感乃至信仰上以儒家为归宿,但在哲学上他却没有任何狭隘的门户意识,而是务以真理为鹄的。也正是因此,张师一方面有其一以贯之之道,另一方面在学术视野上又极具开放性和敏感性,能不断与时偕行:不但现象学领域里的舍勒、梅洛-庞蒂、德里达、列维纳斯先后进入他的研究视野,而且像语言学(尤其是索绪尔和雅各布森)、人类学、结构主义,甚至量子力学、人工智能等最新的科学与技术,也都能引起张师的学术敏感和兴趣,更不必说从《战争与和平》到《红楼梦》,从金庸武侠到《哈利·波特》乃至《三体》等各种风格、类型、题材的文学艺术作品。但他对这些领域的涉足研究又绝非为了赶时髦而随波逐流无所坚守,相反,他的研究总是贯穿他自己的问题意识:比如,他对结构主义语言学的研究是因为他在里面发现了意义发生之最小的可能也是最原初的机制;他对人类学的研究是想揭示人类孝意识产生的时间性源头;他对量子力学的兴趣则源于量子力学为理解前对象化的终极实在提供了启发;而他对人工智能的研究则是想探索时间意识在人工智能乃至人工意识中的构成性作用,等等。总之,张师对这些领域的探索不仅不是表面上看来的驳杂无归,反而是从其所关注的哲学根本问题出发,从其所领悟到的"一以贯之之道"出发,触类旁通,物物而不物于物。这还只是西学或新学方面,更不必说张师在古老的东方哲学(如印度的瑜伽、佛学,中国先秦思想乃至从先秦到宋明的整个儒家哲学)方面的充满原创,常常发前人之未发的精微细腻的体贴与阐发。

作为弟子,吾于张师思想之广大高明自不能至,甚至亦难以亦步亦趋,因为张师思想于我而言始终"仰之弥高,钻之弥坚;瞻之在前,忽焉在后"。但弟子亦深知张师于弟子实有所深望也,故亦未敢懈怠,而是始终发愤向学,开拓视野,勉力追随吾师脚步。

在博士阶段,张师不仅以其"好学""乐学"之精神感染和引导我们,亦在具体的学术训练上给予我们以具体指导和严格要求,其中重要一点就是指导我们从事西方哲学的翻译。因为对于做西学而言,翻译应是基本功了,必须过这一关。我记得刚入学时,张师就让我翻译一篇关于如何以西学做中国哲学的方法论方面的文章。后来又让我和林丹与他一起合作翻译一本关于海德格尔哲学的小书(书名就叫《海德格尔》,作者帕特里夏·奥坦伯德·约翰逊,收入中华书局出版的"最伟大的思想家"系列丛书)。张师首先翻译前面一章,给我们以示范,然后让我和林丹分工翻译后面的内容。无论是单篇文章的翻译,还是整本书的翻译,张师都会从标点符号、遣词造句直到西文中文的句式转换等多方面给我们以具体指导。

在博士阶段,最重要的事情莫过于博士论文的选题和写作。虽然我一开始想以海德格尔哲学为选题,但到真正确定选题时又有一件与张师直接相关的机缘导致我博士论文最终以德里达的哲学为选题。这一机缘就是张师于 2001 年秋季学期开设的"现象学导论"课。这门课程的主体部分从胡塞尔的《现象学的观念》讲起,中经《逻辑研究》的"第一研究",到胡塞尔后期的发生现象学,再一路下来到海德格尔的生存解释学式的现象学,梅洛-庞蒂的《知觉现象学》中关于"身体与性爱"的现象学,最后终结于德里达的解构式现象学。这门课完全把现象学讲活了,在一个个生动例子所展示的实际生活经验中,现象学术语的那些晦涩难解的抽象含义获得了当场的充实或实现。在这门课中,我收获尤多,因为我和我的同门林丹负责整理该课录音。当时还是用卡式录音机,我们就反复倾听磁带,前后听坏了几个录音机。正是在整理张师讲课录音的过程中,具体地说,从张师讲授的德里达的《声音与现象》中,我找到了我的博士论文选题。张师讲的德里达既不是夸夸其谈、仅仅玩弄文字游戏的后现代主义者,也不是对胡塞尔现象学一知半解、任意曲解的解构主义者。相反,在张师的讲解中,德里达是一个严肃而敏锐的现象学家:既深得胡塞尔现象学之精髓(如时间性思想)而发扬光大之,又洞悉其形而上学之预设(如以原印象为时间之本原)而揭露或解构之。张师对德里达的解构思想与胡塞尔现象学之关系的解读给我带来了直接的启发,让我最终以德里达对传统形而上学的本原问题的解构为博士论文选题。张师对这一选题也予以认可,但要求我一定要先对胡塞尔现象学尤其是《逻辑研究》和《内时间意识现象学》进行深入研读。这又让我想起当初当我说要做海德格尔哲学时张师郑重提醒我要先弄懂胡塞尔的事情。就是这样,张师一方面信任我在研究方向上的选择,另一方面又在关键处时时提醒和指导我,使我不致误入学术歧途。

在博士论文写作过程中,还有一次张师对我的具体指导让我至今不敢忘记,并时时以之警诫自己。那时博士论文主体部分已完成,需要写前面的导论。主体部分张师曾陆续看过,总体上还较为满意。或许也是因此吧,我就放松了对自己的要求,对博士论文的"导论"就没有重视,只是把一开始的开题报告稍微重新整理了一下就粘贴到论文主体部分前面充当"导论"了,然后就呈交给张师审阅。现在还记得那次去张师家见张师的情景:我从张师手里接过论文,发现"导论"上面做满了各种红色批注,张师也没多说什么,只是说回去后要结合批注认真修改。虽然言语不多,但张师神情却是少见的严肃。我立刻感到耳根发烧,估计当时脸都像红布了。张师平时很少批评我,也很少这么严肃地跟我说话,可见他当时心里是多么的失望。这一点后来从师母那里得到了确证。那之后有一次我又去张师家,张师不在家,师母就告诉了我那次张师看完我的博士论文后对她说的一句话:"没想到朱刚也这样!"现在写下这句话,我仍愧疚不安。从那以后,我在学术研究上,再也不敢有任何的轻忽和草率,虽然能力、悟性有限,但态度上却必须尽最大可能地认真严谨。

四

张师之于我,不仅在文化认同、性命皈依上为我提供了机缘与指引,也不仅在学术思想上助我拓宽视野、确定方向,更在我学术事业发展上给予我关键的推动和助力。

　　2003 年，我的第一篇现象学方面的文章《胡塞尔生活世界的两种含义》即是由张师推荐在《江苏社会科学》第 3 期上发表。这是我现象学研究的起点，于我有着特别的意义，所以我尤其感谢张师。但比起推荐发表而言，让我尤为感动的是该文写作和发表过程中张师对我的鼓励与提携以及气度与胸怀：因为在如何理解生活世界的含义这一问题上，这篇小文在初稿中隐约表达了与张师不同的理解（以及与倪梁康老师不同的观点）。张师看完我初稿后，不仅不以为忤，反而多加鼓励，要我把与他以及倪老师的不同理解充分写出来，当然前提是要言之有据、有理。正是在张师的鼓励下，这篇小文才成了后来发表的样子，并且也正是张师的推荐，才使这篇小文能够见刊。这里也要提及并感谢倪梁康先生的大度以及对后学的鼓励，据该文责编陈天庆先生后来告诉我：他在审读该文时因发现文中有与倪梁康老师商榷内容，也曾与倪梁康老师沟通过，倪老师同样不仅不以为忤，而且也支持发表。前辈师长的胸怀气度与对后学的不吝提携，既让弟子永志难忘，亦是吾辈学习楷模！

　　博士毕业前夕最重要的事情莫过于找工作。在这一对于我后来学术事业发展至关重要的关头，张师也给予了我巨大的精神鼓励与关键性的帮助。当时面临一个真正的三岔路口：一是留在北京去中国社会科学院哲学研究所，当时张师把我推荐给了叶秀山先生，叶先生亦已答应接收我；另一个选择是南下到中山大学，张师也同样向倪梁康老师毫无保留地推荐了我，而倪老师亦出于对张师的哲学友爱与信任，毫不犹豫地欢迎我过去；最后一个是去华中科技大学哲学系，当时张廷国老师力邀我前往。在三个去向中，社科院那边自然颇有吸引力：一是无论是北京还是社科院哲学所，都是文化与思想中心，且叶秀山先生也是极富思想原创性的哲学家，更关键的是留在北京还能继续亲承张师教诲。但由于我当时经济压力太大，而社科院工资又非常的低，根本无法满足我的基本需求，所以社科院我首先就排除了。在剩下两个选择中，我其实是有过犹豫的。因为中山大学哲学系从平台上说要好过华中科技大学哲学系，但一开始既没有科研启动经费也没有任何安家补贴，经济压力同样很大，且竞争激烈——那边当时已云集了一批著名教授如刘小枫、倪梁康、翟振明、张志林等，且都集中于西学领域，另有一批已崭露头角的年轻学者，如果过去，在后续发展上会有较大的竞争压力。而华中科技大学那边一开始的待遇要好很多，既有科研启动费也有安家费，好像还有房子分，而且职称晋升压力也会小一些。我记得当时在跟张师和师母讨论这个问题时，师母让张师不要影响我的选择——我想之前张师肯定已经和师母讨论过我的去向问题，师母应当知道张师的想法（当是鼓励我去中大），而师母更多地是觉得我生活压力太大了，心疼我，觉得我应该先考虑改善生活，所以师母才不让张师影响我的选择。张师当时也的确没有说什么，只是说让我自己决定。后来在反复考虑后，我给张师写了一封邮件，坦承了弟子的内心想法，其中要点是：虽然去中山大学经济上暂时仍会有些困难，但毕竟工资尚可，困难能够克服；将来发展虽会面临较大竞争压力，但由于倪梁康老师是中国现象学的大家，我要想将来在学术和思想上有所发展，就必须弄斧到班门，到倪老师那里继续学习现象学，尽管倪老师对我博士论文所做的德里达有他自己的看法。后来张师给我回信的全文我记不全了（非常可惜，我当时用的是北大邮箱，后来毕业后该邮箱就被注销了，邮件没有备份），但其中有两句话我一直铭记在心，并时刻提醒和勉励自己。这两句是："你现在已得天地之正，接下来还要能御六气之变。"弟子深知自己如何敢当"得天地之正"之誉？这其实是恩师对弟子能以学术思想为重、不畏艰难、不投机取巧的肯定罢了。虽然，弟子亦不敢不以此自勉，以无愧恩师期盼！至于"御六气之变"，弟子更是自觉资质鲁钝，未敢奢望。

我南下中大工作后，张师仍一如既往地关注、关心弟子之发展。无论是博士论文的修订出版，还是职称的晋升，抑或后来其他专著的出版，张师都或是鼎力推荐，或是专门赐序，或是兼而有之，从来都是不吝美言。没有张师一路扶持与推动，我之学术发展绝无今日。这里本不敢借张师对弟子之过誉以自矜、自夸，不过为了呈现张师于我学术发展之根本的推动与构成作用，以及张师如何始终与我"共缘在"，这里仅志两事以见之。

一是张师对我博士论文出版的推荐与赐序。在准备博士论文出版时，我与张师往返通信多次，张师先后帮我考虑过商务、三联、同济、上海人民等多家出版社，张师在一封邮件中说："至于论文的出版，我觉得应找一家比较好的，比如三联书店的哈佛燕京系列（但他们以前不接受未做实质性改进的博士论文，评委中有叶先生）或商务（但缺点是较慢）。此外，上海人民似乎有一套丛书（张汝伦教授主编），孙周兴老师也编一套丛书（柯小刚的论文将在那里出）。都可以考虑。"后来出于实际可行性和出版速度的综合考量，我的博士论文最终放到了张汝伦教授主编的那套"当代中国哲学丛书"里出版。这其中张师不仅亲自帮我与张汝伦教授联系推荐，并专为拙著赐序，其中不乏让弟子受之有愧的过誉之辞。这是我出版的第一部著作，从开始选题立意，到中间撰写修改，到最后出版，张师倾注了无数的心血。

另一件必须说的事就是我在申请教授职位时张师给中山大学写的推荐信。张师信中充满了对弟子的充分肯定与关爱之情，现在读起来都让作为弟子的我难以自已。这里不敢也不必照录全部推荐信内容，只摘引开头一段引言如下：

尊敬的中山大学及哲学系学术同仁：

我在此向您们郑重推荐朱刚副教授、博士作为贵校教授职位的申请人。自从他2001年进入北大哲学系暨外国哲学研究所，在我指导下研读博士科起，我们之间就一直有比较密切的学术交流，我也因此而自信对于他为学为人的特点，有相当真实的了解，愿意在此竭诚相告。

正是在张师如此竭诚竭力的推荐以及中大哲学系诸位教授的肯定与支持下，我较为顺利地申请到了教授职位，所幸没有辜负师恩。

五

张师对我的引导一直持续到他生命的最后阶段。而且愈到最后的时刻，愈加纯粹地以对真理的追求、对终极实在的领悟为务。张师在生前给我的最后一封信中，给我分享了他最后阶段的艰难追求与获得的"知晓"："你们可能也知道了，我的状态不太好。我们在这个尘世上分手之时可能不会很久了。这里我只想说两个感想。一是对我一生的哲理追求，特别是现象学与家哲学之内时间联系，就其本身的思想素质（求真性、自我性等）而言，以及对这种人生的深层可能的揭示而言，我感到是触到了某种泉源。……第二，我这近半年的经历，从现世的角度看，多为失败……但从灵性的更广大、深远的追求角度看，是有意义的。……这让我开始知晓这无我之真我（既不同于我之身体，又不同于我之头脑）虽只是一无形无臭的观者、忍受者，却是那'观了'就改变世界根底（量子状态）的奇妙沟通者。……在我身离此世之前，请不要让我完全忘了它："我就是它！'这'它'意味着什么？不全知道，只知它比这个世界更好更真些。"

这是张师最后的工夫，在生死关头最后的求真与证道！在这最后的生死关头，张师一方面在他"一生的哲理追求"，"特别是现象学与家哲学之内时间联系"上"触到了某种泉源"，从而求得了真理；另一方面，张师以他这最后的向死而在的"近半年经历"，达到了"真我"，证入了"世界根底"，并"开始知晓这无我之真我……虽只是一无形无臭的观者、忍受者，却是那'观了'就改变世界根底……的奇妙沟通者"！"'观了'就改变世界根底"！在这里，那世界根底、终极实在、道、"它"，并不外在于[真]我，而是随我之观入而改变。在究竟意义上，"我就是它！"即使"这'它'意味着什么"，我"不全知道"，但至少知道"它比这个世界更好更真些"。如此足矣！

这是老师最后的还原，最后的明见，最后的证道！也是老师留给弟子的最后的引导，引导我与他一起去见证、去追求那最后的真理。

"在追求真理的这条路上，我觉得，我们没有错！"在老师生前与同门弟子的共同告别中，老师曾如是教诲我们。现在老师暂时离我们而去了。我们无比怀念老师，怀念那曾经引导我们寻求真理，仍将继续引导我们寻求真理的老师！

壬寅年(西历 2022 年)七月三十日

何以报得三春晖

——点滴记忆中的恩师

张晓华[①]

恩师逝后,记忆的边缘处不断闪现出 20 年来他言传身教的点点滴滴,有些印象不会被时间尘封,反而会历久弥新,在心中涌现出新的意义。点滴记忆汇成恩师的剪影,虽不及实事之万一,但亦能窥见他的气度与风骨。

我初见恩师是在 2001 年 10 月底,利用去北京的机会在报考他的博士生之前拜会。记得当时是下午,老师在哲学系参加的一个学术会议结束后,黄师兄带我在会场外认识了老师。当时第一感觉是看上去这么年轻,不像 50 多岁的人,但确有自己读《海德格尔思想与中国天道》时揣测的那种清奇飘逸的气质。当时老师说正要回家,推着自行车和我边走边谈。一会儿遇见几位会后散步的学者,其中一位很远就向老师挥手,大声说:"祥龙! 我们都是支持你的观点的!"老师只是点头微笑。我简单介绍了自己的情况:中学开始对传统文化感兴趣,本科是哲学专业,但西哲的基础最差,《现象学的观念》《存在与时间》等现象学著作的中译本都读不懂,后来读马哲硕士发现还是绕不过西哲。搞不清问题始终是心里的一根刺,推动我准备了两年鼓起勇气报考现象学方向博士生。老师听后说:有求知的兴趣和热情是最重要的,相关的知识早晚都会掌握,还鼓励我认真准备,不要顾虑。那次面谈时间较短,因为我当时对西哲尤其是现象学所知匮乏,也无法深谈下去,所以出了北大西门就向老师告辞。印象深刻的是老师最后还是鼓励我认真备考,并且说他指导的应届毕业硕士明年不考博,对外校的考生也可以说是一个有利的因素。我也很受鼓舞,2002 年很幸运地考取了老师的博士生。入学时清楚自

① 作者简介:张晓华,张祥龙老师 2002 级博士研究生,现任教于中国人民大学马克思主义学院。

己也就应对考试的那点西哲史知识,其实连现象学的"现象"是什么意思还不清楚,博士三年是不可能毕业得了,再多读三年等于把西哲硕士补上能毕业就不错了。近来看到一些报考过老师博士生的同学写的纪念文章,都提到老师对考生一视同仁,特别理解和体谅考生的处境,在报考和录取过程中耐心细致地答疑。如果因招生名额限制或排名问题录取有困难时,都会及时通知考生另做打算,对符合条件的还推荐给其他导师。这也体现了老师一以贯之的真诚和仁厚之心。

2002 年 9 月初,刚入学的我和另外两位硕士同门担任老师第一次开设的"哲学概论"课程助教。当时是向全校大一新生开放的通选课,开学第一周学生选课,第 2—17 周每周四 11—12 节(晚 7:10—9:00)在第一教学楼201 教室授课。"哲学概论"课程与《中西印哲学导论》的关系,老师在书中已有介绍(参见《中西印哲学导论》的"后记")。对课程的教学理念、教学内容和方法、教学过程和环节设计、考核方式等问题,在《什么是生成学术能力的教学结构——"哲学概论"基础课教学的几点体会》一文中有详尽介绍,如其中强调的:"出于我的知识背景,正像前面已经提到的,我选择了西方、古印度和古中国这三大哲学传统,以及有关的原始著作。……我发现,这样一个格局很有利于展示哲学的特点,也就是那样一种既不同于自然科学,又不同于宗教和文学艺术的思想努力,它要去解答终极问题或边缘问题。要真切理解这样一种学术的特性,就要求学习过程中的质的丰富性或某种不连续性、断裂性,也就是意识到不同倾向的哲理传统各有长处,在处理边缘问题时,谁也不能独霸真理,但又总有终极意义上的真理可言,不只是相对主义。"[1]

老师非常重视这门课程,如他在论文中所说,"就我所知,中美大学中还极少有这样以读解原著为主的哲学概论课,原因可能各种各样,但一个主要原因可能是怕学生们跟不上,以至败了学习哲学的胃口"[2]。为了保证这种开创性的教学和思想实验的效果,他投入了很多时间悉心准备,还精心挑选了课程需要的原著资料并复印出来,形成《"哲学概论"课教学资料》(上、

---

　　①　张祥龙:《什么是生成学术能力的教学结构——"哲学概论"基础课教学的几点体会》,《中国大学教学》2009 年第 4 期,第 7 页。

　　②　同上。

下)共556页,让助教交给教材科复印,选课的学生人手一份。开学后又补充了一些需要学生阅读的附加资料,有60多页,不想麻烦教材科,让助教找校内复印社印好装订发给学生,用的自己的科研经费。当然,后来在北京大学、山东大学、中山大学继续开设这门课的过程中,教学资料又不断地完善,精益求精(图51)。

《教学资料》(上)中的材料选自中华书局出版的中国社科院哲学所中哲研究室编的《中国哲学史资料选辑》,都是竖排的;《教学资料》(下)中的材料选自中华书局出版的北京大学哲学系中哲教研室编的《中国哲学史教学资料选辑》、商务印书馆出版的《西方古典哲学原著选辑》系列等,都是横排的。竖排的应该右侧装订,但我们工作不细致,没有给教材科说明情况,印刷厂工人最后都是按照横排的习惯左侧装订的,发给学生时才发现问题。虽然对内容没有影响,但翻页阅读时不太方便,但因此让印刷厂重新装订也来不及。我们感觉把事情办糟了,很愧疚,老师反而安慰我们,说一开始都没经验,下次开课再印资料就不会出这种问题了。第一次课他介绍课程情况后,还专门给同学们解释了这个装订问题,却说是因自己没有给助教交代清楚造成的,同学们阅读时可能有些不习惯,但不影响学习内容。我强烈感受到老师关爱学生的父母之心。

学生选课后,记得通知他们在第二周的周一还是周二中午去图书馆旧馆西头一楼的教材科门口领教学资料,我们提前把资料取出来等他们,少数有课或没时间来的同学周四上课前在教室领。初秋的北京天高云淡、阳光明澈,周围空气中散发着淡淡的花草清香。北大校园一如既往地因学生开学而充满活力,同时又不失肃穆。有些同学领了资料没有走,围着助教咨询;有的在旁边轻声说笑,洋溢着一片青春气息。我问周围同学为什么选这门课,有的说中学接触过哲学,感兴趣;有的说听学长推荐老师讲课特别好;有个女生说:"因为感觉哲学好神秘呀!"同学们的眼睛里都闪耀着光芒。有同学现在回想起那段时光,说因为有先生这样的思想者,在记忆中校园都是金色的。

周四晚上第一堂课,老师从哲学和生存以及一些边缘性问题的关系讲起,谈到了中西印哲学观的异同,给出了他对哲学的一个描述性的说法:"哲学是对边缘问题做合理探讨的学问"(这是当时课上的说法,与现在《中西印哲学导论》书中的表述不完全一样)。我当时对"边缘性"只能从一般的"交叉性""关联性""远离现实的形而上"之类意义上理解,后来才越来越深切地感受到,人生中的边缘状态,诸如被异化、排斥、压制、挫败、病痛、苦难、不幸直至"致死的疾病"、生死关头等往往蕴含着真正的终极性。如果不甘被绝望的深渊吞噬,人生的终极意义和人性的奥秘可能会在某个时刻对你敞开。

　　至今印象深刻的是,整堂课我和选课的本科生一样被老师的讲授深深吸引住了,感觉他为我们打开了那扇通往奇妙的哲学世界的门,使我头脑中杂乱的中西哲学各种概念和知识开始逐渐清晰一些,意识到概念之间的结构性关联以及概念与实际生活经验的内在关系。以往从未想到,在哲学史中往往被一笔带过的被看作萌芽阶段的希腊早期哲学中蕴含着这么丰富的思想内容,希腊数学的思维方式对哲学的意义发生机制和概念语言具有如此重要的影响,还有"本原"和"自然","1"与"存在"的含义及其关系等问题。很多我当时听了也没有消化,后来利用整理老师讲课录音的机会反复地听才慢慢地理解。当然本科生的感受更加直接和强烈,大家都聚精会神地听讲和思考,没有一般通选课的交头接耳、我行我素,大教室里偶尔一支笔落地的声音都能听得清楚。课后大家的反馈也是感受到哲学直接动人的活生生的魅力和启发力。当时我也在想,老师授课的魔力从何而来呢?因为它并未随着开学季过后学生的新鲜度降低而减退,反而随着后面认识论、伦理学、政治哲学等问题的展开,引发学生对自身、对生活和社会的反思而愈来愈有吸引力。老师除了能把"学习悖论""我思故我在"等命题,经验论、怀疑论、先验论、唯理论、中观、瑜伽等观点与方法,中西印各种伦理学、政治学理念以一种生动直观的方式准确地呈现给学生,还以一种意想不到的方式将诸如《红楼梦》《桃花源记》《象棋的故事》,阿米什人,现代的一些诗歌、小说、音乐、电影里面深刻的哲理意蕴阐发出来,使同学们在一张一弛中不断被引向对终极问题的领会。我记得老师在课程开始的时候讲道:歌德说理论是灰色的,黑格尔把哲学看作黄昏起飞的猫头鹰,其实"理论"一词在古希腊那里并不是干巴巴的,而是意味着热情动人的沉思,后来西方哲学的变化使这种热情的东西逐渐消退了。他现在给予学生的不就是希腊式原本的热情而动人的沉思吗?

　　老师自谦,把哲学概论课程的成功很大程度上归于北大学生的优秀——"毕竟是北大的本科生! 不然 我也不知会发生什么。"①班里确实汇集着中国最聪明最优秀的学生,很多年龄只有十五六岁。开学头两周我看见一个十几岁的女孩出入教室,背着小书包,戴着眼镜梳着麻花辫,但目光很锐利。我以为是跟着家长来旁听的,第三周她来报名参加课堂试讲才知道是生命科学院的学生,后来在网上还看到她的报道,记得只有 12 或 13 岁,还是某省的高考状元。优秀学生也是双刃剑,他们同时是最挑剔、眼光最高、最难满足的学生。后来证明,这些学生也是学习最投入、研讨最积极、期末成绩最好的学生。老师后来在山东大学、中山大学开设这门课程的效果也证明,课程的成功绝对是来自老师原创性的教学理念、高超的方法、深厚学养和人格魅力。他不着痕迹地运用现象学的方法,引导学生所朝向的事情本身,一个是伟大哲学家们的著作文本,另一个是对人生与世界根本问题的原发思考。他的教学设计形成一个强大的意义构成机制,如同苏格拉底神奇的"助产术",可以把任何一个平凡无奇毫无哲学基础的学生内在的对终极问题的好奇启发出来,把他们引入"学习悖论"所讲的知与未知之间的学习状态,被原发的、新奇的哲学问题和相关的卓越探讨所吸引,在与伟大哲学心灵的对话中自己去寻找解决终极问题的途径,如老师所说:"把他们带入真实的野地,甚至是原始森林、横断山脉,其中有断崖、裂谷、激流、野兽和各种危险。不突破学生那些从小学开始逐渐养成的'习惯性的学习自我',逼他们对一个深奥巨大的而又是精彩迭出的陌生学术世界敞开年轻的心灵,就不会产生出或振荡出纯真、新鲜和充满边缘感的学习经历,开凿出那能够不断涌流的自学源头。我相信,我们的学生特别需要激发,而不是规范指导。"②

老师在讲哲学的过程中从不通过渲染背景知识和哲学家逸闻趣事、联系现实热点、增加提问互动之类我们青年教师常用的方法吸引学生的专注力,也没有用过 PPT、视频放映之类,只是讲授和板书。经常有他在进一步备课时新拣选的、《教学资料》上没有收录的材料,课前让板书写得好的助教抄到黑板上。有时内容很多,把两面黑板都抄满了。先生自己的讲稿也是手写在 16 开的大稿纸上,在多年授课过程中不断修改、增补,密密麻麻的文字把

① 张祥龙:《什么是生成学术能力的教学结构》,第 5 页。
② 同上书。

许多页面的边缘留白填满了,有些只能写到背面(可参《中西印哲学导论》的"后记")。除了回复邮件、查资料用电脑,他写作和备课时习惯手写。2010年我们整理儒家哲学史课程录音时,他还复印了厚厚的手写讲稿让我们用。老师的授课全程实际是在投入地描述和呈现最纯粹的哲理思想现象,与食指晚年在诗友会朗诵自己的《相信未来》的那种状态,赵已然弹唱使自己永远活在80年代的民谣的那种状态有些类似。我想这就是哲人、诗人、歌者存在的状态吧。后来看到老师在文艺现象学分析中提到:托尔斯泰、陀思妥耶夫斯基、普希金这种伟大的文学家在创作时能够"向实际生活经验完全开放","没有(或尽量摆脱)理论-习惯的框架构筑的信念",他们不依从习惯的思维方式,而是能够沉浸到意蕴构造之中,"倾向于将自我融入生活之流,在关键时候甚至丧失自我而依深层的意流而行为、而感受,……把对象当作原现象,也就是还处于意义和时间的晕圈之中、散发着自身韵味的现象场来感知。……他们以近乎'晕流'式的或发生现象学式的方式展示出超对象的原现象——真正在历史和人生的底层运作的混蒙伟力"(复旦学术报告:《托尔斯泰〈战争与和平〉的深邃美感》,未刊稿)。老师上课时就有这种构造使意向性可能的"意识晕流"和"权能场"的魔力,像磁石一样使同学们聚精会神。

现在记不清校内选课的有多少学生,好像200多一些。开始三百人教室还有空余,但每周可见教室越来越挤,后来没座位了,有些人站在墙边或坐在过道阶梯上听。因为新生选课有盲目性,不少当时没选课的听同学介绍后也来旁听;也有外校学生耳闻前来旁听,我就在课堂遇到过几位在中国人民大学、清华大学等校读博的校友;还有一些社会上的哲学爱好者来旁听,有的留着五绺长髯,有的身着汉服,还有退休的老年人戴着花镜认真记笔记。他们都是老师的忠实拥趸,研究生课程也去听,经常把外哲所的会议室挤得满满的,有人就站在门外走廊里听。老师一直持兼容并包的态度,从未限制外人旁听,而且以平等心对他们耐心答疑指导,其中不少人对现象学和哲学有了终生的兴趣,有些也成长为优秀学者,也有现在和我在同一所高校任教的。临近期末,我还遇到有基督徒和清真寺青年阿訇慕名来听课,经过交流了解到他们和老一代德尔图良式的信仰方式不同,想为自己的信仰追寻更根本的依据。他们说老师讲的哲理对更好地理解自己的信仰以及宗教精神、宗教宽容有很大的帮助。我觉得他们比那些想把原本人文化成的儒家思想折腾成原教旨主义的人强多了。因为老师给我们讲过荷尔德林的诗："神圣者就是我的词语,因为自然本身,比季节更古老,并且逾越东西方的诸神。自然现在已随武器之音苏醒,而从天穹高处直抵幽幽深渊,遵循牢不可破的法则。"①

如今回想起来,老师的讲授中还有一个自己以前忽视的重要环节,就是在课程内容终结之际又回到了课程开头讲过的黑格尔的哲学观:"当哲学把它的灰色绘成灰色的时候,这一生活形态就变老了。对灰色绘成灰色,不能使生活形态变得年轻,而只能作为认识对象。密纳发的猫头鹰要等到黄昏到来,才会起飞。"②老师批评这种灰色的哲学观是把哲学完全概念化、实体化所导致的,而他认为真正的哲学应使人年轻。他给我们读了梭罗写的:"每个早晨的降临都是一次令人愉快的邀请,使我的生活变得和大自然本身同样朴素,也可以说,同样纯洁无瑕。我始终像希腊人那样,是曙光女神的真诚的崇拜者。我很早起床,随即跑到湖里洗澡;这是一种宗教仪式,也是我所做的最称心的事情之一。据说[中国古代]成汤王的浴盆上刻有大意如下的文字:'苟日新,日日新,又日新。'我能理解个中道理。黎明带回了英雄时代。"③最后以给同学们的饱含期望的寄语结束了课程:"我希望所讲的哲学对你们而言能够是像梭罗说的'清晨的降临',或者在你们的未来生活中,能够成为那带回了英雄时代、青春时代的曙光灿烂的黎明。"我当时真的感觉内心充满了光明,相信在场的同学都有这种感受。也是听了这次课后才知道西方也有像庄子那样充满生机的思想家,去找梭罗的书细读。当时没有考虑老师为什么以并不被看作典型哲学家的梭罗结尾,可能因为我自己对梭罗太认同了吧。后来了解到老师在山东大学、中山大学的课程也是如此安排,随着自己对老师的现象学时间观理解的深入,才意识到老师的教学内容设计有其深意,体现了他自己的哲学思想成熟后一以贯之的对于原发时间(时晕)的直观领会和结构化表达:"此阴阳化的时间晕流乃意义、意识、存在的根源,是不离人生的活太极、真太极,由此而思,才能看到至情(亲情、爱情、友情)中如何有至理,情势、冲气、权能域、潜意识如何经由'纯象'或'时势'而

① 转引自海德格尔:《荷尔德林诗的阐释》,孙周兴译,商务印书馆,2000,第57页。
② 黑格尔:《法哲学原理》,范扬、张企泰译,商务印书馆,1961,"序言"第14页。
③ 梭罗:《瓦尔登湖》,徐迟译,上海译文出版社,1997,第82页。

再应机地'坍缩'为各种'对象'。"①在一曲终了之际,引领学生重新回到起初提出的"什么是哲学"这个根本问题,如同交响乐再现部的回旋曲式,指引学生用自己一学期所学所知再思这个边缘性终极性的问题,去领悟哲学的真谛,如同老师经常教我们的:要"复"见天地之心。

老师对梭罗思想的欣赏如同对老庄的契合,皆出于他亲近自然、本爱丘山的天性。老师也提到:在北大哲学系毕业后,一心想搞自然保护,除了受庄子影响外,也确有追求思想内在的生命和朝向未来的隐义。留学第一门课的教材中有《瓦尔登湖》,让他从此倾心于梭罗这位自然的情圣。(参见《〈张祥龙文集〉总序》)而此后他对梭罗思想的喜爱终其一生,师母在追思会上提到:近几年她和老师有在喜马拉雅上听书的习惯,老师生病后最后听的一本书是梭罗的《瓦尔登湖》,尽管之前都读过,仍然很被打动。师母说老师无疑是一个自然主义者,他不喜欢热闹,喜欢对花草树木说话,也喜欢与小动物说话,正是这份童心、这种纯真纯粹使他对学术对精神境界不断探索追求,也是他自己人格不断完善的起源。这应该也是对老师有所了解的人们的共识,正因为老师有这种赤子之心、童心与真心,才使他的为学为人与众不同。

师母还说到老师酷爱爬山,从泰苏初中开始,便带他爬遍了北京周围所有的高山;也带他骑车远行,无论三伏天还是下雪天,骑得远了,就在老乡家住一晚第二天再骑回来。现在回想起来,这些过程对泰苏的成长是非常重要的。的确,老师不喜应酬、不沾烟酒,能放松的时候也就是爬山、打太极拳、在北大校园散步。带研究生后他和师母经常带着学生爬山,还用他在北京环保局工作时进山考察获得的经验教我们多识鸟兽草木之名。老师带我们去过海坨山、鹫峰等地以后,我们才知道原来还有比经常宣传的名山更幽深险峻的妙境。老师说过他曾给自己起过名为"草山"的号,我印象中对外很少用。山不必说,老师欣赏草的原因应如古哲那样"取其生生意"。我博士毕业工作之初,因疲于奔波,心情郁闷。老师和师母听其他同学说起后很挂念我,老师专门给我发邮件,鼓励我"一定要有韧性,有野草般的生机!"后来告诉我,每周五课后他还带学生们打太极拳,如果我有时间可以过去散散心,那是2008 年春季学期,我就每周五过去。那时练拳地点已由未名湖边转到了西

---

① 　张祥龙:《〈张祥龙文集〉总序》,载《张祥龙文集》,商务印书馆,2022。

门内东北侧蔚秀园一隅的小池塘边，当时还未整饬，草木丛生、杂花生树，但非常僻静。正值阳春三月，老师周五下午有关于孔子的礼乐人生与哲理的研究生课，下课后他会先带一些感兴趣的同学在校园里找《诗经》上提及的野生草木，找到后很喜悦，会小心地摘片草叶放到专备的标本夹里。

老师对野草精神的欣赏应该和他自己的人生经历息息相关。他年少时因家庭出身问题备受打压，史无前例的政治巨变中，他在北京四中创办《四三战报》，1967 年 6 月 11 日发表《论新思潮——四三派宣言》一文，运用领袖讲话中的"财产和权力再分配"概念分析当时的社会问题，主张政治权利在人民群众中的公正平等分配，当时引起强烈反响。经历过那一历史阶段的很多人都知道《四三宣言》，但很少有人还记得作者。老师也从未把这些经历作为政治资本宣扬，只是偶尔在回忆中不自觉地提及。赵振开（诗人北岛）在《暴风雨中的回忆》一书中记载了老师青年时代这一重要历史事件。赵敦华教授在追思会上也强调："我认为，我们今天追思祥龙，无须避讳这件事。……而且应把这篇《四三派的宣言》收录到祥龙的文集里，因为这是一个历史文献。"因这篇宣言，《四三战报》被打成反动报纸，《文汇报》也发表批判文章，老师遭受严重的政治迫害，两次被关押，后来被发配到远郊的工厂做最累的工种。一个 18 岁的青年面对这些常人难以承受的苦难时，并没有被摧垮或沉沦，而是像野草一样顽强地生存，并在苦闷之中有缘结识贺麟先生，走上了探究世界人生真谛的思想之路。2002 年，老师通过邮件回复学生在"哲学概论"课后所提的"哲学的学习给您人生最大的帮助是什么？"这一问题时也不由自主地回忆起以往的经历："你的第一个问题让我反思良久，想到不少往事。回答只是简略的：哲学让我对人生又有了新鲜的感受，而且能一直保持着那样一个生活姿态。……他是深沉的、'曾经沧海难为水'的，而我则是简单的、土气的。我当年也确实是在一间农村的小屋中开始哲学'沉思'的。另一个'帮助'就是，哲学让我能够并且敢于走与他人不同的思想之路。与这有关的一个事实就是：我是属牛的。"老师身上的野草精神应该和鲁迅笔下、梵高画中所表现的神韵相似吧。仁者乐山，智者爱水，而老师兼具儒者的弘毅重威和道家的灵秀超然，又接受现代科学、逻辑、现象学研究的严格训练，多种因缘和合成就为旷世奇才。

每次哲学概论课堂上，同学们都如醍醐灌顶，而下课后，许多意犹未尽的学生把老师团团围住提问题。开始我们没注意控制时间,直到 10 点保洁阿姨来打扫教室熄灯催着离开才结束。后来我们就在 9 点 20 分左右去解围,许多学生还浩浩荡荡地跟着老师谈一路一直到外哲所楼下。那年冬天雪特别多、特别大。12 月中旬一次课,窗外下着大雪,老师讲到政治哲学部分,他指出:人类的政治哲学思想往往是在政治现实使人绝望,需要梦想和理想给人带来希望之光时产生的,因此,我们应该相信未来,就像诗人食指所说:"如果得不到一点温暖的阳光,又如何去迎送生命中绚烂的潮汐?"他给学生们朗诵了《相信未来》:"当蜘蛛网无情地查封了我的炉台,当灰烬的余烟叹息着贫困的悲哀,我依然固执地铺平失望的灰烬,用美丽的雪花写下:相信未来!"绝大多数同学在此之前对食指和他的诗是一无所知的,但当时都被深深震撼了。此情此景不禁使人想起特拉克尔的《冬夜》:"窗外的雪花轻轻拂扬,晚祷的钟声悠悠鸣响,屋子已安排完好,餐桌上为众人备下盛筵。只有少数漫游者,从幽暗路径迈向大门。"①下课后,雪不知什么时候停了,同学们跟随老师踏着厚厚的雪来到外哲所楼下又交流起来。老师谈到上周末他去大兴安岭附近(记不清是哪个县城还是农村)参加一所传统文化义学的开学仪式。当时我们觉得东北山区零下二三十度严寒,路途交通不便,往返时间紧张疲劳,是不是必须去?或者我们学生陪他去。老师说这是民间为复兴民族文化做的实事,再困难也要去支持,而且那边有人在火车站等着接他,不用我们陪。他给我们讲起在大兴安岭的原始森林里,月光如水,蹚着齐膝深的积雪,感受到的大自然那种深远广袤的静谧。同学们围在旁边倾听,四周一片寂静,偶有积雪从树上滑落的声音和夜鸟的啼鸣,大家心中恍惚若有所悟。

　　当然仅靠课后答疑时间是远远不够的,为此老师公布了他的电子邮箱,还让助教又申请了一个课程邮箱,学生可以直接给老师发邮件问问题,也可以在课程邮箱中讨论学习体会。老师每次课讲新内容前都会把上周汇总的比较集中的问题给同学们解答,也单独回复了很多同学的疑问,而且每一封问答通信同时放到课程邮箱中使所有同学都可以看到。这样也深化了同学们对所学内容的理解,提高了效率。现在有些选过课的同学还保留着和老师的往来邮件。

---

① 　特拉克尔:《特拉克尔诗集》,先刚译,同济大学出版社,2004,第 108 页。译文有改动。

尽管从道理上都说学习过程最重要,不要太在意成绩之类的,但在高校任教的我们都知道,成绩直接关系到学生的很多切身利益,其实是绝大部分学生最看重的。每到期末提交成绩前后都是各高校老师们最头疼的时间,会不断有学生因为不满意考试分数找老师商榷。老师对此有充分的考虑,秉持贯彻始终的公正、公开、严谨、理性原则,在课程大纲里对考核已经有周详科学的设计和说明:学习过程中写两篇论文,第一篇论文与课堂试讲可以自选一项,成绩占比20%;第二篇论文40%;期末考试40%。论文形式、选题范围和谋篇布局方面的基本要求和要领,大纲里都有详细解释。课堂试讲由于要占用教学时间,每周安排一组,根据报名先后和选题是否重复有名额限制,有些没入选的女生还找助教哭鼻子。试讲时阐述基本思路与要点15—20分钟,正面回答老师与同学们的问题10—15分钟,如果自己有问题也可以当堂提出。因为要面对老师和如此多的天之骄子的考验,每组都尽心竭力地准备,同学们的提问也都很尖锐,讨论气氛热烈,我们助教为保证老师后面讲授的时间每次都严格掐表。老师根据试讲和答疑的质量评分,相当于第一篇论文的分数。而如果试讲同学不满意自己的分数或出于其他考虑,也可以再写第一篇论文,最后取二者中较高的分数。从中可见老师为学生考虑得多么细致、人性化。

老师对第一篇论文限制1000字以内,第二篇3000字以内,是为了激励学生真正地用自己的话语表达自己的所思所悟,避免不必要和盲目的引证,尽量做到"无一字多余"。这与流行的让学生紧盯核心期刊规则写作发文的要求相反,培养学生独立思考与自由表达的能力。当然北大学生也很出色,有不少作业写得很好,老师看了也高兴,有时为一篇论文写的评语比原文篇幅还多。精彩之处不吝赞语,可改进处也直言不讳,并给出总体性的写作指导,如老师总结的:"就是要在这个地方和时机,也就是学生倾注了许多努力、关注和期待的滚烫之处(孔夫子讲的"愤""悱"之处,见《论语》7.8)来指导他或她,才最有效。这时你心目中'什么是一篇出色的(或偏失的)学术论文?''如何写好学术论文?'的观念和经验,才能有效地传递给学生,这时他或她才能在一个更高的层次上感受到你的公正,和你对他们的关爱。……这种良性的横向比较(相比于老师的纵向指导),对于建构他们的学术意识也有比较强的效应。总之,要让学生们尽量鲜明、有对比直感地意识到,什么是一篇会得'优'的论文,什么是好的学术工作,什么是应该遵守的学术规范,这样他们才会在未来的长期学习中以或显或隐的方式追求它、深化它。如果一开始就达不到这种意识,以为好的学术只是(像名师那样)讲得精彩,或能够应对考试,或以为混一混也能通过,那对他们的耽误就是巨大的。我从自己学习和研究的经历中深知,能写出优秀的学术论文,既是基本功,又是最重要的学术能力之一。对于文科来讲尤其如此。"①我当时想:选老师课的本科生该有多幸运啊,多少学校和专业的博士生也没有这种待遇。对这些本科生而言,这样的指导肯定会使他们受益终生,特别是以后有志于学术研究的人。

批阅这么多学生的论文和期末试卷是项大工程,第一次作业 10 月中旬批阅,第二次 11 月下旬批阅。老师需要组织门下有时间的所有硕士博士参与,否则依他严谨负责的态度是不可能在提交成绩的期限内完成的。老师从未因私事占用学生时间,师母在老师的追思会上说到她喜欢去北大听讲座,老师担心她没有座位辛苦,经常提前去给她占座位。我们还是第一次听师母说起,即使这种小事,老师和师母也从未让学生代劳过。相反,老师还牺牲自己的休息时间给我们开现象学原著的读书班和学德语的小组(还给我们起了一个"复社"的名称,启发我们学外语不能仅靠机械重复,而应温故知新以复见天地之心)。老师教我们打杨氏太极拳老架,给我们讲解王宗岳的《太极拳论》,还经常和师母一起带我们爬山踏青风乎舞雩。现在让我们参与这些教学环节也是大有裨益,起码我毕业任教后没有因学生成绩问题发过愁,也没有为此和学生发生过争执纠纷,因为照搬了老师的程序(当然内容是大大地简化了,因为课程性质不同)。老师找周六日时间和我们一起在外哲所批改论文,往往要到周日晚上才能完成。他给我们说过:你在他们论文上批的每一个字,可能都是你这一生所写文字中,被最热心地阅读、揣摩,并最有效果的!我们也认真对待这项工作,反复考量,如果发现自己感觉特别好或特别差的,必须先交老师过目才能给优或劣的成绩。记得第二篇论文批阅过程中,有助教怀疑有一份作业的部分内容有抄袭,交给老师看后确定了。老师让我们联系了这个同学,一位戴眼镜的男生,下周的一个下午带他到外哲所办公室,老师和他谈了很长时间。后来告诉我们这个同学承认有抄袭,也

---

① 张祥龙:《什么是生成学术能力的教学结构》,第 6 页。

认识到问题的严重性，表示以后永远不会再犯类似错误。出于对学生前途的考虑，老师说不按不诚信行为记录，但这项作业成绩要记零。这位同学通过教训知道了什么是必须遵守的学术规范，以后应该会知耻后勇。

当时未能留下老师批改过的学生论文原件和照片，做助教那一段时间恰逢他悉心指导我翻译原鲁汶胡塞尔档案馆馆长鲁道夫·伯奈特的《论德里达关于胡塞尔〈几何学起源〉的"引论"》（"On Derrida's 'Introduction' to Husserl's Origin of Geometry," in *Derrida and Deconstruction*, ed. Hugh J. Silverman, Routledge Press, 1989），从我保存的他反复修改过的五次译稿同样可以管窥一斑。起初 15 页的稿子批改得密密麻麻，从题目到尾注，从内容到标点符号乃至字型字号，每一句里都有改正，而且有的一句里改动不止一处。有的在留白处注明改动原因或列出相关出处，有时页眉里写不开就转到了背面，修改和批注的篇幅肯定远超译文字数了。后来的几稿他同样细致入微，有些已校过的又做了进一步改进，一直在精益求精，到第五稿才定稿，最后发表在《世界哲学》。如今看到厚厚一叠翻译稿上熟悉的字迹，不知不觉间已泪流满面（图 54、图 55）。

这次老师指导我翻译前后有七八个月，对我后来的学习有决定性的影响。起码使我克服了对现象学和外文原著的畏惧心理，觉得自己这种基本专业外语零基础的也勉强能做翻译了，对专业学习有一些信心了。其中涉及的很多现象学知识尽管当时没完全搞清楚，也有了总体的印象，不然可能开题时都不知道怎么选择研究对象。写到这里我不由想起当年博士开题前，老师和我谈了两次，觉得我对现象学的一些基本问题还没搞清楚，不由得有些着急，担心我能不能过关。我一看也慌神了，后来赶紧把开题报告送到老师办公室请他修改。没想到老师看到我形式上很规范详细地列到三级标题的提纲，以及选题依据、意义、研究现状、创新点、参考文献之类的写了 10 多页（因为自己在硕士期间和毕业后在地方高校工作时发表过论文，参与过著作编写，有写作经验，但其实当时并不理解一些基本的哲学概念和观点的确切含义），忍不住笑出声来说："还真像你自己说的，问题没搞清楚，写出东西来还像模像样的。"当时感觉老师如释重负，那可真的是为学生担心啊！后来老师又认真地把开题报告给我完善修改，指导我读哪方面文献，先解决哪些重要问题，后来的开题、写作到答辩还算顺利，能按期毕业（当时处于博士学制过渡阶段,四年也勉强算按时吧)。老师不论是对选课的本科生、研究生,还是自己指导的研究生,乃至旁听生和慕名来求教的人都同样真诚以待、尽心尽力。我由于专业基础差,后来身体不太好,让老师和师母更操心吧。工作后自己在现象学研究和翻译方面没什么成绩,但遇到写作任务总是下意识地临事而惧,尽力把理论阐述得明晰准确,简洁流畅,杜绝常规性错误。如不是很紧急,日常邮件、手机信息也避免错别字、病句、标点符号错误。这是老师通过身体力行改变了我原来清谈玄奥、好高骛远、马马虎虎的坏习惯。

老师这种始终如一的认真、严谨、细致使他必然要付出超出我们想象的辛劳。他平时经常提醒我们注意饮食和作息,保证身体健康,但也无奈地说尽管自己从小习练太极拳,了解养生理论,但也不能不熬夜。在我们印象里,好像没见他放松游玩过,有时春秋外出爬山游园也是和师母带着学生去,一路上还是我们请教问题的时间多。这一段搜集老师的照片和资料,有人提供了前些年老师唱歌、和师母跳舞的照片,我们还很惊奇,仔细一看原来还是系里组织的活动。而长期超负荷操劳也是有极限的,2009 年老师宣布为了专心著述,至北大退休年龄的三年内不再招收研究生,也推辞了一切学术活动。后面几年,他除了上课、指导学生和必要的事情来学校,其余大部分时间在延庆山脚下的居所静思写作。这样做是真正出于对学生负责和对学术的敬畏,一个人的精力总是有限的,总帮别人做加法,只能给自己做减法。感觉自己没有足够精力把学生培养好,把会议论文、学术讲座准备好,就只能暂时放弃。正因为有纯粹的学者,我们还能感受到师道的尊严。即使对于给在校生做的讲座,张老师也从未懈怠过。我们整理 2021 年冬季老师在复旦大学的文艺现象学报告时,发现他准备讲座就和写论文一样,文件夹里的每个专题都有大量相关素材,许多研究专著和论文的摘录以及各种版本的原著信息。讲稿已经非常充实和成熟,不需要做修改,每个专题用的 PPT 也都有一百多页内容(他近几年才开始用 PPT)。我们需要整理的主要是老师最具特色的在讲述过程中当场构成的精彩内容和即兴拈来的例证,还有对学生问题的精妙回应。在面对热情求教的学生时,老师经常会不辞辛劳,一如既往地忘记已远远超过了预定时间。我个人感觉老师的自律近乎严苛,甚至在病重时还因为自己的精神不能摆脱身体的(现象学意义上的)压制折磨,这个身体让自己变得软弱而对我们感到歉意。而实际上,这种"软弱"无关精神、意志与心理。任何一个真实的人,不论孔颜还是释迦、耶稣,只要有这个现象学的肉身、这个知觉场,脱离不了无常变易,就不可能跨越这种"软弱"。性自命出,没有对这个身体和真切的苦乐哀惧的感受,四书上冠冕堂皇的大道理靠得住吗? 六经应如何去注呢? 老师同时已经告诉我们,他一生教我们的并无半点虚言。所谓道、天性之类似乎空空如也,但确确实实是有的,是真的,能起作用的,但它们是非对象化的。在那种状态下他还牵挂着学生,祝福我们及家人都好,希望我们在以后人生的路上继续追求真理而不只是追求世俗的利益。达此境界又何来常人似的恐惧与软弱呢?

心是大海身为水泡,老师其实从未远离。但这个现象学身体还是让我觉得里面有个黑洞。回想着 20 年来老师言传身教的点点滴滴,我突然醒悟:我们天天研究经典志在圣贤,一直在身边的老师不就是圣贤吗? 先生认为孔子最不愿意建构那些形而上学的东西,但是他从生活本身发现的那种美、那种艺术,包括整个改造人生的力量是无与伦比的。而孔子的伟大之处恰恰就在这方面,所以黑格尔想看孔子的形而上学或哲学是看不到什么的。这恰恰也是孔子与后来的儒者不太一样的地方,到了孟子,六艺的作用已经减少了,主要是一个"万物皆备于我";到了汉儒又有所恢复;到了宋明儒又是一个很复杂的情况。先生觉得自己读《论语》最有体会的是:好像看到孔子的音容笑貌,他的为人处事就在眼前(参见《与蒋庆先生的对话》,2006 年 1 月,深圳彩云轩,未刊稿)。而这些不正是先生自己给人们的感受吗? 圣贤不是供在孔庙里的神化完人偶像,也不是"人人可以为尧舜""满街都是圣人打滚"的玄谈。如果一个知行合一、始终如是地赤诚、仁孝、严谨、纯粹的人,一个极高明道中庸的真实的人不是圣贤,那到底要让我们去哪里找圣贤呢? 我反思 20 年来从老师那里学到哪些现象学和中西哲学的东西呢? 可能不仅仅是各种理论、知识、概念与如何著书立说,而是用自己的眼睛去看、用自己的话语去说、用自己的心去感受大千世界纷繁芜杂的现象及其变化,还有应对千变万化人生势态的不变的底线与原则。起码让我明白了孔夫子为什么会说"道始于情""朝闻道夕死可矣"。寸草之心何以报得三春晖? 但不论生死穷通,老师在我心里点燃的光会伴我走向无尽的未来。

老师，我们会继续和您一起，"探索美好的事情"

赵　炎[①]

那天，接到师兄的微信，老师走了。从病情急转直下到最后，心里其实已经慢慢有了准备。原以为最痛还是那次最后的视频见面，之后不断想起和老师在一起的日子，更是抑制不住地痛。但那天得知消息之后，还是无法接受。"泰山其颓乎，梁木其坏乎，哲人其萎乎！"

老师，从 2002 年开始跟着您读研究生，一晃，已经 20 年了……原初想报考北大，只是茫然无助中的一个选择：人活着到底是为了什么？或者，本来就没有什么意义？但是，经唐文明师兄推荐，似懂非懂地读了您的《海德格尔思想与中国天道》后，考研，就变成了一种渴望。

老师，读您的书、上您的课时的激动人心与惊心动魄，如在昨日。今天又重新整理了当时的读书笔记，依旧震撼如初。您的思想和精神永存。

老师，您的著述和讲课，为我打开了一个很不一样的世界：终极的天道，并非书本上写出来作为"概念规定性"的"真理"，而是在非现成化、非对象化的终极视域中的实时构成者、生成者，也只有在每个人自己原初体验的原发境域中才能获得其自身。老师，是您给了我那双很不一样的看世界的眼睛，而它又绝不仅仅是用来看世界的，我的人生也由此开始才逐渐找到了意义。那对我来说，太重要了。

于是，在您的指导下读海德格尔，上溯到笛卡尔、康德、休谟、胡塞尔，等等。还有 Kisiel 的 *The Genesis of Heidegger's Being and Time*，从您的复印本再复印，上面还有您的大量批注，我继续读此书时的认真劲儿，也就可想而知了。

---

① 作者简介：赵炎，张祥龙老师 2002 级硕士研究生，现为辽宁大学哲学院副教授。

　　刚刚拿到了您的新书《中西印哲学导论》,一下子又回到了 2002 年做您"哲学导论"课助教的时候。您的导论课,一直都是最受全校学生欢迎的课程之一,而我的兴奋程度,也丝毫不亚于您的本科生们。帮学生联系购买课堂辅助教材,下课后等待您耐心解答完学生们的所有问题,然后陪着您走回办公室或者回家,满满的全是开心。后来我给我的学生上"中国哲学史"的课,前面也有一个导论,我一度觉得那是我自己的摸索,可再次重温您的《中西印哲学导论》,却发现太多的东西早已经潜移默化于其中了。

　　哲学,从生活中来,更要返回到生活中去。老师生活的重要部分之一,就是他的学生。老师极重教学。手写的讲稿上,每年都在新增修改;学生求教的每封邮件,都尽心回复;甚至学生的每一篇作业,都要写下详细评语再返还给学生(这个我到现在都做不到,惭愧)。还记得有一次我未经大脑说科研比教学重要,您当场严厉反驳,以至于我后来每次见您,都要特别强调一下我的教学,强调一下学生们爱听我的课。

　　老师的教学激情洋溢,儒学和现象学的源发境域充满其中,自身真正的笃信好学之情,时时都在引发着学生们的共鸣。哲理不再是僵固客观规律的外在描述,而是正在每个人的切身体验中构成着自身。这是一条显示着并指引着生活的道路,人生的原发意义也必然在其中回旋生成。有时说到无可描述处,您就会有一个叹美的、神游天外的表情,摇头,加手势,于是整个课堂都会心一笑:是真有那么一个东西。所以老师的课堂上,也经常会有各种各样的人出现。听师母说,师母问老师:"怎么来找你的人都不太正常啊?"老师回答:"正常的人谁来找我啊。"失去了意义正在寻找的人似乎都不太正常,但也许,这才是最正常的吧。

　　老师对学术的要求同样严格。那时北大外哲专业的论文答辩,经常投反对票的有两位老师,一位是靳老师,另一位就是张老师。但老师又是最爱护学生的,通常情况下,反对票以不影响学生毕业为止。所以后来当 1 票反对也会带来许多问题的时候,老师也就很少投反对票了。我跨专业过来,不太会写论文,老师一方面批评得很严厉,另一方面更手把手地给我改、教我写,1 万多字的硕士论文,最后改成了 5 万多。

　　意义于老师,总是脱功利的,且总是在每一个具体当下构成与生成,所以老师也总是徘徊在学校现成体制的边缘。2009 年老师 60 周岁的时候,按照北大的规定,可以退休,也可以再干三年,老师毫不犹豫地选择了退休——不是要远离他的学生,只是要暂时离开这个太"对象化"的体制。老师为此还在结课后,举行了一个简短的"金盆洗手"仪式。我去买的盆,老师指名要以前那种搪瓷的,不要塑料的,当时好像还不太好买。还记得仪式上我读的是陶渊明的《归去来辞》,"富贵非吾愿,帝乡不可期""世与我而相违,复驾言兮焉求? 悦亲戚之情话,乐琴书以消忧"。老师要去山里看书了。

但是我们都知道,您还会回来的,您离不开您的学生们。果然。果然我在山大读博士后,您来山大做特聘教授了,再次听到您讲课,《存在与时间》,再次是人头攒动的课堂,再次是满怀兴奋的我⋯⋯之后,更令我惊喜的是,您还参加了我的博士后出站论文答辩,还记得您当时问我的问题,关于时间。

在北大的日子,时常和老师师母一起聚餐(当然是老师师母请客),饭桌上的讨论让人神往,除了"纯粹"的哲学问题外,就都是我们提到的各种事情,以及老师的各种儒学和现象学的解读了,比如关于"去魅"的多重涵义等。师母还常和老师"拌嘴",总说要解构老师,老师则从来不发火,师母一说,老师就笑。而我们看到的,则是满满的幸福。

每逢节日,您都让我们去您家里,与您和师母一起喝茶、聊天,那是家的感觉。过年的时候,您和师母则带着我们一起去放烟花,就在北大外面的那个公园,让来年有个好兆头,还记得其中的一支烟花是让我能找到一个好的工作。和老师师母一起放烟花,开心。

您说您年轻时喜欢道家,热爱自然,总是和我们讲起您在环保局时的各种考察,而我们,则直接感受到了您如鱼得水的开心。周末,您时常带着我们一起去郊游、去爬山。在北京,是植物园,凤凰岭,海坨山⋯⋯一谈到海坨山,您就眉飞色舞,因为那里有您和您儿子在一起的美好时光,您甚至曾经一度说要"字海坨"。那次去海坨山,就是因为您打算在山下的村庄租一间房子看书。还记得晚上您和村民们一起喝酒,失眠的我还过去凑了一盅。还记得第二天爬山迷路了,您说沿着雨水冲出的山沟走就行,果然,走出去了。

在济南,和您一起去红叶谷,爬您住处附近那个还挺高的"无名"山。还记得在那山上和您讨论儒家的仁义之性,它仅仅是一种"如何",还是里面也有一种先天的"什么"? 我说得慷慨激昂,您并不赞同,却听得非常耐心。好久没去爬山了,但我知道,再次爬山的时候,一定会想起您,想起和您在一起的日子。

自然的世界里，不仅有山有水，还有各种植物动物。还记得您带着我们一起在校园里认植物的情形，您拿着您一直向我们推荐的汪劲武老先生的《常见野花》。至今还清晰地记得和您一起分辨"早开堇菜"和"紫花地丁"的情形，您对照着书，带着我们一条一条地核实验证。北大的校园，一下子就充满另一种生机和意义。毕业以后再见到您的时候，您手机上（师母的手机？）又多了一款植物识别软件，叫"形色"，当然又少不得您的推荐和介绍。又记得，您和师母去中医诊所那次，等待的时间您居然在看一本"北大常见植物"（具体书名记得不是很清楚了），并兴致勃勃地向我推荐。这本书市面上已经没有卖的了，所以我特意一页一页地拍了照片（忘拍首页了）。后来机缘巧合之下，我还随着汪劲武老先生一起，在校园里找植物、认植物。再后来到了辽大，开春的时候，我也时常向我的学生们提起《常见野花》，提起"形色"。

道寓于艺。这技艺之一，即是太极拳。在学校的日子，您经常带着我们打太极拳。由于种种原因，我们不停地在北大校园内换地方：从未名南路上小山谷中的一片林中空地，到红五还是红六的院子，从赛克勒西边的那个方块地域，再到朗润湖致福轩的那个小平台，到处是美好的回忆。我的肢体记忆一直不是很强，又全部心思都在看书上，所以只在打的时候认真，回去之后则很少复习，所以也记不全。肯定是惹您不高兴了吧？还记得有一次终于照着书又复习了一遍，结果第二天您有点感冒，让我领着大家打，而我居然整套独立打了下来，当时看着您惊讶又赞许的表情，我好开心。

老师，和您在一起的点点滴滴，都历历在目。我人生最快乐的时光之一，是在北大，和您在一起。

命矣夫！从天地大化中来，复归于天地大化去。而精神不断。我们会继续和您一起，"探索美好的事情"。

与恩师之二三事

朱松峰[1]

纪念、回忆张老师的方式和角度可以有很多,但在我心目中,张老师首先是一位真正的教师。

2002年,我决定报考北京大学哲学系外国哲学专业的博士研究生。出于对张老师为人为学的崇拜和对自己未来学术道路的筹划,我毅然决然地选择张老师作为我报考的导师,甚至根本就没有考虑过我会面临多少困难。现在回想起来,当时真是有点儿"无知无畏"。

入学考试之前,我联系了张老师,他欣然同意见我一面。那天,张老师在北大内静园三院上课,他让我在他下课时在门外等他。于是,我提前在大门外等候。我此前没有当面见过张老师,但是根据他的年龄,在我的潜意识里我认定我在等的是一个"老年人"。但是,眼看着一批批的人走出来并离开,我却看着哪一个都不像张老师。最后,从院子里面出来的人越来越稀少了,我有点儿着急了。正在此时,有人在背后叫我的名字。我一回头,见一儒雅可亲的"年轻人"站在了我面前。在确认了是我之后,张老师告诉我,由于他此前也不认识我,他走出院门之后,没人找他,于是他就往远处走了走,以免我在别的地方等他,结果走了一会儿也没人找他,于是就返回来,看到门口只站着我一个人,才来确认是不是我。自此以后,在我的脑海中,老师都是那个儒雅可亲的、总是"虚怀敞开"的"年轻人"。

2003年入学考试的时候,笔试之后就面试,那是我第二次见到张老师。在面试的过程中,在我这么一个初出茅庐的毛头小子回答问题的时候,张老师也能如海德格尔所言"泰然任之",静静倾听,让我把我想说的话都说完,

---

① 作者简介:朱松峰,张祥龙老师2003级博士研究生,现为中南财经政法大学哲学院教授。

弄清我要表达的意思之后，才或评论或继续追问。在我自己也带学生之后，我也总是力图做到张老师的样子。

在考试结束之后难熬的等待中，首先出来的是专业课成绩。我的成绩还算不错。我高兴地给张老师打电话，老师十分理智地让我保持冷静，并说外语成绩还没有出来，即使差及格线 1 分也是不行的。结果，一语成谶。我的外语成绩真的比北大当年划定的及格线少了 1 分！不过，老师告诉我虽然如此，他还是可以向学校争取一个特批名额。获知这个消息的时候，我所报考的另一所大学也正在打电话给我，急于让我进行录取确认，以免耽误录取他人。所以，虽然当时正值 SARS 病毒肆虐的时期，我还是又给老师打电话，表达了我急切地想到北京来一趟的愿望，老师语重心长地跟我说：我与赵敦华老师会努力给你争取，你来了对于这件事的成功与否也起不到什么作用，我们都应"知天命"！听到老师这句话的时候，我焦躁不安的心立即就安静了下来。这对于我以一种平和的心态等待最后的结果来说，是至关重要的。

最后的结果是好的，我成了张老师的学生。在成为张老师的学生这件事情上我想我可能比任何人都幸运。谢谢老师！在成为张老师的学生这个过程中，虽然我还没有当面聆听过老师讲授的专业课程，但是在开学之前老师就给我上了深刻的一课：在重要的时刻要保持冷静、谨慎，甚至是超然的心态，对天命泰然任之。这是我终生的精神财富。谢谢老师！

与儒雅可亲、虚怀敞开、泰然任之并行不悖的是张老师对待学术和人生一丝不苟的严谨精神。在我攻读博士学位的过程中，无论是我用于发表的学术论文，还是我提交给他的课程论文，他都会至少修改三遍，而且修改得非常仔细，大到布局谋篇，小到遣词造句，甚至标点符号，都要检查和修改。而且，他总是试图把这种为人为学的态度传递给我。他第一遍修改的时候，总是只修改全文的三分之一，然后要求我按照他修改的思路和标准自己修改接下来的三分之二的内容。他第二遍修改的时候，就重点修改我自己已经修改过一遍的那部分内容，着眼在大的、宏观的方面，而不再管遣词造句、标点符号等小问题，这些问题的修改完全由我自己来负责。在我的心目当中，"率先垂范"又不"越俎代庖"，才是本真的教育方式。

记得有一次在张老师的办公室，他当面指出了我所写的一段文字中存在的一个问题。一方面，由于当时有其他同门在场，我觉得有点儿脸面难堪；

另一方面,我自己觉得那也不是一个大问题,所以就笑呵呵地想打马虎眼过去。不料,张老师突然发怒,严肃地责令我认真地解决那个问题。在我的印象中,这是老师唯一一次对我发火。自此以后,这种严谨的学术态度和精神是我再也不敢马虎的了。

还记得,为了修满学校规定的学分,我给张老师提交了一篇课程论文。但是,当时我没有认真地去撰写新的论文,而是把以前写的差不多是个半成品的文章交了上去。当晚,张老师就给我打电话,严肃地让我决断:或者重新提交一篇好的论文,或者成绩不合格(而且他告诉我,他已经给好几位同学判定不及格了)。结果是我下学期选修了其他老师的另一门课程,认真撰写了课程论文,才修满了学分。

仅仅是通过上面的"小事",张老师就已以言传身教的方式培养了我对学术的严谨态度和敬畏心态,同时也教会了我如何以严肃的态度对待自己和自己的人生。至于张老师不断突破自我、求新求深的精神,本人资质愚钝,虽不断学习,但总难及一二。

虽然张老师在为学为人方面对学生要求很严格,但是在生活上他也是非常关心学生的。2005 年,我在《世界哲学》上发表了两篇译文。这是我第一次发表译文。在这两篇文章的翻译和修改过程中,张老师都付出了很多心血。译文发表之后,我收到了稿费。我觉得张老师作为文章的校对者,天经地义地应该分得一部分稿费。于是,我就给老师打电话,他感觉到有点诧异,跟我说:你是文章的译者,而且你也不需要考虑稿费这样的事情,你需要做的是把自己的学问做好!

2007 年毕业找工作的时候,由于各种原因很是不顺利。张老师出于其为人品性,不会主动地为学生找工作而去做疏通关系之类的事情。对此,我也是甚为理解,对张老师不但不怨恨,反而更加敬重,只是聊天时偶尔跟他抱怨当今社会工作难找。实际上,他还是很关心这件事情的。2006 年除夕夜,张老师和师母买好了烟花,召集在京过年的同门弟子一起在畅春新园休闲广场共同庆贺新春。放烟花的时候,张老师特别地嘱咐让我第一个点燃烟花,他说这寓意着明年我将会有好运! 我来到现在的工作单位之后,有一次回京与老师、师母重聚。他们关切地询问我在工作单位怎么样,我回答说很好。他们如释重负地说:那我们就放心啦! 2011 年,张老师来我的工作单位做讲座,虽然他在世俗的人际交往上向来不善言辞,但还是极力表达请我的工作单位的领导关照于我的意思。

2022 年 5 月 28 日,老师以网络视频的方式与我们这些学生们见了最后一面,他说与我们在另一个更少痛苦的、更真实的、更美好的世界里还会再见,而且他给我们讲的、教给我们的不曾有半点虚言。果然,当天晚上我就在梦中世界见到了老师。老师对我具体讲了什么,我醒来后记不起来了。我记得的是,老师不断警醒我还有很多地方存在着缺陷,并鼓励我不断地提高自己。在既紧张又兴奋的情绪中,我似睡非睡,也不知过了多久,一睁眼已是天亮。我深深地理解了颜渊的喟然之叹:"仰之弥高,钻之弥坚,瞻之在前,忽焉在后。夫子循循然善诱人,博我以文,约我以礼,欲罢不能。既竭吾才,如有所立卓尔。虽欲从之,末由也已。"

此后,我又在梦中与老师相见过,其中增添了挥之不去的悲伤感,但是同时也弥漫着温暖的感觉!

"先生移我情矣"

——追忆恩师张祥龙先生

蔡祥元[①]

　　一直没法静下来去面对老师的离去,感觉还那么不真实,他的音容时常浮现出来,仿佛就在身边,好像他还在某个地方,可以随时再去拜会。从入学至今,前前后后跟随老师20余年,蓦然回首,似乎也只是短短一瞬。

　　最初见老师是在北大静园三院的一间教室。那是2001年春天,研究生考试成绩刚公布,分数跟自己预期的出入比较大,教务李明珍老师说那你去找张祥龙老师吧,今年他阅卷,然后告诉我上课的时间和地点。那时三院没装修,印象中还有些破旧,从正门进去,沿着长廊绕一大圈才找到上课的教室。教室不大,里面坐满了学生。记不得细节了,讲的是中国哲学,视角很独特,第一次就被老师讲课的方式吸引了,那时并不知道这是现象学方法。只记得当时听得很投入,课后跟老师关于答题方面的讨论并没有怎么展开,当时好像也不怎么在意了。后来就在那个时间点一直去听老师讲课,课后时常会再跟老师做些请教,去得多了,结识了一些其他听课的学生,才发现很多都是旁听的。

　　考上研究生以后自然想让老师指导,但老师告知那年已经确定了一名保送的学生,而外哲所原则上一位老师只带一个学生。我有点失落,在邮件中再次表达了自己的希望,最后还是得到了老师许可。入学后赵炎师兄告诉我说,老师跟所里提出把他第二年的名额拿出来才招的我。跟随老师读研以后,最难忘的是在老化学楼227上课。教室不是很大,经常需要抢位置,过道

---

　　① 作者简介:蔡祥元,张祥龙老师2003级硕士研究生、2005级博士研究生,现为中山大学哲学系(珠海)教授。

里,有时讲台周边也有学生坐着或站着,除了选课的学生,不少都是旁听的,可能还有社会人士。大家就这么杂乱地、有点拥挤地围坐在教室各处,全神贯注地看着老师,倾听着他的讲解。老师的课有一种魔力,他并不完全把内容讲"尽",不把知识点一条条地摆出来,而是经常结合文本,通过对字词的旁敲侧击,把问题打开,让一些看似平淡甚或熟视无睹的文本变得生趣盎然起来。这些新的视角不同于已有的观念化哲学知识,而是一种能触动你、能让你感受到却又不能完全抓住的东西。所以听课的学生都很专注,生怕错过要紧的东西。老师上课的声音整体上是平和的,没有那种慷慨激昂式的激情,但不平淡,富有节奏的变化,清晰而确凿,伴有一种他自己也投入其中的、被他自己所讲解的思想所吸引的真情。随着内容的变化,随着问题的深入,这种思想的"真情"会在他的身体语言中呈现出来,大家能从他姿态上、从他眼神里看到他讲的东西确实是"真"的。不只是中国古代经典,现象学文本到老师这里也会"幻"出新的意味,甚至非哲学文本,像《红楼梦》《战争与和平》等,一经他分析,都变得充满哲学的意趣。老师《现象学导论七讲》修订版的副标题是"从原著阐发原意"。在我看来,这里的"原意"并非作者或文本的原意,而是老师自己面对哲学文本时所激发出来的缘意,因文本之缘而生的原初之意。这种"原意"居无定所,因缘而起,能让听者跨越文本,穿越时代,与古今中外的哲人发生共情。在那些时刻,我也时常会进入一种出神状态,被老师打开的"思想世界"所吸引,教室外是高大的白杨树,斑驳的阳光穿过窗户照进教室,仿佛自己的整个生命也被穿透了。

　　除了上课,老师还经常带我们打太极拳。每周五的傍晚是师门的一个节日,大家会相约去未名湖旁边的红楼。开始打拳前后,老师通常会跟我们讲些有关太极拳的事。记得他说过,他的老师是杨氏太极拳正宗传人,还说他小时候一开始也不太乐意,后来打着打着就开始主动喜欢上了,每次打完以后,都有一种"手之舞之足之蹈之"的莫名轻快感。他还提到年轻时的一次太极拳之用,是在食堂买饭,有个年轻人插队跟人起了冲突,他出面说了几句话,那个年轻人冲上来就要动手。老师说他也不知道怎么随手一借力,那个年轻人就一个踉跄差点摔出去,没敢再动手,老师说这个可能跟他打太极拳有关。老师打的是杨氏太极拳,总共有80多式,我们刚学的时候,每次只要求我们先学几式,后来不知不觉也都全学会了。老师还让我们记诵些太极拳经和口诀,我还记得一些,"虚领顶劲,含胸拔背","一举动周身俱要轻灵,尤须贯串。气宜鼓荡,神宜内敛,无使有缺陷处,无使有凹凸处,无使有断续处。其根在脚,发于腿,主宰于腰,行于手指,由脚而腿而腰,总须完整一气,向前退后,乃能得机得势"。现在想来,老师的言行举止,还有他的思想,处处充满气韵,得机得势,中正平和,已经深得太极之妙。

老师喜好山林,师门每年春秋天各有一次登山活动。北京周边好多山,近的鹫峰、八大处,远的海坨,我们都去过,有的还去过不止一次。爬山的时候老师经常会跟我们分享他年轻时在自然保护区的工作经历,会给我们介绍一些植被的常识,还会讲他年轻时爬山的事,特别提到跟他孩子爬泰山的事,走的是带有探险性的野路,说得极为动情。在北大读书期间,师门的登山活动很为其他同学羡慕。一起登山的不限于师兄弟,有时也会有其他同学,师母也跟我们一起,有男女朋友的还会带上各自的男女朋友,人多时经常男女生各分一组,一组跟老师,一组跟师母。每次登山活动就像一次喜气洋洋的盛会(图47)。

每年中秋和元宵节,师母都会邀请大家去他家里。老师家的客厅不大,师母每次都会准备精美的点心,大家围坐在一起,有吃有笑。老师经常谈到某个话题兴致正高时,师母就会打断他,或者唱反调,让老师干着急,但也不动气,在大家的笑声中又开始了新的话题。这样一个话题接一个话题,不知不觉都会聊得很晚,最后都是怕影响老师师母休息,才很不情愿地起身离开。回寝室的路上,大家依然兴致盎然,往往还会再回味一番老师师母"互怼"的场景。老师不只是大家的思想导师,他还跟师母一起是大家的生活导师,他们对每个学生都关怀备至,在他们影响下,师兄弟之间有一种别样的亲切感。

老师于我教诲实多。我是理工科背景,从小都怕作文,刚入学那会,也不太会写论文,经老师多次修改,才逐渐领会论文写作要义。我的博士论文导言部分,一开始就写了一两千字,轻描淡写地暗示了下文中的主题,老师看后严正地对我说,导言就像门面,评审的老师最仔细看的就是导言,他们不可能像他这样从头到尾把论文看一遍,到里面去寻找论文的价值,一定要在前面把自己的主要观点说出来。之后我又写了一版扩充版的导言,写了两三万字。老师看后又很急切地批评说,导言是引导性的,不需要把论证的细节都展示出来,这个写得太具体了。中间老师又做了一些很生动的指引,还记得一些片段,比如:要直抒胸臆,不要太绕,又不能太直,要"东露一鳞,西露一爪",要留于余地,等等。当时我隐隐约约感受到了老师要表达的东西,也知道了导论和正文的区别,但当时我也知道,这是一种很高的境界,我还不能完全驾驭。

我一开始就对老师用现象学解读中国哲学的做法很有感觉。但我博士论文写的是纯西学的,有关德里达与维特根斯坦的思想比较,本来最后一部分计划再跟老庄语言观做个比较,因为时间问题这部分内容并没有展开。2010年我毕业来山大工作,2012年底原来所在的文史哲研究院被扩充合并为儒学高等研究院,让我有了更多做中国哲学方面的机会。差不多同一年老师从北大退休,山大哲社学院聘他来做一级教授,让我更有机缘从事现象学与中国哲学的会通研究。之后好多年我的主要研究精力都放在这方面,近几年围绕感通问题,断断续续完成一本书稿,这是受老师思想直接启发而来的,也把它视作交给老师的一份答卷。2020年年底完成书稿整理,联系出版前发给老师,希望他写个序言,因为前些年老师做了一个小手术,刚恢复过来,所以我希望他简单写下就行,不要太费心思。书稿有30多万字,老师用寒假时间不仅写了序言,而且书稿大部分内容都看了一遍,并提供了不少修订意见,包括打印错误,让我很是愧疚。这个书稿只是我以后研究的一个引论,一直想着这方面还可以再得到老师的引导和指点,没想到成了跟老师最后的思想互动。

在老师最后的时刻,我托老师公子泰苏给他发了一个留言,其中一段文字表达了我自己这几年跟老师有关的思想感受:"经历这些事,也可能年纪大了,慢慢地回过头去对哲学又有了些新的体会,尤其对您早期提出的终极实在、意义机制、时机化等,近两年它们不断地在我脑子里出现,结合这些经历,对它们又有了新的理解。最近的一篇文章就把您的意义机制说法提取出来,作为现象学的基本原则,以推进经典现象学家的观点,可以赋予现象学更大的解释空间。终极实在,尤其是终极跟边缘的关系,也是一再地触动我,不仅仅是理论上的,还有来自生活本身的。发现自己的这些体会,包括来自生活的感触,都能在您的文章里找到呼应。所以,我一直很庆幸,虽然早年考研走了很多弯路,耽误了好几年时间,但是因为遇到您,让我很快找到了思想乃至人生的方向。我这几年的思考和写作,感觉都是在消化、在回应您的思考。"

受老师影响的不只是我，不只是他的弟子，还有很多听过他课的学生，以及很多学界同仁乃至不少社会人士。人们常说人无完人，但跟老师接触过的人，即使不同意他的思想，但在为人方面，还没有听到对他有非议的。他离世以后，那么多人用诗文来表达对他的悼念之情，追溯对他人格和思想魅力的感受，再次见证了他思想与人格的纯粹。

老师思想的开显力与创造力，他对中国思想文化的影响，还没有完全呈现出来。在未来，回过头来我们或许会更好地发现他对中国学术的独特贡献。他不仅重溯了儒家的思想道统，在这方面接续并推进了现代新儒家的工作，更深刻地推动在现代哲学视野下对儒家哲理的重构，而且在道家、释家、兵家等方面也都给出了富有思想新意的阐释，为后学提供了方向。可以说，他用自己的思想和生命实践重新"激活"了中国哲学的智慧，也在真正意义上实现了中西哲学的会通。

北京追悼会回来以后在宾馆隔离，给学生上网课时讲中国古代哲学的认识论问题。讲到最后涉及象思维的讨论时，我引老师下面这段话作为课程的结束："通过象，你似乎并不知道什么，但总知道得更多更深。每次触到象，你就开始知道了，就像触发了一个泉源，它让你进入一个幻象迭出的世界，让你越爱越深，越恨越烈。因为这由象生出的爱总能同时爱这个爱，不断地补上它的缺失而更新它；而恨也总能在它的象中找到不断去恨的根据，所以象是上瘾的、成癖的，因为它隐避而又让人种下病根，就像这些汉字之象影射着的。"本来准备念完就下课了，但几次中断，无法读下去。《世说新语》记载周子居语录说"吾时月不见黄叔度，则鄙吝之心已复生矣"。在老师身边的这些年让我知道，此言非虚，人间确实有黄叔度这样的人物，你在他身边，听他说话，就能受他感染，被他转化。老师乘鹤西去，世间少了一个可以让我，也让很多好学之人可以成癖上瘾的"泉源"。

今日北大哲学系为老师开追思会，因为珠海疫情未能成行，只能以此遥寄追思与感念！

2022 年 7 月 27 日 不肖弟子祥元 再拜

沧海月明桴不归

——追忆祥龙师

李　峻[1]

先师张祥龙教授去世已有一周多。这一周中,我虽然帮忙操办了一些老师的身后事,也拟了挽联挽诗,但内心恍恍惚惚,感觉很不真实,总觉得老师的音容还在眼前。后来读到了许多师友以及素昧平生的学人悼念老师的文章,所写的既是熟悉的恩师,又有许多陌生之处,但这陌生并不让人疏远,反带着几分更深层的亲切。读着这些文章,老师在我心中的形象变得更加饱满丰富,更加动人,然而也让我不能不接受,老师确实是走了。

心神激荡之下,不免想写上几句,但又不知从何写起。和老师结缘已经有 22 年的岁月,固然还比不上许多前辈师友,但也将近四分之一个世纪,其中好几年时间,每周都会见面谈话,近年来每年也总有一两次相聚,其间有多少说不尽的往事?但话说回来,流光无情,转瞬廿载,曾经鲜活的记忆不知何时已变得黯淡不清,能够写下的真切记忆,远比想象中来得少。大概只有内心的悲痛与思念,是这一段悠长时光不可磨灭的证明。所以在这里,大概也只能写下一些碎片吧。

我是北大 99 级的本科生,第一次见到老师,是在 2000 年的昌平校区。最初的印象,感觉是一个俊朗挺拔的"青年",看样子也就 30 来岁。他给我们上课时正当春日,一走进来就有一种春风拂面的感觉,说话却又沉稳有力,令人心生好感。当然最早的印象已不成具体的画面,但那种感觉却似乎仍在脑海萦绕。

① 作者简介:李峻,北京大学哲学系 1999 级学生,张祥龙老师 2003 级硕士研究生,现主要从事科幻文学创作与研究。

老师教授我们的是西方哲学史,他带着一本厚厚的手抄讲义,感觉备课十分认真。不过当时我已经啃完了数部哲学史,包括罗素和梯利的名著,以及一些国内学者的著作,心想不会有太多新论。但听了几节课之后,我就感觉老师的讲法非常新鲜活泼,和传统哲学史中的讲法不太一样。虽然是讲西方哲学史,但他经常联系到中国和印度的哲学观念,乃至许多文学艺术作品,却又不是离题万里的闲谈,往往与主题相互发明印证,让许多晦涩的命题变得富有生命力。记得比较清楚的一个细节,是某一天正当惊蛰之类的节气,我们这代城市孩子都没什么感觉,但老师专门提起,并指着窗外的青山(昌平校区毗邻山间),说此时山里会有什么花开,草木如何萌生,动物又怎么活动,让大家一下子真切地感到了此时此刻大自然中的生机变化。从这里又延伸到人对于时间的体验,思想的活力跃然而出。

不久后,我在图书馆中看到了老师几年前出版的成名作《海德格尔思想与中国天道》,首先让我大吃一惊的是,这位我本以为 30 来岁的"青年教师"原来是 1949 年生人,今年已经 51 了,但看上去真是完全不显年龄。而书的写法也和我读过的一些哲学书籍完全不同,我囫囵吞枣地读完了这部书,当时我对海德格尔没什么真切了解,自然也谈不上有深入的理解,但也稍能领会几分其中思想的氤氲生气,并为之倾倒不已。后来,海德格尔思想就一直是我感兴趣的方向。

这门课程的论文,我写了一篇《阿纳克西曼德之箴言》,当时仍是用纸笔撰写的稿子,年深日久,文章在手头已经不存,约略记得大意是用几何学的对称思想去阐释阿纳克西曼德的时间观念。现在想来也不过尔尔,但毕竟出于本科新生之手,老师给予了较高的评价,并推荐它去参加"爱智杯"的评选,后来获得了一等奖。老师和我结下深入的师生情谊,就是从这个时候开始的。当时老师还推荐我和他的一位研究生李旭师兄通信,对我也有很大的帮助。

大二、大三的大学生活中,老师和我一直还有联系。我当时不懂得为人处世的许多道理,有些我写的论文,虽然和老师没什么关系,但自觉写得不错,也不知天高地厚,发给他求"指点"。很多年后我才明白,这对大学教师来说大概是最招烦的举动,老师们科研压力很重,连同行的论著以及自己指导的硕博论文都看不过来,谁有时间看和自己毫无关系的本科生课堂论文?

这些文章，我也发给过其他几位师长，几乎没有收到过回复，这当然也是完全合理的结果。

不过祥龙师却还是不同，他总是耐心地给我回复，并提出详实的修改意见，从内容到一些格式上的问题无不详细指正。其中有两篇论文，老师还推荐给正式的哲学刊物发表。一篇写德国哲学的论文，因为语言功底薄弱，未征引原文文献，最后被刷下，另一篇比较熊十力和柏格森时间观念的论文，经过了漫长的流程后，2003年终于在《哲学门》上发表。我当时在脚注中写道："在本文的修改过程中，张祥龙老师对本文的修改和完善、充实，乃至许多格式、翻译上的细节都提出了很多精辟的意见和建议，没有张老师的一再热情支持和鼓励，这篇文章恐怕永远只能是半成品。"这里绝无半点虚美之辞。

进入大四，我因为成绩不错，获得了保研的资格，不过要联系好愿意接收的导师。当时我最倾向的是张老师和陈嘉映老师，二位先生待我也都很亲厚，如何抉择对我来说真是二难！不过嘉映师恰好于此时调走，去其他大学另有高就，客观上解决了这个难题。张老师自然就是不二的选择。当然这只是我单方面的想法，老师还未曾首肯。这件事倒还有一个小插曲。一天我找到祥龙师，想当面请他正式收我入门，不过之前刚遇到另一位老师，聊了几句，心理上被影响，一见面居然连他的姓氏都叫错了："X老师好！"叫得还挺清脆响亮，不可能听不清楚。当时察觉后，我极是局促不安，心想要谈这样重要的事情，却连教授的姓名都喊错，谁会收你？起码也得冷处理一下。但要纠正道歉，又太露痕迹，只能结结巴巴说下去。不过老师毫无愠色地听完了，也没有任何敲打拿捏，直接就首肯了，令我心中一块石头落了地，也足见老师为人的宽厚谦和。

正式拜入老师门下后，我自然花更多时间去听老师的课程、讲座和阅读他的著作，有倾心佩服之处，也有不太同意的地方。有件事我一直记忆深刻：在我保研之后，研究生开始之前，曾去清华听老师的一个讲座。当时老师的思想已经明确转向儒家，讲座是关于家庭和孝亲方面的。我当时年轻识浅，听后总觉得不如理想中哲人的清高孤绝，独自"向死而在"的"酷"，内心颇有异议。讲座后，我陪老师在清华园中步行了一阵，也不甚客气地提出我的质疑，说家庭孝道这些东西未免有点"俗气"，不似哲学的高远深邃。老师的回答，我已记不清具体的字句，大意是说，你还没有这样的人生阅历，又怎么知道孝亲与家庭生活中没有哲学的奥义呢？这个回答的确切中我的浅薄之处，但也不能让我心服。我回答说，虽然如此，但每个人只能活一种人生，您又怎么能知道其他的生活方式中没有更为"终极"的境域？

因为只在路上谈了几句，出清华园后就分别了，所以没能听到老师对这个诘难的答复。后来的人生中，我每每回想这次不长的辩论，对我来讲也算是某种"濠梁之辩"。多年后，我有了自己的家庭和孩子，也经历了至亲的物故，悲欣交加中，体会到了人到中年的滋味。我承认自己错了一半，无论你是否信奉儒家，在所爱之人的到来与离去之间，在人生激流的冲撞回旋处，总有哲思的深意存焉。不过另一半，我亦觉得自己还能站得住脚：在人的存在中，乃至历史发展中，总能体悟到一种不能被现世生活穷尽的超越维度，只是这"彼岸"却又无法做实。这次简短对话的种种引申意味，大概会一直在我的头脑中回响。

从本科毕业论文到研究生阶段，老师都给了我细心的指导和各方面的帮助。若在这里过多讲述，似乎变成了一个"学术逃兵"毫无意义的思想自传，只略说几句。老师几乎不干涉我们的研究方向，特别是我的兴趣比较浮泛，缺乏定性，老师既非常宽容和耐心地包容我的研究兴趣，又给出了许多中肯的建议。当然，我的大部分兴趣和想法和老师的研究也是相契合的，当时结合老师的研究和我自己的兴趣，我也提出了不少新的想法，研究过早期现代哲学、德法现象学理论、中国思想史、汉语诗学，乃至法国汉学家于连的著作……现在想来，最大的问题是缺乏了老师的"道一以贯之"，许多地方偶有感发新思，却未推进下去，也不成系统，所谓"易简工夫终久大，支离事业竟浮沉"，此之谓也。

老师和我在师生关系上，也是难得的平等相待。记得当时老师有若干未发表的文章，给我传阅一下，我也真挑了不少错，现在看来，有些细节问题近乎吹毛求疵，故意逞能，老师也不以为忤（当然也未必接受）。后来别的同学看到，吃惊地说"你怎么敢这么写？"我才觉得有些不妥。不过终究也没有更正多少。当然，老师的欣赏和宽容对我也未必是好事。因为和老师可以进行"吾爱柏拉图，更爱真理"式的讨论，让我觉得学界本来都该是这样，后来为人处世，就遇到不少风波。但遇到这些事之后，我才真正领会到老师的虚怀若谷，赤子之心。

研究生期间，还有许多在老师身边的温馨故事，比如打太极拳，郊游爬山，节假日去老师家聚会等，其他同门，如我同届同学蔡祥元兄在纪念文章中已经详细写到，在此就不赘述了。不过，这段流金岁月里，我也逐渐了解到老师前半生的曲折坎坷。多次人生逆境下，他总是向往着山林生活，偶尔也能逃归其中。我想，幽静寥廓的山林对他来说也是永恒的精神支柱和灵感源泉，所以后来登山成了他的一大乐趣。跟着他爬了几年山，我自己也逐渐有些体悟。后来自己在国内外也尽可能去登山，登上高寒清冷的山顶，或者走进人迹罕至的山谷深处，登高眺远，或静坐林间，感受一下其间的天地精神，或许也能稍稍体会老师的心境。

我硕士毕业后出国留学，其间亦多亏老师的大力推荐，得以追随国际名师学习。不过后来出了不少问题。记得大概是在 2011 年左右，老师与师母来比利时访学，还专门来我在的城市看我。老师问起我学业的进展，我其时已经日渐窘困，只能硬着头皮略说了一些博士论文的构想，老师又问我博士之后的学术计划，我当时其实没多少想法，随口说想做一些现象学和西方中世纪哲学方面的研究。老师似乎略感失望，说最好不要只是沉浸在西方传统里，还是要回到中国自身的问题意识上。说以后几十年的学术事业，到了这个阶段算是正式开始了，如何发展，一定要有规划了。

我感受到张老师语重心长中对我寄予的厚望，内心十分感动。但是自己学业上诸多问题无法补救，最终连博士也没有完成就回国了。此前，老师还推荐我去一所无论是综合排名还是哲学学科方面都相当优秀的大学任职，以老师的声望，对方也一口答应接收。但既然没有拿到学位，一切自然也都白费了，糟蹋了老师的苦心。虽然后来另有一番际遇，也许在世人眼中不算全然失败，但对老师的期望和栽培，总是深愧于心。聊足安慰自己的，可以说人生遭际奇妙诡谲，也是一种心灵的锻炼，总还没有离开"实际生活经验"这个真正的哲学学园。

我回国后，去找老师和师母坦诚了自己的问题，以及内心的歉疚。记得老师很宽容地对我说，这也算不了什么，人生漫长多变，他在我这个年龄还在读本科呢！一切都会好起来的。我逐渐放下心结，不久后，2013 年秋，老师主动邀我同游敦煌和嘉峪关，大西北的雄风更是令我心境为之一畅，渐渐从阴霾中走出来。不久后，老师执鞭山大，我又去济南跟他学习了一年。从那时到现在,我陆陆续续还做了一些哲学研究以及译介等工作,虽然几乎算不上什么成绩,但除了自己的兴趣外,也觉得这样还能稍微回报一些师恩,让自己早年的训练不至于全然抛荒。

　　虽然学术上不免荒疏,但近年来,我对老师思想的领会反而深入了许多,或者说让自己更明白了自己的浅薄。前面说的家庭孝亲问题是其中一个显著例子。另外,老师前期的思想,我自信还是比较熟悉的,数年前曾经写过一篇《张祥龙思想述评》发在《当代儒学》上。不过近年来,老师的思想不断推陈出新,盈科后进,放乎四海,其丰富与活力越发令我惊叹,每过一段时间再关注,就会有新的进展。比如前两年读到他完整的《儒家哲学史讲演录》,其实第一卷还是我读研究生的时候参与整理的,也写过几篇论文试图发扬其思想,但后面的许多发展,比如利用出土简帛对于先秦经典的诠释,或者对阳明及其后学的深入研究和新解,可以说夫子奔逸绝尘,我早已瞠乎其后矣。

　　老师对于文艺方面也有很多涉猎。记得那年我们同去敦煌,老师在路上跟我说起《哈利·波特》,我听了颇感吃惊,一位年过六旬的老教授对一部晚出的青少年小说如数家珍,可不常见。后来才知道老师还写了文章探讨其中的孝亲观念。那一路上还聊了金庸、《魔戒》《三体》等许多类型文学,老师都十分熟悉,而且并非作为普通的阅读消遣,而是将其纳入其思想熔炉中,去思考其更广泛深远的意义。后来我还知道,他和师母还在音频网站上听了不少流行小说,有些连我都不知道,他也经常能讲出许多心得体会来。

　　就此而言,老师还给我一点深刻的感受。他虽然有自己鲜明的主张,但并没有什么门户之见,更没有什么"大师"的包装意识,不会注重人和作品的"档次"。比如对《哈利·波特》的分析,小说的粉丝不一定认同,学术界也不会高看,可能还觉得这种通俗小说不上台面,又不是《百年孤独》!至于从"国学"的角度欣赏张老师的人士,多半也不以为然。但老师的确从中读出味道,有所心得,也想要传达给旁人,对其探讨的热情也就不在解读《诗经》或者《尚书》这样的经典之下。我想这才是"古之学者为己"之道。其他事例还很多,比如近年讨论的从人工智能到新冠的许多科技问题,他也都纳入自己的哲学思考。

　　但老师也绝非追逐时尚,他也不在乎"逆时代潮流而动",如果说世纪之交,儒学还热过一阵,现在早已是明日黄花,特别在大众媒体上更是被肆意嘲讽和妖魔化。但老师对于家与孝,对于父性,对于同性婚姻等敏感话题,也都侃侃而谈,毫无避讳,让我这些年也为他捏一把汗。虽说偶尔也被宵小攻讦,但总体来说,老师仍然吸引了许多志同道合者,也为不同立场的人物所敬重。我想这是因为他的赤子之心,至诚无息,凡是认真读过他著述的人不难体会。

刚才说到,老师对于科技文化的关注,是他近年来思想发展的另一个重点。有些人认为,他的观念和主张只是发思古之幽情,一味怀旧,这十分片面。老师非常重视未来人类的命运,特别在新冠疫情之后,老师对于未来世界的长生久视之道越发关切,和我也有了一些不期而遇的交集。在2020—2021年间,我几次在一些关于科技、未来甚至科幻的会议上见到他老人家,去年还一同又爬了一次长城,老师精神矍铄,谈起未来的研究计划,其热情和专注令我汗颜。

去年(2021)年底,我在上海办事,得知老师正在复旦讲学,和内子一起去五角场看望他。他见到我很高兴,拉着我谈他的设想。原来他是这一年的北大博古睿学者,在做关于未来适生科技的研究,也就是适合人类生存和长远发展的技术构思。我所从事的科幻文学领域与之颇有交集,老师主动说想和我合作进行一些研究。他还很体贴地说,这只是他的想法,如果我不感兴趣,也不必感到压力。

实际上我听了十分振奋,也特别希望再有一个向老师学习的机会,当即答应下来。我回去后精选了四五本相关的书籍寄给他,并设想了几个方案,想等他看过之后再具体探讨。当然,我们的思路不一样,比如我对于高科技的态度要正面很多,这和我们对于终极境域的理解不同有关,老师也不会不知道。但我知道即便有分歧,也不是什么"立场斗争",只要说得出道理,老师一定不会介意,甚至可能将这些分歧和争辩作为一种激发思想的契机……但老师仅一个月后便查出身体问题,病势迅速沉笃,一切自然还没有开始就结束了。这个未曾实现的计划,恐怕将是我永久的遗憾了。不过,目前我自己手头的一些研究项目也与之相关,总觉得其间亦有老师关切的目光在焉。

2021年年底这次见面,是我倒数第二次见到老师(图49)。当时他虽然兴致很高,但聊了两个小时,说腰部有些不适,我和内子便告辞了。当时,我们以为只是年过古稀而不免略有微恙,但谁能想到,这已是病魔显形的征兆!

今年(2022)春节前,终于得知老师罹患重病,心情十分沉重。但因为疫情和防疫政策的影响,以及老师也不愿意给学生添麻烦,我一直未能赴京探病。有几次想要动身,但想到如果路上感染或密接,反而导致老师和师母在这紧要关头染疫或被隔离,那是何等的罪过!所以只能等师母和北京的几位师兄通报时好时坏的消息。中间给老师写过一封信,师母说他也看过,但已无力回复了。

　　老师临终前不久,我终于能赶到他身边,最后一次相见时,他已经陷入昏迷,不可能再有实质交流。见到他憔悴枯槁却仍平静祥和的面容,我脑海中不知如何,忽然间闪回到当年昌平园那个春日的初见。呜呼!这生命时间在特定时机中的回转与反承,这在无情的飞逝仍回旋、仍淹留的时间之流,这当场凭空构成而又随即变易不居的意义机杼,这些老师曾经显得晦涩抽象的教海,此时此刻竟一时毕现,如洪流席卷着我,在我心中激荡,回响……

　　还有许多别的记忆碎片可以写下,不过还是就此打住,留待他日吧。正如老师所一再谆谆教导的,他本人对我来说,或许根本上也不是一个固定的对象,而是一种一直时刻感受、一直滋养生命,却不可现成化的境界和指引。如此说来,我们已失去了他,却又没有完全失去。他有形和无形的遗产,仍然是他的一部分,也是我们的一部分。"春服既成,冠者五六人,童子六七人,浴乎沂,风乎舞雩,咏而归。"老师的精神气象,也就在其间绽开,舒展,流动,归去来……

　　最后,附上我的一首悼诗,庶几比这几千字的白话文更能体现一些怀念的心境:

自京西返车中悼忆祥龙师

尼山真境久睽违,返日谁将戈麈挥。

法借二西达缘在,时成六位入几微。

燕山云暗龙飞去,沧海月明梓不归。

今夜梦回故园里,先生含笑坐遥帷。

纪念恩师张祥龙教授

王　珏①

2022 年年初,我得知恩师张祥龙教授病重的消息,忧心如焚,一直想去探望,但因为疫情此起彼伏,跨省市探视非常困难,师兄黄启祥教授建议我辈同门弟子可通过邮件问候张老师,这也是张老师平素喜欢的交流方式。很感谢黄师兄的这个提议,让我有机会写下对老师的深深感激之情。虽然老师当时的体力已经不能给我们回信了,但后来听说,师母把我们写的信,一一都读给了老师听,想到老师能听到我的问候,对我来说已经足够。我相信,真正的交流可以突破这些障碍,甚至突破死亡的界限,正如张老师喜欢说的,时间总是以回旋的方式向前,过去会在未来以变化了的方式来相遇。

这篇纪念文字就源自我给张老师写的那封信,以一个懵懂的学生视角,去体会、反思老师的教导对我的学术之路和人生之路的深刻影响,并借此向张老师致以深深的感激。

2004 年,我考上北京大学哲学系,开始在张老师门下读博。2008 年毕业后,也常与老师和师母联系。

在多年的师生交往中,我受益至深,也感受最深刻的是,张老师极为擅长启发学生探索真理的勇气。张老师指导学生的特点,是给学生充分自由的探索空间,而不是预先划定研究范围,甚至指定题目,以至学生可能大部分精力都耗费在揣测导师心目中的学术标准,而不是直面思想的事情本身。在这方面,作为张老师的学生可谓非常幸运,不仅有老师的宽容给我们的心灵埋下思想的种子,更有老师追求学术自由的热忱作为我们终生的榜样。我印象中,张老师从来没有为我们划定学术研究的禁区,总是鼓励我们突破既有视

①　作者简介:王珏,张祥龙老师 2004 级博士研究生,现为西安交通大学哲学系教授。

野,去到不同的知识范式之间,去边缘处探索真理。唯一例外可能就是不鼓励我们选择比较哲学作为博士论文选题,但这其实是出于对学生的爱护之心,避免我们答辩时遭遇障碍。

我自己的经历或可以为老师的宽容做一个注脚。博士三年级时,我出于兴趣,写了一篇在儒家视角下讨论堕胎问题的生命伦理学论文。这种题目其实与我的博士论文方向(海德格尔哲学中的身体问题)无甚关联,而且我当时的博士论文工作进度也谈不上顺利。也许就是因为不够专心的缘故,我最后提交的博士论文只完成了对海德格尔前期哲学中身体问题的研究,比预定计划缩水不少。但当时张老师不但没有批评我的分心,还给了我许多鼓励,并把这篇关于堕胎的论文推荐给了身体哲学专家张再林教授,后来被收入张再林教授和杨儒宾教授共同主编的《中国哲学研究的身体维度》论文集中。这本论文集收录的多是名家大作,我的小文能被收录,对当时的我而言,显然是莫大的鼓舞。

可能是因为有张老师的"思想基因"在,我们师门的研究内容和领域相当宽泛,甚至不专限于哲学。我们这些弟子目前从事的工作内容纷繁多样,虽不能说都直接来源于张老师,但我总觉得,我们这些成就的可能性从根子上都能追溯到老师的思想和教导。最近重读张老师生前出版的最后著作《中西印哲学导论》时,总是想起老师教导的点点滴滴,感触良深。颜渊在评价老师孔子时说:"仰之弥高,钻之弥坚,瞻之在前,忽焉在后。夫子循循然善诱人,博我以文,约我以礼,欲罢不能。既竭吾才,如有所立卓尔。"张老师在思想上对我们的影响也往往是"瞻之在前,忽焉在后"的,这种影响难以对象化,却也因此更为绵长深远。

张老师同样启迪和鼓舞了我们探索人生道路的勇气,这一点甚至比学术上的影响更为宝贵,更为难得。曾经有朋友参加我们师门聚会后和我说,特别喜欢我们师门的氛围。这种氛围好就好在,它是宽松的、有爱的,没有对"成功"的刻板标准。每一个人都可以很自在地、很安心地在老师和师母面前做自己,成为自己,展示自己对人生的不同理解与追求,并都能得到老师和师母的欣赏和接纳。透过朋友的眼睛,我才意识到自己何其有幸,能够生活在张门这个有爱的"大家庭"中,在当下过分推崇竞争,为所谓成功而内卷的社会中,我们居然还能幸运地栖身在张老师和师母营造的心灵桃源。

张老师和师母对我们学生之爱也如父母一般宽厚，为子女计之深远。父母之爱的特点就是会将更多的关心投向最令人担心的孩子。张老师和师母也似乎总是忙于为我们这些弟子排忧解难，无条件地提供精神上的支持。我永远记得，当我遭受当时认为无法承受的重大挫折时，师母打电话安慰我，和我说"这都不算事"。事情后面的发展也证明了老师和师母的先见之明。等我后面真正了解了老师和师母年轻时的一些坎坷经历后，才明白他们对人生的见解是真正岁月沉淀的通透智慧。而他们面对人生艰难的优雅姿态也总会把勇气传递给我。

张老师和师母与我们的日常交往颇具古风。在北大读书时，我们师门每年都会组织春游、秋游，把北京附近稍有点名的山都爬了一遍。颇有些"暮春者，春服既成，冠者五六人，童子六七人，浴乎沂，风乎舞雩，咏而归"的意味。每到重要的节日，我们也都会到老师家开"茶话会"。这些日常交往，当时只道是寻常，但等我自己也成为导师之后，才发现像这样能和弟子保持完全无功利、频密的、有温度的联系的导师其实是很少的，尤其在当下这个日益指标化的、追求绩效的社会氛围中。张老师其实是一个很内敛、内向的人，会回避一些社交，也坚持不使用手机和微信。所以我猜想，张老师并不是因为爱热闹，而是出于对师生关系有一套自己的哲学理解。张老师讨论语言时，曾经说语音和文字的笔画是语言的机体，虽然好像只是一个物理性的存在，并只能以边缘的方式被感知，但在活泼而充满生机的语境中却脱离了它们的纯粹物理存在，而参与到意义的构建核心中去。师生之间日常的情感性交往或许是构建良好师生关系不可或缺的"机体"。在老师的小屋中和大家一起分享的那些谈话和欢笑，是我在北大求学日子里最温馨的记忆。那些谈话也不一定都与学术相关，更像是无目的的思想漫步，谈话的中心往往是张老师对一些人和事的体会，而师母总是老师最好的解释者和解构者，在这种"二对生"（借用张老师的表达）的结构中，谈话总是变成让我们徜徉其中的无尽的思想旋流。

毕业后，我个人的学术成长道路也深深受益于老师。因为换工作和申请资助等原因，我不能免俗，每隔几年就要请张老师为我写一次推荐信。张老师每次都慨然应允，但并非只是出于人情世故而抬高自己的学生，他每次都会认真措辞，重新写上一封，而不是简单因袭之前的推荐信，如果是比较重要的推荐信,张老师还会先读我的论文,了解我最近的研究进展。这也是张老师身上特别突出的求真精神的体现。并且,哪怕只是写一封推荐信,如果达不到他的标准,张老师也会在措辞上很明确地表现出自己的态度。老师不同时期给我的评价,就仿佛成为记录我成长的成绩单,也成为指引我进一步努力的路标。去年老师充分肯定了我这些年在学术研究上的进步,甚至还为我提炼了研究方式的某些特点,点出了我自己都尚未意识到的可能性。老师的评价成为鞭策我继续在学术这条道路上努力下去的最大动力。

从一个学生的角度来看,张老师于我就像一道光。首先,他照亮了一种投身哲学研究的方式和方法。我大三时偶然读到《海德格尔思想与中国天道》,惊为天人,原来哲学还可以是这个样子,当时就存下了要向张老师求学的志愿,完全没有考虑竞争可能会有多激烈。最后居然顺利地梦想成真,这可能是我这辈子最大的运气之一。今天,我还可以继续追随张老师,去实践他所开创的这种哲学方法,更是人生何其有幸的经验!

其次,张老师更新了中国哲学研究中的一些议题设置,开辟了一条在他之前少有人走的道路,仿佛是引入了光。这光不只是指向过去,更是朝向未来,照亮中国文化和人类文明的未来。张老师从来不会以一种客观化的态度对待他的研究对象,而总是向之投注深情,并与之形成深刻的生命连接。这或许是张老师最令我辈高山仰止之处。

最后,张老师自己的人生历程本身就是一道光,在世间照亮了一条无条件求真的道路。张老师最后一次与弟子们线上见面的时候,曾嘱托我们:"要在求真的道路上继续探索,不计功利。"老师去世后,在哀伤中,这句话给了我最深的慰藉。虽然我等凡夫俗子几无可能像张老师那样做到如此纯粹的地步,但依然可以从中受到激励,就像一个生活在地底洞穴,却曾有幸一度见过阳光的人,永远不会忘记这种光明的澄净、美好和温暖。

张祥龙先生思想侧记

朱锦良[①]

先生遽然离世,实令我辈惋惜悲痛。5 月 28 日先生召一干弟子视频见面,勉励众人以真理为重,6 月 8 日竟溘然长逝。先生一生,真犹如古之仙人,既能永远凌虚高蹈,不为道德文章松一口气,同时又风趣平易,处处显示出生命本色里的淡然和谦逊。思其原因,大概可归于"境界"二字。站得高,看得远。用柏拉图的典故,他出了"洞穴",又回到"洞穴"。

怀想当年初见先生,是在 2002 年冬季的"哲学概论"课上。此时先生刚刚出版《从现象学到孔夫子》(2001),而他的《海德格尔思想与中国天道》(1996)已流传多年,学生们对老师的"路数"都有大致的了解。课堂之活跃令人叹为观止,几百人的教室座无虚席。课后,同学们更是把老师围成一团,久久不散。有时同学们还会开辟"第二战场",自个儿扎堆讨论起来。我清楚记得有一次,助教赵炎为向几个同学澄清"芝诺悖论",谈得兴起在黑板上"咚咚咚"敲将起来。

老师公布了自己的邮箱,鼓励同学们发邮件向他提问。我当时只是北大的旁听生,但也鼓足勇气先后写了两封邮件。老师一一给以回复,从回复的字数来看,起码花了老师一个多小时的工作量。我当时怀抱着满腹犹疑,不能相信这种热切拥抱孔夫子的道路是面对现代化困境之中国的最佳选择,然而也从老师的著作中发现了全新的方向,逐渐在"传统"名下做二分的思考。传统之于我而言,主要在政治问题。而我四年本科生涯是在政治系门下读的,之所以想要跨专业到哲学中去,便是觉得在政治学中碰到的所有关键词都只在哲学中才有专门而深刻的讨论。

---

① 作者简介:朱锦良,张祥龙老师 2004 级硕士研究生,现于奥地利维也纳大学哲学系攻读博士学位。

因而,我当时上老师的课,不是抱着听一门考研辅导课的心态而来,而是想要从他的言传身教中找出他著作中未曾明言的蛛丝马迹。有一天,我豁然开朗。那天,在拥挤的教室里,我听见老师说,西方人在政治学上的突出建树是专注于研究权力本身,他们发现权力的分割和制衡可以很好地解决权力的问题,这是他们文化中的一个优点。我不知道当时在教室里的人还有谁记得这番话,对于我来说,这番话像一团焰火在我脑袋里开了花。我学习过政治学,但我从来没有把西方政治学的研究对象独独地集中在"权力"二字上。我们把注意力放在了主权者、政府或者其他一些关键大词上,唯独没有将所有这些主题都包含着的权力内容凸显出来。这番提示不仅让我对原本之所学感到汗颜,同时也更加看到老师学问之精纯和深邃。在日后的学习中,我日益感觉这一洞见的精妙,柏拉图所谓可以隐身的"魔戒"正是西方政治学的核心母题。

有这样一番洞见打底,我意识到,老师并不是——像过去的很多思想观察家那样——对西方彻底失望,才投入了中华传统文化的怀抱。这并不是一场"不是西风压倒东风,就是东风压倒西风"的循环乱战,而是建立在对西方和东方的双重理解上的共同含孕和相互丰富。这番宏旨在今天德语哲学界体现在被称为"文化间哲学"的研究方向中,老师的著作《语言和实在》(2005)便被翻译成德语而收录于"文化间哲学"的一个书系里。彼时我已经打定主意,如果能考上北大的研究生,便要从老师而学,其后虽有波折,但终能如愿。

我入学北大那年(2004),老师正好去德国访问。那时我认为自己之所以看不懂老师著作中的一些精微表述,全是因为对现象学不熟的缘故。所以我准备追本溯源,好好学习一下胡塞尔现象学。老师曾对我们说,虽然做胡塞尔的常会觉得海德格尔可有可无,但我们做海德格尔的总是觉得胡塞尔不可或缺。当时虽然没有老师的授课,但是由朱刚和林丹师兄整理的《现象学导论七讲》(2003)已经出版。该书如同老师亲临授课一般,让人有深刻的在场感。多年以后,我从不止一位哲学老师那里听说,该书是目前最好的现象学导论。老师后来有很多著作都按这种讲课记录的方式出版,它们都有非常完整的手写底稿。而老师之所以坚持出版记录文字,就是为了强化言说之中的生动性、在场性和时机性。这恰恰是他对语言和文字的哲学理解的一种实践。

当时，我也对尼采哲学产生了兴趣。我感到尼采对西方现代文明的诊断与海德格尔殊途同归。海德格尔反对传统形而上学的"概念化、对象化"的思维方式，从而可以与周易、老庄、孔子的"时机化"思维产生氤氲振荡的交汇，那么，我当时想，为什么不能从尼采对形而上学的日神化倾向和基督教的平等原理的批判中，找回孔子时代那种奠基于周代分封的贵族和等级制度下的秩序原理呢？对于当时的我来说，有一个问题显然是非常急迫、有待解决的：如果对古代思想做正面评价，那么显然，古代人的一个基本视野——君子和小人——必须被接纳下来。而这在以平等为急务的现代人那里恐怕是难以接受的。

大约 2007 年冬季的时候我开始担任老师"哲学导论"课的助教，同时也做另一门英文授课的"传统中国思想"的课堂辅助工作。于是，我和老师的私下交流多了起来。有一个傍晚，应该是课程结束之后，我向老师提了关于等级的问题。老师到办公室放下教参，然后我们继续聊。我记得我推着自行车，在凛冽的冬日寒风中一直走到畅春园"物美"超市附近，才与老师告别。我当时满脑子的尼采，却没想到老师给了另一个方向的回答。他说，东方思想也注重平等，比如庄子的"齐物论"，佛教的"众生平等"。而君子和小人只是用于指代生活方式的不同。我当时像气馁了的皮球，面对这一番"打击"有点回不过神来。然而，事后想来，这可能是最好的回答。这番对话也让我对尼采的热度一下子降下来，我不再盲目追求某种二元的对抗型思想图式来"解决"问题。

但想要完整理解老师关于"平等"的想法，我觉得还可以诉诸另一件小事。在我做助教的时候，还需要给学生的"小作文"打分。我当时心慈手软，无法下狠手拉开分数上的差距。老师的一句话宽解了我，他说，如果不能实事求是地反映出差距，那么对优秀的学生也不公平。今天，"优绩主义"成为美国很多专家恨之入骨的对象，但老师这番来自生活中的体悟和论证才是更接近实事的态度。老师曾赞扬亚里士多德"比例平等"的独到之处，这种被西方伦理学界普遍忽略的平等见解，反而在老师那儿找到了共鸣。

我与老师这番或明或暗的"交锋"，帮助我从整体上释去疑窦。老师自《现象学与孔夫子》首次提到"亲亲"，而在《孔子的现象学阐释九讲》（2009）

和《先秦儒家哲学九讲》(2010)详细展开论述,却从未提到"尊尊"。柯小刚曾就此提出批评,以为"仁"之本原在"亲亲","礼"之本原在"尊尊"。却是为何?

我从与老师的对答中得来的体会是,老师不愿意把一种较为"现成性"的社会制度或秩序框架放在人的生存的本源位置。这也是他与蒋庆先生的一个主要区别。制度儒学或官化儒学较能展现儒学外貌上的特征,却无法在表里相称上做足功夫。孔子所说"礼云礼云,玉帛云乎哉,乐云乐云,钟鼓云乎哉",似也完全可以解读为某种意义上的"诚意正心"高于或先于"齐家治国平天下"。

因而,老师特别强调《中庸》"仁者,人也,亲亲为大"句。他认为亲亲是仁的源头,是"君君、臣臣、父父、子子"之"根"。因为亲亲之孝慈是从生活的源初境域中生发出来的本源的人伦结构,所以它比谁都大。"爱"在老师这里获得了比"畏"和"敬"更本源的地位。孝总是要带着慈一起来讲,因为孝也是一种本己地体会到的生命情绪,它主要在一个人成年之后育有子女时才源初地发生。在自己的亲子之爱中回想父母养育自身时的亲子之爱,孝才从根基处立在了人伦的核心位置。孝并非让别人顺从自己的要求,而是自己所体悟到的非孝不足以回应自己的时间性整体存在的意识。

我从中感受到,老师在描述一个不欺负人,也不被人欺负的世界。它有点像为逃避秦政而生活得"黄发垂髫并怡然自乐"的桃花源。因为孝的意识只有在不被污染的处境中才能保存,所以,"儒家文化保护区"的设想可以说是这一思路中的一个必然方案。2005 年老师回国后,我们这些学生常被邀延至家,老师便曾谈起这个设想。这一方案相比于蒋庆政治儒学的"上行路线"和陈明公民儒学的"下行路线",被老师称为"中行路线"。老师曾畅想生态农业可解决文化保护区内的生计问题,在他当时的心目中,这个设想还充满着美国阿米什社区的影子。想着想着,老师还不自禁地担心起如果没有现代牙医,该怎么治疗牙疼的问题来。

这方案与其说是实践的方案,毋宁是一个思想的方案,它里面包含的是介于单纯个体和普遍国家之间的那种"共同体"思想。赵汀阳曾向儒家学界诘问:单纯靠推己及人如何能达于普遍?而老师的回答恰恰在于,一种彻底的普遍化并非人类生存之福。这跟韩裔哲学家韩炳哲对"透明社会"的批判如出一辙。因而,老师的看法是,由亲子源头出发的远近亲疏构成的同心圆,是一种天然生态结构,它既可以克服陷入"狼与狼之斗争"的个体"黑洞",也可以克服走向平均和夷平的普遍性"强光"。

在后来的讨论中,老师也渐渐把"家"作为主题词。在我看来,这是从"孝"所居有的那种个体时间性伸展到空间的、带有共同视域的领地中。这使得这个讨论更具有了国际意义。然而,我的整个学习生涯还只是在亦步亦趋老师前半生的工作。我还一直抱持着一种看法,如果没有熟练地掌握现象学的语言,就绝无可能掌握老师的语言。我一直以为来日方长,可供欢聚的时光仍然在畅春园的小屋中等着我们。老师的离世对我而言实在是太早了。

学生朱锦良记于 2022 年 6 月 16 日

忆　恩　师

张赛赛①

2012年下半年,张老师来到了山东大学任教。年后新学期,他为本科生开设了海德格尔哲学的导论课。第一次见张老师就是在这门课的课堂上。记忆里老师手执粉笔,神采飞扬,把胡塞尔和海德格尔的思想向我们娓娓道来。老师是以原著为依托展开讲解的,这种讲解方式消除了学生对文本的陌生感和畏惧感,并为之提供了一条切实可行的理解胡塞尔和海德格尔思想的道路。尽管那时我并没有完全理解老师的讲解,但他已经在我的脑海里种下了一颗种子,一旦我去认真读书和思考,它就会生根发芽,带给我实实在在的收获。

4月份博士复试结束,张老师找我谈话。我表达了对现象学和中国哲学尤其是易学的双重兴趣。老师向我提出了极有用的学习建议。他说,要想进入中哲的大门,需要记诵经典;如若学习《周易》,那么首先要把《周易》全文乃至于《大学》《中庸》等文献熟读背诵;最好还要具备古文基础,但最后这一点并不是一蹴而就的事情,需要我慢慢坚持。从那时起,我便开始记诵文本,学习古文。老师的这一建议给我接下来的易学学习带来了极大的便利,同时也增强了我的学习信心。如果没有这一准备,那我接下来的学业肯定会困难重重。

谈话结束的时候,老师语重心长地对我说,山大有很好的易学研究的传统,他自己主要做现象学和比较哲学的工作,希望我能兼收两方之长,力求有所收获。从谈话中,我能真切感受到老师的用心,也能感受到老师的期望。这个期望很高,对于愚笨的我来说虽然不太可能达到,但那时确实激发了我

---

① 作者简介:张赛赛,张祥龙老师2013级博士生,现任教于山东师范大学教育学部。

的学习热情。现在想起老师那充满期待和温和有力的眼神,心里还会涌起无法言语的感动,只是老师已经不在,再也没有人能像他那样对我有所期待了。

之后的导论课,我都会去听。课后就跟着老师,听他回答本科生的问题,看他如何指导本科生的读书与写作。老师对待学生一直很有耐心,他从不打断学生的话,也从不轻看学生提出的问题。我从未见过一个老师可以如此地尊重学生,如此认真和用心地指导学生。当然,后来当了助教,我才知道老师对学生的付出绝不止于此时所见的这些。当时老师具体讲了什么,我现在已经记不清了,但公教楼南,老师坐在石凳上同学生谈话的样子却一直留在了心间。

6月份,硕士论文答辩结束后,老师对我提出了学习专业外语的要求,并提出资助我报一个学习班,以便入门。当知道我自己可以负担时,老师又再三确认,生怕给我带来额外的经济压力。同时,老师也分享了他学习语言的经历,指出坚持最为重要,切不可只有一时的热情而有始无终。老师自己确实就是这么做的,跟着老师学习期间,经常可以看到他拿一本德语词典记诵单词。老师对我们的教诲从来都是像这样言行一致的,从没有空话。

博一开学,我有幸当了老师开设的"哲学导论"课的助教。当助教的经历是非常宝贵的,可以说,这是一段老师引领助教成为教师的过程。在这个过程中,作为学生,我可以感受到老师的引导,他把我们带向了一个更高远的精神世界,于其中我可以看到凭借自己所不能领略到的风景;作为助教,我可以看到老师的付出,从备课到授课,从回答问题到批改作业,老师无一不是认认真真,尽职尽责。这也是一种教诲,一种不言之教。老师只是在做,只是以身作则,什么都没说。

一整个学期,除了备课授课等工作外,老师还要回答学生在课程邮箱中提出的问题,为每一名同学批改两次作业,针对每个同学的论文写评语。这其实会花费老师大量的时间和精力,但老师说,这是使本科生养成良好学习习惯最好的时候,一定要把握住这个机会好好引导他们。老师在生活上也多为学生着想。因学习需要准备多本参考书,老师担心家庭条件不好的学生无法承担,他便要求我去有技巧地统计名单,然后帮他们报销书费。甚至有旁听的学生要教材,老师也会帮其负担费用。对于老师的付出,学生是能感受到的。我在同学们中间,能感受到大家对老师发自内心的尊重和感激,课堂中总是充满着一种严肃而认真的气氛。每次课程结束,课堂上都会响起热烈的掌声。这掌声亦是学生的心声,其中还可听到生命意义兴发起来的激荡和回响。

博一下学期,老师推荐我去听山大易学研究中心著名教授刘大钧先生所开设的象数易学研究的课程。正是通过这门课的学习,我才有机会进入《周易》的大门。若无老师的建议和推荐,我自己是不可能把握住这个机会的。当然,若无刘先生的教导,我也不可能快速入门。在刘先生的教导下,我知道了《周易》是一本讲象数的书,知道了象数易学中的基本体例。因为有了前期记诵的基础,我在听课的过程中收获很大。

博二上学期,老师也举办了读书班,带我们读《周易集解纂疏》。这个学期我面临着开题的任务,老师对此是心中有数的,或者说,他已经为我做了某种规划。无论是最先的建议,还是让我去听象数易学的课,抑或举办这个学期的读书班,老师是在一步步引导我学习《周易》,形成自己的问题,为博士论文的开题和写作做准备。多年以后回看这些,我才体会到老师的用意。

读书班时常在山大的软件园校区进行。老师先给本科生上哲学导论的课程,然后再带我们读书。软件园校区离老师住的兴隆山校区很远,读书会结束后已经没有班车,甚至有时连出租车也打不到,老师不得不倒一趟公交到有出租车的地方,然后再打车回家。那时我因为可以和老师在公交上多聊一会儿而感到开心,以至于全然忘记了老师已经连续工作了好几个小时,早已身心俱疲。在老师的帮助下,我最终顺利完成了选题和开题报告。

读博的日子里,除了跟着老师上课读书外,还有一个活动对我影响很大,这就是到老师家里或办公室聊天。这种聊天不是闲扯八卦,而是老师以闲聊的方式向我们讲述他最近一段时间的思考。虽然活动中主要是黄启祥老师、蔡祥元老师和李峻师兄与张老师"闲聊",我很少说话,但我的收获却并不少。在这个过程中,我第一次知道了真正的学者是怎么样思考和讨论问题的,第一次进入他们环环相扣的思考细节之中。同时,我也是第一次以如此近的距离看到了一位学者的生活方式以及他向我们敞开的精神世界,也正是在这个时候,哲学对我而言才开始变得切近起来。原来,艰涩的哲学思想就是这样被提出、打磨,进而一步步成型的。

老师不但在学习上引导我入门,而且在生活上也有很多的关心。从本科开始,我就得了严重的胃病。如果老师较长时间没有见过我,一见面他就会问我身体状况如何,并宽慰我凡事不要着急。2016 年年初,家中发生了变故,我不得不请了长假回家。那段时间于我而言异常艰难。老师给了我非常大的支持,既有情感上的,也有经济上的。老师的恩情,我难以报答。

2017 年春,我回到学校,开始全力写博士论文。10 月的时候,初稿完成。我把初稿发给了老师,虽然他已经看过了部分章节,但又通读了一遍。这次反馈回来的意见密密麻麻,小到错字,大到整体思路,老师都给出了详细的修改意见。记得论文中我总是混淆"做"与"作"这两个字,老师一一标红了它们并做了更正。在论文末尾,老师还把词典中关于两个字的解释附上,以帮助我明确区分它们。论文的摘要和结语我都写得过于简略,老师强调说,摘要和结语是论文的门面,一定要把自己的观点亮明,把创新的地方讲清楚,从而吸引别人读这篇文章。经过反复的修改和反馈,论文终于定稿。次年春,我顺利毕业。老师对我说,这只是开始,希望我继续努力,把研究接着做下去。

毕业后,老师四处讲学,我们真正见面的机会并不多,只能通过邮件联系。我有时向他分享生活中的喜悦,老师也很开心。但同时,我的心里也很不安,一是因为不能时常看望老师,二是因为毕业后的几年没有继续做《周易》方面的研究,甚至也没有写成一篇让自己满意的文章呈献给老师。但那时觉得时间还有很多,不必急于一时,现在想来,这都是自己不努力的借口。

2019 年,惊闻老师身体抱恙,幸好有惊无险,我放下心来。之后老师身体恢复的也不错,但不曾想,今年年初,又听到了老师患病的消息。知道的信息越多,我的心里就越是绝望。我抗拒去想,不愿意承认这个事实。可老师还是走了。尔后的几个月,我时常会在梦里见到老师。他告诉我,这个问题应该这样想,而不是那样想。醒来后,回到现实,我心里茫然失措,无比悲伤。

今天,我整理思绪写下这些文字,里面承载的是和老师一起的日子。之前不愿意写,是因为我觉得,保留住了这些独属于自己的和老师交往的记忆,就留住了老师,但这终究是不可能的。记忆会淡化,而且,它也不只属于我。我想把它们记住,也开始愿意把它们呈现出来。整理之后,我也意识到,在其中的时候,有些东西我并没有看清,如今它们成了回忆,我才开始真正理解这段交往的意义。

老师给予我的东西要比我感知到的东西多得多。这其中既包括老师对学生的操心，也包括老师所教导的思想，更包括老师的精神。仔细回想，会发现和老师见面的时间并不长，相处也很简单。但老师有一种力量，他虽然大多数时候不在场，但他的影响却始终在场。我想，老师的这种力量一定来源于他的真诚，来源于他的思想，来源于他的人格魅力，来源于他对一切美好东西的热爱。老师用他的生命把这一切勾连在了一起。尽管时间会冲淡某些记忆，但有些画面却总是活灵活现，有些东西总是弥久愈显，老师的思想、老师的人格、老师的精神就是这样永远鲜活和永远闪亮的在场者，它们永不褪色。

写到这里，又有一段记忆浮起。那是一个中午，老师邀请他的朋友一块到山大餐厅吃饭，也带上了我们。老师的朋友问到师母，并提到了一些有关师母和老师的趣事，聊得正开心的时候，张老师突然转向我，说道："你师母虽然没有在这个地方跟我们一块吃饭，但她其实也在场。张赛，这就是现象学！"我那时困惑着究竟什么是现象学，而老师的话犹如当头棒喝，立刻让我对现象学有了某种理解。

如果不停地回想下去，我还会想起很多细节。也许，回忆是无法完全呈现的，关于老师的回忆总是历久弥新。老师虽然已经不在，但老师的形象始终在场。这里，我想呈现我心里对于老师的印象和认识，以此作为结尾：

于我而言，老师就像是一座山。他身材高大，思想亦高大，言谈举止沉稳有力，就像山一样高大稳重；他心胸开阔，质朴诚厚，气量弘深，从不怨天尤人，就像山一样宽宏朴厚；他遵道而行，未曾半途而废，有些思想虽不被人认可，但知而不悔，就像山一样内有坚守，挺立自持；他思忧中华古学的传承，以阐述仁孝为己任，且付诸行动，就像山一样外显仁德，容生不已……

不肖弟子 张赛赛

2022 年 12 月 5 日

追忆张祥龙老师

祁　伟①

　　摆在书桌上的是新版的《家与孝》,现在它被收入了《张祥龙文集》中,增添了几篇新的文章,成了张祥龙老师思想道路上的诸多路标之一。距离这本书的初版,已经过去了五年多。张祥龙老师著述很多,其中我对《家与孝》始终有所偏爱。或许是在张老师构思与写作这本书时,我正在他的指导下攻读硕士学位,这本书的一些内容已经提前耳濡目染。那几年里"家庭与孝道"这个话题正逐渐成为他的思考重心,无论是在指导论文时还是在闲谈中,张老师或多或少地都会跟我们这些学生谈及自己正在发生的思想。以至于后来在书页上读到某些章节时,我心中总难免浮现张老师当时谈及它们的神情与语调。

　　张老师过世有半年多了。过去十年间我游学于他门下的点点滴滴,总是不时会从记忆中复活,隐隐有刺痛感。半年来读了不少怀念他的文章,一直觉得自己也应该写点什么,但每当落笔时,就会有一种把同老师的交往写给旁人品评的感觉。或许,纪念文章的意义就在于写之中吧。

　　我与张老师的师生缘,始自 2013 年的春天。但是成为他的读者,则要早很多。在哲学上我是半路出家,大学期间偶然听了一次关于海德格尔的讲座,从此对现象学产生了热爱,尤其是海德格尔讲艺术作品与荷尔德林的那部分,令人着迷。那时候在图书馆的书架上翻到过《海德格尔思想与中国天道》,但是只读完了第一部分,我就把它还了回去,因为这本书中教条化的语言太少,实在太不适合用来考研复习了。考研前的我背诵了满脑子的现象学概念与理论,但一丁点儿现象学经验都没有,应付笔试还行,面试指定得露馅

①　作者简介:祁伟,张祥龙老师 2013 级硕士研究生,现于北京师范大学哲学学院攻读博士学位。

儿。考研结束后的那个寒假里,我恰好读到了张老师刚刚出版的《拒秦兴汉与应对佛教的儒家哲学》,在讲述法家权力传承的那部分,我第一次体会到原来现象学可以如此鲜活生动。于是赶紧买了《海德格尔思想与中国天道》一书细读,迷迷糊糊且充满好奇地进入了一个新天地。直到今天,我还不时地翻开这几本书,试图找回初读时的激动。

初次私下里见张老师,是在山东大学中心校区他的办公室里。彼时我正逢考研面试失利,听闻张老师从北京大学退休后被山东大学哲社学院聘为一级教授,遂大胆给哲社学院去信询问是否接受调剂,同时给张老师也发了一封邮件,问他现在是否还招收研究生。翌日我便收到了张老师的回信,他告知我周四可以在济南见上一面,了解一下基本情况。记得那天张老师问我,是否读过现象学原著。我回答说,读过中译的《现象学的观念》与《存在与时间》,但是读时的感觉云山雾绕,抓不住要领。张老师又考了我关于胡塞尔在"小观念"的超越与内在的两种含义,以及海德格尔对"现象学"的定义。等到4月初山大的硕士复试结束,张老师写邮件给我,让我先读他的《现象学导论七讲》,在秋季入学前争取认真地读一两本原著,最好是胡塞尔的《内时间意识现象学》。印象尤深的是,他在信的末尾勉励我成为一名真正的"儒者"。从此,我便入了张老师门下,开始研习现象学与比较哲学。只是当时我并不知道,张老师原先同山大哲社学院签订的协议里没有包含指导研究生的义务,他也始终未跟我提过,直到后来我才偶然得知此事。张老师对我的"破格"录取,对他而言也许只是给年轻人一个继续求学的机会,但对我而言,这意味着将我带上真正的学术道路。我一直对此既感激又惭愧。

张老师教学的方法并不是灌输式的,而是启发式的,引导学生回到文本与问题的根源上去思考。我在硕士时期选修了几门分析哲学的课程,有一段时间很重视通过论证去解决问题。一次谈话中,张老师问我:"你觉得逻辑论证一定是最重要的吗?"我说:"起码总是必要的吧"。张老师说:"那么,你要解决的这个问题为什么会成为一个问题呢?"我一时语塞。不过,张老师在学术上一直主张多元,对于一个刚刚涉足哲学的硕士生,他更多是鼓励我去尝试新的哲学方法,并不排斥异己的哲学理路。有一次,他说到在80年代出国前,他还写过讨论塔斯基的文章,后来在美国也读过蒯因与戴维森的文章,尤其是戴维森讨论隐喻的文章让他耳目一新,而且他一直都对认知科学与人工智能抱有兴趣。那时候，张老师每年秋季给博士生讲授四次课。记得某次讲海德格尔的"形式显示"方法，他讲到了海德格尔少年时家乡镇上的教堂钟声，以及后来他在山间路上一面来回踱步一面思索。他跟我们说，形式显示方法要求在实际生活经验中有对意义的当场体会，读《存在与时间》也要"瞻前顾后"，从中读出其中回荡的钟声，只有那些形式显示词的声音才能在文本中有所回荡。可惜等我真正从其中读出钟声时，已经过了匆匆数年。

在 2014 年的秋季学期，张老师组织我们这些学生们一起学习《周易》，搞了一个《周易》读书会。山大是《周易》研究的重镇，尤其重视《周易》的象数。张老师自从来了济南，在易学上下了不少功夫。我时常觉得卦象复杂，难以理解。张老师便跟我们分享他学习《周易》的方法。他说，每次去学校食堂吃饭，去的路上记诵一个卦的爻词，回的路上再重温一遍，重复的次数多了，把各卦烂熟于心，然后读《周易》的各种注解就轻松多了。他对我说，要是你不感兴趣，也可以把这个工夫花在学习德语上，他原先就是这么学德语的。张老师从来没有把他的观点与兴趣强加于我，在硕士选题上也给予了我很大的自由。事实上，到今天我都不曾完全地接受他对儒家哲学的看法，在一些具体问题上还有很明显的分歧。好在张老师也从不以为忤，反而在我偶尔口没遮拦时为自己辩护几句。

我一直没对《周易》产生多大的兴趣，张老师关于《周易》的文章是我读时最不细心的。跟我同届考入张老师门下做博士的张赛师兄对此一直情有独钟，后来他的博士论文做的就是对《周易》中"时"的现象学解释。对我们这些学生写的文章，张老师一直都挺严肃的。每次我交给他的论文，他都用各种不同颜色的记号做很多标记，不仅文中有针对具体问题的批语，文末还会写一个对整体的意见与建议。有几次我在返给张老师的文稿里同他争辩了几句，他会更详细地给我注明问题所在，有时还会列出一些文献让我去查证。有一次我写了一篇海德格尔的文章发给他看，张老师在文中注了不少批语，告诉我可能我的思路从一开始就是错的，最后连文末的意见也没写就返给了我。我心想，这回可给老师气得够呛。可是一见面，张老师却说，问题还没严重到那地步，文章都是修改出来的。

张老师家在北京，人在济南的时候总是有限，免不了在京济之间来回奔波。每次来济南,他总会召集我们几个学生见面谈论,有时他来学校,有时我们去兴隆山上张老师的住所。记得第一次去张老师家的时候,一进门张师母对我与张赛师兄说,"让我猜一下,哪个是张赛,哪个是祁伟"。师母健谈,我们也爱听师母聊天儿,有时候张老师跟我们闲聊时师母就会加入,不一会儿就成了主角,张老师也笑着听师母讲各种事。硕士期间最美好的回忆,就是跟张赛师兄一同乘车去兴隆山的时候,一路上就某些问题讨论不休,进了老师家门就把问题抛给老师。张老师在生活中很是一个有幽默感的人,按照他的观点,好的幽默感体现了一种对时机化的敏感。他说,有时候一个笑话要是事先申明它是一个笑话的话,这个笑话就不好笑了,因为你对它有了期待,这就太对象化了。张老师认为,好的幽默感总是期待好笑的事在不经意间发生的。这一直让我想写一篇《关于幽默感的现象学解释》,不知道张老师是否会觉得这种理论也算是对幽默的对象化处理。寒暑假里张老师会一连两个月不在济南,他会把钥匙给我们几个学生,让我们去家里帮着浇浇花。某年暑假这个事是我经办的,每两周去一次,不过最后还是被我弄枯了几盆。

后来我硕士毕业,去北京读博士。很快张老师在山大的聘期也满了,去了中山大学珠海校区继续任教。不过他总有一些时间在北京。后来的那几年,我去张老师家的次数还挺多的,无论是北大畅春园的家,还是在延庆郊外的龙聚山庄。龙聚山庄位处北京郊区的郊区,我那时候住在昌平县城,跟延庆区挨着,坐公交车一路过去也得两三个小时,路上要翻越八达岭,一路晃悠到了延庆,还得换 Y 开头的本地公交再上山。张老师在龙聚山庄的房子很小,客厅被改作了书房,东西两面墙上的书架摆满了书。房子背靠一座山,张老师在楼下种植了一棵石榴树,据说还能结出果实。我第一次去的时候,正值北京一场大雪后,市里的雪都化得差不多了,延庆的山上还是一片白。张老师带着我在山腰上逛游了一番,说等明年春天,这里的树芽儿就长出来了,花也都开了,你再来跟我爬山。身处山间,远离市区的混浊空气,让我也一度产生想遁世隐居的想法。

张老师选择在这么远的山上居住,大抵上是为了躲避世俗烦扰,给自己腾出大片空闲时间来读书写作。我每次去张老师家里,他的书桌上总是摊着一本书,上面有勾画或者批注,一看就知道是听到敲门声,才放下手中书卷的。不过,张老师对家里的各种电器就不是很熟悉了,印象中我给张老师家里安装过无线网络、打印机、修过电视机、热水器,电脑与手机更是让他感到棘手,出了故障搞不明白。前些年当用软件打车兴起时,在路边招手打车变得困难起来,张老师说他也得安装个打车软件了,并无奈地笑着说,这科技进步太快,对我们老年人也太不友好了。我听师母说,张老师很长一段时间都没有用手机,他不喜欢那种随时可能被人打扰的感觉。有了手机后,也一直没有安装微信。我们与张老师的联系一直是通过电邮与电话。后来一直到了新冠疫情期间,防控要求公共场所要扫码时,张老师才迫不得已开通了微信。我到了读博士的后几年,越来越能体会到张老师的心情。大约是,离手机越近,离思想则越远。

回首过去十年,我被张老师所潜移默化的又岂止这一点。我刚到北京读博士时,去畅春园张老师家里拜访他,那天饭后他带着我在北大校园里溜达了很久,才跟我讲,做学问需要搞好人际关系,但是最终还是要在学问上见分晓。我花了很久才咀嚼出来,这是一则看上去像是劝勉的批评。我在 20 来岁时还是每天都想抖个机灵,非要皮一下才舒服的样子,但是过了 30 才逐渐明白当年自以为的伶俐与聪明,不过是浮于表面的毛躁与沾沾自喜罢了。而一时的小聪明正是所有深刻学问的反面,只不过我长期在张老师的羽翼之下,被他视为年轻人的调皮捣蛋而被宽容。这十年来,张老师对思想的真挚,对学问的深切体会,正逐渐让我体会到,深刻的学问绝不是聪明人的语言游戏。对那些对象化产物的聪明灵巧,也许它的另一面,就是对边缘域中终极实在的迟钝与漠然吧。

最后一次见到张老师,是在 2021 年的龙聚山庄。那时我正要离开北京去济南定居,离开前再去看望他们一次。记得那天我出门下楼时,张老师同我挥手作别,只是那时我绝想不到,那是同张老师的最后一面。张老师在病重时,给我发邮件,让我给他找一本书《不再害怕癌症》。那时我们所有人都在期待能有奇迹。

在张老师过世后的日子里,我在读张老师著作时,常常想跟他聊聊天,请他谈一下他所经历过的历史,也谈一下我思想上的困惑,就跟以前一样。每当我翻开《家与孝》这本书时,我总想起 2017 年 4 月中旬的某一天,北大礼学研究中心的吴飞老师与三联书店的几位编辑组织了一场关于《家与孝》的座谈会。那天张老师也带着张赛师兄与我去了现场,就在颐和园的听鹂馆中,此处原是西太后听戏的地方。那天一落座,张老师感叹说,这地方在他小时候他母亲带他来过,这都六十多年过去了。主办方在会后安排了一出京戏,正好唱的是《四郎探母》的第一场《坐宫》。一直到现在,我都记得,在暮春的颐和园里,夜色渐浓中,张老师在台下正襟危坐,台上响起一阵西皮慢板:

> 思老母不由儿肝肠痛断,
> 想老娘不由人珠泪不干,
> 眼睁睁高堂母难得相见,
> 母子们要相逢,除非是梦里团圆。

纪念恩师张祥龙先生

许文超[①]

有些时候,想一个人,念一个人,他就会一直都在,无论是多么遥远的距离,即便是生与死的距离。距离张老师去世已经6个月了,有时候会在梦里梦到和张老师交流,希望张老师在那个世界幸福。我从我个人谈谈我认识中的张老师,说一说我的心里话。回忆的时候会不停地跳跃,一件又一件的事情就在脑海中闪来闪去。

2022年6月,得知张老师去世的消息,我很难受,落泪了。我很遗憾没有去北京见张老师最后一面,主要原因在我。除当时疫情严控外,一方面我相信有奇迹,另一方面是我这个人不愿意看到任何人的死亡,尤其是强者的死亡,在我心里,张老师是个强者,强不是指强力之类的,而是一种让人心生敬佩的强者。我能想象到张老师最后忍痛的时光,我不愿意看到强者落泪,我怕我们都绷不住心里那根弦。

回想起跟着张老师学习,然后工作之后的交流时间。2014年,我很幸运地跨专业考上了山东大学外国哲学硕士研究生,命运巧合的是我考到了当时正在山东大学教书的张老师门下。上学的时候和张老师交流比较多,我工作之后会时不时和张老师、师母沟通交流,有时候写出好的诗句或者短篇,我会发给师母。很多时候不敢多去打扰张老师,因为我知道张老师正在写书,在为哲学、为智慧、为儒家做出更大的贡献。

记得在研究生面试时,第一次看到张老师,他留着长胡须,穿着中国传统服饰,身上带着一股"仙气、正气",内在的智慧不可估量。在跟着张老师学习的过程中,经历了从现象学到儒、佛、道三家,再到周易,最后到家,到孝

---

① 作者简介:许文超,张祥龙老师2014级硕士研究生,现为山东筑莲文物保护工程设计有限公司设计师。

的很多领域与问题。这一路全是新奇的感受,与哲学教科书中的知识很不一样,不是那种硬邦邦的学问,而是突破二元对立的范式,以构成的角度,缘发生的角度,从实际生活经验出发,获得原初理解。张老师是中西比较哲学的大家,他经常告诉我们的是,中西要相互借鉴交流,不能一上来就预设哪家好或者哪家不好。

我觉得在张老师的书里和与他的交流中,充分表达出了"哲人何为"。作为一个对中国传统文化有着深厚理解能力和同情能力的人,在这个全方位西化、个体单子化、家庭衰败化的时刻,张老师能够站起来登高一呼,智慧地看清局面,并且努力做出了新尝试,这样的张老师是值得敬佩的。

张老师在书里提到儒家的时候是充满了同情的,因为儒家是中国人实际生活经验的忠实履行者。但是这个群体的命运在这个时代的处境变得更为糟糕,对比历史上儒家的命运起伏,这一次的打击更加猛烈。张老师提出的儒家文化保护区就是面对人类未来生活的一种美丽的构想。假如能够实现,它将会重新定义生活,而且能够解决儒家的困境。这个保护区的哲理根底是文化的多样性。张老师对这个保护区内的制度提出一系列设计,包括家庭、家族、儒家群体的生活等。我上学的时候读到这个设想,跟张老师交流沟通,有一天我心血来潮,写了个儒家文化保护区宣言,发给张老师看。那一天是在办公室里,师兄也都在场,张老师突然让我站起来读这个儒家文化保护区宣言。我知道张老师想告诉我的是我们没有做错任何事情,我们设想的又何尝不是一种最符合中国人遥远未来发展的选项。好像在这之前,有些人对张老师儒家文化保护区的提法有意见,觉得不现实,或者说是政治上"幼稚"的。其实真正伟大的哲学家在政治里不都是"幼稚的"吗?但是历史从来不会辜负这些智慧的人,因为正是有这些智慧的人的存在,才为人类的未来找到了一条道路。在我朗读完儒家文化保护区宣言后,我发现张老师眼睛里有点湿润,张老师对我提的条目,有些觉得还行,有些觉得规定得"太狠了",可以做些适当的修改。

张老师对儒家的情感非常深,有一次我发给他两句"世有万般海潮音,不见这音见那音"。张老师用邮件回复了两句"不论这音或那音,海潮歌音乃正音"。接着去上张老师的课,我提到了这个邮件,然后张老师微微一笑。是的,我也跟着笑了,因为哲学不只是概念的相互演绎,而是来自纯直观的。

海潮歌音指的是儒家的学问，因为在人类的实际生活经验之中，儒家是真正可以奏出和谐之音的。在东西方哲学的视野中，能够以家、亲子关系为出发点，儒家是独一家。在张老师的心中，儒家就是正音。

张老师对大自然是真心热爱。张老师上课讲他喜欢梭罗的《瓦尔登湖》和荷尔德林的诗歌，曾经张老师还翻译过荷尔德林的诗歌。我认为在张老师的思想里，大自然能够真正激发出一个人的灵性和智慧，在自然中阴阳相互构成，在自然中能够净化人的心灵，而大自然又无时无刻不在变化之中，但是变化中还能瞧见几微。我们在跟着张老师学习的时候，有大量的时间用来阅读和思考。张老师爱爬山，我也喜欢爬山。记得有一次我爬兴隆山，遇到一位 60 多岁的退休人员，跟他聊起来，他说他在这个山上和张老师聊过天，后来跟张老师讲起来这个事情，张老师说记得有这么个人。有一次我从五台山回来，跟张老师讲在五台山的趣闻趣事，提到下雪天，有一个老阿姨让我帮个忙，我帮完忙，她带我进到一个摆满贡品的屋子，我以为要给我贡品吃，她说我想得美。讲到这里张老师笑出声来。

记得有一次和师兄一起去张老师家里，张老师说要给我们每个人一本书，我当时高兴极了，心里想着会是哪本哲学书，结果张老师拿出了一本《野外植物识别手册：自然界的 800 种植物图鉴》，告诉我们爬山的时候可以认一认植物。我拿到这本书的第二天就去爬了佛慧山，在山上拿着这本书去认识植物的时候，就能体会到张老师的用心。在之前爬山的时候，经常认不全、认不准植物，对植物处于一种相对模糊的境地。张老师的用意是告诉我们进入自然的方法，即以打招呼的方式，热爱自然，叫得出名字的自然，语言和自然是合为一体的，这样可以给存在者一个空间，而命名有一种时间感。带着张老师送的书爬山，带给了我一种全新的感受，我会在书中找出每一个植物的名字，然后叫出它们的名字，和它们说话。非常感谢张老师教给我认知自然的智慧，让我深层次地体验到了自然的喜悦和宁静。

在给本科生开设的"哲学导论"课程上，张老师讲到自然的时候总是手舞足蹈，一方面是因为他年轻时候喜欢的老庄哲学，另一方面是因为自然本身总是惹人喜爱的。和张老师一起吃饭的时候，他讲到了拉萨雪山、自然保护区、高山草甸等景象，这些景象确实让人无限向往，就像张老师献给贺麟先生的诗歌中所提到的高山、彩霞、雪山、朝阳，等等。张老师对自己的恩师贺麟的感激之情是纯洁高尚的,在他写的赞歌中,能看出他对恩师的感情很深,是一个至纯的人。这种对恩师的感情,一方面来自贺麟先生的才华和品德,另一方面也来自张老师自身经历的体验。

张老师对学生们总是非常关心和爱护。第一次上课,我拿着张老师写的《海德格尔思想与中国天道:终极视域的开启与交融》,找张老师要签名,张老师签完名,我冒昧地说了一句"您这本书写得太好了"。对于我这句"以下犯上"的话,张老师也是微微一笑了之。张老师对于本科生的教学是非常认真的,当时开设的"哲学导论"在哲学专业学生中是最火的,张老师坚持用粉笔手写,用智慧的话语讲出艰深莫测的哲学知识,为学生们答疑解惑,每次课间都被学生团团围住,张老师耐心解答学生们提的问题。每次讲课结束后,同学们都会报以热烈的掌声。有一年我做助教,负责录像,当我现在再次回看录像时,还是感到一阵亲切,感觉张老师并未走远。张老师讲到哲理的精妙处,会手舞足蹈,高兴得像个刚刚学会说话的孩子,这种陶醉于哲学的热诚,是张老师特有的。在给学生们批改作业的时候,我们助教也批阅试卷,觉得写得好的,拿给张老师看,张老师最后给定成绩。在给完成绩之后,张老师总是会附上批语,指出文章的亮点和可以改进的地方,另外还设置了课程邮箱,把优秀论文放进去,让学生们下载。通过这种教学方式,能够更好地使同学们思考,促进哲学知识的学习。

跟张老师聊天的过程中,张老师提到过很多文学家,像托尔斯泰、陀思妥耶夫斯基、梭罗等,在张老师上课的时候,他会时不时地引用这些文学作品,给同学们讲文学作品中的边缘性、变化性、直觉性。

现在人们的生活更多被科技所主导,张老师在对高科技的思考上,是提倡人工、自然绿色的,高科技会压榨人的生存,比如科学能够运用的地方,有一个领域是战争,正如原子弹的光芒是比太阳还亮的,对人类造成的伤害是难以弥补的。人们不是科技的玩物,而是能够称其为人的一种可能性的实现。在政治上,张老师从年轻时候的遭遇中脱身而出,但这并不意味着他没有自己的政治信仰,张老师推崇的是儒家政治,家族的治理,类似一种弹性的有柔韧度的治理智慧。

在家和孝的思想旅途中,张老师用自己的实际生活经验给出了自己的答案。关于孝,张老师在出版的书中提到了他18至20岁的时候发生的事情,包括办报纸、写文章、被抓等,在这两次之后,张老师回归家庭,回归孝。在张老师去世后,听师母讲张老师生前提到过要把自己的墓地选在父母墓旁,孝的情感一直都在。张老师的《家与孝》刚出版的时候,我就和师兄们问过张老师关于孝和家的问题。在孝这样一个现象上,孝不是个概念,不能以一个固定的名词去理解它,要以构成生生的视域去理解它。听说当时《家与孝》这本书出了以后,还是有些争议。这些争议的背后其实还是中西哲学沟通交流的问题,张老师的解读是颇为新颖的,但是有些人囿于自己固有的学识,看不出里面的奥妙。反倒是他们还在用一套旧的哲学体系在讲孝,活生生的学问被理解得僵化呆板。有一次我问张老师:怎么才算孝?张老师说,这个确实因人而异,因为孝不是一个标准,一旦成为标准就会发生变形。孝的艰难和难以实现是张老师一直强调的。关于家,张老师在书里写得很清楚,西方哲学里是比较少谈家的。张老师对于中国哲学的解读可以说是独树一帜的,是一种新的解读,但是也并不会离开文本本身。就像他说的那样,在理解中国哲学的时间问题时,如果有了现象学的内时间意识,就能更好地理解这种时间,这里并不是对西方哲学的盲目推崇,而是在理解时间的现象时,可以用现象学的方式去重新打量审视它。张老师旁征博引,佛教、道家的学问也相继进入了对儒家的理解中,张老师一再强调的非对象、终极等问题也是如此。

2020年10月,我去北京汇报方案,正好赶上师母和张老师在家,师母说我运气好,那天下午他们刚好在北大这边刚装修好的房子里。张老师在北大的房子不大,里面堆满了书。装修后的客厅以白色调为主,加上花瓶装饰,显得清新典雅。我们聊了一些生活、诗歌创作的问题,聊到了个人喜好的问题。在跟张老师和师母交流的时候,他们问我朋友圈里写的诗歌怎么有点悲愤之感,我说悲愤是有的,但我也不是没心没肺的,张老师听到我的回答,开心地笑了。然后我问张老师,听师兄说,您要出自传,什么时候出自传?张老师说正着手去写。当时我们聊得非常高兴,师母还给我看了她年轻时候的黑白照片。当时张老师看着精神抖擞,身体状态很好,可是没想到一年多后就检查出了病症,病情发展太快。有时候真是觉得这个世界对好人、有智慧的人总是太过吝啬。难得在张老师能够闲下来,安心地再次创作的时候,他却离我们而去。

　　张老师教书基本教到了 70 岁,确实用自己的一生完美诠释了诲人不倦。在 2022 年的 5 月份,张老师去世前一个月的时间点上,他给我们这些弟子讲了一些话,像世俗的生活、道、现象学等。张老师已经超脱了死亡,说他很幸福,期待我们都能够在美好的、灿烂的世界相逢。

　　张老师晚年喜欢周易,会带着我们一起读周易。有一次吃饭,聊到了张老师的小孙子起名字的问题,张老师说他想到的一个名字是"易之",在周易这里,张老师看中的是周易的阴阳互补对生,时间意蕴,以及变幻莫测等。张老师跟我们交流的时候,有时会讲到周易占卜的方法,占卜确实是神奇的,它能够使人们更快地进入周易的话语中,进入一种方法,一种思想。

　　跟着张老师学习哲学,是非常幸福的一件事情,有什么困惑都可以请教先生。张老师在课堂上或者书里已经解答了很多疑惑,我到现在还清楚记得读张老师书的感受,是一种豁然开朗的感觉,就是很多知识在我们这么多年的学习之后,就像做蛋糕的材料都有了,但看了张老师的书之后,美味的蛋糕就做成了。而且这个蛋糕的味道是和我们经常吃到的是不一样的,有一种青草的味道。这让我想起了我的硕士毕业论文,当时我跟张老师说我准备写饥饿,张老师听后,并不反对。论文写成后,他还指导我该怎么修改,并做了很多批注。在他对学生们写文章的包容上,我是非常感谢张老师的,跟着张老师学习,学到的是不要拘泥于陈旧的想法,真正的智慧来自你领悟到的内心的声音,而且这种声音要通过逻辑的、让别人看得懂的语言说出,尽管思想一出口就变了味道,但还是要去说,要保持一颗真诚的心,做一个有正义习惯的人。

　　在艺术方面,张老师喜欢古典音乐,比如《天鹅湖》《梁祝》等,他当时给我和师兄们讲"文革"结束后,去到朋友家里,用收音机听到了《梁祝》,感觉那一瞬间整个世界都是美妙的,全身心沉浸进去了。有一年我逛书城,买了一盘柴可夫斯基的磁带,送给张老师,张老师非常喜欢。有一次跟张老师吃饭,聊到了梁思成,我说梁思成对于中国古代建筑的贡献很大,但对中国现代建筑的贡献不是很多,我记得当时张老师表情面露不愉快,我也就没再接着表述。如今想想,梁思成在学习西方时是有所取舍的,并不是一股脑地去学西方,他们一直保持着作为中国人的自觉,这种自觉是中国文化的延续。

　　在离开张老师的日子里,总是很想念他,希望能跟他再次交流,再次聊起那些有意思的话题。我还记得有一次听说张老师要去山林边上居住，我当时说我要带上两条小鱼，去看望他老人家。可惜说的这些都没实现。可能人生就是这个样子，在一个又一个没有实现的语言中，走到了尽头。

对于一个人的回忆是不会结束的，因为回忆总是源源不断地涌来，不停地带给你思念，思念之后，有点美好有点感伤。

在关于哲学的思考之中，我觉得张老师做到了"哲人何为"。他为中国哲学提供了新思潮，为儒家哲学提供了当代新解读，以及在东西哲学的范式之间遨游，为中国哲学的自觉提供出路，在现象学与中国哲学之间的通融之处寻找新的可能，寻找中西方哲学间平等的对话。

不知道多少次，我望着云彩发呆，对着云彩自言自语，希望得到您的回应。望着天空，说得最多的是三个字：张老师。有的时候，看着夜空，头向上扬起一个角度，就说出那三个字：张老师。我像一个装满了烦心事的青年，总是在不停地倾诉。尽管知道没有回应，但是说出之后，内心会受到鼓舞。

我记得有一次在和张老师、师母聊天的时候，师母问我为什么每天总是那么开心，我回答说因为我觉得世界是有点可笑的，觉得人类的行为是值得一笑的，或许是人类的一种愚笨的可爱。身边的人总是不停地来来去去，没有那种大地的永久。但是在这种变化极为丰富的世界中，张老师带给了我热思，一种新的眼光，一种新的世界之新领悟。还记得有一次我在大明湖畔说我开悟了，然后赶紧写下来一段开悟的文字，您并没有笑话我，而是笑着问我，这种感觉怎么样？我说是一种内心持久的快乐，像是男欢女爱的高潮，又像是人间炎热的一股清凉，而且这种开悟的情景还可以再来。感觉一切都是美好的，一切都不再被对象化，是我与整个大地一起流转。一切世间的流转都在，都能感受得到，有一种持续的热情，贯穿身心。您笑着跟我聊这种感受，聊其中的哲理，聊您的那些美好回忆。还记得您在书里，以及在最后跟我们弟子的视频中，提到"您也没有完全地开悟"，我知道这是您的谦虚，所谓的开悟是非对象化的实际生活境遇，有真有性。这些您都做到了，有真有性有情，您是值得我一生都去怀念去记忆的人。

张老师对于诗歌是有独特情感的，言与诗总是一体的，在听张老师课的时候，他会时不时讲一些诗歌，有他改编、翻译的，也有他自己写的。思念至此，我以一首诗歌《回忆》献给张老师，希望诗歌能够永远陪伴在张老师身旁。

回　忆

像走进一片森林，茂盛的绿色的粗壮的，我和其他孩子一起，在恩师这片森林里唱歌、交流、游憩。

像走进连绵不绝的高山，坚硬的变化的温暖的，我和其他登山者一起，在这无数重山门里，寻找恩师高山的奥秘。

像走进一片海洋，荡漾的蓝色的柔软的，我和其他探险者一样，领略恩师绚烂多彩的风光。

像走进一个院子，幼小的年长的慈孝的，我和其他新生婴儿一样，在如歌如梦的温馨里，感受恩师天道孝亲的智慧。

像走进一片天地，在场的离场的登场的，我和其他学习者一样，在生命的河流中，热思恩师的赤诚。

2022 年 12 月 27 日

怀念张祥龙先生

张晋一①

张祥龙先生是我的师公,是我硕士、博士导师朱刚教授在北大求学时的导师,也是朱老师生命中的导师。

一开始听说张祥龙先生的名讳,是在我进入中山大学硕士研究生阶段的时候。彼时的我刚刚入学,大概是 2014 年 9 月,很快,从网上、从同学们的口中了解到祥龙先生。当我第一次听说先生名讳的时候,顿时觉得这个名字很是惊艳。似乎"吉祥"又有"飞龙",这是乾健的象征,《乾》卦九二爻辞言曰:"见龙在田,利见大人。"但很快我就平静了,因为那时候通过百度百科了解到,张先生因为生在香港九龙,所以名字中带有一个"龙"字。本来也没什么,按照地域起名,这本就是一件再正常不过的事情,就像我的妈妈是山西人,我的名字里也带个"晋"一样。

第一次见到祥龙先生是在 2014 年 12 月,当时中山大学哲学系邀请已在北京大学荣休、正在山东大学执教的张祥龙先生,和李章印教授、陈治国教授蔡祥元教授一行四人来广州做交流。报告的内容我早已经忘了,但祥龙先生给我留下了深刻的印象。此事我多次向朱老师提及,开会总有累的时候,趴在桌上,看看手机,乃至出门点一支香烟是家常便饭。我震惊于祥龙先生处理"疲惫经验"的方式,只见张先生正襟危坐,双眼合拢,聚养精神。在我此前的人生中,我从未见过一个对自己要求如此严格的先生。只此一役,祥龙先生端正的君子形象在我的心中便牢固地树立起来了。

硕士研究生第二个学期,朱刚老师开讲《逻辑研究》,参考书目里必然地出现了一本祥龙先生的作品《现象学导论七讲》,其中一开始的部分正是关

① 作者简介:张晋一,张祥龙老师的弟子朱刚的博士,现于山东大学哲学与社会发展学院做博士后研究。

于胡塞尔的"第一研究",和课堂上讨论的内容是重合的。实话实说,我并不是因为现象学才学习外国哲学的,那时候的我竟然连倪梁康先生在中山大学执教的事情都不知道,现象学对我来说是个空洞又无意义的词汇。所以,一开始看《逻辑研究》的时候,我没有看懂,我还记得那时候和思涵花了整整一个下午的时间,在中大图书馆门口的条凳上试图努力读懂胡塞尔的一个小节,仍然十分吃力,读罢也不觉得自己懂了。当时朱老师让我们自行认领报告内容,每人一节,顺着第一研究往下讲,我运气比较好,要讲的那个部分,第一章第一节,刚好祥龙先生已经做过非常详细的解说,上课基本上按照张先生的意思把那一小节讲一遍,不知道有没有瞎理解,这件事就这样混过去了。《现象学导论七讲》是张先生的课程讲稿,语言平实生动,也不乏思辨的魅力,的的确确让我在现象学这个哲学流派中入了门。

第二次迎接祥龙先生的到来是在我硕士二年级的第一学期,2015年在中山大学召开了第20届中国现象学年会。还记得那时候是张任之、郁欣两位老师带领我们负责会务的安排活动,有一些专家学者需要接飞机,任之老师允许我们自由认领自己中意的学者。有半年前的那次震撼经验,我早已心有所属,前几位学者名字念过时,我都没有举手,只等能有机会和祥龙先生亲近一番。终于,任之老师念到了张祥龙教授的名字,出人意料又合情合理的情况出现了,竟然有三位同学为了接张祥龙先生飞机而争执不下,我呢,直接没有举手,甚至觉得自己尚且不具备介入这场争执之中的资质。当时我记得有一位师姐,甚至还帮助过祥龙先生把他的作品翻译成外文,他们早有私人邮件往来,师姐既崇拜张先生又尚未有机会谋面,我都发自内心觉得应该由她来履行这项光荣的义务。

结果当然是令大家都"满意"的。祥龙先生彼时已多倡儒家仁孝,朱老师毅然追随恩师脚步,祥龙先生飞机自是朱老师亲自去接,既是情理之中,又给我树立了一个好榜样。接飞机虽是小事,但已经充分反映出祥龙先生在那个时候就已经大受欢迎。

由于中国现象学年会是个大会,彼时又恰逢"第20届",整数的年会,参会的学者已经高达100多人,现在的现象学年会更是200人也不止,所以在会议上,给我留下的印象也很简单,祥龙先生不怒自威的君子气象充分地表现在他那花白相间的胡子上,话说,他的胡子和他在互联网上的照片上一样长。

本来我就是一个普通的小迷弟,和张先生也未必会有什么交集,谁知道在 2017 年,命运让我有缘和先生逐渐有了一些私人交往。就在这一年的下半年,我从朱老师那里听来了一个天大的好消息,祥龙先生结束了他在山大的五年聘期,在中山大学哲学系(珠海)的邀请下,接受了一份为期三年在中大珠海校区的聘任合同。

这就是说,以后先生来广州走动的机会更多了! 还没等我消化完这令人兴奋的消息,朱老师在十一前夕给我打来电话,问我十一假期是否有安排。真是恰逢其时! 那时候我读博士二年级,正在准备德语托福考试,准备申请国家留基委的资助去德国交流学习,然而身逢衰运,肛肠病痛袭身。我不能说是无心学习,至少也是"坐"不住了,"无法学习",欣然答复朱老师去珠海同游的邀请。

朱老师带着闺女,带着我,见到了已经在珠海任教的师公和师奶奶。这是一场何其朴素,温暖,又简单,轻松的会面。先生当时也来珠海没多久,学校安排的住宿离校园说远不远,说近不近,先生打算骑一辆二八自行车——可能是大学问家的常见配置——往返于家和课堂之间。由于是私下的师徒相处,我听祥龙先生专门谈到哲学的时间很少,先生的哲学和他的生活话题是交织在一起的,每每通过聊天,甚至通过电视剧的剧情延伸着他的哲学。

彼时我们租车去了珠海的湿地公园,在那里,我当场折服于先生识文断字的高妙,只见有一介绍的小牌,上面介绍了湿地中常见的鹈鹕鸟,先生常年在北方,虽未曾识得此种水鸟,但当时就准确地读出了鹈鹕(pì tī)二字。虽是小事,但我对先生的学问再次肃然起敬。

《冰与火之歌:权力的游戏》这部美剧也是我通过祥龙先生的介绍才得以了解的,病痛缠身又无力学习,近百集的电视剧陪我度过了等待手术的大半年时间。此后出国交流,这部剧也没少给我和思涵在异国他乡的日子带来安慰。

时光流转,2019 年下半年,当我再次回国的时候,朱老师交给我一个无上光荣的任务,即帮助朱老师筹办"现象学与儒学——张祥龙先生《儒家哲学史讲演录》新书座谈会暨学术研讨会"。这次会议不仅学界瞩目,而且朱老师有多重视就更是无须赘言,我也打起了十二分精神希望能帮师公做点事情。会议进行得很顺利，只是群贤毕至，在会议期间我反倒没什么机会与师公交流。不过从这次会议开始，接祥龙先生飞机的事，朱老师已经非常放心地交给我办理了。

2019 年末，会议开完没多久，我在博士论文写作期间去北京找朋友玩，顺道来看望先生。第一次以私人身份求见先生，先生和师奶奶请我和龙泳霖博士在北大西餐厅用餐，我也第一次向先生讲起了我自己的生活琐事带给我的困惑，先生面对我对"家与孝"的不同感受和观点，不仅丝毫没有被冒犯的感觉，反而更加耐心又认真地回应着我的疑难。

2020 年，时值博士毕业之际，由于疫情不允许返校，在家也没法写博士论文，在思考毕业后去向的过程中，我鬼使神差地又迷上了《易经》，这里边儿少不了祥龙先生的先行指引，少不了朱老师的耳提面命，同样也少不了方向红老师那一系列与易学相关的报告。总而言之，我决心去山东大学易学与中国古代哲学研究中心学习易学，但是在选择博士后合作导师的事情上，我再次犯了难。

任人都知道，山大易学中心的刘大钧先生在中国易学学界不可撼动的影响力。人之常情，我也希望有机会向刘先生讨教，只是来求教刘先生的人实在太多，我怎么会有幸进入易学的最高殿堂？

正是此时，我自然而然地想到了师公。那时我央求朱老师向师公转达，希望师公能向刘先生推荐一下我，师公听闻申请人张晋一同学想要在中西阴阳交汇处做点工作，欣然应允，动作极快，一周之内写好了推荐信，对我为人为学都做了评价。信的具体内容没什么特别，我只记得尤其深刻的是，给我的推荐信里夸朱老师为人为学的字句倒是占了不少。

此后博士毕业，我也相当走运地被刘先生收入门下，从此走上了现象学易学的道路，这一切没有张祥龙先生的大力支持和推荐都是不可能的。2021 年 6 月底，临行山东前，我特意去北大看望了一次祥龙先生和师奶奶张德嘉老师，画面简单有力，宛如昨日。

2022 年 5 月底我去广州开会，听朱老师说张祥龙先生身体不大好，我当然也没放在心上，毕竟年龄在那摆着，有点小疾缠身再正常不过。回到山东后我还求先生帮我写推荐信，现在想起来真是愚蠢又恼人。因为我写完邮件后第二天就看到了泰苏老师的微博，瞬间感觉大事不好！大事不好！

　　谁知道三天后竟又收到师奶奶微信："晋一你好，在张祥龙的信箱里看到你写给他的信，只是他病重，拿笔已经很困难了，只怕耽误了你的申请。你与朱刚联系一下吧。"我羞愧、自责、难过。为什么在师公病重时我还央求他帮我处理杂事？为什么师公病重，师奶奶每日还要检查师公的邮箱，生怕误了别人的事情？我无法解释，我无法理解，但这一切，正是一位志行高古大义凛然的君子，所做的最最普通不过又最最正常不过的事情。

　　直到前天，2022 年 6 月 9 日，我再一次来到了北大教职工宿舍那间屋中，鬼使神差，我竟然又一次坐在了去年见到祥龙先生和师奶奶的那张中式座椅上。有些事情历历在目却无法细想，每次一想得太具体的时候，眼泪就止不住了……

　　在燕园家中简单布置的灵堂里，我给师公进了香，鞠了躬，磕了头。有些礼数的东西，在现实生活中详尽地履行，我大体是不当心的，现在只恨没在先生在世时表达过。

　　我发自内心地感谢祥龙先生，我的师公，尽管他生前我从未喊过他"师公"，永远只称呼他"张老师"。因为祥龙先生虽然君子威严，但非常平易近人，也从未在门内特意规定辈分等名相诸物。但如今，师公走了，请允许我再一次向张祥龙先生致敬！张祥龙先生千古！

　　或许使我稍感安慰的是，每一次的迎来送往，每一次有机会能为张祥龙先生做点事情的时候，我尽心尽力，从未出现过大的纰漏和瑕疵。

　　有一篇哀悼张祥龙先生的文字，题为"最后一位君子"，诚哉斯言！

　　龙者，辰也；星辰，亦在天之龙也！《乾》卦九五爻辞言曰："飞龙在天，利见大人！"张祥龙先生的在天之灵定会化为天上明星，保佑和指引后学前行。托大来讲，这对朱老师和我而言，都每每适用！

　　愿张祥龙先生安息！

晋一 顿首再拜！泣泪挥别！

2022 年 6 月 11 日

怀念张祥龙老师

刘飞飞[①]

　　张祥龙老师是研究东西方比较哲学尤其是现象学与中国哲学的著名学者。他从北京大学退休以后,于 2012 年至 2017 年在山东大学任教。这段时间虽然不长,但山大师生对他感情很深。我和张老师在私下的交往比较有限,也就三四次。但我用心听过张老师将近两个学期的课,认真读过他绝大多数著作,平时写作也常常回头查阅、参考他对相关问题的论述。这些论述常常让人耳目一新,引人深思。张老师于 6 月 8 日晚去世。虽然我在此前就知道张老师已病重,但他的去世还是让我心情低落。

　　张老师遽归道山,其人格、气质、学问、思想就像一缕划过世间的清风。随之而去的,还有病痛。人们希望清风永驻,也希望病魔消散于人间。孔子曾说"智者乐,仁者寿"。张老师身经世事百态,于古今东西思想皆有深切体察,别具新见,其学说灵动深邃,听他讲学、读他著作的人多深深服膺,诚可谓智者。老师以毕生之力阐发仁爱之源本,孝爱之深长,行事坦荡磊落,与世无争,是当之无愧的仁者。智者或许乐其生,但仁者未必得其寿。

　　听张老师课、读张老师书而入哲学之门者众多,我自己也是其中之一。我最早是在网上听他的公开课而对哲学产生兴趣。2014 年秋季学期,我每周二从长清坐公交车去山大软件园校区上他的"哲学导论"课,张老师还让助教给我他选编的厚厚两册教学资料,说既然来上课,就跟山大选课的学生一样。后来,我表达了要考张老师研究生的想法。但张老师告诉我,他明年起在山大不再招收硕士,并建议我报考山大的易学研究中心。我当时对《周易》并没有太大兴趣,也觉得自己难以窥其堂奥。无法跟张老师学习,我感

———————————
　　① 作者简介:刘飞飞,张祥龙老师的弟子蔡祥元教授的硕士研究生,现为山东大学儒学高等研究院博士研究生。

到颇为遗憾。在后来的交流中,我告诉张老师我更喜欢中西哲学比较的研究。张老师跟我说:"希望你努力钻研,可以报考山大别的老师。如果考硕士,山大儒学高等研究院的蔡祥元副教授是我当年在北大时带的博士,做学问的路子受我影响,但也有他的独创处。当然,一切依从你个人的志趣来选择。"张老师的这个建议,对我后来产生重要影响。我后来报考了蔡祥元老师的硕士,入学第一周就跟蔡老师读《存在与时间》。从二年级开始,又读《真理与方法》。蔡老师还经常对我们谈起他当年跟张老师学习的情况,这些经验使我颇受教益。

我 2016 年来山大读研究生时,张老师又在中心校区的董明珠楼上"哲学导论"课。我重新听了一遍。这次来上课,没有以前赶车奔波的仓促和辛苦。每周二从下午一点半到四点半,可以从容地跟老师思入风云。有一次课间,我跟他打招呼,他夸我长得高。记得张老师曾在课上说:"西方的龙是dragon,是恶龙,而中国的龙则是'祥龙'。"那学期最后一次课,也是张老师在山大最后一次正式上课,时间是 2016 年的 12 月 27 日(后来得知,应同学们的要求,又在知新楼加了一次答疑的课),老师讲的是弗洛伊德和梭罗。讲弗洛伊德花的时间比较多,梭罗则让人意犹未尽。很少有哲学史教科书把梭罗写入其中,但张老师对梭罗推崇有加,情有独钟,他对大家说"That's my favorite"。以梭罗这样一位追求自然、澄明、纯净、自由的人物结束课程,使我对那次课印象很深。张老师最后提到了黑格尔对哲学的定义。黑格尔说哲学是密纳发的猫头鹰,只有在黄昏到来时才起飞,意思是哲学是一种以旁观者身份进行反思的学问。但张老师告诉大家,哲学不一定是黑格尔所规定的那种"老年化哲学",哲学也可以是青年的,中年的,甚至是儿童的。他希望这门课能够像梭罗《瓦尔登湖》里所说的,像"清晨的降临"一样,洗去我们思想上的杂垢和那些想当然的东西,让我们经历一个充满了英雄的勇气、探索的精神的、带有曙光的、灿烂的黎明。老师讲完,大家不约而同地鼓掌。这期间,张老师还参加过校内的几次学术报告,并趁现象学年会在山大召开的机会,请倪梁康、张志扬、笑思、邓晓芒等学者为大家讲座,并在课上通知大家去听。

张老师离开山大后,又到中山大学珠海校区任教。2018 年 4 月,曾振宇老师主编的《曾子学刊》要对张老师进行一次学术访谈。我和曾老师的博士生李富强师兄一起去采访张老师。我的 U 盘里现在还有当时的录音，现在听来，真让人不胜唏嘘。采访结束，我和张老师合了一张影。那是和老师最后一次见面。此后，我就只是在中秋或春节时用邮件或短信向老师问候了。有一年中秋节，我到山大兴隆山校区。在专家公寓前，我拍了一张照片，因为那是张老师曾经居住的地方。

　　2019 年秋，听说张老师罹患肺疾，我很吃惊。但后来听蔡老师说已无大碍。从一些报道和线上讲座中，也可见张老师气色不错，精神依然矍铄。2020 年，我在向梁治平老师请教时提到张老师，梁治平老师说打算请张老师在中国艺术研究院艺术与人文高等研究院的"艺术与人文高端讲座"上做一次报告。但随着 2021 年过去，张老师依然没有出现在讲座中。今年 4 月 24 日，张老师的哲嗣张泰苏老师发了一条微博，说北京家中有紧急情况，明天要回国。我当时想，可能是张老师的身体出了问题。过了一段时间，张老师多年来在北大、山大和中山大学讲授"哲学导论"的讲稿由北大出版社出版。得知此消息，大家都很高兴。但我却在 5 月 30 日看到了张泰苏老师发的一段话："家父病重，但这本书总算是寄到了。此书以当年在北大开的'哲学导论'通选课为原型，后几经修改，称得上是他哲学思想的集大成之作。"这个消息让人非常难过。梁治平老师也说，知道张老师病了，又跟他提过一次讲座的事，希望这样有助于他的康复，但现在看来不太合适。我们为张老师祈福，希望他转危为安，渡此大劫。此后的几天，网上偶尔会推介张老师的文章，带给人的感觉十分微妙，十分奇怪。我也从蔡祥元老师处得知，张老师的情况不好。6 月 8 日晚将近午夜，张老师去世的消息出现在网上，大家为之震惊、惋惜。据说，张老师是在家人和学生的陪伴下于家中安详去世的。老师生前对"家"与"孝"阐扬尤多。他曾说："人类无论到什么时候，离开了家，从长远看，是无法存在的，至少，他无法是个健全的存在。"他一生授业解惑，立德立言，其讲学著述打动过许多学子，查出癌症前不久还在沪上讲学，真正可以称得上是诲人不倦。如今，他终老于"家"，有家人、学生的陪伴，其一生所思、所言、所行都汇归、构成为这个断然残酷也最为圆满的境遇。他应该十分欣慰。

　　张老师曾翻译过克尔凯郭尔的《致死的疾病》。克尔凯郭尔在该书第一部分就指出"致死的疾病是绝望"。我只取字面含义。反过来看，张老师在疾病面前终未绝望。孔子说:"未知生,焉知死?"张老师是知生的智者,也真正体验了"朝死的存在"。在死的逼近中,他处之泰然,仍说"我很高兴,也很幸福,在追求真理的路上,我们没有错"。所以他是真正知生知死的人。疾病并没有带来绝望,绝望当然也就无从"致死"。所谓生死,皆可成为"缘在"在世之"热思"。只是当这"热思"冷却下来时,老师已经不在。

2022 年 6 月 9 日于山大中心校区公教楼初稿

6 月 23 日修改

11 月 18 日最后修改

附　　录

附录一 师母张德嘉在张祥龙先生追思会上的发言

今天真是不知道从何说起，追思会前，我对儿子说："我特别紧张，我不知道该说什么，因为人太多，我没有在这么多人面前说过话。"他连头都不抬跟我说："您应该是这个会议发言的人里面最没有压力的，随便说什么都行。"那意思是，你是这里面最没文化的，说什么大家都能谅解。泰苏现在也紧张，平时我与别人说话，祥龙和泰苏都会紧张，他们一直说我说话过于直率，改不了的，所以现在我也是想到哪儿说到哪儿。

上次 77 级同学开追思会的时候，我也没想到会发言，当时紧张得就说了四点关于祥龙在我心目中是一个什么样的人：简单、真挚、信守承诺、热爱自然。说完以后就不知道应该再说什么了。刚才听你们大家的发言，突然觉得你们比我更了解祥龙是一个什么样的人。我只是从家庭的角度、从夫妻关系去看他，并不知道他的课那么受欢迎，也不知道有这么多人喜欢他，我真的是有点吃惊……

1986 年泰苏还不到四岁，祥龙就去美国留学了。我跟着潮流申请签证去美国陪读，因为不能接受把孩子放在国内，就带着泰苏办签证，办了四次才成功。结果到了美国，祥龙对我说："你知道吗？ 自从知道你们俩签下证来，就觉得一盆冷水从头上浇下来。"我理解他的意思是学习压力已经够大，我和儿子去会增加他的负担。他的奖学金很少，我很快出去打工，也建议他像其他留学生一样也打点工，他说，我觉得只要你和孩子有窝头咸菜吃，就没必要再去挣多余的钱。真是够诚实，这标准实在太低了，不知道我是怎么熬过来的。

儿子前两天突然很正式地对我说："妈，我觉得你和我爸的婚姻是非常非常好的婚姻。"我一愣，因为没有想过这个问题，急忙走过去问他，你为什么这么说？ 他说："因为你们的婚姻是那种两个人相互成就、共同成长的婚姻。"我当时瞬间感到一种喜悦。张祥龙生病以来，我天天除了陪他看病，陪他应对各种痛苦,脑子里想的就是自己做错了什么。那一瞬间的喜悦使我特别安慰,结婚后的几十年里,我们的确是相互成就、共同成长的。

泰苏去美国后,我就有空余时间去北大旁听课,这是我特别喜欢的事。若是精品课,人会特别多,经常占不到位子,就自己拎个马扎坐在边上。张祥龙觉得这样太辛苦,就替我去占位子,提前把一本书或一个本子放在座位上,然后打电话告诉我在第几排第几座。有时候太火的课他就在上一节没下课的时候提前去,等学生刚走就把座位占上。他很愿意为我做这些事情。每次上课回来我都会分享听课的感受,这是我们都很享受的事情。

有一次他要去德国讲学一年,我觉得机会很难得,就跟单位请了长假,奖金没有了,工资也扣到零,祥龙觉得这很自然,从来没有说过什么,只是为我高兴,那段经历留下太多难忘。年龄大了我体弱多病,他陪我去超市买东西,只要他可以,就又背又提的,让我空手跟他走回家。每当这时,心里只感到踏实和温暖。

平时在家里,我喜欢问问题与他讨论。在北大听课只听了些皮毛,甚至皮毛都算不上,但就都用来“解构”祥龙了,总是跟他辩论,比如说他先误读海德格尔,再误读孔子,说出来的全是他自己的想法,完全就是张版的海德格尔、张版的孔子,历史被你们知识分子解释得还有什么真实性呢? 祥龙也不辩解。其实是后来海峰主任(仰海峰)把这个问题解了。有一次给海峰主任打电话,偶然就跟他聊起误读的事,后来海峰跟我说误读在思想史里是非常有意义的,一下子在我心里给祥龙平了反。我们之间还有很多这种“吵来吵去”。争得不可开交的时候,我就走到家里的孔子像前面说:“老夫子,这事您是不是同意我啊?”这样祥龙就会高兴。

泰苏从小是我带的多,学习生活大都是我管。之前我为此常有抱怨。但现在想想,泰苏游泳滑冰都是祥龙带着孩子学会的。因为祥龙酷爱爬山,从泰苏初中开始,他便带泰苏爬遍了北京周围所有的高山。也会带他骑车远行,无论三伏天还是下雪天,骑得远了,就在老乡家住一晚第二天再骑回来。现在回想起来,这些经历对张泰苏的成长是非常非常重要的。张泰苏在父亲弥留之际对他表达了自己的感激之情。我从来就是虎妈形象,泰苏都当爸爸了,我还一直唠唠叨叨,但祥龙一直给孩子特别多的理解、信任、欣赏和支持。再后来我们有了孙女、孙子,我常对祥龙说,不管当丈夫、当父亲你能得多少分,但作为爷爷你是百分之百的最完美的爷爷。虽然他与孙子孙女相处时间不是特别长,但是他非常慈爱,非常耐心。他认为对孩子好的事情,就坚持付出,比如教孩子读经、折纸。他喜欢折纸,为了给孩子折出特别复杂的物件,他干到半夜,第二天给孩子惊喜。现在我们的小孙子才 8 岁,已经是折纸的小高手了,在他学校里小有名气,是爷爷影响了他。有时候他对孩子太疼爱,孩子跟他说话没大没小的,泰苏也会吼他们:"不许这样对爷爷说话,你们爷爷是世界上最好的人。"

近几年我们有吃饭时在喜马拉雅上听书的习惯,祥龙生病后最后听的一本书是梭罗的《瓦尔登湖》,尽管之前都读过,仍然很被打动。祥龙无疑是一个自然主义者,他不喜欢热闹,喜欢对花草树木说话,也喜欢与小动物说话,最初我总说"好肉麻",慢慢懂了他,正是这份童心,这种纯真纯粹,才让他对学术对精神境界不断探索追求,也是他自己人格不断完善的起源。

祥龙走得太突然了,这件事……这个病来得太凶猛,祥龙就这么决绝地走了。自己回想起在陪伴他的 150 多天里,日日夜夜分分秒秒感到的只是心疼他,除了心疼还是心疼。……到现在我也没从这种心疼中走出来,因为我知道他是多么不愿意离开,可一些事就是做不到,怎么也做不到!……祥龙走了以后,这么多人写了那么多令我们无比感动的文章,这些带给了我们巨大的安慰。我在此谢谢大家!今天会上有学界这么多最出色的专家、他的老朋友还有年青一代的朋友,对他的这种评价我也不知道他能不能知道。特别谢谢梁康和林伟(倪梁康教授和夫人),他们两个人在祥龙走后已经来过两次了,这么大热的天从杭州过来,很多感激真是无以言表。今天大家说的话我们都将记在心里。谢谢大家!从心里感激所有来的人。谢谢!谢谢你们!

2022 年 7 月 27 日

(赵成文整理,师母张德嘉修订)

附录二　张祥龙先生哲嗣张泰苏在
张祥龙教授追思会上的发言

　　首先,由衷地感谢北大哲学系,尤其是韩水法老师、吴天岳老师帮助我们在当下这个特殊的环境中举办这场追思会,实在是不容易。同时感谢诸位师长和亲朋好友,我想父亲的在天之灵看到这个场景一定会很欣慰很感动。

　　跟随父亲,我在学界也摸爬滚打十几年了。西方的、中国的、社科的、人文的、哲学的、法学的、历史的,见过的学者数以百计甚至更多,但是这么多年下来,我始终觉着父亲作为一个思想者是很特殊的,有时候很难说清楚他的特殊性体现在哪里。如果只说他拥有现象学与儒学结合乃至中西结合的思维方式,这样的学者当下已经是越来越多了,父亲晚年的时候经常因此很欣慰,他自己也并非这一学术路线的首创者。我并不是研究哲学方面的学者,所以,我虽然对父亲的哲学贡献略知一二,但不敢妄言其具有的特殊性。在为人处事的层面上,当然,父亲是我人生中最为重要的楷模。父亲一生给予我的关爱和贴身的言传身教,无人可以取代,因此更加不是我能轻易判断其特殊性的事情。

　　父亲去世之后的一个多月中,夜深无法入眠时,我时常会回到这个问题上:父亲的思想特殊性到底在哪里? 深切想下去,可能它不在于他的具体观点,甚至不在于他具体的学说,而更多在于某种思维风格,在于他对整个外部世界的态度。这一点,发自内心地说,我确实还不认识第二个像他这样的人。

　　下面简短地讲两件小事,希望它们能更准确地描述我这种感受。第一件事,我高三那年,也就是在 2001 年 5 月底,我和父亲去长白山玩。当时,我们从长白山天池下来,想在半山腰找到一个藏在林子深处的瀑布,找了半天之后结果发现我们迷路了,这让我很不安。父亲一直以寻路能力很强而自傲,可这次我们漫无边际地走了一个多小时,仍然没有眉目,我越来越焦虑,长白山那么大，一旦迷路，想要找回去是很困难的事情。

忽然之间，我们从密林里走到一片空地中。5 月份的阳光从白云间洒落，景色很美。但焦虑控制着我，向父亲抱怨：咱们找了一个多小时，但一点进展都没有。他却很不一样，到了那片空地后，整个人突然就轻松下来了，回答道：你仔细想想，咱们其实没有必要拘泥于找那个瀑布，咱们现在找到了这片林间空地了，那就很好啊。然后他就坐在了空地正中，很认真地跟我讲起了海德格尔的"林中空地"（Lichtung）意境：在黑暗的森林中，你对世界的认知始终是模糊、隔膜，而且狭窄的，突然之间有一片空地，阳光洒进来短暂的一刹那，让你对这个世界的认知一下子鲜活起来、直观起来了。讲着讲着就觉着父亲越来越放松，而我也随着他坐了下来。

说句实话，那年 18 岁的我在一时之间并不能理解他当时的感受。他在一块石头上坐了下来，一动不动地坐了 30 多分钟，在那儿体会着什么。对于一个高中生来说，我只是觉着父亲是一个随遇而安的人，但是近 40 岁的我，已经同样是为人师的学者了，现在知道事情不止如此。这件事或许体现了我和父亲某种思维风格上的差别，是一种目的鲜明的工具理性和随性的、现象学式的体悟之间的差别。

真要说起来，我确实是一个对纯理性很执着的人，但父亲则往往反之。他是我认识的学者里面，最旗帜鲜明地反对理性主义的人。我不知道这是否算对父亲的叛逆。父亲并不拒绝理性，相反他自身是一个逻辑学功力颇深的人，但他坚定地认为，人类可以有理性之外的外部世界认知方法，更有理性之外的自我认知方法。这些"超理性"的认知途径可以通向更鲜活更有生命力的真实（或"缘在"），而只有当我们将它们与常规的理性思维有机结合之后，才真正算是和这个世界建立起了稳定可靠的认知桥梁。

另一件小事或许可以更加清晰地说明父亲这一思维倾向。2020 年疫情开始前，父亲还在美国探亲的时候，我请了几位研究哲学的耶鲁同事（有法学院的，也有哲学系的）到家里吃饭。他们和父亲相谈甚欢，但这些在西方学界影响极大的分析哲学家们和父亲都感觉到彼此之间的思维差异，以至于大家说话时都有些小心翼翼，在很多问题上无法特别深入。同事们告辞之后，那天晚上我和父亲又深谈过一次。

他当时问我：你和你这些同事，你们对纯理性的执着到底从何而来？为什么你们只愿意相信纯理性的学术方法？我当时很想说，只有通过理性的手段才能准确地认识这个世界。但研究历史、接触社科理论时间久了，又确实不得不认识到，在实证研究层面，人们对理性认知的信任确实是一种盲信，它在很大程度上是没有更深一步的逻辑根基的。于是，我退而求其次，回答道：最起码，如果我想把我的思路、把我的想法准确地表达给别人的话，只有通过理性的方式才能做得到，因为人和人之间的互动只有以理性的方式进行才能做到准确无误。学术研究既然是个群体活动，那么这种准确的表达就是必须的。

他当时笑了笑说，你这样做，其实是对自己、对其他人的感知和理解能力都太没有信心的一种体现。你们为什么觉得，只有逻辑理性才是人类的共同语言？人类的互动方式如此丰富，为什么一定执着于这一种？这一种真的比其他的互动方式更准确更充分吗？这算不算是一种认知学上的迷信？比如今天晚上这场晚餐，我和你的同事们只敢用符合基础理性的方式交流，是因为我们缺乏其他层面的互相了解，缺乏更直观的交流方式。我们之间只能"对话"而不能"相互感悟"。与此不同的是，你们这些熟人之间明显有更丰富的交流方式，但这些方式又明显是基于一些纯理性之外的思维共性之上的。是不是只有接纳了那些纯理性之外的感知途径，你们才能真正讨论深层问题？关于理性与认知的争论，我和父亲进行过多次，但这是他说得最直接，也最尖锐的一次。

我当时依然对他的看法略有抵触，但后来仔细想想，又觉得确实如此。我，乃至于我所认识的绝大多数学者，包括我在法学院的所有同事们，应该都是某种意义上的理性主义者。我们只敢通过理性这个滤镜去看世界，因为我们不敢相信滤镜之外的任何认知。我们用理性把自己包装起来之后，固然可以通过经验去验证各种假说，但与此同时，也让理性这个屏障把很多事情隔绝在外。我们没有接纳与理解那些事情的魄力。某种程度上，这确实是一种不太自信的自我保护措施。我们信不过自己的主观直觉，因此需要把自己关在理性的玻璃窗后，通过折射后的光线去看世界。

而父亲不一样，可能从他研究哲学的最初阶段，他的心灵对这个世界就是开放的，他完全发自内心地热爱这个世界，热爱生活本身，并且把热爱生活、体会生活作为他最基本的哲学思维方式。多数人的学术研究和其个人生活大致是分隔开来的，研究是研究，生活是生活，于是研究就只是工作，而不能融于更深层的生命体验之中。对于父亲而言，生活本身就是哲学，而哲学的真正内涵只能通过非技术化的认知与思考途径，直接从人生体验中汲取，而不可凭空靠逻辑思辨获得。

或许可以说这是某种"术"和"道"的差别，但我更愿意将它形容为"论证"与"共鸣"之间的差异：这么多年下来，我能做的依然只是论证，但父亲从一开始，追求的就是和这个世界直接共鸣。他这样的境界我一直在追求，但始终没能达到，也不知道此生能否真的达到。话说起来，上一个给我这样感觉的人可能还是史景迁吧，那也是一位不必依赖概念理性就能形成鲜活的外部世界认知的幸运儿。但史景迁长于情景叙事，却没有父亲的哲学深度。

从这个角度看，父亲过早的离世确实是很遗憾的事，因为他是如此地热爱生活，但从另一个角度想，面对死亡的过程对于他也同样是一场哲学体验，其丰富性与思维深度甚至可能超出他之前的一切体验。父亲最终离世时非常安详，或许真的是悟出什么了吧。

最后我想给大家读一首诗。这是父亲 2004 年在德国介绍给我的、他特别喜欢的一首荷尔德林的诗。这几天从他的日记中突然看到这首诗，于是又想到了那个在图宾根度过的夏天，想起了我们在黑森林里那一次次的漫步，也想起了荷尔德林那座黄色墙壁的水边故居。我觉得这首诗很能准确抓住父亲对生活、对人生以及对于哲学的态度。它叫《致大自然》。

致大自然

当我还在你的面纱旁游戏，
还像花儿依傍在你身旁，
还倾听你每一声心跳，
它将我温柔颤抖的心环绕；
当我还像你一样满怀信仰和渴望，
站在你的图像前，
为我的泪寻找一个场所，
为我的爱寻找一个世界；
当我的心还向着太阳，

以为阳光听得见它的跃动，
它把星星称作兄弟，
把春天当作神的旋律；
当小树林里气息浮动，
你的灵魂，你欢乐的灵魂，
在寂静的心之波里摇荡，
那时金色的日子将我怀抱。
（钱春绮译）

谢谢大家！

（赵成文整理，张泰苏修订）

附录三　张祥龙先生追思会亲友发言概要^①

2022 年 7 月 27 日,正值张祥龙教授的"七七",北京大学外国哲学研究所与北京大学哲学系外国哲学教研室于北京文津国际酒店为已故北京大学哲学系张祥龙教授举办追思会。来自全国各地近百位学者同仁与张祥龙教授的家属共同追思张祥龙教授。会议分为上下半场,分别由北京大学外国哲学研究所韩水法教授和吴天岳教授主持。韩水法教授表示,大家怀着虔敬的哀思来追念刚刚离开我们的张祥龙教授。作为张祥龙教授的大学同班同学,韩水法教授追述了他与张祥龙教授同学、共事的 40 多年历程,回顾了张祥龙教授的学术人生及其为北大乃至中国哲学界所做出的卓越贡献。

北京大学哲学系主任仰海峰教授在致辞中带着深深的不舍,回忆了当年初读张祥龙老师《海德格尔思想与中国天道》一书的情形。张老师由海德格尔的"缘在"(Dasein)为入口娓娓道来,使他体验到一种思想中的"爆裂"感。后来与张老师的共事使其感受到张老师为学为人温润如玉的君子之风。张老师对北大哲学系的发展做出多方面贡献,曾长期担任哲学系的名家系列课程"哲学导论"主讲老师,独树一帜地融中西印三家经典思想为一炉,引领学生进入深邃的哲学之门。在学科建设方面,张老师从现象学入手,通过对中西印哲理思想的会通比较展开了广阔的学术空间。张老师在临终之际,全然把生命和自然融为一体,体现了一位哲人的生命之思。

张祥龙老师的哲嗣,耶鲁大学法学院张泰苏教授,对哲学系和各位亲朋师友对父亲的深情厚谊表示衷心感谢。泰苏教授从一位学者的视角,分享了他对父亲不同于其他学者的特殊性的理解。父亲在泰苏 18 岁时带他去长白

---

① 2022 年 7 月 27 日,北京大学外国哲学研究所与北京大学哲学系外国哲学教研室为张祥龙教授举办追思会,本篇为追思会上发言代表们的发言概要。其中部分发言者后来提供了完整的发言稿,我们已将它们作为单独的纪念文章收录在本纪念文集中。这里为了体现追思会所有发言的整体面貌,我们仍将所有发言者的发言概要汇总后收录于此。

山旅行,一次迷路的经历让泰苏难以忘怀。在长白山茂密的森林里长久的寻路让泰苏感到愈发焦虑,当走到森林中一片阳光洒落的空地时,父亲突然间平静了下来,并向年少的泰苏讲述起海德格尔"林中空地"的深意,父亲在一块石头上静静地坐了有半个多小时。当时张泰苏只是觉着父亲是随遇而安的人,后来才反思到父亲思维方式的独特性。之后有一次和父亲的长谈让泰苏慢慢意识到,他对理性的执着是一种盲信,他以及他所认识的绝大多数学者都是在借用理性的滤镜看世界,也用理性把自己与世界隔绝开。而父亲不一样,他的心灵对这个世界是开放的,他完全发自内心地热爱这个世界,热爱生活本身。这也是泰苏本人渴望抵达的境界。最后,泰苏分享了父亲热爱的诗人荷尔德林的一首诗《致大自然》。

张祥龙老师的本科班主任,北京大学 90 岁高龄的张翼星教授亲临会场,分享了他对张祥龙老师的四点看法:一、张祥龙有如孔子所说的圣人,也有点像尼采所说的超人,有着顺其自然而又超凡脱俗的境界。二、张祥龙是赋有特殊魅力的良师,善于引导思考,激发新锐,与学生如切如磋,让学生感受到欲罢不能的气象。三、张祥龙是特别纯真的学者,心无旁骛,完全执着于学问;斩断名利缰索,全神沉潜于问题的探索和思考;虚怀若谷,博采深究,从容含玩于学海之中。四、张祥龙是究天人之际、通古今之变、融合中西、富于开创精神的哲学家。他兼有儒家的血脉、道家的风骨、佛家的情怀,又吸取了西方现代科学与哲学的重大成果,因而在当代中国哲学领域开拓出一片特殊的天地。

身为张祥龙老师的多年同事和老友,北京大学哲学系赵敦华教授深情表达了他对张祥龙老师的哀思。赵老师认为,张祥龙的一生是闻道、悟道、证道、行道的一生。作为同龄人,赵老师回忆起张祥龙老师于"文革"期间写作的《论新思潮——四三派宣言》一文,这既是他磨难的开始,也开启了他的"闻道"之路。家学的渊源加之与贺麟先生的结识让张祥龙走上哲学的道路。后来到美国留学,他的"闻道"和"悟道"又上了一个新台阶。赵老师强调,张祥龙是开放的儒家,向古今中西一切优秀的思想开放。张祥龙的"证道"包括但不限于理性的证明,更重要的是亲身实践。张祥龙晚年提倡的"家的哲学"也是知行合一的,他和夫人德嘉的关系幽默和谐,和儿子泰苏是父慈子孝。张祥龙的"道"融合在子孙后代的生命之中,也融合在海德格尔所说的命运共同体的"天命"中,也就是孔夫子所说的"天道"中。

华中科技大学的邓晓芒教授在书面发言中表达了对张祥龙老师的缅怀之情,指出张祥龙教授不幸仙逝,是我国当代哲学事业一项不可弥补的损失!邓晓芒教授认为,张祥龙参照西方、融合儒家,而他本人是借鉴西方批判儒家,但观点的对立并不妨碍他们之间的友谊。张祥龙的虔诚有其可爱和可敬的一面,例如他提出的建立"儒家文化特区"的乌托邦设计,使人感到一股古儒者的质朴和天真。在当今世界,能够保持这样一种质朴和天真的学者已经寥若晨星。

作为与张祥龙老师相交 30 年的同事加老友,北京大学靳希平教授认为,张祥龙燃烧了自己的生命,去照亮儒家和道家思想中的现象学真谛。这是其他学者难以企及的。张祥龙用现象学去解放儒家思想和道家思想中的奇珍异宝,这一方向是靳希平老师深为赞同的。

首都师范大学陈嘉映教授认为,张祥龙对待学术一丝不苟,将全部精力都投入在学术上,集中了他们这一代学人的优点。他的学术视野非常开阔,对现象学和中国哲学的研究均具有原创性和本真性的贡献。张祥龙待人真挚,绝不曲学阿世,对国家、民族有着深切的关怀,志向高远,希望后辈学者能传承张祥龙的精神。

北京大学哲学系王东教授提出,我们要追问张祥龙教授的特殊意义何在。王东教授认为,张祥龙融会中西印,创造出自己的哲学观和我们时代的哲学智慧。他的贡献体现在四个方面:一、把西方哲学研究推向当代新潮头;二、开拓了中西印比较研究的新视野;三、试图突破西方哲学单一模式论,给中国哲学做出新定位;四、在中西印三大哲学比较研究的基础上,提出新的哲学观。他是杰出的中国哲学家,是北大哲学系的骄傲,是我们这代人的骄傲。

北京大学社会学系杨善华教授是张祥龙教授的姐夫,彼此关系很近,他表达了对张祥龙教授发自内心的敬仰。杨善华教授谈到一件事,他在社会学系是做社会调查的,社会调查被称为田野调查,从 1999 年到 2001 年,杨善华教授感到他们的田野调查做得比较泛,比较八股,他希望能够有一个改进。这个时候恰好他读了现象学,希望现象学能够为田野调查找到一条新的路径。所以,杨教授就带着这个问题去张祥龙教授家探讨,想把现象学的视野、现象学的路径运用到社会的实际调查当中。张祥龙教授当时听了他的想法非常高兴,张祥龙教授说以前做现象学都是停留在认识和思想层面,还没有到实践层面,现在杨善华教授要落实到实践层面是非常值得大力支持的好事,杨善华教授为此大受鼓舞。后来再做田野调查时,杨善华教授就从意义开始,这也来自张祥龙教授 2003 年出版的《现象学导论七讲》中的观点,杨教授对其印象非常深刻。所以后来杨教授做的田野调查就是围绕对意义的探究。此后杨教授发表的几篇用现象学指导田野调查的论文,都请张祥龙教授审阅过。他都给出中肯的意见,就这方面而言,他说张祥龙教授是他的老师。

北京大学哲学系尚新建教授作为张祥龙的大学同学,首先提及张祥龙在学生时代被公认为"学神"的轶事。张祥龙是理想主义者,因为心仪自然,毕业时放弃进入学术机构的前景,选择去北京市环保局,梦想从事保护大自然的工作。但现实与理想的冲突让他最终回到北京市社科院。他是从儒家的复兴、中华民族的未来去展开其学术思考的。这一点反映了其学术的创造性。张祥龙是真正的儒者,秉持儒者的和而不同,希望他的这一品质也能在青年一代学人中得到传承。

北京大学冀建中教授和张祥龙既是大学同学,也是共事 30 年的同事,她谈到了张祥龙给人的距离感——张祥龙的雅和我们普通人的俗。她唯一一次见到张祥龙的烟火气是有一次在燕东园偶遇时,张祥龙说,他会蒸窝头了。冀老师一直在思考和理解张祥龙的学术意义和价值。有一次她和张祥龙及其夫人德嘉结伴去俄罗斯旅行,德嘉习惯性地调侃张祥龙:如果他是十二月党人,她会随他去流放,但他怎么就信了儒家了呢?张祥龙回应说,在一块荒芜的土地上,只能长出毒草。冀老师理解张祥龙是要为我们民族续根,修复荒芜的土地,因而对张祥龙心生敬仰。在从彼得堡到莫斯科的船上,每个团队都要出一个节目,张祥龙一袭白衣,一套优雅的太极拳惊艳了船上所有的乘客。

浙江大学倪梁康教授深情追忆说,1994 年他因张祥龙提交给现象学年会的一篇学术论文而与其相识,此后结下了近 30 年的学术缘分。作为现象学同道,两位学者一开始就在思想取向和思维风格方面存在学术分歧,而伴随着这种分歧的是两人之间延续数十年的学术对话。倪梁康教授借用陈寅恪的用语,把他和张祥龙的学术友谊称为"了解之同情"。他把张祥龙视作一位"处士",即古人所说的有德才却隐居不仕的人。但他又不能算是"隐士",因为他仍然在过问世事,做着处江湖之远仍忧其民的思考和主张,且在这方面投入甚多。依倪梁康教授的理解,在儒家主张的"格物、致知、诚意、正心、修身、齐家、治国、平天下"八目中,张祥龙止步于第六目。也正因如此,他才不是"隐士"而是"处士"——儒生中的处士。倪梁康教授借用范仲淹《唐异诗序》的结尾文字来赞美张祥龙的道德文章:"观乎处士之作也,孑然弗伦,洗然无尘。意必以淳,语必以真。乐则歌之,忧则怀之。无虚美,无苟怨。"

本科时比张祥龙教授低一级的北京大学哲学系张学智教授,回忆起大学期间和比自己还年长几岁的张祥龙教授(30岁左右)同时参加跳高比赛的往事:张祥龙以一个俯式动作越过1米6多的横杆,让张学智教授自叹不如。后来张学智教授在从事有关贺麟先生的写作时,又在思想学术上与张祥龙有了交集。张学智教授认为张祥龙先生是"士不可不弘毅"的弘毅之士,他心思纯净,认定的事就踏踏实实地付诸实践,而且视野广阔,引西学研究中学的方法确实是研究中国哲学的必要路径。他强调,张祥龙先生不只是坐而论道,作为儒家信奉者,他还投身诸如反对在曲阜建基督教教堂的诸多实践活动。

山西大学的叶闯教授作为张祥龙教授的前同事和邻居,认为张祥龙教授真是非常干净的人。通过和张祥龙教授交流打太极拳的经历,叶闯教授认为张祥龙教授把每件事都当作生活的一部分,而不是通过干这件事服务于另一件事,并且执着于做正确的事。他说,祥龙老师一直是他做人做事的楷模。叶闯教授还提及,正是张祥龙教授推荐他阅读海德格尔的《存在与时间》和《形而上学导论》,并真心希望叶闯教授至少知道一些海德格尔,不为别的,只因为这是真正有意义的事情。叶闯教授觉得祥龙老师是非常纯洁的人,是他所认识的人中为人最质朴、最坦诚的。

浙江大学人文高等研究院梁治平教授回忆到,他和张祥龙偶然相遇于陈嘉映教授组织的一次学术会议,在后来10多年相知相识的交往中,他非常真切地感受到彼此的亲切感、信赖感和同气相投的气息。他们两家常结伴爬山,由此也更能体会张祥龙对山川草木的热爱之情及其孩子般的心性。张祥龙从青年时期到晚年,一直把学术和知识融为生命的一部分,这也是他最真实、最有魅力的地方。张祥龙热爱中国文化,认同儒家,以毕生精力探究儒学义理,实践儒家哲学,他其实是以自己的一生向世人表明,在中国今天这样的社会条件下,儒学复兴可能呈现出的一种样态,特别是当代儒生典范的一种可能性。

商务印书馆陈小文总编辑谈了三点看法:一、张祥龙老师是杰出的哲学家。他不仅做中西哲学的比较研究,而且提出了"家的现象学"思想,这是一个非常重要的研究方向。二、张祥龙老师是一个纯粹的学者,是一位理想主义者。张祥龙老师这一代学者以张载的"为天地立心,为生民立命,为往圣继绝学,为万世开太平"为使命。三、张祥龙老师一直以来对商务印书馆工作的支持令人感激,商务印书馆将于今年9月出版张祥龙老师的16卷文集。

山东大学的傅有德教授深情回忆起与张老师在北大的结识,以及后来在山东大学共事的点点滴滴。他曾与张老师深入交流过其提出的"儒家文化保护区"的思想。傅有德教授认为张老师的这一思想具有乌托邦的色彩,但其思想意义定会同张老师对儒家孝的意义等多方面的研究一样,长久传承下去,彪炳史册。

山东大学傅永军教授回顾了张祥龙老师在山大五年的教研生涯。张祥龙老师到山东大学工作的时候,本来是无须上课和带学生的,但张老师不但带了硕士、博士,而且承担了很多课程。山东大学校区分布跨度很大,张祥龙老师却不辞辛苦地跨校区上课。张祥龙老师为山东大学的学科建设也做出了重要贡献。让傅永军教授印象深刻的是,作为著名学者,张祥龙老师不仅非常可敬,而且异常真诚谦和,研究生开题时遇到张祥龙老师不熟悉的领域,他总是谦虚地说,"这方面我不懂,没有发言权,你给我介绍介绍"。一个学贯中西、兼通古今的学者在一个研究生面前也保持谦逊的态度,这一点让山东大学的同仁非常震撼。

北京大学哲学系韩林合教授谈道,在张祥龙老师去世前一个半月,两人曾于北大西门偶遇,在问及其病情时,张祥龙老师表示顺其自然,听天由命。韩林合教授认为,这和张祥龙老师做学问的主旨自然契合,也就是道法自然,也和海德格尔的向死而生相一致。他认为,张祥龙老师对待疾病和死亡的态度是他做学问的最高境界,践行了他的理念。

北京大学哲学系李超杰教授从自己与张祥龙老师共事多年的经历中感受到,张祥龙老师是一个非常天真的人,也是一个非常正直的人。李超杰教授获悉,张祥龙老师刚刚出版的《中西印哲学导论》已经获得中宣部组织的"中国好书榜"的提名,专家给予的评价是"在学界,少有其人,罕有其匹"。相比于张世英先生的经历,李超杰教授对张祥龙过早的离世抱有深深的遗憾,张世英先生的大部分原创性著作都是在其 70 岁以后写成的,而张祥龙老师本可以有更多的学术创造。

北京大学哲学系徐凤林教授和张祥龙老师共事多年,经常就学术问题与张祥龙老师请教、探讨。徐凤林教授表示,此刻张祥龙老师生前温和、真挚的神情似乎还浮现在眼前,而张老师在为人、治学方面都是他学习的榜样。

清华大学的吴国盛教授说,张祥龙老师是一位学贯中西的大学者,是特立独行的思想家和身体力行的儒者,是诚挚谦和的君子,是可亲可敬的师长,认识这样一位伟大的人,并与之成为同事和朋友,是他毕生的荣幸。吴教授认为,在张祥龙身上,实现了中国文化曾经许诺的几乎所有美好的东西。张祥龙老师一直保持着学术的敏感性和开放性,对科技发展的力量也有很深度的关注,他和张祥龙老师因此也有了更多的交流。张祥龙老师不仅关心中国文化的命运,也关心全人类的未来生存。

清华大学唐文明教授回忆了他和张祥龙老师的师生缘,表示自己的研究一直受到张老师的深刻影响。因感于张老师的儒学研究并没有得到学界的真正理解,唐文明教授为此写过研究张老师的文章,把张老师的学术看作思想的路标。他认为,张老师对古今问题、中西问题、天人问题都有非常深刻的思考。张老师思想深邃,性情真纯,对自然的感受是他对本质上的灵性的体验,他身上有一种超越的、内在的平衡感。他说,张老师是儒者中最高阶的儒者,近代以来与张祥龙老师气象最接近的是马一浮先生。

北京大学哲学系吴飞教授认为,随着张老师的离世,对张老师的研究才刚刚开始。吴飞教授深情回忆了他和张祥龙老师的交往,并考证了张祥龙老师在北大讲授哲学导论课的教学过程,认为张老师的导论课教学对北大哲学系的学风产生了深刻的影响,让学生受教良多。吴飞教授谈到,做学生时他和张祥龙老师之间有着冀建中老师刚才所提到的"距离感",但随着交往的深入,这种感觉渐渐消失,取而代之的是张祥龙老师和小辈之间认真、平等的交流。

　　中山大学哲学系方向红教授沉痛地说道,自闻先生仙逝,心中常常被巨大悲痛突然袭击。原因可能在于,虽非亲炙弟子,却因交往以及读先生之书收获良多,已私下在精神上认先生为师。先生的学问广大、精微、有根。先生的广大体现在,他的现象学研究对现象学诸位大师和德法现象学没有厚此薄彼;先生的精微在其著作里有太多的呈现;先生的有根体现为,他对中国思想的研究追根溯源到中华文明的根本经典《易经》,他对《易经》的研究深刻、到位。方教授表示,今追忆先生,愈加悲痛,愿先生的人格和学问继续引导自己的生活和学术。

　　中山大学哲学系系主任张伟教授首先代表中大哲学系向北大哲学系和德嘉师母表示感谢,对张祥龙老师的离世表示沉痛的哀思。张伟教授认为,2017 年张祥龙老师南下中山大学哲学系(珠海)就职,加上倪梁康老师也在中大任教,这是汉语现象学界的一个非常重要的事件。之后三年,张祥龙老师对中大哲学系的学科建设和教学都起到了非常大的推动作用。2019 年年底,中大哲学系在广州为张祥龙老师的四卷本《儒家哲学史讲演录》召开新书发布会,那次会上张祥龙老师还把他珍藏多年的《海德格尔思想与中国天道》一书的手稿捐献给中山大学(图 39)。张伟教授还谈到张祥龙老师在学术上给他的诸多启发和教诲。张伟教授想用"圣贤气象"表达对张祥龙老师的敬意。张祥龙老师曾在给张伟教授的赠书中题字"气象有深意,望君深究之",张伟教授认为这是张祥龙老师留给他的最后的教诲。

　　浙江大学哲学学院的王俊教授在会上转述了曾任德国现象学学会主席、现任国际跨文化哲学学会主席和维也纳大学"全球化世界中的哲学"教席的 Georg Stenger 教授的一篇纪念张祥龙教授的文章。文中写道:"张祥龙教授对于西方和东亚的哲学如此熟稔于心,学界几乎无出其右,他相信中西方思想的相互参照是理所当然之事。特别是他能够使得对现象学传统的德语和法语研究,与中国哲学中儒家、道家、佛教的思想和经验方式展开对话,寻求其一致之处,且成果颇丰……2017 年我在广州中山大学召开的一次关于马克斯·舍勒的学术研讨会上再度遇到了张祥龙教授。我们谈论了各种各样的事情,当然主要是关于跨文化的关联性以及相关的工作。在某种意义上,我觉得自己就像一个学生在全神倾听老师的每一个字……海德格尔在一次课上,背诵了他著名的发言《纪念马克斯·舍勒》……尊敬的同事们,我们也可以把这段海德格尔的悼词节录套用在张祥龙教授身上。我们向伟大的思想家和鼓舞人心的哲学家鞠躬,这是一位不可思议的人物,他开启了思的空间、发现了道路。"

中国政法大学的宫睿教授是张祥龙老师的入门弟子,他认为张老师的思想与我们的现实体验和切身的生活能够相互产生深刻的呼应,张老师虽然仙逝了,但他的思想仍然会长久地留在中国的思想界,能激发出一些新的思想,这是张老师留给我们的最宝贵的财富。他说,作为学生,进一步阐发张老师的思想是张老师留给我们的一份思想任务。

四海孔子书院的冯哲院长深情回忆了他与张祥龙老师的交往。冯哲先生在创办民间书院的过程中,张祥龙老师给予了无私、真诚的帮助。张祥龙老师还曾请他做泰苏教授婚礼的主婚人,并为儿子举办一场儒家礼仪的婚礼。冯哲先生当时问其缘由,张祥龙老师说泰苏毕业后会长期留美执教,这次婚礼恐怕是他对泰苏、宵雪夫妇最后的教育机会了。冯哲院长回忆说,突闻噩耗当日上午,他对着手机屏幕泪流满面,内心发愿,纵不能继承张祥龙老师的学问,也要将他对儒学在社会实践层面的愿望设想继承下来,立足自信与主体,为儒学走出一条活生生的路。

中国人民大学国学院林光华副教授感恩张老师对其学术和人生成长的深刻影响。林教授在报考张老师博士失利后,收到张老师的一封信,信中写道:"你对哲学的热爱比对哲学的训练更本真。"这句话影响了光华教授的人生道路。在祝贺她孩子出生的时候,张老师在贺信中写道:"孩子让我们的生命复活了一次。"她说,张老师是真正的良师,他不仅在学术上给人以引领,其真正的教育是使人突破常规、超越世俗,挖掘一个人的潜力,帮助他去到梦想的地方。

作为张祥龙老师的授业弟子,中山大学哲学系朱刚教授回忆说,一种"时机性"之缘让他和张师结成师生。此后,张老师在学术、人生、事业成长中均给予自己真切的指导,倾注了无数的心血。朱刚教授之所以对中国传统思想和文化的认知发生巨大转折,也因受到张老师根本性的影响。朱刚教授回忆起初读老师《海德格尔思想与中国天道》《从现象学到孔夫子》等书时的惊喜与震撼。在博士论文写作期间,张老师于学术要求上的一丝不苟,让朱刚教授为自己的不足感到愧疚的同时,也在此后的学术道路中深深受益。他认为,张老师一方面有其一以贯之之道,另一方面在学术视野上又极具开放性和敏感性,能不断与时偕行。张老师在西学或新学方面,更不必说在古老的东方哲学方面,做出了充满原创性的、常常发前人未发的精微细腻的阐发。于朱刚教授而言,张老师的思想始终是"仰之弥高,钻之弥坚;瞻之在前,忽焉在后"。朱刚教授表示,将铭记张老师的临终教诲,"在追求真理的道路上,我们没有错"。

海南大学马克思主义学院黄启祥教授作为张祥龙老师的授业弟子,首先代表张老师的所有学生,对北京大学哲学系、外国哲学研究所和外国哲学教研室,对具体负责组织追思会的李少华老师、吴天岳老师和曹洁伊老师表示衷心的感谢!黄启祥教授回忆到,刚入北大,他就从张老师的言行举止感受到其真纯儒雅的人格魅力。张老师对教学真诚投入,一丝不苟,曾经给一个学生的一篇作业批改过15次,循循善诱,让学生欲罢不能。张老师通过学术复兴传统儒学的创造性工作,在潜移默化之中对很多同辈学人的思想产生了深刻影响,在很大程度上重塑了我们对自家文化的信心。从北大退休以后,张老师应山东大学邀请到山大任教,也让在山大工作的黄启祥教授能继续近距离聆听张老师的教诲。张老师在山大的教学和学术活动给山东留下了宝贵的精神财富和美好的记忆。作为一个志在复兴传统儒家的哲学家,张老师对儒家的价值观更是身体力行。他的家庭父慈子孝,他与师母琴瑟和谐。张老师和师母对待学生就像对待家人一样。大家在张老师和师母这里拥有一种家的感觉。黄启祥代表张老师的学生向老师表达了大家的心愿:张老师,您放心,我们定会牢记您的嘱托,在追求真理的道路上继续前行!

北京大学哲学系吴天岳教授分享了他与张祥龙老师交往中的三件"小"事,从中感受到张祥龙老师是一个较真的人。第一件事是,吴天岳教授在本科期间上过张老师讲授的西方哲学史课,张老师在开始第一堂课时就在黑板上非常认真地画希腊城邦地图,以鲜活的方式让学生感受哲学的起源。第二件事是,吴天岳教授在大三写学年论文时,写的是舍勒现象学,其中涉及"位格"概念。张老师接到初稿后,有一天突然打电话到吴天岳的宿舍,从波埃修"位格"概念的起源和含义开始跟他进行讨论。第三件事是,吴天岳教授回国后与张老师成为同事,一次在香山开会期间散步时,看见张老师手中拿着一本类似叫"北京地区花草图谱"的书,在对照图谱非常仔细地识别路边花草的名字。自张老师去世后,这三件小事一直涌现在吴天岳教授的脑海里,向他展现了张老师人格的独特魅力。

山东大学哲学与社会发展学院李章印教授自称张老师的门外弟子。他说,无论做学问,还是做人,他都从与张老师的交往中受益良多。他认为,张老师在山大期间,创建现象学与中国文化研究中心,定期举办学术报告,加强与学界同行的学术交流,主办全国现象学年会,有力地推动了山东大学现象学和外国哲学的发展,提升了年轻教师的学术水平,吸引了不少喜欢现象学的青年学子,并在本科生、硕士生和博士生培养方面花费了大量心血。在山大的五年中,张老师自己的学术研究也进入创作高峰和高产期,发表和出版了大量原创性论文和专著。这个时期张老师总是把现象学对当代中国学术的影响类比于历史上佛教在传入中国后对儒家和道家的影响,他在学术上倡导一种儒学现象学或现象学儒学研究。李章印教授认为,张老师自己的哲学就可以定性为"儒学现象学"或"现象学儒学"。

中国社会科学院哲学所陈德中研究员回忆说,张老师在北大外哲所当所长期间,对待学生宽严相济。严的方面,张老师在批改学生作业时非常认真,曾在给他的作业批语中写道:如果没有相应的、严格的证据,不能想到哪说到哪。宽的方面,在学生确定研究方向时,张老师仅提供建议,非常尊重学生的自主选择。此外,张老师对一种悠远神秘的东西有着发自内心的共鸣。

清华大学哲学系朱东华教授回忆到,张老师在外哲所还曾开设过宗教学的课程,并组织翻译了包括吕斯布鲁克的著作在内的四本神秘主义经典。在给王子宁博士翻译的《长青哲学》一书写的序言中,张老师提出一个非常重要的问题,体现了其思想中的一个重要维度:这个世界究竟有没有一个收敛的意义极? 张老师还在一次采访中谈到,理智止步的地方,爱才能继续前行。张老师灵性的一面是他的灵感的重要源泉,他在这方面的影响会非常深刻而持久。

最后,张祥龙老师的夫人张德嘉师母跟大家分享了张老师留存在她心中那些挥之不去的印记。她说:张祥龙离开后,他们的儿子泰苏苏跟她说,父母的婚姻非常美好,是相互成就、共同成长的婚姻。这让她深感安慰。张泰苏去美国后,她特别喜欢去北大旁听课,张祥龙总是不辞劳苦,每次都是提前为她占好位子。张祥龙体贴她体弱多病,每次陪她去超市买东西时,总是自己又背又提,让她只是"空手而归"。平时在家里,她总喜欢"解构"张祥龙,比如说他先误读海德格尔,再误读孔子,张祥龙也不辩解。后来还是仰海峰主任告诉她,"误读"在思想史里是非常有意义的,才让她在心里给张祥龙平了反。每次两人讨论问题出现分歧,她就走到家里的孔子像前面说"老夫子,这事您是不是同意我啊?"这时张祥龙就会表现得很高兴。师母认为,在张泰苏的成长过程中,张祥龙是一个尽职尽责的父亲。再后来有了孙辈,张祥龙更是百分之百最完美的爷爷,比如为了给孩子折出特别复杂的物件,他能干到半夜。师母说,张祥龙无疑还是一个自然主义者,他不喜欢热闹,但喜欢对着花草树木说话,也喜欢跟小动物说话,他总是有一份童心和纯真。在陪伴张祥龙最后的日子里,师母除了心疼还是心疼,她深知张祥龙不舍他深爱的人和这个世界。但一切还是无法挽回……

最后,张德嘉师母向所有关心张祥龙的朋友表示深深的感谢!

(赵成文、周艳辉、李峻整理)

附录四 至情至性：张祥龙先生古典书院座谈记录

时间：2021 年 11 月 20 日下午
地点：上海青浦古典书院及线上同步直播
与谈：柯小刚、李旭等
文字整理：窦建英
（图 50）

李旭：我们先请张老师简单讲一讲自己治学过程中的一些心得、经验吧。我稍微先简单地介绍一下，如果从学术体系中的专业角度来看的话，张老师的研究方向是中西比较哲学。我记得我们当时到北大的时候，外国哲学中有中西哲学比较方向，张老师在这一方面是开路人，是极有影响的学者。张老师的比较哲学，和一般的比较哲学不大一样。他不仅仅是把中国学问和西方学问中的相同之处和相异之处，简单地比较一下，他的哲学不是这个意义上的比较哲学，而是要借助西方思想当中最有活力的，能够和东方思想相应的部分，来重新看待中国古代思想，希望能以此激发和激活我们中国自身传统的活力。其中特别重要的是，张老师以 20 世纪西方现象学的精神和方法，来观照中国的古老哲理。关照的对象以儒家为主，但不限于儒家。

张老师早年的时候，是最喜欢道家的。所以，张老师的第一本书《海德格尔思想与中国天道》里面，还有相当的篇幅是讲道家，讲《老子》和《庄子》。里面还讲到了《红楼梦》。到后来的时候，张老师越来越认同儒家。张老师是以现象学的精神和方法，来诠释中国的经典，诠释中国古老的哲理。这里面非常特别的地方在于，它不仅仅是"学术的"，一种外在化的比附。我觉得张老师的现象学最动人的地方在于，它是一种生命的精神，是一种从切身的身心经验出发的，回到事情本身的这样一种现象学。和那种学院化的现象学，是很不一样的。说实话，我觉得现象学也有一种学院化的危险。

　　我们现在学界的现象学，其实也有相当强的，甚至可能变成新的经院哲学的倾向，也可能把现象学给对象化。张老师不是这样的。我觉得张老师还是在以现象学的精神和方法，来体认和解读我们儒家和道家，包括佛学的经典，是真正基于身心经验、生命经验，并从其出发来展开研究的。这个方面我觉得特别值得我们去体会和学习。那么张老师为什么能做到这一点？我觉得有张老师个人的因素，有张老师整个生命历程，还有他的学问路径等因素在里面。今天这样一个难得的机会，我们还是先听张老师来讲一讲自己治学的经验和心得。张老师讲了之后呢，大家可以再和张老师进行交流，好不好？张老师您可以先跟大家讲一讲，您的治学的历程和经验。

　　张祥龙：你说的治学呀，有点口音，我听成"自学"了。是治学还是"自学"啊？

　　李旭：是治理的治。

　　张祥龙：哦，其实说自学也可以。因为我的真正的，某种意义上比较严肃的学习，还是从"文革"时期开始的。我不知道大家怎么想，然而"文革"现在好像就是一个比较忌讳的话题。我当然不会谈"文革"本身，但是以我这个岁数，"文革"本身就是我经历过的年代。我也是在"文革"中，才发心，想要去真正地、认真地去学一些东西。所以我治学是从"自学"开始的。那时候当然没人教。大家都知道，当时的年轻人普遍很苦闷，尤其我当时是在北京的一个工厂里做很苦的工作。因为"文化大革命"中，我曾经自己发表了一些东西，甚至还办过自己的一个小报。我因之而被批判，当时也被说成是反动派。所以经历过很多不愉快的事情。所以那个时代是要靠自学，对于我个人来讲，靠自学来去解决这些人生的问题。因为当时的前途是（比较灰暗的），我不知道你们现在如何。因为我刚听小刚说，你们中有些好像是从读经的那条路走上来的。就我的了解呢，读经的同学实际上一开始都抱有热情。但是呢，在和现行的主流的体制的融合上，可能有一些困难。当然也有可能是能够顺畅的。但是确实有不少困难的同学，我看过一些报道，所以我也能体会。因为我们年轻时所处的那个时代，从我个人的经历来看，青年人的前途大都被堵得死死的，没有任何真正的希望。

　　所以那个时候我要真正解决自己心中的困惑，甚至是纾解一些很绝望很悲哀的一些情感，从这里头跳出来。而这就要靠自学。我后来搞哲学，刚刚李旭有讲到我的一些治学风格,当然他也有一些溢美之词。不过我学哲学确实不像现在很多人一样,只把它当做学术来学习,当时确实是为了解决直接面临的人生的困惑,寻找一个道路。所以,刚才说到我的学术里面有中西比较的特点,这个实际上,某种意义上,就是我们那个时代所造成的。实际上我们大家现在所处的时代,从 20 世纪开始,甚至从 19 世纪后半期开始,我们就不得不是中西比较了。当然这个比较往往是被迫的,并不愉快的。西方人强势的文化过来了,你怎么办? 你打也打不过。甚至到了新文化运动,知识界的主流还说我们的文化是低于别人的,我们的文化从哪方面看都不好。尤其是儒家的,更是被骂得(很过分)。用鲁迅的话说,就是"几千年的历史,就是'吃人'二字"。这个中西的对撞,其实在我们还年轻的时候,很早就感受到了。

你像我小时候,虽然我出生在香港,但是很快我就被父母带回到南方,在武汉。四五岁就被带到了北京。我的童年、少年和青年,主要还是在北京度过的。北京当时在我的印象中,还是很有传统文化的味道的。老的城墙,老的风俗,虽然已经经过了多少轮新文化的,各种颜色的新文化的洗荡,但还是有一些传统的良风美俗吧。或者说是文化的遗迹吧。比如说,城墙还在,对吧? 很多传统的东西都有所存续。我记得小时候,我还真是到当时的那个茶馆去玩过,趴在窗户上看,里面一个老先生在说评书,讲得那是眉飞色舞。还有其他的那些,三教九流的都在茶馆里面,一边喝着茶,一边听老先生说书。老先生说的像是三国演义还是啥,我全都忘了。这个印象还很深。总之,传统文化还有留存。而且小时候,我父亲,他是从北洋大学毕业的,但是他本人还是保留有中国传统的很多东西。他信中医,所以小时候我们生了病,都要看中医。他也喜欢听评书。我小时候,他就带着我们听《三国演义》啊这些。然后头天听了,第二天跑到学校,就跟别的同学交流。别的同学也有听的,大家在课间的时候就聚在一起谈论。就跟你们现在上网一样,你们上网看你们自己喜欢的东西,我们当时的流行文化就是评书呀这些东西。我记得当时说到"关云长温酒斩华雄"时,那个津津乐道。还有侯宝林的相声,那是相当的好。这个是传统的延续。但是当时西方文化其实已经占了主导、优势了。这是我们那个时代。

所以我们就生活在一个中西比较的境遇中,学校里教的都是西方传来的东西。当时说的就是"学好数理化,走遍天下都不怕",数理化都是西方来的。学这个语文的话,都是要按照西方讲语法的那种模式来学。所以当时已经是这样了。之后又遭遇了"文化大革命"。"文化大革命",简单从文化角度来讲,实质上就是新文化运动的一种延续。我就是从文化角度来讲,我不从政治角度来讲。我觉得有一次,我听网上一个人讲,那个人是自由主义者。他讲的意思就是说呢,"文化大革命"的思想方法,实际上就是新文化运动中,人们从西方学到的进化论啊(当然是社会进化论)、西方人那种真理和谬误的二元论啊等等这些思想方法的一个极端化。它当然体现在了当时的一些意识形态的学说里。所以这个文化革命是西方文化和中国文化的一次很明显的碰撞。甚至都说不上是碰撞了,而是西方文化对中国文化的碾压。当然它这个所谓的西方文化,是带有当时的它的独特的颜色的,只是西方文化中的一种。不是那种自由主义的,而是另外一种。

所以这个呢,我就觉得我后来之所以能够关注中西的关系,是跟我要解决的人生问题,是和我的这些体验是息息相关的。所以我刚刚说到,我真正的自学,就是在"文革"中,自己觉得自己当时也有点儿,像《红楼梦》一开始说的一样,那块儿石头自怨自艾,觉得自己命运怎么这么不好啊。我当时为什么要去贴那个大字报,为什么要去办那个报纸啊,最后弄得受到多少次迫害啊! 还被关押过两次。当然那个关押不是进监狱啊,是进那个专政队的地方。所以就是那时候开始自学。自学呢,我就觉得对我后来的治学,还是有很深远很深远的影响的。当时学的主要是,我印象中是中西书籍都有看过一些。因为我当时毕竟留在北京了。当时北京的年轻人,尤其是我通过办报纸,认识了一些思想很活跃的年轻人。当时这些很活跃的年轻人里头,什么样的人都有,知识分子的子弟,高干子弟,普通的市民子弟,都有。只是说这些人很爱想问题。

在当时大家就交换书籍来看,所以当时我看的很多书都是借来的。大家在私下里传着看。这些书已经不允许卖了。甚至是你公开地拿出来,都会被马上被没收。我当时跟人借了一本书,《震撼世界的十三天》,讲匈牙利事件的。后来拿到了学校去看,让军代表看见了,马上没收。不但没收,还要追查这个书是从哪里来的。但是,就是因为是大家底下私传的书,所以看起来是格外地珍视,格外地认真。因为也就借给你一两个晚上,所以大家都是拼命地看。这种自学一个是相当主动，二是它具有那种"秘传"的味道。它是处于一个隐蔽状态和公开状态之间的状态，所以这样呢，我觉得当时那种学习，是很多过来人都忘不了的。所以我看到很多我们那一代的人，后来在回忆以前的时候，往往都要讲到这一层。当年我们传的灰皮书、黄皮书，这些文艺的书，是怎么传的，我们看，是怎么看的，我们受了什么影响。我估计你们可能都听过这方面的。因为现在的一些政治人物，我们这一代的，他们回忆起他们的青年时期，有时候也讲这些事情。我们那一代人自学，往往就是以这种方式开始的。

但是同时呢，我个人还有一个倾向，就是我对中国的东西也很喜欢。因为当时大家传的东西呢，一般说来是以西方的东西为主。当时所谓的黄皮书、灰皮书，都是翻译西方的。灰皮书是政论性质的，这里头有很多是不允许公开发表的，但是对当时的我们很有益处，包括我当时办那个报纸，都是有时候看了灰皮书，比如德尔拉斯的《新阶级》之后，受到了启发，而后再表达出来。黄皮书呢，是文艺性的，很多也是不便于公开出版的，是一些时兴的，比如说《麦田里的守望者》，现在当然是无所谓的，美国当时很早的一个启蒙小说。还有《在路上》，还有苏联的一些前卫的诗人、作家的一些作品。所以对我们当时来讲，都是非常新鲜。尤其是我记得当时看《麦田里的守望者》时，简直就是目瞪口呆啊，我的天呐，那个书里头，那种青年人的反叛，它是对美国当时的中产阶级主导的文化的反叛。所以，当时我确实从这些东西里面吸取了很多很多。但是我个人对中国的东西也是非常喜欢，我也不断地在看。这个可能跟我父亲呀，或者小时候受的影响有关。所以当时就读古文，尤其是诗词，还有一些文章。特别像《滕王阁序》《岳阳楼记》这些，都背得很顺。这些东西我也很珍爱，很喜欢。然后看古典小说，包括《红楼梦》。前两天我在复旦大学还讲了。

"文革"耽误了我上大学，我28岁才上大学。大学毕业以后，我根本就不想再接着读什么研究生。当时我受道家影响，就想搞自然保护，就想到山里去，去当个守林人。后来又经历了不少事情，遇到了一些麻烦。最后，某种意义上是不得已，才去美国留学的。到美国留学以后，我真正的学习主要还是靠自学。因为我的英语能力刚开始是很差的，尤其是听力。当然托福什么的都考了，也考过了。老师讲课，刚开始课上听懂的不多。当然后来专业上的意思慢慢地都懂了,但我的特点就是治学主要还是靠自己在底下读书。然后呢,因为我已经在研究生阶段了,老师一般都是要求交论文。我的美国同学们都最怕写论文,他们最喜欢课堂考试。他就写一个答案,就可以交差了。而我就是喜欢写论文。写论文呢,它给我时间,我能够思考,能把我的潜力都表达出来。我在美国上学,先读硕士,后来读博士。我内人在这里,她都不让我多说,她老嫌我说多了哈哈。

敬之:现在的孩子们很需要听前辈的治学经历。

张祥龙:是吧。(对夫人)你说吧,你提什么意见?

张老师夫人:第一,不要离题太远。第二,尽量简短。

张祥龙:好好,我马上结束。

柯小刚:师母是怕您累了。

张祥龙:哈哈哈哈,是。虽然一开始在美国很困难,但是我硕士的课程得的还是全 A。当然,没有一门课是老师不给我最高分的,就是因为主要都是写论文。当然,说实话,写论文也没什么可自豪的,因为我当时都 37 岁了,人家那些同班同学(年龄普遍很小),当然也有像我这么大的。人家美国无所谓的,读研究生什么样的岁数都有,有的老头还在那里当学生,但是毕竟还是年轻人居多。读博士阶段呢,也是很顺利吧,很快就读完了。基本上我的感觉就是,治学呢,就我的体会来说,自学是非常重要的。当然跟老师学也很重要。

其中有一个环节我没有讲,就是我真正开始去学哲学,其实是受贺麟先生影响的。贺麟先生是我的恩师。那是在"文革"中。刚刚我说的,我看的那些书,实际上没有解决我最重要的人生的意义问题。虽然那些书很有启发,而且起到了铺垫的作用。到最后,还是要读哲学的书。而开始读哲学的书,是因为我有幸遇到贺麟先生。那是 70 年代中期,"文革"进入了后期时,我认识了他老人家,跟他读了几本哲学的书。尤其是第一本,就是斯宾诺莎的《伦理学》,这本书对我的启发特别大。这本书表面上非常晦涩,但是很深刻。尤其是有贺先生的引领,我自己觉得还是读进去了,自己很有体会。这两方面都很有必要,但是我觉得自学是更重要的。而我个人对自学的体会就是,它确实要跟你最关心的一些问题,跟你的人生有关系,不一定是很直接的关系,也可能是很间接的关系。这样你学起来,才能够生龙活虎,才能够锲而不舍,才能够学进去。这样,你跟书之间,根本就不会好像中间还隔着一个老师,隔着考试的要求和家长的督促。没有。而是你就是它,它就是你。真的读到你和那本书相交融的地步,这才可以。这样,首先是能够读得深入,读得持久,然后就是能够坚持下去,最后使你的人生从里面获得最必要的营养。好了,大致我的治学,主要还是讲的自学这一块。这是我个人的一些经验,不一定有什么普遍的意义。

李旭:张老师刚讲了自学。其实哪怕我们在学校里学习,自学也是非常关键的。任何的学习,只要是有效的学习,某种意义上都是自觉要学。被动的学,那肯定是很难学好的。只不过在跟老师学的时候,更多地是有一个自己和老师的互动。当没有老师在场的时候,我们自己是在和书本互动。无论如何,你自己的主动都是非常关键的。我觉得对于基础班的同学来讲,你们相对于体制内的孩子,其实有更多自学的因素。一方面你们有更多的自学时间,另一方面,你们确实在很多方面也更需要自学,需要自己主动去学。刚刚张老师讲的,对我们基础班的同学,包括我们参加会讲的同学都很有意义。我们参加会讲班,其实也是自学,是非体制的,主动的学习。自学对学者们来说,都是很关键的因素。我们首先还是看基础班的同学有什么样的话题要和张老师交流的,可以提出来。

周明钰:老师,这个问题也是源自我最近的一个体验。因为我就是国庆七天在这里参加了一个书画的类似于集训的课程。而画画本身不是我很擅长的东西,只是因为有四天的画画课程,但是我发现我真正进入状态时,是在结课前的十分钟。结课的时候大家都比较吵,但是我发现,那个时间,我才能够真正进入状态。我发现我本人其实是一个很慢热的人。我发现我的很多情绪都很容易被内耗掉,很难去很专注地做某一件事情。这跟我自身的习惯,包括我的人生经历有很大的关系吧。所以我最近在思考,想找一个突破口,能让我自己有一个很大的提高,有一个发泄的地方。我也很喜欢现代艺术,我最近看的书可能都是偏理念性的一些,是抽象类的,像康定斯基那种类型的东西。我比较喜欢那种类型,这可能是我身上缺乏的东西。我的问题其实就是,不知道该怎么去找到那个突破口。我很想去找到那个突破口,但是很难。

张祥龙:你所提出的问题,是不是跟你刚才说的不能够专注有关?

周明钰：是的。

张祥龙：不能很专注，是不是说你在学业上不能找到一个很专注的、集中的，或者说叫专业的，或者说是兴趣的一个集结点？你说你喜欢现代艺术，现代艺术表面上是挺发散的。它对传统艺术构成了一种反叛。传统艺术一般都是有某种格式在里面，比如说绘画也好，或者是诗歌呀小说呀，它是有一种内在的格局在。而且说哪幅画画得好，哪首诗写得好，好像一般的评论界还是有公论的。某种意义上，它是比较能够让人专注的。而现代艺术确实是自我发挥的成分更多，往往会寻找一些新奇的表达方式，而且是不太在乎你说的专注，或者说大家达成的共识吧。我不知道你具体的问题是什么。你是希望在一个新的，你确实感兴趣的东西里头，比如说跟现代艺术有关的，哪怕是间接的，在这个里面找到你兴趣的集中点和收敛点？是不是这个问题？

某女生：是这样的。

张祥龙：你就觉得好像有很多让你感兴趣的东西，而你找不到一个突破口。

某女生：对，就是我找不到可以真正让我抒发的东西。

张祥龙：我觉得你这个问题还是一个很典型的问题。可能当代的年轻人，起码有一些人面临这个问题。除非他把他的兴趣完全体制化，体制告诉他"你要考好大学"，"要到国外留学"，这个可以是比较专注的。但这毕竟是一个比较外在的东西，是不是能跟自己内心最喜欢做的事情，和真正感兴趣的东西，和内心追求的东西相重合，这个我觉得可能在当代年轻人中是一个问题。你是不是想问，我从我的经验中出发，能不能给你一些启发，或者一些参考？

某女生：是的。

张祥龙：说实话，我刚刚一直在强调，我讲的是我个人的经历，是没有办法代替任何别人的经历的。但有一点我还是相信的，每个人感受到意义，感觉到他追求的意义、生活的意义，这还是有迹可循的，这往往都是和你真正发自内心最关心的，而且往往都是和你生活中遇到的一些波折，或者是不寻常的经历是相关的。这个东西能够帮助你解决生活中真正困扰你的问题，或者是某件事你特别想做，但你现在还没做到，而它能帮你去做到。所以，这是我觉得人生意义的一个很重要的来历。我觉得每个人都应该自己去反思，自己静下心来,去脱开外在的考虑,起码有一段时间。或者你就在晚上,就像孟子讲的,晚上你的夜气能够起来的时候,这个时候你的心是清明的,你能够想到的是真正比较深的问题。这种时候你要自己好好想想,你自己到底想要什么,或者你人生之中最有意思的,最可贵的东西是什么。先有这么一个直觉,甚至是很自觉的意识,然后再和你的人生现实中的各种各样的可能性、格局结合起来思考,看看能不能找到一些交点。如果没有交点,那么我去努力,我去创造那个东西,这也可以。像你们这么年轻,还很可塑。你的心灵和你人生的路程,都还是很可塑的。只要能够找到自己真正追求的方向,并为之努力,也许未来就不可限量。后生可畏,就可畏在这里了。你们跟我就没法比了,我往未来看的时候,能看多远啊,你们能看多远啊。所以这个问题,我的回答大概就是这样:一是你要静下心来想,二是你自己真正最想做的到底是什么,自己好好想,可能就能找到这个突破口了。

柯小刚:网上也有同学问问题了。他看您耳聪目明,想问您是怎么养生的。

张祥龙:我这个说不上了。我已经进入老年了,都 72 岁了,没有什么特别的。但是我记得,这也是我受到父亲影响的一个结果。好像是在我 10 岁 11 岁的时候,我父亲就逼着我们,我哥哥、我姐姐和我,跑到北京中山公园去和一个老先生学太极拳。因为是在暑假里头,(所以)必须去。而且到了那儿呢,当时老先生人家也是开班的,还要交钱。然后我还记得当时是给老先生跪下磕头了,还要鞠躬,行拜师礼。那个老先生呢是杨氏太极拳的传人之一,确实是杨澄甫的在册弟子,姓崔的一个老人。跟着他学了太极拳。后来呢,其实像一个孩子来学拳呢,当时还真是觉得挺美好的。暑假每天早上也不能睡懒觉了,就得去。进去以后,就在那棵甚至有四五百年的大柏树(中山公园里面有一大排),估计是明朝栽的大柏树底下,大家一起先打两遍太极拳,然后呢,老师,或者是老师的晚辈的弟子来教我们。我记得每次回到家里,当时很小,但是就莫名觉得挺高兴的。但是毕竟很小。一般像这么小的孩子,学了太极拳,事后都忘了。而且,人生的经历一多就都丢掉了。

我儿子到美国上学之前,我就逼着他也找我那个老师的弟子学了太极拳。他现在也不打了。但是我后来没丢这个太极拳,我觉得对我还是很有好处的。因为我在"文革"中遇到了挫折,身体很不好。那些挫折不仅影响了我的精神,而且身体也出问题了。所以到了身体特别不好的时候,我就把太极拳捡起来了,然后总算在这半个多世纪里坚持下来了。我还有一个感觉就是,我真的很感恩,我能够找到自己喜欢做的事情。像我搞哲学,后来哲学成了我的职业了。其实哲学恰恰真正地解决了我的人生问题,尤其是我在"文革"中最难的时候。哲学,当然背后还有文学,还有宗教这些东西,它最后帮我解决了人生问题,所以是我真心最爱的东西,而真心最爱的东西成了我的职业,这是人生当中的一大幸事。可能这对我身体也有帮助。一直到现在,我表面上是退休了,但我自己在家里还是闲不下来,等于这是我最愿意干的事情之一吧。我觉得这对身体还是有一定好处的。

周明钰:老师,网上的范兴同学用文字聊天发言了。他说张老师所说的自学经历,那个刚刚开始的年少时候,就像《大雅·生民》那样,那么幽微,那么不测,但就是要冒出来,还没有冒,还没有冒,所以他听到最后哭出声来。我想问一下张老师,类似于读到《伦理学》那种可以作为生命节点的时刻,您有与中国哪本经典相遇的类似经验吗?

张祥龙:是,他刚说的《伦理学》,就是斯宾诺莎的《伦理学》。我当时读的时候,就是老老实实地读那个。我为什么读那个呢,就是因为我有幸认识了贺麟先生。和贺麟先生第一次见面,我见贺先生时,当时心里很感动。我为什么能见贺先生呢?是因为我姐姐,我姐姐看我当时确实是,你们现在叫抑郁是吧?我当时照理说也应该算是抑郁状态。就是心里面总是很灰暗,虽然也有闪光的时候,也认识一些好朋友,能一起聊聊。但是总的来说,白天在工厂干最脏最累的活,做一个清砂工,很疲劳。回到家里也都很难再做什么事儿,但是就是不甘心,还是自己再去看书。所以,人呢就有点痴痴呆呆的样子。后来我姐姐说你老这样不行,她还跑到我的工厂去找我,看我工作时的场景。回家之后就跟我母亲说,我那个地方简直没法呆,那个味儿特强,又热又脏。后来她就想办法开导我,我姐姐也真是有悌爱之心的好姐姐。所以我现在想起来(举起手放在半空中,又放了下来)……唉……因为我姐姐是比较喜欢串这些亲戚朋友,我母亲的大学同学,后来成了贺先生的夫人。这个我从来没跟她们联系过。

我姐姐跟她们认识,就跟我说,这个老先生是中国著名的哲学家,你要不要去。我后来就说可以呀,她就带我去。去了以后,第一次见贺先生,我就跟他谈了。我问贺先生,你为什么都是问一些让我的心里一下子感觉很清爽的、一下子把很多不高兴的事情都忘了的问题? 最后他就说,你选一本书,你先拿去读。我就表示说,我也想学点哲学。后来贺先生说,你去找吧。正好他那个书房在"文化大革命"中一直被贴着封条,因为他是挨整的所谓"资产阶级反动权威"。可是我去找他之前,可能也就一两个月之间吧,或者也就一两周之间,书房的封条刚被取下来。后来贺先生说,你去找吧,书架里的书你随便拿。后来我就找,先找了几本书,但是觉得一般般,后来就找到了这本《伦理学》。我一看,哎,是贺麟翻译的,就是贺先生翻译的斯宾诺莎的《伦理学》。再一看呢,开篇斯宾诺莎写了几个公则、公理,他写的是实体、自然、神,实体就是自性的,就跟神有关,跟自然有关系。我一看这个我觉得有意思。

因为在这之前我也看过基督教的,也跟人借来《圣经》看过,我读《新约》福音书,我也很感动,但确实是不可能完全进去。但是,斯宾诺莎谈到神又是自然的,又是跟哲学、跟内在的问题相关的。所以我就跟贺先生说,我就看这本了。贺先生事后,大概过了两三年,他还跟我说,当时你一下子选中这本书,我就心里动了一动。我就记得他用了这个词。因为我后来很快就知道,贺先生最喜欢的哲学家,西方哲学家,不是黑格尔。他研究黑格尔最有名,但他最喜欢的是斯宾诺莎。他觉得我一下子就挑了这本书,挺有意思的。之后,我就把这本书拿回去读。实际上,当时我读这本书觉得很困难,因为我当时没有经过任何哲学训练。这本书又是——你们大家自己去读就知道了,它是用欧几里得几何的那种方式写的。公理,公则,推理,然后就从这公理里头推,合乎逻辑地推,推出定理,他就认为是不会错的。所以很难读。

但是因为我有前面那些动机吧,所以还是觉得一定能读出东西来。你就得相信自己,不相信的话,碰到困难,你就打退堂鼓了。我记得当时在工厂里做工,因为那个工厂离我家稍微远一些,我就在旁边的农村租了一个小房子,每次晚上就在那个小房子里读这本书。不懂,不懂就反复读。我就劝你们碰上真正的好书的时候,老师给你建议的也好,或是你自己觉得这是一本很好的书,读不懂没关系,文字本身只要你诚心诚意,反复地读,有些意思自然慢慢就会出来。当然我还有幸有老师,我每隔两个礼拜就去他那儿一次,他就给我讲。但是他也不是按照文章讲,他往往讲的都是背景,讲斯宾诺莎这个人是怎么回事,他为什么要写这本书,顶多跟我讲一讲这本书的基本意思。但是对我的启发特别大。斯宾诺莎这个人的经历其实对我启发就特别大。关于斯宾诺莎本人,贺先生也写有介绍文章。斯宾诺莎就是一个受了特别多苦的人,一生极其苦难。

他本人就是犹太人,犹太人当时就是最受排挤的人。他的祖上因为是犹太人,被西班牙女王从西班牙轰出来了。然后跑到荷兰,荷兰当时号称是思想比较自由的,但是因为斯宾诺莎本人有自己的信仰,他对犹太经典,也就是《旧约》,有他独特的解释。所以在当时的犹太社团里面,又有人揭发他,说他的思想是异端。犹太社团的长老们就找他,说你应该改正,你要不改正,我们就把你驱逐出去。他也是经过反复的思想斗争,他就不改,他就坚信自己,最后他就被驱逐了。所以他很惨,因为他本身就是一个受别人歧视的民族的一分子,然后这个民族再来歧视他。他被驱逐出去了。这个世界真的几乎就没有什么地方能容下他了。他后来就自己靠磨镜片为生,但是他还在不断追求自己的真正思想,最后写出来了这些著作,影响是非常深远的,无论是他的《神学政治论》还是《伦理学》。当时德国特别有名的极其聪明的大哲学家莱布尼茨都去海牙找他。

所以,贺先生跟我讲斯宾诺莎的人生经历,其实对我读这本书还是很有启发的。而且贺先生还写过一个《斯宾诺莎像赞》,后来我特别推崇此作,它是一首诗,但是赞得非常好。他在其中就把斯宾诺莎比作庄子,亦圣亦仙,如何如何。所以你如果问斯宾诺莎的《伦理学》和中国文化的联系,后来我就知道,斯宾诺莎的思想和我们中国道家的思想是有某种内在的关联的,但我在那个时候对《庄子》的理解还不深。比如方法上,斯宾诺莎虽然是唯理论的,但他认为真正的、最出色的思想方法是直观,这有现象学的直观的味道,而不是什么逻辑、概念、推理,贺先生认为,这个方法和老庄,和我们中国古代的,包括儒家的方法有共通之处。贺先生后来还写过《宋儒的思想方法》,他认为宋儒思想方法的要害就是所谓理性的直观,它是直观,但又是理性的。所以在这一点上,他说《伦理学》和庄子、老庄是打通的,和心学,甚至是理学都有相通的地方。所以我当时就将这个记在心里了。

后来上了北大以后我就特别喜欢道家,我觉得跟这件事可能有一定关系。我当时的学士论文写的就是庄子。后来又迷庄子,非要搞自然保护,搞环保。所以应该还是跟读斯宾诺莎有关系的。

柯小刚:您跟斯宾诺莎的关联我还是第一次听到。我觉得很震撼。特别奇妙的是,我在大学一年级看的第一本书就是斯宾诺莎的《伦理学》,当时对我的影响特别大,是一种决定性的影响。从斯宾诺莎到中国文化,这里面似乎有一种密切的关系。我自己的读书经历也可以印证这一点。

张祥龙:是,是。所以贺先生就说,他最心爱的哲学家就是斯宾诺莎。他跟我讲,他先在美国留学,然后有个老师带着他们读斯宾诺莎,那是一个女老师。他刚去美国的时候是在奥柏林学院,后来又转到芝加哥大学,又转到哈佛大学。我记得他真正学斯宾诺莎的开端应该是在芝加哥大学,或是奥柏林学院,我记不清楚了。他跟我说,那个女老师也不懂斯宾诺莎,但是她就喜欢。美国当时的学术氛围就这样,她可能不是教斯宾诺莎的,但是她喜欢,读这个书她有感受,她也讲不大清楚。然后她就搞了个读书班,她就说我们大家一起读,一起学,就像李旭老师也是跟你们大家一起讲一样。然后贺先生听着听着就开始有点儿感受,就这么读下来。

他觉得跟他学过的宋明理学和庄子有某种遥远的关系。然后呢,他后来又到德国去留学,在柏林大学。那个时候他就认识了国际斯宾诺莎学会的会长,也是个犹太人。然后他俩后来甚至成为了感情很好的朋友。那个人带他去看了斯宾诺莎当时的一些遗迹,因为德国离荷兰也很近。那个人对他说,你就算我们斯宾诺莎学会的第一个中国会员,希望你回去建立中国的斯宾诺莎学会。后来贺先生跟我讲,他回国之后,马上"二战"也就爆发了,然后那个人就被纳粹杀死了,因为他是犹太人。所以贺先生也挺感慨的。贺先生对斯宾诺莎特别喜欢,回来以后,他很快就把《伦理学》翻译出来了。贺先生的中文底子特别深厚,他是四川人,当时在四川上中学的时候,老师就夸奖他说:"这个贺麟才是真正能够把古文写通的,咱们全校有两个学生可以做到,他是之一。"

到后来上了清华,贺麟又跟着当时清华国学院的四大导师,他特别受这些导师的影响。别的那些同学,都是一心就要学西方的科技。四大导师比如梁启超开课的时候,刚开始的时候人很多,听他讲唐诗宋词,但是往往到了学期最后呢,课堂上就没几个人了,贺麟就是其中坚持到最后的那一批。他还请梁启超给自己开书单。所以贺先生对斯宾诺莎的感受,是建立在深厚的中学功底之上的。

　　我觉得斯宾诺莎是一个挺奇妙的现象:他这个人表面上就是一个唯理论者。你要说开创性的话,当然还是笛卡尔是所谓的近代唯理论或者近代哲学的真正开创者。斯宾诺莎和莱布尼茨被认为是之后的两个比较重要的唯理论者。其中莱布尼茨得到了极度的赞美,像罗素给出的那种极度赞美。因为莱布尼茨特别聪明,有很多重要的发明,或者说创造,包括哲学上的单子论。而斯宾诺莎这边的哲学好像是很厚重的,比较古板的。但这只是表面。所以后来贺先生跟我讲的时候,就一再地讲这个,他说,你别看他表面上是这样的,好像是很冷地在推理,其实他里面藏的东西,比如泛神论也好,或者神即自然、实体即自然也好,实际上影响了很多。后来的德国哲学,像黑格尔就说过:我们德国哲学家要是不经过斯宾诺莎这个实体,你就进入不到真正的哲学前沿。而那些大文豪,像歌德、席勒,尤其歌德,他一生中多次读斯宾诺莎的书,每次他都觉得非常有收获。当然最后一个最著名的就是爱因斯坦了。当时爱因斯坦在美国,人家教会就说他不信神,因为他是伟大的科学家,他宗教上是主张无神论的,教会挺排斥他这方面的。一个记者就给爱因斯坦发了一封电报问他,你到底是不是信神的? 因为他有时候又说我不是不信神。爱因斯坦的回答是,我信的是斯宾诺莎说的那个神。

　　柯小刚:线上有同学说,看您的书,觉得有一种三光聚顶的感觉。这个同学也很想知道,除了斯宾诺莎之外,还有哪一些书在您思想成长过程中影响比较大?

　　张祥龙:北大宣传部前两年还找我,说他们找了一百个北大的老师,让我们列个书单,我当时还列了一个,最近那本书刚出。

　　说到这个呢,我愿意说的啊,一个要是从哲学上来讲的话,那还有《庄子》。因为我上大学期间就看《庄子》,开始对道家特别感兴趣,而道家中,《老子》我当然也喜欢。我说我年轻的时候学太极拳,后来我看《老子》,一直到我中年靠后的时候,我几乎每次认真读《老子》时,都觉得跟打太极拳时感到的那个气感是类似的,就觉得挺奇妙的。但是我真正特别喜欢的,而且有一段时间很迷恋的,那就是《庄子》。因为觉得它太美了,思想又深又有趣,表达得又那么美,那么奇特。那些怪诞的得道者,有的是吸风饮露,有的是表面上又傻又笨,就跟那红楼梦里面的一僧一道似的,他在太虚幻境是一个样子,到人间又是既瘸又拐又癞头的样子。所以就特别喜欢《庄子》,当然庄子给我的启发也确实很大。我的学士论文写的就是庄子的人生哲学,我记得还是张岱年先生做我论文的指导老师。

我们当时的学士论文都是要找这些老教授来指导,我还跑到张先生家,当时他住在蔚秀园,我还两次去过他的家。张先生真是特别的朴素,我是特别地佩服。张先生在家里穿着中山服,屋子里堆满了书,就那么两间房。当然后来给他也改善了。其实到现在,我觉得道家对我还是很有吸引力的,尤其是它跟自然打通这一点,我真是越体会,越觉得深。像《庄子·天地》篇里讲的那个灌园叟,还有《马蹄》篇里讲的至德之世,对我都很有启发。一个真正最美好的世界是什么样子的?《庄子》描写的这个世界,就是一个生态特别发达、蓬勃,人和野兽,和鸟,都没有什么隔阂的一个世界。所以那个世界当中的人本身,也是极其淳朴的。当然他没有具体描写这个社会真正的组织结构是怎么回事,他没有这么描写。《老子》80 章是大致从外表写了一下。陶渊明的《桃花源记》也是往这方面发挥了一下。这对我都是很有影响的。

我在美国做博士论文的时候,特别爱读梭罗的《瓦尔登湖》,台湾版译作《湖边散记》,这本书也是我的最爱。因为我觉得梭罗的气质,跟斯宾诺莎也好,跟庄子也好,跟我个人特别喜欢自然的这种原发的思想,都是很相似的。这些都是我发自内心喜欢甚至崇敬的作品。另外一本书我还想提一下,就是文学上的书,但它也不只是文学上的,这本书就是《战争与和平》。我最近在复旦还讲俄罗斯文学。俄罗斯文学对我的影响也非常深远,像普希金的《叶甫盖尼·奥涅金》,托尔斯泰的书,还有陀思妥耶夫斯基的书。其实我一开始看的是写过《父与子》的屠格涅夫。但是对我个人影响最大的还是托尔斯泰,尤其是《战争与和平》。

很多评论家好像觉得《战争与和平》有些拖拉,里面有很多针对历史的议论。而《安娜·卡列尼娜》的结构极其完美,是文学上的典范。《安娜·卡列尼娜》的两条线,两个层次,幸和不幸的互换、转折等很吸引我。我也很喜欢《安娜·卡列尼娜》,但是真正对我影响特别深远的,还是《战争与和平》。我在复旦的讲座也有两讲是讲这个的。长话短说,托尔斯泰,陀思妥耶夫斯基,他们两个人就代表了俄罗斯的文化灵魂。俄罗斯的文化灵魂也充分体现在《战争与和平》这本书里面。俄罗斯的文化灵魂和东正教也有关系,但是不等于东正教。托尔斯泰也是跟教会分裂的。他们的精神里头很重要的一个就是,只有到人生的最底层,简单来说,就是只有在触底时才能够反弹出人生的意义,才叫真正的意义。所以它里边的正面人物都有些自寻苦恼,自找苦吃。

它的故事中有两类人,一类人是我们平常这种人,都是要获得最好的人生收益,性价比最高。他们特别会聪明地利用因果关系,为自己谋利益,使自己很快地在社会上取得成功。另外还有一种人,是他书里很欣赏的,这些人就是对人生的最原发的那一面有所发觉,而这最原发的那一面往往是带有黑暗、不幸、挫折,或者是冒着死亡的风险等,很危险。他们有的时候是自觉自愿,有的时候就是陷入了命运的安排之中。他们从中得到了超出理智的启发,最终达到了人生具有的神秘美感的一个境界。像它的正面人物,最主要的当然是两个男主角和一个女主角。男主角是安德烈公爵和彼埃尔,女主角是娜塔莎,然后还有很多次主角,或者配角。这本书有两百多个人物出现。最后这些主角都是在苦难之中,进入黑暗里面,然后还能闪出光来。那种人生经历、思想和人生境界令人感慨。我当时的心情很不好,所以读这种书的时候充满了共鸣。后来我学的现象学,我回头再反思,我觉得这恰恰就是现象学讲的那番道理,两者其实是相通的。

胡塞尔讲,我们意识的真正根底不是显意识。显意识是胡塞尔前期讲的那种意向性活动,是我们主动去进行的意识活动,尤其是去看一个东西,去感知一个东西,喜欢还是不喜欢,这都是我们的显意识。但是胡塞尔后期发生现象学却讲,我们这些显意识的源头恰恰是威廉·詹姆士叫它潜意识、我们叫它下意识的那个东西。胡塞尔叫它内时间意识。在你意识不到的时候,你过去的经历都会沉淀在所谓的潜意识,或者说内时间意识中。而这个内时间意识,它实际上在里头做了各种被动综合的酝酿,在里面酿造你的人生感受和经历。它把你酿造成还没有对象化,但是随时可能对象化的一种潜流,所以你每次对人生未来的期待,也可能是潜意识的,都会在里面参与潜流的构造。这个潜流恰恰是你个人所谓的性格、所谓的特点的一个背景、一个温床,而后你的显意识要从这里面出来。我们人和人之间性格的不同,命运的不同,往往就跟你潜在的意识流是什么样子是相关的。

这些正面人物的特点,就是他一定要活到超出显意识的因果关系。他要到潜意识的那种被动综合中,或者是他的人生的那种完全超目标的、非目标的、非因果的,甚至是苦熬的经历中,来脱去表面上这种体制或观念加给我的枷锁,在潜意识里头,把这个枷锁脱开。这样当你从那个里头出来的时候,你事实上就有了一种全新的精神状态和心灵状态,你活得才是尽性尽命。这本书我觉得实际上跟儒家讲的心学,佛家讲的人的本心的发现都是相关的。但这是后来的体悟,当时我直接读的时候就觉得,每读一遍都对我特别有启发,极其感动。

柯小刚:您最早读托尔斯泰的时候是多大呀?

张祥龙:就是十七八岁的时候。都是"文革"中跟别人借的书。后来实际上我过几年就会读一次,当然我是不知道读了多少遍了。

李旭:《战争与和平》?

张祥龙:《战争与和平》。但是其他的几本,比如《安娜·卡列尼娜》,我也是过一些年就读一次。但是说实话,《复活》我不是最喜欢的,但是也很不错。我觉得《复活》后边等于说是思想观念的作用就更大了,不像《战争与和平》,它完全是人生现象。刚刚我讲的两个层次的交融构造出来的两种人,对我的启发更大。

柯小刚:您刚才说的非常深层的、底层的潜意识,这些方面,陀思妥耶夫斯基写得如何?

张祥龙:陀思妥耶夫斯基写得也是极其天才,我也是很喜欢。只是因为我年轻的时候,我说实话,我还是不太懂陀思妥耶夫斯基,他那种比较破碎的,或者说比较怪诞的综合。当然后来我也完全可以欣赏。尤其他的某几本书,比如《白痴》我就特别喜欢。还有像《白夜》《卡拉马佐夫兄弟》《罪与罚》,尤其是我记得我以前还读过他的一篇中篇小说,就是写一个女孩子,她的父亲是一个小提琴手,他也是有天赋的,但是后来他就自认为自己有天赋,就开始放荡。最后这个女孩子觉得,她的父亲完全是很怪的,不被社会上的人接受之类的。他的那种风格好像很病态,很不同,但是同时又能够闪出一种内在的光彩。我觉得俄罗斯文学最让我们感动的就是这一点,就是说他能够写到非常苦难的地步。就像《罪与罚》也是这样,它里面的主人公,刚开始信超人哲学,去杀一个他觉得不值得活的老太太。但是他面对一个女孩子,这个女孩子是个妓女,最后这个女孩子引导他认识到,他干的事情确实是罪,不光是法律上的罪。这是我觉得最好的地方,一个文学既达到了真正把人感动到无以复加的程度,又有那种神秘美感。有一种神秘体验,但是其中又有美感,就必须进到这一层。陀思妥耶夫斯基就是这方面的一个大家。

但我最欣赏还是托尔斯泰,托尔斯泰这种还是比较古典的,陀思妥耶夫斯基比较后现代了,有点所谓后现代艺术的那种特点了。陀思妥耶夫斯基当然比他们要高了,但是毕竟他有那个特点。他本人的那个精神就有些病态的东西,因为他经历过假枪毙,他又有癫痫,但是这个病态又是一个天才的病态,他能闪发出健全意识的人没有的东西。其实我刚才讲的能进入底层的那群人,在一般人看来,他们都有点病态。你看那个安德烈,安德烈出身那么好。他的仕途,他要在皇帝身边任职、高升并不难,他父亲是前朝最有名的将军之一,他要想在军队里,在库图佐夫的总司令部任职是很容易的。库图佐夫就是想把他留下来,因为他特别能干。但是他就是不干,他就是找死,非要到前线去,进入前线部队。最后他也就是因此负伤,最后重伤而死。更不用说彼埃尔,显得那么蠢蠢的样子。娜塔莎更是自己犯那种愚蠢的错误。她经受的那种苦痛自杀,然后忏悔,最后和安德烈重逢。他们达到了那种我觉得就像基督教一样的爱情:既是基督教的,但又是人生本身表现出来的一种痴美的爱情。所以我觉得它更饱满,更完整。

陀思妥耶夫斯基也有这个力量,但往往是一闪一闪的。而托尔斯泰呢,他是把这种真正的东西像一团火一样展现出来,而且捧出来还能不灭,一直在这儿燃烧。每一次你回想他的时候,他都能够温暖你的心。我觉得这两个人没法说谁高谁低,他们都是极其伟大的文学家。我个人肯定有我个人的偏见,我觉得他们比我看到的西欧的所有文学家都更深刻、更感人。西欧我也有一些很喜欢的作家,但是这两位实在是太了不起了。

柯小刚:托尔斯泰在《安娜·卡列尼娜》里面写到列文和吉娣他们在大自然当中,在乡村当中,他们那样一种自然美好的家庭生活,这是不是也是跟您刚刚谈到的在《庄子》、在《老子》和陶渊明那里所设想的那样一种自然的、美好的生活,那种深深地跟大地在一起但又不是离世的,而是基于家庭的这样一种美好的生活,是不是也有一些很相通的地方?

张祥龙:是的,非常相通。其实我觉得我对《安娜·卡列尼娜》的读解,就是因为这个而和很多人是不一样的。是跟我年轻的时候看到的那些评论,和现在我在网上看到的对安娜的评论很不一样的。他们的理解往往就是特别同情安娜,觉得安娜是一个反叛当时沙皇治下的俄国制度,包括婚姻制度的一个人物。安娜的婚姻是一个不好的婚姻,她的丈夫怎么讨人厌,怎么无趣味,她则追求真正的爱情,爱上了渥伦斯基如何如何。虽说她最后不幸,但是敢于跳出"不良"婚姻,敢于追求爱情的安娜是最值得同情的,而且往往是把安娜放在了这本书最焦点的位置,当然这本书的名字就叫《安娜·卡列尼娜》。大家一般肯定是这样觉得的。而另外一条线,大家会觉得这好像就是一个辅助的线。我不是这么看的,某种意义上,我看这本书的时候,往往我看那一半的时候,列文和吉娣那一半的时候,我更充满了情感。

柯小刚:我都感觉列文就是托尔斯泰本人。

张祥龙:是,是的,好多的评论家也都是这么讲的。是。我当然也很同情安娜,因为安娜确实很真诚。当然我有我的偏见,尤其我觉得特别感动的是,安娜虽然那么爱渥伦斯基(当然这种感情也是人类每个时代都有的吧,这种超出了婚姻的热情),但是你看她同时对她的儿子谢廖沙的爱也是不可遏制的,所以实际上她后来的那个悲剧,其实是这两种爱的冲突啊。

柯小刚:我插一下,我注意到一个细节啊,我是在讲《易经》的履卦的时候,我突然想到了这个细节,并且在课上讲到过,但是我没有去书上逐字逐句对过,但感觉到是这样的,就是在《安娜·卡列尼娜》里面,列文和吉娣总是脚踏实地,在大地上种庄稼呀,或者跟农民在一起。但是安娜,她的出场,她永远是坐马车。整本书里面,唯有一处她脚踏实地的时候,就是在等她儿子。在乡下别墅里,她儿子很晚了没有回来,然后她要去找她儿子。在这时,书中第一次写到,差不多是唯一一次,她不是坐着车子,也不是坐火车,也不是坐马车,而是脚踩在大地上,走出去找她儿子。她只有在那个时候,才应了《易经》的履卦,就踩到大地上了。

张祥龙:是,是,那个也是非常的感人。非常让人发自内心地同情她。她心中确实有她真正情欲的那一面,但也确实有很善良、追求深爱、亲子之爱的一面,这一面也让我特别感动。而且实际上,很多评论家我觉得他们都是有偏见的。其实托尔斯泰并没有把她丈夫描写成一个完全的反面人物,她丈夫其实也有其高尚的一面。最后等于说是,他完全原谅了他们两个,也让他们两个在他面前忏悔了。还有另外一面,就是列文和吉娣,他们刚开始也有很多反转,也特别感人。吉娣刚开始是喜欢渥伦斯基的,所以就把列文拒绝掉了。那种列文经历的苦恼,然后他们两个感情的翻转,写得也是非常动人的。其中有个场景是在乡村,列文刚刚干完了活,然后看见吉娣从国外养病回来了。那时吉娣也是刚刚大病一场,雇了一辆马车。列文看见的,正是在清晨的时候吉娣坐在那个马车里的样子。他的心在某种意义上又开始松动了,本来他觉得这件事他已完全绝望了。

这怎么讲呢,天才写的东西吧,同样一个情节,可能别人写的就完全达不到我刚刚所说的深度。

柯小刚:列文和他哥哥的对照也特别明显。他的哥哥尼古拉整天想的就是要为劳苦大众谋福利,要推动社会变革之类的东西。但是列文呢,他是自己来做一个劳动者。有一个细节,我也记得不是很清楚了。就是列文在外面收庄稼,在割草还是做什么,割了很久,而且下了雨,但他回来后一点都不觉得累,身体没有受到什么影响。但是他这个哥哥,老是满怀着空洞的理想,想要去亲近大地,亲近劳动人民,但实际上,他在家里空想的时候,对他弟弟的脚踏实地的劳动却完全是无感的。

张祥龙:是的,在现实中,托尔斯泰跟他哥哥也是类似的关系。他哥哥去世,他也特别难受。所以说,这本书是有半自传性质的。当然在《战争与和平》里面,也有一些他家族的投影,但毕竟稍微远一些了,不像《安娜·卡列尼娜》里面那么明显。

柯小刚:是的,托尔斯泰的祖上是伯爵,在《战争与和平》中也有出现的。

张祥龙:对的,而且这个说来话巧了,我很喜欢的梭罗,他写的那个《论公民的不服从》其实也影响了托尔斯泰。托尔斯泰真正的中期,就是创造了三部伟大的文学作品,尤其是头两部。后期的时候,他就越来越思想化了、宗教化了,他写《忏悔录》。《复活》本身就是《忏悔录》的文艺版。后来他又写了很多文章,在俄罗斯形成了巨大的影响。他批评东正教,批评官方的东正教,甚至批评沙皇。所以当时俄罗斯一个拥护沙皇的评论家就抱怨,说我们俄罗斯有两个沙皇,一个是尼古拉二世,另一个就是托尔斯泰。沙皇早就想把他流放了,但是之后他也没敢。最后,托尔斯泰内心的那种斗争,一个是黑暗的那一面,即底层的,和上面那一层,即显意识,这两层矛盾在他后来的生活中,实际上没有真打通,所以最后造成了他晚年的悲剧。他和他妻子分裂,最后离家出走,离家出走十几天,就病死在一个车站上了。

其实还有一个小细节我也愿意讲一下,我当年喜欢托尔斯泰的时候完全不知道这个事儿。但是毕竟后来知道了呢,也觉得挺好的。托尔斯泰对咱们中华民族所受到的西方的侵略充满了同情。他对八国联军(八国联军里面应该是包括俄罗斯军队的)来占领北京,来打咱们中国,他是痛斥,就说他们一帮强盗怎么怎么样。当时他有一个留俄的中国学生,叫张庆同,然后他通过这个学生,又跟辜鸿铭通信,表达了他对中国文化的崇敬,对于西方列强侵略中国表示了极其愤怒的谴责。当然那个东西,现在大家读起来感觉完全就像是个乌托邦。他就说,中国人民呀,你们千万不要学西方的这种样子,不要学得跟他们一样这么残暴。也不要学习日本的道路,以残暴对残暴,你们就要坚持你们自己的三大宗教,就是儒释道。只要你们坚持自己的三大宗教,最后一切都会变好的。具体的情况就是这么一个情况,但毕竟可以看出来,这个人他的思想,他的感情,他的艺术,包括他后来晚年的这些经历,都是触底反弹的。一定要达到最根底处,达到人生最根底处,然后呢再触底反弹。

所以你看,当时的中国被多少所谓先进的知识分子所鄙视,他们都看不上中国,说中国是个木乃伊。他们要用先进的制度来改造中国,来提升你,好像我们中国文化在各方面上就像新文化运动那些人后来讲的一样,都是比别人要低得多的东西。但托尔斯泰根本就不这么看,他从来没有认为哪个西方文明怎么就更高级了,而中国的文明怎么就低级了。所以他对遭受迫害,不管是民族的、个人的,有着发自内心的同情。这也都表现在他的艺术之中了。所以他的艺术我相信,尽管大家现在喜欢的表达形式跟他的风格离得非常远,但是我觉得他的文学遗产和精神遗产是不朽的。未来到了一定的时代,时代风气又转变的时候,托尔斯泰重新还会进入我们视野的主轴里面。

柯小刚:您读《红楼梦》读出的东西,是不是也跟一般的评论家不一样?

张祥龙:是的,也有不同吧。这方面起码有人已经说到过了。我特别看重的就是《红楼梦》里面表现的痴情。这个当然太明显了,《红楼梦》一开篇就是,"都云作者痴,谁解其中味",然后又把宝玉说成是一个痴情的人。意淫就是痴情的意思。警幻仙子说宝玉,我们最欣赏你的一点,就是因为你是第一意淫者。这可把宝玉吓坏了。你可不能这么说呀,我只是不爱读正经书,父母都老训斥我,我还敢意淫?他把淫就理解为那个淫了,说我年纪还小,我也不知道那是怎么回事。后来警幻就说,不是这个意思,意淫呢,就是指你天生之中生成了一段痴情,缠绵不尽。我读的时候就特别看重这一点。所以有人讲,就像俞平伯先生说,《红楼梦》是从《金瓶梅》学了一个很根本的东西,就是色空,还取了其中一段,秦可卿死的时候那段文字描述,和《金瓶梅》里面描写李瓶儿死的时候的文字,几乎都差不多。所以我也回去读《金瓶梅》那一段,也确实讲到了色空,但是这个境界简直就是没法比呀。那地方说的色是指色欲,色欲它毕竟要空,李瓶儿靠色拢不住西门庆,西门庆三妻四妾,《金瓶梅》嘛,这大家也都知道。而且这个色确实也维持不久,西门庆本人就被色给弄死了,所以他说色是空。而我觉得《红楼梦》与《金瓶梅》最大的不同是对这个色空的理解不一样。《红楼梦》的关键是,不但色即空,同时还有空即色! 这个色你可以解释为色欲,也可以解释为人生现象。这个空本身会带有情,带有色,带有世界。所谓意淫和痴情这个状态,它不是情欲,它恰恰是情在空本身带有的那个色,是发生和运作在空中的那种情。所以这个情是痴情,它完全痴情于情本身,所以这种痴情者,他在人生中就会显得非常怪诞,但是又很有趣。脂砚斋的评说,宝玉说话每每令人不解,突然一句话,别人不知道是怎么回事儿,一种傻话儿或者呆话儿。但是你仔细琢磨,它又实可解。

所以我觉得《金瓶梅》那个境界就顶顶不如,除了那些大量的色情描写(有它独到之处),这个也无可厚非,《金瓶梅》在文学史上有着重大的突破。像以前的站位角度,都像《三国演义》《水浒传》,都是完全情节化、事件化的。而《金瓶梅》呢确实是人生化地、市井化地描写人和人之间的关系,描写人和人之间的感情,甚至是色情。它是又进到了一个新的境界。这些描写,《红楼梦》当然也有。但是《红楼梦》写得那个细致,那种进入人生本身的脉络、事情,进入人的实际经验之中的描绘,也是极其出色的。但是问题是,它所谓的那个空呢,空中又有着色。实际上我觉得从现象学上讲就是说,它把那种非对象化的情写得活灵活现,又写到对象化的世界中来了。所以有了宝玉、黛玉和一众所谓的痴情者,写得那么美、那么绝。

我觉得这种美呢,就不是一般的那种美,它是里面的那种内在的反转和兴发,都让人觉得十分感动,你在别的地方是看不到的。像宝玉这种人,在别的地方,哪个角色像他? 实际上,对于《红楼梦》,我觉得有一段时间呢,有人老把它说成是反儒家的,是对传统的封建制度的反叛。我觉得这是不公正的。《红楼梦》里对家庭关系的描写,很多也是非常真情的,只不过它有它的角度而已。所以有一段时间呢,我还读了另外一本书,是反《红楼梦》的,叫《儿女英雄传》,那个作者就明确地说,我们这个时代的人和人的关系,家庭关系,都不像《红楼梦》里讲的,然后他讲了一个比较美好的,当时社会中人和人的关系,包括父子关系、夫妻关系。我觉得那本书也还算成功的一本书。但是后来,我平心静气地仔细对比下来,还是觉得从境界上,这本书跟《红楼梦》没法比,关键他没写出一个贾宝玉或者一个痴情的境界来。当然《儿女英雄传》里面的人物也很有情义,比如十三妹和那个公子,还有那个公子他父亲报恩的心境和举动,也是那种道德上很感人的角色。

这本书也相当成功,也有感人之处,但是如果用我们刚才的话说,那就是它没到那种非对象化的、潜发的、潜在的层次,那种完全前对象化、前观念化的,原发生的那么一种构造意义的层次,没有在那里面打滚儿,在那里面兴风作浪。而《红楼梦》起码到了那个层次中的一部分。所以我觉得宝玉啊、黛玉啊、香菱啊、藕官啊,还有其中的很多人物,都让人感觉到人生中还有这么清新、美好、原发的一个境界。这是真正的最上流的作品才能揭示出来的东西。

柯小刚: 您讲的这个非对象化的、原发的情,我感觉恰恰是《诗经》的传统。

张祥龙: 是啊,是啊!所以我有一篇文章也谈到过,《红楼梦》事实上和儒家在总的精神上,不但不矛盾,而且完全是相互呼应的。孔子为什么那么喜欢《诗经》,就像我上个月讲的,孔子为什么不是一开始就最喜欢《礼经》呢?按照后来人脑子里的孔夫子那么一个老先生的形象,只知道克己复礼,天下归仁,好像是一个完全守旧的形象。如果是这样的话,他应该是以《礼经》为源头。而孔子恰恰是以《诗经》,以《乐经》为源头和最高境界。礼是只有当它体现了诗和乐的原发的、人性的那种亲亲,那种美好的情趣的时候,这个礼才是合适的,才是能够带来天下太平的。所以我觉得孔子在《诗经》中感受到的恰恰就是这种最原发的东西。他最喜欢《诗经》,虽说他评诗就是那么几句话,但是都很有启发。他最喜欢的诗为什么是《关雎》而不是后面那些《颂》啊,或者说最堂皇的、反映周礼的那些东西?

孔子所讲的"乐而不淫,哀而不伤",这种乐和孔颜之乐,和他喜欢的,听到之后三月不知肉味的韶乐,是相互贯通的。这恰恰是孔夫子思想的灵魂。所以他才会那么喜欢《诗经》,而且把《诗经》还有《乐经》(可惜《乐经》已经没有了)打通了。我觉得儒家的灵魂,就应该在这儿。所以我认为,俄罗斯的精神和我们的有相似之处,说实话我那天在复旦讲时,一开始我也讲了,我对俄罗斯是有一个矛盾心理的。说实话,从政治上,俄罗斯占了中国那么多的疆土,而且俄罗斯确实是世界上最会扩张的。最开始它就是一个小公国,就基辅那边那么一点儿,但是你看现在世界地图上那么大一块儿地,它不得了,它都是怎么占的呀?但是俄罗斯的精神文化也确实是深厚,这两者我不知道是不是可以分得开。但是毕竟俄罗斯的文学对我的影响是很大的。我从中感受到的东西确实是极其深刻和伟大的。

像《战争与和平》,它写的当然是 1812 年俄罗斯抵抗拿破仑入侵的战争,我在复旦讲的,专门有一讲关于《战争与和平》中战争的这一面。拿破仑战无不胜,怎么跑到俄罗斯,最后败得那么惨。所以托尔斯泰表现战争完全用的是他表现人生的这个思路,就是将那种非对象化的原生的东西体现在 1812 年战争中,最后战胜了最最对象化的拿破仑的这些天才的战略、战术,战胜了法国军队。当时拿破仑率领着法国领头的 60 万联军去打俄罗斯,俄罗斯的军队数量也没那么多,装备也没那么好,指挥也比不上对方。但是最后,拿破仑怎么就十不存一地回来了,才 3 万人逃回法国了。托尔斯泰就是要表现那场战争中,拿破仑面对的是一个非对象化的对手。他打赢了多少次战役也没用。他先在斯摩棱斯克把俄军击溃,拿破仑刚开始想会战,但是俄军大部队就退了,俄军做的是对的,我觉得。然后是博罗季诺大战,表面上也是法国人赢了。

那次大战之后,俄罗斯军队就后退了。法军前进,占领了莫斯科。按照当时在西欧的逻辑,拿破仑占领了你的重要城市,当时不是主要的首都,但也是古都,俄罗斯你就应该派代表团来谈和了吧?一谈和,拿破仑就可以耀武扬威,他的大陆政策就能够执行了,他就可以胜利地凯旋了。但根本不是这么回事儿。他进入了莫斯科,莫斯科生了大火,到了斯摩棱斯克,斯摩棱斯克烧起了大火。他想要找俄罗斯皇帝谈判,他找不到,或者说俄国皇帝拒绝,俄罗斯军队也不知道跑到哪里去了,然后那帮游击队就在后面袭击他的供给线。他在莫斯科待了五个星期,待不下去了。天越来越冷了,他们只能赶快往回撤。然后托尔斯泰就展现出了拿破仑所谓的英明神武只是表面上的,他选的是最差的一个选择。他选哪条道往后撤,都比他选的那条道路的结果要好。最后拿破仑选择原路返回,简直就是一败涂地。

然后他将俄罗斯的一个将领作为拿破仑的反面,就是库图佐夫,他就是俄罗斯精神的军事代表。库图佐夫表面上就是一个最昏庸的老头,开很重要的军事会议,他却在那里打瞌睡,颇有汉代萧何和曹参的那个无为而治的味道。然后拿破仑率领的联军在战场上排兵布阵之时,那个战争计划都是德国将军制作的精密的方案。什么时候前进,怎么前进,都给规定好了。一旦到战场上,根本就用不上,或者表面上用了,但实际上咬不上齿轮。所以俄罗斯军队怎么赢的?库图佐夫的战略关键就是无为而治,他就是等着你完蛋,他看出来拿破仑已经不行了。最后完的时候,俄罗斯很多将领就说,我们要去活捉拿破仑,在这时候跟他会战行不行。库图佐夫说不要了。你要打,他再往回跑,你阻拦他,你就要付出极大的伤亡。他最想往回跑,你不让他往回跑,这是不行的。我们就在后面跟着走,他们就自动溃散了。我们就把他们溃散的那些人消灭掉就可以了。我们干嘛非要抓拿破仑呢?干嘛非要进入这种对象化的境遇中?

他们取得胜利的过程是很戏剧性的,最后俄罗斯以相当小的代价,打败了拿破仑的军队。拿破仑大伤元气。拿破仑真正的失败,不在那个滑铁卢战役上,其实他败就败在了俄罗斯。我在比利时参观过滑铁卢战场遗址,其实那个战役只是结果。他整个事业的转折点,是在俄罗斯。你想想他60万大军,最后活着的就剩3万人了。最后他到了法国再重建部队,之后又在莱比锡战败,紧接着第一次退位,然后第二次退位,最后才在滑铁卢失败了。所以我读托尔斯泰的书,我就感到一种真正原发的领会,这种对人生,包括对战争,对命运,对历史的领会。

所以在他的观念之中,历史根本就不是这些英雄人物主宰的。他所谓的人民战争,或者说俄罗斯人民,在他的笔下是活生生的,是非对象化的。其中有很多典型的俄罗斯人民,一个是军事上的代表叫涂参,还有一个是士兵中人民的代表,叫普拉东的。后来彼埃尔被捕的时候,他认识的那个人(即普拉东),整个改变了他后来的人生状态。一个特别淳朴的、农民式的士兵,俄罗斯民间智慧的一个体现,托尔斯泰写得也是活生生的。我一谈这个就容易话多了。Sorry(笑着对他夫人说)。

李旭:这个就是没法打赢。

张祥龙:对的,他面对的是一个好像是没有过的敌人,但是又无处不在。实际上真正的人民战争不是不存在的,不是光有这样一个口号。后来可能有些地方把它变成了一个政治口号。战争确实有一个境界就是非对象化的赢。其实孙子就讲这个。国防大学注释《孙子》时,说"不战而胜""不战而屈人之兵"这样的最高境界是不存在的。他们说战争只能是战而胜之,哪有说不战而屈人之兵的?但真正的胜,是无胜名,无有功。其实库图佐夫就最好地体现了这一点。无胜名,无有功,起码我不追求那个胜名和有功。所以那些朝臣,那些最精明的将领,包括皇帝等,他们都看不上库图佐夫,可是为什么选他当总司令呢?

当时国家最危难的时候,刚开始的俄军总司令巴克莱,是一个有德国背景的将领。其实那个人采取的策略一开始也是对的,就是退却。而后临时换将,皇帝也没办法,就任用库图佐夫。最后因为他的这种消极无为实际上是最有效的方式,皇帝对他还是不满意,那些谗言又起作用了。所以法国军队刚一退出俄罗斯边境,皇帝就把他免了。而且库图佐夫很快就死了。就这样,库图佐夫得以圆满地保存了名声,俄罗斯人认为最伟大的拯救过他们国家的将军,一个是库图佐夫,一个是朱可夫。我到俄罗斯旅游的时候,就看见在他们特别重要的一个教堂门前有两座铜像,表现他们最伟大的军事家,就是这两个人,骑着马。

柯小刚:希特勒也是到俄罗斯这边,才遭遇了真正的惨败。

张祥龙:但是没有这个这么戏剧化。当然希特勒和拿破仑也有类似的地方,就是他基本打不到英国,因而结构上非常类似。但是后来"二战"那次,毕竟苏联那边还真是打回去了。拿破仑入侵那一次,俄罗斯还真不是靠战而胜之,但是确实是一个大胜。

柯小刚:俄罗斯处在东西之间,对于中国和西方的关系确实是有很重要的意义。今天对俄罗斯文化感兴趣的,对俄罗斯的文学、哲学感兴趣的年轻人,还是太少了。您那代人受俄罗斯文化的影响,到我们这一代人,我们也还是都看俄罗斯文学,再往后感兴趣的人就明显减少了。

张祥龙:俄罗斯跟西欧不一样的地方就是,它既追求西欧开启的近代启蒙运动那种现代化的东西,但是呢,它也保留了它的传统这一面,即以东正教为主导的传统文化。当然还有很多别的,包括它的民间宗教。实际上东正教吸收了很多民间宗教的特点,所以有它神秘的那一面。东正教的神秘主义的、神秘体验的那一面非常强,这是俄罗斯和西欧很不一样的地方。所以俄罗斯居于我们这两者之间,我们这边完全是另外一种思路。我觉得我们年轻的时候受到俄罗斯文化的影响,一方面和当时的中苏关系有极大关联,这个毫无疑问,但是也有它居中的这种位置带来的影响。历史上,印度也是个居中的地方。它跟西欧那边的、埃及的、希腊的、基督教的文化也都不一样,跟我们呢也不一样。而印度传来的宗教,其中的大乘佛教就成了气候。在唐朝的时候,基督教也传过来了,其他的一些宗教也传过来了,包括印度的其他宗教也都传过来过,通过海上丝绸之路,或者是陆地上的。但是毕竟,每个都没有大乘佛教那么成功,就是因为这个大乘确实是一种居中的形态。

柯小刚:欧洲文化中,德国也还是很特别吧?

张祥龙:对。德国也有东西。

柯小刚:德国文化,德国哲学,对您的影响也是很大的。

张祥龙:对的,尤其是现象学对我的影响最大。不过,当年我跟贺先生学得更多的还是唯理论这一块儿。康德、费希特、谢林、黑格尔,康德和黑格尔我下的功夫还要多一些。尤其我觉得,我后来受海德格尔对康德的解读的影响,一直到现在,我对康德的思想还是吸收得比较多的。对黑格尔呢,我曾经有一段时间受贺先生影响,也是很喜欢。我记得上大学期间,还写了很长很长的关于黑格尔的论文,给齐良骥先生看,齐先生还很欣赏。但是我觉得还是现象学更对我胃口。到了胡塞尔,德国哲学有了一次重大的改变,然后到海德格尔、舍勒这些人,真正的现象学的活力就显现出来了。在胡塞尔那里,胡塞尔有点像康德,他开创了一个新的思想境界,但是他本人有一半还留在传统中,他还受经验主义和唯理论的影响。所以他的那些著作之中,两种都有。

这种思想家呢,往往特别有趣,他留给你发展的余地。而后来的这些现象学的发展,先是在德国,后来在法国,我觉得他们就是把其中各种各样的可能性都逐渐地展示出来。而且我说实话,我到现在觉得现象学的潜力还没有耗尽。所以在我们东方,现象学完全可以还有一次重要的兴旺,当然不一定是一次了。倪梁康先生经常讲,现象学跟唯识宗有些关系,我个人认为,现象学确实跟佛学有一些很深的关系,比如胡塞尔的意识分析和唯识宗对识的分析,可以产生很深刻的对话。我还特别看重阿赖耶识这个思想,它跟后边七识的关系都是很有趣味的。再加上我还读了后来的那些德国的、法国的现象学,这些现象学一波一波地出来,它跟我们东方的思想有一种天然的交流可能性。这就不像分析哲学,分析哲学中也有可以和我们交流的,像维特根斯坦啊之类的。但是呢,毕竟分析哲学的构架,那种分析的路数,有点太琐细了,有点像唯识宗后来的那些特别琐细的分析。所以我个人还是更看好现象学。德国哲学里面的现象学,包括法国的现象学,它们在中国未来的哲学传统中起的作用,或者在中国文化中起的作用,可能会很大。

柯小刚:是的。您刚才说现象学的潜力还没有耗尽,在中国文化中还会有新的发展,您这话让我想起以前,一个学者跟我辩论,他批评说张老师成天想论证中国文化——《老子》啊《庄子》啊《易经》啊,对海德格尔有什么影响,他说其实没什么真正的影响,他说张老师这样考证没什么大意思。我就跟他讲啊,那你看错了张老师真正要做的事情。他关心的根本不是什么《老子》《庄子》对海德格尔的影响,他真正关心的是现象学的工作方式在未来的中国哲学中会有一个什么样的新的展开和创造性的发展,他听了之后觉得蛮惊讶的。他说没想到张老师也好,你们这些中国的现象学者也好,你们是这么想问题的。他才意识到,他原先自己的思路呢,就是比较学院派的,好像就只是要考证《老子》《庄子》对海德格尔的影响之类的。

李旭:他是一个实证的思路。

柯小刚:我说这个对于现象学来说,并不是面向事情本身的问题,所以并不是最重要的工作。

李旭:实证的维度根本没那么重要。

张祥龙:其实,当年道家在德国确实有过一段影响,当然这个确实不是我关注的重点,但是我觉得这个事实被说出来,也有助于我们理解海德格尔。其实海德格尔确实受过老子的影响,起码在他关键的转变期,他引用过《老子》《庄子》。

柯小刚:如果没有受到老庄影响的话,他后期的开展,应该不会那么开阔,那么幽深。

张祥龙:甚至是他的表达方式都会不一样。因为他后期特别强调隐藏。前期呢他的隐藏是个否定词,所以真理是揭开隐藏,是解蔽。后来呢,这个遮蔽就变成了隐藏。隐藏恰恰是一个母胎一样的东西,它在酝酿出一个东西。你的真理就是要从这个隐藏中揭示出来,这样才是真理。所以他甚至说道不真比真还重要,不真恰恰不是错误,而是说它隐藏起来。所以这恰恰和他后期最关心的,他对西方现代文明,包括对高科技的批评,是很相关的。他引用了老子的一句话,"知其白,守其黑",说的就是这个。白就意味着揭开嘛,他翻译成德语就是光亮嘛,代表他前期讲的真理;黑恰恰就是隐藏,是黑暗的东西。所以他接着就讲,真正的真理根本就离不开隐藏,离不开黑。所以这种真正的真理呢就像是星光一样,它是从黑暗中闪现出来的。它才是真正的真理,也是真正的美感。

而且他还用了一句话,叫"比一千个太阳还亮",就是讲西方的原子弹的试验。后来有一本书,我们年轻的时候看的一本书,名字就叫《比一千个太阳还亮》,就是讲曼哈顿工程,美国是怎么搞出原子弹来的。实验的时候,一爆开以后,当场就有人说,这比一千个太阳还亮。所以他认为就是这种光明,这种高科技带来的光明,不考虑这种隐藏、黑暗。这恰恰是给人类带来了危险。真正能造福人的,不是那种光明,而是和隐藏纠缠着的、叠加着的光明才是好的。海德格尔这个思想确实也跟老庄是相通的。当然,就像小刚讲的一样,确实也不用争这么一点儿小东西。你理解海德格尔,你不重视他跟道家的关系,也没有关系。你的关键是要能够理解他思想本身的、真正的意思,理解他的表达方式的那种深意,这个才更重要。

而且现象学也不限于海德格尔,像后来的法国现象学,我还特别看重列维纳斯,有一段时间我也很看重梅洛-庞蒂,比较年轻的时候我对萨特也很感兴趣。我觉得像列维纳斯这样的思想家,他就从现象学,按照他自己的理路整体呈现以后,就讲到了亲子关系,讲到了家庭。但是他是以他的那种方式,犹太人的方式。犹太人在西方文化中是个另类,但是犹太人又深刻地影响了西方文化。整个《旧约》都是人家犹太人的。现代很多诺贝尔奖的获得者,都是犹太人。犹太人有个特点,就是比较重视家庭。所以有时候我见过的犹太学者,多次跟我讲过,他们的犹太教,跟我们的儒教是有相通的地方的。最重要的两点，一是都重视家庭，二是都重视教育。当然啦，两者也有很深刻的区别，这个毫无疑问。

整个现象学的潜力，为什么它的潜力感觉还是远远没有到头的时候呢？就是因为刚才我讲的，他们认为真正意义上的源头不是对象化的，但又是可以从结构上讲出来的。所谓的内时间意识，那个时间晕圈的保持和预持，或者翻译成滞留和前摄，它为什么一定会交织成时间晕呢？每一个瞬间都是一个晕，而不是一个点。而这个晕和晕相套，会形成时间流。所以胡塞尔是把这个结构，通过他的好几本书讲出来。原来以为只是有那么一本关于内时间意识现象学的书，现在又发现他的手稿里面有好几本书，都讲这个内时间意识，和在内时间意识中进行的被动综合。这些完全都是前对象的、前观念的，甚至某种意义上是前意向的。而且在心理学上，它也有来源，比如威廉·詹姆士的意识流。包括现代人工智能的新发展，和这个思路都有一些很有趣的联系。

所以我觉得在意义的来源这一点上，西方的分析哲学一直没有达到这个深度。除了维特根斯坦，他还意识到有这么一个层次。当然他有他的前后期，用他的不同方式来讲这个前对象的层次。一般的西方分析哲学家就会讲，什么意义呀？意义一定是言之有物的，语言对应某个东西，哪怕是某个观念，它才是有意义的。你不对应某个观念，你的语言怎么有意义呢？你讲个空无，什么也没有，你的语言怎么能有意义呢？如果是这样的话，我觉得这个就不是现象学了。现象学如果没有讲到发生现象学，而光是讲意向性、意向对象性和意向综合作用这个层面，那就还是远远不够的。

李旭：刚刚张老师您讲到海德格尔后期思想，肯定受到了道家的影响，我想到一点，就是您讲的这个隐藏的维度，这肯定是有受道家影响的，是海德格尔后期思想的一个特点。这个在西方还可以找到一些苗头，比如说赫拉克利特也讲，您课上以前也跟我们交流过，他说自然喜欢隐藏起来。还有中世纪的神秘主义，艾克哈特他们，也会讲那个隐藏的上帝。但是我想到有一个东西是很特别的，西方不太能看到的，但他应该是受到了道家的影响，就是他后期讲的那个柔和。他早期更多是讲一种坚韧，讲决断的刚强，后期他则讲了一种柔和。这个柔和的因素，整体而言，这个因素肯定不是他从赫拉克利特那里来的，赫拉克利特的思想，我们看不到多少柔和的因素，这个我觉得可能还是有道家的影响,就是老子讲的柔弱胜刚强的这种因素。这一点,海德格尔肯定是受了道家很深刻的启发。

张祥龙:是的,这方面呢,我也发掘了一些材料。我好像找到了六处吧,起码是。就是海德格尔引老庄,或者说道家的思想,或者他谈论这个道该怎么翻译啊什么的。这说明他,尤其是在他思想的转变期,从1930年开始,一直延续到可能60年代初,他都在谈这个老庄啊,道啊,当然不是很多,但是毕竟是有这么多次。而且呢,我为了写《海德格尔传》,我到他的家乡去访问,当时正赶上海德格尔年会,所以还见到了他的两个儿子,一个侄子。当时呢我的德语口语不行,后来正好碰上一个台湾来的学生,在慕尼黑大学读博士,叫赖贤宗,现在在台湾任教。我和赖贤宗博士是在车站巧遇的。他问我干嘛去,我说我是去参加海德格尔年会。他说我也去,我就把我的计划告诉他,小赖是那种特别有艺术气质的人,一听之后就说好,我就跟着你。我说正好,我的口语不行,你就给我当翻译。他说好好好。

所以我就采访了他的两个儿子,侄子,还参观了海德格尔的一个展览厅,还有海德格尔的墓等。他的侄子和他的长子都跟我说,海德格尔对道家是很有兴趣的。当时他们还跟我讲了一些事实,但因为他只是口说嘛,我也不好再往海德格尔传记里引。只有他那个二儿子海尔曼,就是掌管海德格尔遗稿的,他就当面否认,就说萧师毅跟海德格尔翻译《老子》的事情,他没有听说过。但是后来我从多个角度都能证明,包括海德格尔给雅斯贝尔斯写的信,都谈到了他和萧师毅的合作。所以说,他那个儿子在这一点上,就是完全非理性的。

为什么呢?我后来把原因也都找到了,就在萧师毅本人那里。萧师毅后来是去台湾任教了,他先是在意大利留学。他这个人嘴不太好,他爱说人家不爱听的东西。他在他的一篇论文里,就把海德格尔跟纳粹的关系写进去了,还提到了一个谣言——后来证明确实是谣言。谣言你干嘛老提啊?这个谣言就是那个施泰因——那个女现象学家,她本身是犹太人——在关键时候去找海德格尔,结果他把人家拒之门外了之类的。所以海德格尔的二儿子就特别讨厌这个萧师毅,你不是到处讲你跟海德格尔翻译《老子》吗?我就否定你的事儿,我让你名誉扫地。就这样。这本身是非理性的行为。

当然这些公案里头很多事情,以后慢慢再弄吧,再理清楚吧。因为确实是,海德格尔这个人吧,心机特深。萧师毅说他跟海德格尔翻译了10章《老子》,搞了一个暑假才搞了10章,当然很慢啦,后来萧师毅就退出来了,说海德格尔没完没了地问,这个字什么意思啊,那个字什么意思啊。后来他二儿子跟我说,你们既然这么说,萧师毅这么说,那他怎么拿不出来海德格尔翻译的手稿呢?他说我们整理的海德格尔的遗稿,也没找到这个呀?

可这算什么证据呀?海德格尔是特别谨慎的一个人。他跟萧师毅当时是朋友,海德格尔因为纳粹问题挨整,那是他特别痛苦的时候。实际上是他跟萧师毅提出来要一块儿翻译《老子》,他是想在其中找回一些他的内心的支持,因为当时的西方等于对他整个地关门了。可是事后呢,他可能觉得按照当时学术界的标准,他跨度太大了。所以他是不是把这个东西自己销毁了,这都有可能。所以就这么10章《老子》手稿,你找不到,你怎么就能证明萧师毅说的是假的呢?萧师毅手里还掌握着一封信,海德格尔给他写的信,就跟他那个东西是有关的。虽然没有直接谈到翻译,但是跟那个是有关的。萧师毅给海德格尔写了一个条幅,就用到了《老子》里的"静之徐清,动之徐生"之类的东西,中间还加了一个横批"天道"。海德格尔就抄到他的信里了。

所以他们之间的来往,这是明摆着的,不用说的,关键还是思想品质。海德格尔的思想,跟老庄的,跟中国的,是不是有一种思路上的共鸣,还有是不是整个现象学,也跟我们传统思想有这种共鸣?这才是最重要的。就像当年,为什么只有佛家的大乘的、中观的,加上《大乘起信论》,即如来藏心的学说,在中国真正成了气候,最后激发出华严、天台、禅宗。这就是因为虽然相隔很远,表达很不同,但是里面有一些内在相通的东西,所以才真正触动了中国人的心,激发出了更原创性的一些思想,然后整个影响了东亚的文化,激发了宋明理学。这是最关键的。

我想未来中国的哲学,如果要真正获得一个大的气象,有可能就要像当年佛学融入一样,经历一次深刻的思想变革。我们要从跟西方的交往中,得到某种真正能激发我们深层灵感的东西,然后创造出我们自己的思想。当然很重要的一点,就是我们自己的经典,就是我们自己的文化的最根本的东西,不能丢,不能丢弃完,你要丢弃完了,你去学它的东西,你就往往处于一个贩卖的状态。没有自家的东西,你跟它就没有内在的呼应。实际上整个宋明理学之所以能够跟佛学有所呼应,很重要的一点就是,从周敦颐开始,自觉地把对《周易》的重新理解,和华严宗、天台呀什么的融通。所以呀,他才能够把太极图加以改造,把道家的太极图改造,然后形成了他的佛、道化的易学,但又是儒家的易学,他的《太极图说》是整个把易学倒过来了,本来是从下往上看的,他则是从上往下看的。所以宋明理学的发端,我认为还是在周敦颐,并不就是在二程。

我觉得未来中国的哲学的真正光大,就得是像周敦颐他们这样。像小刚你们做的这些呢,本身就是在做这个工作。还有一个对经典的阅读,是非常重要的。没有这个原本的经典,你谈何与西方与现象学的真正平等的沟通呢? 那就会完全是被它们裹挟着走了,那就没意思了。

而且我确实觉得,这十几年吧,光海德格尔还是很不够的,对儒家来讲。尤其是像舍勒、列维纳斯这两位,我觉得跟儒家在思想上的亲近性是更强的,当然海德格尔很深,绝对避不开海德格尔。尤其列维纳斯,他也受海德格尔影响,受胡塞尔、海德格尔影响。我觉得就是整个的现象学,包括胡塞尔后期啊,我也是特别感兴趣。其实胡塞尔思想的那种生命力,还是很有潜力的。

李旭:我们在古典书院做了很多年的《诗经》会讲,近来读到《大雅》部分,我感触特别深的是什么呢? 就是儒家的,包括宋明理学讲的那个《四书》啊,《四书》里面的思孟学派,《孟子》《中庸》啊,特别是《中庸》,就是《中庸》《大学》和《大雅》的关系非常深。船山解《大雅·文王篇》的时候,把这一点展示出来了。《大学》里面的"在明明德",这句诗是在《大雅》的《皇矣》里面,"予怀明德"。《中庸》里面也是反复讲"天命之谓性"的尽性,和天的维度。包括在文王身上,通过文王这个个体,所展示出来的尽心知性知天的层面。第三个就是《中庸》《大学》里面的心性之学,它有一个非常深远的《诗》《书》的背景和传统。

我们通过读《大雅》,就能够非常深刻地感受到这一点,否则的话,我们只是在宋明理学的框架里面,就容易变成空谈心性。但实际上《大学》《中庸》绝不是空谈心性,而是有一个周文明的文明密码在里面。这样的话,通过读《六经》,读《诗经》,我们能够获得对《四书》,对儒家,特别是对其中的思孟学派的一个更加深厚、深远的理解。所以看起来,我们现在读《诗经》,一般的中国哲学学者并不很重视它。《诗经》《尚书》中,《尚书》里的《洪范》可能会更被重视一些,其他的篇目哲学概念性都不太强,中国哲学界并不是那么重视。但其实我们读《诗经》,像小刚兄的解诗,花了好多功夫去关注《诗经》中包含的现象学解释的可能性,可能比仅仅停留在狭义的心性之学里面,要更深广。

张祥龙:再赞成不过了。因为我是觉得,你刚刚谈到的尽性,这个性不仅应该是人直接体悟到的,而且是被它最深刻地感动到了,这应该是个感动的、感发的,或者就像你说的感通的过程。能够真正地让人感通、感发,这个才叫性。性不是摆在那儿的一个实体、规则,或者是一个形而上的东西。这跟我们今天下午谈的,我觉得都是相关的。你刚刚提到《大雅·文王》《大学》《中庸》,以及船山讲的对《文王》的评论。对于文王,如果按照某个传统去解释的话,他确实跟《诗经》是有关的。《关雎》篇,是写文王和太姒的,起码是往上追溯到了他们那里,写文王追求太姒的过程。孔子恰恰就是要讲这个意思。你所谓的给后人讲的性(当然孔子本人没有这么讲性),如果不是像《诗经》里面讲的,发自内心的爱、怨,和自然的草木虫鱼的内在沟通,如果不是这样的状态,那你讲的性具体有什么用呀?就像贾宝玉说的那个"劳什子",他拿起他的那块玉,欻的一下给扔地上了,然后说要这"劳什子"干嘛啊? 这是个蠢物。

这种概念化的设定,这种理论化的东西,如果没有活生生的、动人的、动情的东西,那就是不行的。就像我今天讲的,俄罗斯的文学之所以能够感动我,是因为它有那些打动人的东西。性如果不表现为这种感动,它不就是个劳什子嘛,对吧。我觉得孔子他最让我感兴趣的,而且让我最崇敬的,就是这个。我觉得孔子这方面特别敏感。他就是不愿意让他的学说,被你们的语言,或者是你们那些观念给败坏了。所以说孔子不言性与天道,他不是不言,他是不愿意直接去说它,一说它你就咬不上齿轮,咬不上生活的齿轮。你说那个话是打空转的。就像维特根斯坦说的,这种话就没有什么根本的意义。

《诗经》作为文本,它生成的背景是采风,采诗,它和民间的疾苦,人民的爱和恨和怨,是内在相关的。这非常不一样。我觉得《毛诗》有很大的缺陷,当然也有它具有价值的地方。之所以有很大缺陷,就是因为它割断了诗和人之本性的抒发的联系,过于宫廷化、政治化了。我觉得无论是现象学,还是我们中国哲学,我们中国的文化,最可贵的,就是我们是立足于真正人性的根本,既不是一上来就是上帝,也不是一上来就是感性欲望,或者是趋利避害。趋利避害是西方近现代最常用的,从霍布斯啊再到功利主义啊都是这样,觉得人首先是一个理性的经济人,或者理性的会算计的人。我们中国的儒家和道家,从根本上一上来就是一个意义的层次,而不是一个意义对象的层次。

而这个意义的层次,意义发生的本源,恰恰是我说的内时间的发生结构,但关键是它一定是和人的至情——无论是爱情还是亲情——首先相通的,和人在神秘美感中体验到的那种终极的体验是分不开的。没有这种终极体验,何谈真正的原本性。我也做过一点神秘体验论的研究,他们一般翻译成神秘主义,无论是什么文明的,当他达到真正神秘体验的时候,他都有一种 noetic insight,或者 noetic knowledge,就是说在真正的神秘体验中,你会认为你体验到的才是终极的真,而且这个终极真理是超出了学说的。所以我觉得真正的本性、性也好,仁、义也好,还是你说开悟,你说菩萨,你说佛性,你说上帝、神圣、基督,无论你说哪个,无论是什么学说,它最终的源头,就是只在这个地方。离开这个地方,就没有什么真正的东西了,那就是怎么说都可以了。

完全没有人能够直接体验到的精神,完全没有那种经验的、内在的东西的支持,是不可以的。这个意思呢,是当年贺先生跟我谈过的。但是后来,可能是我自己有点改造。就是说,只有在至情中才有至理,没有至情,没有那种最充沛的神秘体验的那种至情,你何谈终极的真理,何谈形而上,何谈本体论,没有这种人生经验的、体验的托持,那种东西就都是空的。

李旭:我觉得张老师刚刚讲的,就是《红楼梦》里面宝玉的那个"痴",那让我们又重新焕发起来的,我觉得特别动人。我们的同学也可以再回头去好好地看看《红楼梦》,去体会一下宝玉的痴,去体验一下里面的至情至理,包括宝玉把那个劳什子扔掉。

张祥龙:还有要结合那个脂砚斋的评说,不要就看那个白本,要看带有脂砚斋评说的本子,脂砚斋批得相当好。

柯小刚:从这个角度重新阐释《诗经》啊,真的是一个亟待开拓的工作。我在《诗之为诗》中,对《毛诗》的一些问题也做了一些批评。它说到底啊,其实就是对象化了。就是把《诗经》讲的那个至情至性给遮蔽了。就像廖平也是把《诗经》和《易经》放到了天学的高度。天学就是在讲一些非对象化的、前对象化的那些至情至性、至理至道的东西。但是《毛诗》的解释呢,它有的时候是落得太实了,具体到了什么人、什么事儿上,这就是将《诗》对象化了。

张祥龙:它对《关雎》的解释,我就不认同,说什么"后妃之德"。

柯小刚:是的。更糟糕的是《小星》篇的毛郑一系解释,群妾抱着床上用品排着队等候进御,通宵不息,简直荒唐至极,惨不忍睹。不说群妾抱着蚊帐被子排队的滑稽场景,就是皇帝一晚上也吃不消啊。三家诗旧说就好多了,以为"肃肃宵征"是说君子行役,勤劳公务,"抱衾与裯"则是背着帐篷被子夜行,不遑寝息。毛、郑其实是新学,很多异端邪说,不及今文经学原本。

李旭:《诗经》就像张老师说的,是一个时机化的构成。包括我们今天一开始讲的《公刘》这一篇,还有《生民》,它们为什么放在一起?如果从对象化的角度,就应该从后稷讲起,然后是公刘、古公亶父、文王,按照对象化的思路,应该是这样的对吧?但事实上的情况却是穿插的。所以我就想到一点,前面它讲到太平,在《公刘》那个诗前面,讲那个《假乐》啊,《既醉》啊,《行苇》啊,讲的是周天下初定之后太平的景象,比如祭祀啊,燕礼啊这些东西。然后它接着讲,你不能沉浸在这个太平里面啊,后面它来了一个《公刘》,讲了公刘立业、建国的艰难,讲了他的开辟,开辟里面的忧患意识,还有刚劲有为,它就是和那个太平治世的气象构成一个互补,一文一武,一张一弛。它是一个时机化的构成。包括编诗者,也是一个时机化的构成的思路,而不是一个固定的思路,不像那个固定的分类法一样,将《诗经》按照分类来一个一个编。《诗经》的编排本身,也体现出一种时机化的、对生的、构成的思路。

柯小刚:其实这些问题啊,在晚明和清代,已经就在反思宋明理学把性和情分得太开,割裂开来了。所以我们读船山《诗广传》呢,我们发现它其实就是回到了原始儒家,或者汉代三家诗里面的一些传统。像《韩诗外传》就很强调从至情的角度再来讲至性,他并不是把性和情割裂开来看。船山讲《诗广传》,他一开篇就在讲余情,诗之为诗就是那种余情。后来像戴震,他为什么批评程朱理学里的一些错误现象?他就说在某一些形态的程朱理学中,那个性,那个天命之谓性,简直像是上天送给你一个什么东西,然后你就放在自己心里,就是刚才张老师说的那个贾宝玉的"劳什子"。所以戴东原后来就火了嘛,这劳什子要它来干什么。戴震并不反儒家,他只是想请复其本。后来焦循也是走的戴震这条路,是要回到性情的本然,回到至情至性这种非对象化的本源,不是那种教条的一定要排斥情的"劳什子"之性。

李旭:性即理,把那个性即理的理,变成了完全是一个现成的,上天作为一个规则颁布下来的,三纲五常啊那些东西。

张祥龙:成了那个所以然。

李旭:所以这个心学啊,张老师给我的书写的序,其实也讲到了这个。其实《红楼梦》里面这个重情的思路,我觉得可能和明代的阳明心学所开启的性灵派,阳明之后的公安三袁,他们有性灵这一派,包括后面李贽的童心说,晚明有一个重情的倾向,包括《牡丹亭》的作者汤显祖,《红楼梦》跟这条线索可能有关系。

张祥龙:太有关了。《红楼梦》本身就表现出来了。贾宝玉和林黛玉一块儿读《西厢记》,后来林黛玉听《牡丹亭》都听痴了。刚才小刚和你都讲了这个。《红楼梦》等确实是跟晚明,跟心学有关,尤其是跟泰州学派有关。后来的李贽,当然他不一定算泰州学派了,但是他可能也受到了影响。还有就是我很喜欢的那个罗近溪,即罗汝芳。他讲赤子之心,李贽呢讲童心,我看李贽的童心说也说,我说的这个东西就是赤子之心,而且汤显祖就是罗汝芳的学生,所以他肯定是受罗汝芳影响的。

李旭:对对对。

张祥龙:所以这个非常有趣,这个也涉及理解情。《红楼梦》到底是一本反儒家的书呢,还是一本实际上在促使儒家回返到它的本源的书。某种意义上可以这么看。这个我觉得像汤显祖,他在《牡丹亭》的前言中,就是前面的一段话中说:"情不知所起,一往而深。"情没有开头,而且一往而深。可以生,可以死。他就举了一个例子,当然是他写的那个杜丽娘,梦中梦到一个自己爱的人,梦中产生的爱情,她能够为它去死。然后三年以后,又能为它去活过来。所以真正的情,是可以生,可以死的。写得蛮好,我觉得是跟他老师罗汝芳讲的赤子之心是相通的。而罗汝芳讲的赤子之心呢,首先是亲情。什么是赤子之心呢? 就说一个孩子刚生下来时,是赤子,而且罗汝芳写得很动人,他说孩子生下来一声啼哭,一般人都认为他为什么要哭呢? 当然我们现在说,是因为他要呼吸,他的肺要起作用。而罗汝芳说,孩子这一声啼哭,是因为他想念母亲的怀抱,他希望,他想要到母亲的怀抱里去。

所以就是说,实际上别看好像就是最原初的,最简单、最普通的一件事情,但是儒家真正就是指着这个爱,这个爱根,这个孩子她要爱恋母亲的怀抱。他说儒家就是指着这个爱根来成仁成义。一切真正伟大的事情，都是从这个赤子之心出来的。赤子之心表面上是依恋母亲，实际上就是亲子之间的，当然母亲肯定也依恋他了。这是一切仁义礼智信的源头。而且他的很多语录，都是讲他自己个人的这方面的体验，从小怎么怎么样。而这个呢，汤显祖后来讲的男女之情，和罗汝芳讲的赤子之心之情，难道不是内在相关的吗？我觉得还是内在相关的。只是有的就表现在一定的时候，孩子长大了到了青春期，这个君子之道，造端乎夫妇，他一定要去结婚，他当然是要有男女的爱情。它也是至情。但是呢一开始是亲情，而且呢这个亲情，他在一生之中也不会抛弃的。所以这个亲情和男女爱情，实际上是相通的，从根本上是相通的。

　　表面上，在《红楼梦》中，宝玉是说了一些不喜欢当时那种体制化儒家的话，他主要是反科举，你读书都是为了科举入仕，为了去做官，怎么怎么样。但是从根本上，我觉得他真正欣赏的，就是我们刚说的情痴、痴情者。那我们说，孔子是不是痴情者呀？孟子是不是痴情者呀？子思、曾子讲孝悌，是不是痴情者呀？我觉得一样是啊，你爱你的儿女，你爱你的母亲，爱到是不是痴的程度了？当然是啦！你母亲能为一个孩子去生去死吗？当然可以啦！她能为别人，为随便一个人去死吗？这就两说了，除非她特别高尚，她能把她的爱子之心，转移到别的人身上。所以我觉得，儒家的根本就在这儿。所以儒家，孔子，他就真正相信他的学说，"示天下如指其掌"。为什么？因为他治天下的要害，就在我们每个人心里最深的情感里面。

　　只要你有本事，真正伟大的政治家在治理的时候，就是要让你的政策从人民的那个至情中生发出来，这样才能真正得天下。当然这个至情，有时候也会体现为把老百姓喜欢的东西给他：他饿了，你给他食物；他寒了，你给他衣服。但实际上最深的根底，我觉得还是说，要进入至情本身的状态。这当然首先就是亲亲。而进入这个状态，甚至在某些情况下，实在不行的话，我另外的那些因果化的、功利化的东西，我也可以放弃嘛。所以孔子说了，民无信不立。最后，其他的东西，足食、足兵，若实在没办法，我也可以放弃掉。所以我感到儒家从根本上，从根底处上看，是超功利的。但是它又不是不要功利的。它的思路就是说，它讲的这个情和义是打通的，而这个义中，实际上功利的和非功利的也是打通的。都是通过一种时机的方式实现出来的。最好义和利是统一的,但是实在不行,一定要分开的话,那当然还是选义。

我觉得两千多年的儒家历史这么一路下来,都是在真正地求仁求义,但是这个求仁求义的根本还是在至情。而这个至情的第一体现是亲亲。当然同样的体现也有,比如爱情,夫妇爱情。当然我们在现在这个情境中,我觉得对这两者应该是同等强调的。男女爱情这一面也同样,包括友情什么的,都要强调。所以,虽然像我们国内讲儒家的,像蒋庆先生,他们讲的制度、政治儒学,还有港台的新儒家讲心性儒学,当然这些都很重要,但是我个人觉得,真正的儒家的复兴,要找到真正的根子,还在刚刚我们所讲的,要去找到孔夫子他心目中真正最原本的,礼仪的来源、周礼的来源是什么。他要克己复礼,他为什么觉得这个礼真正地抓到了他的灵魂。

柯小刚:明代很重要,现在也是一个研究热点。在书法上和绘画上都有表现。就像徐渭呀,陈淳呀,或者晚明的八大山人、石涛啊,还有黄道周、倪元璐啊,都是一种至情至性的书法绘画。晚明的思想发展当然也算是宋明理学的一个重要成果,但一方面又在某种意义上和宋明理学形成了一种张力。在反思宋明理学的基础上,晚明思想展开了一个新的局面,一个新的境界。这段历史,以前重视得不够,现在逐渐成了一个新的热点。这是一个值得注意的倾向。

张祥龙:是是是。

李旭:晚明中有一些隐秘的线索,比如张老师讲的罗汝芳的赤子之心,还影响到了《牡丹亭》《红楼梦》。对这一条线索,其实一直以来注意得还是不多的。我们整个清代看起来,好像阳明心学是比较隐退的,而程朱理学是更加受重视的。贾宝玉所厌烦的也是程朱理学那一套。但是心学呢,却是以《红楼梦》这种方式,隐秘地和明代的心学传统是有一些关联的。这个线索其实是非常值得重视的。

柯小刚:这个至情至性和《庄子》其实关系还蛮大的。比如《红楼梦》,《红楼梦》背后其实有巨大的庄子的背影。

李旭:张老师的书里也讲到了。张老师最早的那本书《海德格尔思想与中国天道》中,也讲到了。

柯小刚:所以某种意义上,晚明文化可以说是庄学复兴的一个重要环节。

李旭:对。

柯小刚：比如方以智，就非常典型。

张祥龙：对，《庄子》的魅力。钟泰的《庄子发微》就把庄子看作儒家的，我觉得也蛮有见地的。这就有点儿像《红楼梦》。好像《庄子》以前是反儒家的，《红楼梦》当中也有很多批评体制化儒家的东西，但是还有另外一面。

柯小刚：钟泰的这个讲法呢，主要的先行者就是方以智和他的老师觉浪道盛，就是明代。当然再往前，唐代、宋代都有，韩愈啊、东坡啊，甚至有人讲郭象注《庄子》就已经有以儒解庄的意思。但是真正发扬光大，就是明代高僧觉浪道盛和他的弟子方以智。方以智的《药地炮庄》啊，已经揭示得非常清楚和深入，钟泰其实接的就是这个脉。如果我们把汤显祖啊，《红楼梦》啊这些都放在这个大的视野里面，包括李旭讲的这个公安三袁，还有明代的诗歌戏剧啊，明代的学术，明代的书法和绘画，明代之后心学和理学的发展，整个这些都放在一起看，好像都离不开庄子。某种意义上，他们都有庄学新展开的一个隐秘的线索，这个角度其实很值得去认真思考。

张祥龙：《庄子》确实是很耐琢磨的一本书。我个人确实觉得庄子不是传统意义上的限于道家的人物。他当然是道家，但是不限于道家。他跟老子的气象确实有不同的地方。

柯小刚：船山《庄子解》也有以儒解庄的意思。

李旭：儒家的这些东西，要回到至情至性啊，需要庄子的方式来还原。

柯小刚：庄子就是个至情至性的人。他讲无情和老子讲无情真不一样。老子是真真正正地讲无情，永结无情游。但庄子那个无情啊，他满纸荒唐言，一把辛酸泪，只是别人不明白他那个情在哪里。

张祥龙：嗯，是，哈哈（大家一起笑了起来）。

附录五　来自各界的挽联挽诗

气象化现，恩师开境域；
意义在缘，天道作时机。

> 北京大学 1999 级文史哲试验班全体
> 同学敬挽

学通中西印为博学鸿儒
道贯天地人实温恭浚哲

> 北京大学哲学系 2004 级博士班全体
> 学生敬挽

永远的哲学导论，
不朽的儒家君子。

> 北京大学哲学系 2005 级全体
> 同学敬挽

历幻化游欧梵缘不测以探天道
观时几本家孝立人伦而启来学

> 北京大学哲学系 2007 级全体
> 同学敬挽

非概念以穷神知化
不范畴而复性明心

> 北京市社会科学院哲学所全体
> 同仁敬挽

求真问道辨东西，返本归心立人极
世间生命有尽时，仁心感物无穷已

> 弟子蔡祥元头七夜遥念恩师

至纯至正的学者
至情至性的哲人
祥龙兄千古！

> 陈波（武汉大学哲学学院）敬挽

哀祥龙

我爱君学之精，
我爱君思之深，
我爱君才之高，
我爱君笔之妙。
我恨天不仁，
携走此英魂。

> 陈启伟（北京大学哲学系）痛挽

晚年流浪，身处边缘，而得中道交会机缘。
内德充实，气象外形，最为天下

士人取正。

陈赟(华东师范大学哲学系)敬悼

质美浊世能保此心为赤子，
学醇首丘犹全其性是人师。

后学丁耘(复旦大学哲学学院)敬挽

探究阴阳天道生动真情真理，
贯通中西古今缘在家国丹心。

学生范秀荣敬挽

学贯东西，究天道终极，先生之
超迈绝群；
道通古今，阐人伦至理，先生之
儒雅大风。

方朝晖(清华大学哲学系)敬挽

悼张祥龙先生

命世穷参造化机，鹏飞万里觅
新诗。
日晡息影儒林苑，为向平明见
伏羲。

冯焕珍(中山大学哲学系)敬挽

我刚读研究生时，选了张祥龙
老师的《儒家哲学专题》。期中论文
张老师给了我优秀，并签赠《孔子的
现象学阐释九讲》。也是在那次，我
亲眼见证了祥龙老师的退休洗手仪
式。他用身体和行动亲自展现了大
儒的气象。祥龙老师后来来过一次
同济，我又得以聆听高论。今先生虽
殁，我们固然不胜悲痛，然其思想、人
格犹在世间长照，遂挽之曰：

进德修业，曾经西海登道岸；
视履考祥，且乘六龙返清虚。

谷继明(同济大学人文学院)敬挽

悼张祥龙先生

昨晚读里尔克的哀歌和十四行
诗却不由得想起你。

"旁观者惊讶地领悟并称颂永
恒存在"说的正是你。

"唯高歌者能开言，唯神圣者能
聆听"说的正是你。

好事者议论(甚至非议)

你主持的仪式、你的惊人之语、
你的长须，

却不知你的每一根长须都延伸
向有色的镜子、无限的镜域。

我曾想象正在避难的另一种普
遍主义，

曾想象破解黑洞的光和吸纳光
的黑洞，

曾想象间隙处的泉涌(它呛死
几个小人儒)，

曾想象一块红(它迷惑了一位
维也纳哲人)，

曾想象吹散了东风的西风和吹

散了西风的东风，

曾想象绣在黑衣上的《春秋》《太极图说》，

曾想象行走的书法，

曾想象盲点处的鬼蜮人精和喧闹中的归于人静……

我可以想象很多很多，

却无法想象突然失去你的世界。

其实你本可以让时钟的秒针继续转动。

其实非议你的人给你提鞋都不配。

其实你是赤诚的赤足者，亦即行者：

七十二变不足以形容安徒生更不足以形容你。

易、易、易，一、一、一，

摩诃揭谛摩诃揭谛摩诃揭谛，

感应、变化和天时的三位一体让你无比丰盈。

你告诫孔子佛陀耶稣要顺天安命。

你暗示学子竖子小子要周游列国周游六虚虚虚即可得实。

你没对我说过一个字我却领会你笔下时间和权力意志的神秘。

如果尘世把你遗忘，

就对沉默的大地说：我逝；

就对疾驶的水流说：我是。

你并没有远去，

你只是渡到对岸和赫拉克利特讨论水流的奔腾不息。

> 郭绍敏（河南大学法学院）敬挽

痛悼张祥龙先生

负笈游学会通中西印参悟古今智惊闻贤哲其萎

杏坛设教论衡孔老易复见天地心痛悼鸿儒遽归

> 韩星（中国人民大学国学院）敬挽

悼念祥龙老师

学问之道通天地人神后辈未敢言至；

先生之风如高山景行我心永向往之。

> 胡明峰（中信出版社）敬挽

吾爱吾师

梅洛-庞蒂是个异类

哲思落向肉长的心肺

苏格拉底饮干了酒杯

惊世骇俗的遗产

砸中无数沉闷的脑袋

怎么问候巍峨的山

怎么问候浩荡的河

怎么问候湖边的柳

怎么问候塔尖的月

瘦弱的人啊

开阔如太虚的鲲鹏

坚硬如中道的金刚

纯净如深山的水晶

朴实如大地的麦田

朗月照松林,点燃机缘而起的舞蹈

冷水流山石,滋润洁净精微的根苗

遮蔽的逻各斯 仍然汨汨而出的泉眼

忙碌的人啊 在泉边羞愧

诗意地栖居啊,听到氤氲化醇的歌

黑白分明的太极

慈孝的情种永远生机勃勃的追述

虚弱的人啊

那纵一意而腾行者

那累了的建造者

斯文在兹的布道者

那疼痛的击鼓者

东方光辉欲显时

神迹悄然暂退

怎么别过巍峨的山

怎么别过浩荡的河

怎么别过湖边的柳

怎么别过塔尖的月

愿 暮春者,浴乎沂,风乎舞雩,咏而归。

怀念恩师 张祥龙

弟子胡笑容敬挽

悼张祥龙教授

夤夜惊闻讣告凶,儒门不幸失飞龙。

短歌泪涌如长夜,炎夏心寒似凛冬。

魏阙堪伤乘鹤去,泉城犹忆与君逢。

斯人道德文章在,何处更须寻遗踪!

黄玉顺(山东大学哲学与社会发展学院)敬挽

学贯中西,惊叹有才能证道;
医穷四海,痛惜无力可回天。

冀建中、王宗昱(北京大学哲学系)敬挽

敬悼张祥龙先生仙逝

昔龙场会语,恻然诚笃,追慕夫子,世间犹有真儒者。

今鹤使来召,怛化扶摇,相逢海翁,天上岂无论道人。

蒋庆(阳明精舍山长)敬挽

祥龙腾云去,
轻风湿雨归。

蒋永青(云南大学)敬挽

学贯中西视通环宇典章哲思大家

融会古今情怀众界洪范精神贵族

姜新艳、刘嘉波同挽

张祥龙先生风骨永世长存！

生前老友康敏、康华、康慧、乃茵敬挽

两行诗·张祥龙

缘在亲亲顺天兮，贯东西通古今。

缘构发生闻道兮，从心欲不逾规。

李菁（同济大学哲学系）敬挽

自京西返车中悼忆祥龙师

尼山真境久睽违，返日谁将戈麈挥。

法借二西达缘在，时成六位入几微。

燕山云暗龙飞去，沧海月明梓不归。

今夜梦回故园里，先生含笑坐遥帷。

弟子李峻敬挽

枫湖坐帷，燕园入室，廿载师弟，一朝公化龙飞去。

西海探哲，东鲁归宗，百年家园，千古心传道复生。

弟子李峻、王珏泣挽

知白守黑不逐时流三教文章识其大

光风霁月怡然自得赤子身心感之深

后学李猛（北京大学哲学系）敬挽

恩师张祥龙先生千古

由现象学证心源，警良知之漂白，孝慈深情立诚为本；

会中西印参性理，示问学有商量，天人妙义通道之真。

及门弟子李旭叩挽

恩师儒雅，
风骨犹存。

梁宝珊敬挽

敬悼　哲学家　张祥龙教授

祥瑞风和　登太极　挈海德格回家　共参老道，

龙兴雨润　立人伦　揖现象学尽孝　同赞真儒。

壬寅端午后五日，惊闻张祥龙兄仙逝，哀恸难舍。思想起二〇〇九年五月间，张祥龙、孙周兴两位教授，联袂来台湾东岸太平洋滨,在东华大学、慈济大学各宣一讲。吾与同游七星潭、鲤鱼潭,畅论现象学与儒家孝悌之道,如影历历,似在昨日;因取尊名并参其主要思想,作为嵌名对联,以敬悼之。祝愿其一路好行,登于天界,再庇人间。

　　　　壬寅年阳历六月十日凌晨
　　注解:《海德格尔思想与中国天道》《从现象学到孔夫子》《家与孝》乃祥龙兄思想之核心也。

　　　　弟林安梧(山东大学易学与中国古代
　　　　　　　　哲学研究中心)敬挽

二十年相识点点滴滴,敬仰在心。
三十封通信诚挚扶携,感恩不尽。
　　麒麟在世,多有艰辛。
　　飞龙入天,精神永恒。
　　一场大雨,恸哭大儒。
　　先生再见,还会相见。

　　　　林光华(中国人民大学国学院)敬挽

神游太虚　乘长风破万里浪
飞龙抟扶摇已在天
宁静淡泊　扣两端察几微理
见龙依缘在立于田

　　　　　　　　学生刘思言敬挽

哀悼张祥龙师!

　　大二上学期的西方哲学史课上,张老师曾引用贺麟先生的《斯宾诺莎像赞》讲述斯宾诺莎的生平,那是我本科四年印象最深的课之一,如今重读这首诗,贺麟先生对斯宾诺莎的评价也最适合描述张老师的一生:
　　"先生之学,亦诗亦哲;
　　先生之品,亦圣亦仙。
　　世衰道微,我生也晚;
　　高山仰止,忽后瞻前。"

刘玮(北京大学哲学系1999级本科生)敬挽

哲人缘永在
君子范长存

　　　　刘小涛(上海大学哲学系)敬挽

恩师张祥龙先生千古
借他山石攻孔门古玉江汉秋阳与先师同寿;
为孺子牛育华夏后昆至德妙道期吾党共成。

　　　　　　　　门下众弟子敬挽

惊悉张祥龙先生昨夜去世,不胜哀痛。区区不学,与张先生往还不密,然曾于多地聆其謦欬,接其颜色。多年前,撰写"Tracing Confucianism in Contemporary China"一文,因涉及张先生学行,曾致文稿就正。先生回复不仅充分印可属稿,且于区区英文写作能力鼓励有加。曾几何时,世事日非,而先生竟遽而长往矣,痛哉!挽曰:

孔仲尼,李老聃,海德戈,治一炉东西哲学,

智思力,实存感,真情性,修通身表里澄明。

(Martin Heidegger 一般译作"海德格",此处为照顾传统联语音律,变通作"海德戈")

米湾(首都经贸大学文化与
传播学院)敬挽

哲海徜徉五十载,呕心沥血,阐幽发微,等身著作继绝学;

大道乖离三百年,群魔乱舞,非圣诬法,希声大音开太平。

晚生苗敬刚敬挽

从现象学到孔夫子,学兼中西通一贯;

自尊德性而道问学,性达天人第一流。

后学齐义虎(乐山师范学院)敬挽

张祥龙先生千古

中国合璧道论古今一脉相承归故国

夷夏分殊谛开门户千秋犹忆是斯人

儒家网敬挽

祥龙一路走好!

生前老友史康成　史保嘉　史康宁
曹一凡　赵振开　张立人　张达人
张树人　张雷　邵飞敬挽

仙客已乘风,谁言大道东西学
美髯犹在目,自见哲人天地心

后学孙国柱(中国政法大学哲学系)敬挽

一颔长须,满腔忧患,公劝斯民家与孝;

天心待复,儒哲云亡,谁言往圣古中今。

孙海燕(广东省社会科学院哲学
与宗教研究所)敬挽

服旧德之先畴,汇古今,著作等身,祥龙飞天去。

继往圣之绝学,贯中西,厚泽学林,儒家风骨留。

后学孙德利(清华大学科学博物馆)敬挽

敬悼张祥龙老师

道通天地,与至圣先师同寿,立德功言于九州;

思入风云,与海德格尔同游,汇

中西印为一流。

后学唐文明(清华大学哲学系)敬挽

痛悼张祥龙先生

本现象揆天道论东西情理一归中华礼乐非古之遗爱乎；

宗夫子持家国通古今学问渊源春秋大义真今之儒家也。

后学王达三(民间儒者)敬挽

祥龙先生真乃为天地立心，为往圣继绝学之真人！

祥龙先生千古！

王南湜(南开大学哲学院)敬挽

惊闻张祥龙教授因病辞世

哲人其萎，四海同悲。

祥龙先生，一生布衣，清风道骨。

为人为学，纯真至性，楷模永垂！

祥龙千古，千古祥龙！

王庆节(澳门大学哲学系)敬挽

张祥龙先生千古！

精神独立天道通中西，

君子风范伦常贯古今。

老友王树人(中国社会科学院
哲学研究所)敬挽

学贯中西探通径，

释义里表启世人。

王思斌(北京大学)敬挽

自现象学谈思想比较东西且扬中著述等身达天意

从孔夫子论道义衡鉴佛老终归儒德行耀世暖人心

及门弟子王志宏敬挽

寄归师张祥龙先生

一卷首楞严，

为供灯一盏。

真正如我师，

相照两肝胆。

一卷悟真篇，

为供灯一盏。

诚挚如我师，

下足知深浅。

顶礼药师尊，

为师祈慈愿。

焰网起庄严，

光明生蓝湛。

归去性天辽，

且行莫顾盼。

步步俱踏着，

初中后皆善。

彼岸。此岸。

后学王子宁(清华大学哲学系)敬挽

传道振铎祥师音容犹在

释西阐印龙德中道长存

历数在躬

后学温海明（中国人民大学
哲学院）敬挽

缘在通生死六龙御天归中道

知几理孝慈一阳来复见我心

后学吴飞（北京大学哲学系）敬挽

龙归大海，东西现象缘何在？

道论千文，今古哲人同此心。

肖磊（中国政法大学科学
技术教学部）敬挽

春风吹过

一日复一日，真快啊

转眼立冬了

初见您，我内心忐忑

您是天上的太阳

遥远且明亮

那个瞬间

我心中的那层薄雾不见了

眼前，您还在畅春园

还在海坨山，在百合村的山路上

还在龙聚山庄

您看

那棵小山楂树，缓过劲儿了

还是一树的红果子

今年并没有那么多

我听到您说：

小山楂树啊，

真听话，那一年结的太多了

累着了

今年好，不多也不少

六月的黑夜

起风了，我所有的思绪都吹得

散乱

您在大自然中埋下一个秘密

放下行囊出发了

我的内心依旧是大片大片的

留白

画不出一笔

写不出一句

不忍心用自己笨拙的笔

染触这蔚蓝的天空，明净的白

云，以及看不见的泪痕

只能呆看着这温暖的春风

吹过京郊的每一株小草，山中

的每一朵小花

是的，每一朵小花

您都能喊出它们的名字

它们太幸福了

我也想成为其中的一朵

老师，您的国度

星河灿烂

温柔的大地

早已被深深地感染

满园的芬芳，拔地而起

七彩的旋律，宁静悠长

池塘蛙声祥和一片

往昔而今

只有祝福，没有挽歌

　　　　　谢安之（北京向阳水木城市规划

　　　　　　　　　设计研究院）敬挽

龙马东归，学贯中西印；

祥云西去，神伤天地人。

　　　　　　　　　学生谢玄叩挽

恩师 张祥龙先生千古！

海潮歌音

世间难寻

　　　　　　　　及门弟子许文超敬挽

祥龙吾兄千古

同考西中之雅，活泼了千年古

经，君催为弟究家以立真儒；

　独回京师设坛，感化岂数代弟

子，兄携学界良心今又何往。

　　　　　　弟杨笑思（旅美哲学家）敬挽

由时间至缘在，思入风云，七十

年来力行身体。

自现象而立心，道通天地，三百

篇后归本还原。

　　　　不孝男泰苏哀挽父亲张祥龙先生

生于斯，终于斯，亲亲常存；

思无尽，道无尽，师恩永在。

　　　　　　　弟子张晓华阖家敬挽

学炳四海

德泽百代

　　　　　张再林（西安交通大学人文

　　　　　　　社会科学院）敬挽

悼恩师

海坨的群峰升腾着云海

碧玉般的草甸铺满天边

霞光浸润 山岭寂静

曾经，孩子在大地的怀抱中幸

福地奔跑

溪水叮咚 四野肃穆

林中路渐入天地相交的视域于

无尽

飞鸟翱翔 回环流连

此刻，初夏的北方之夜漫长而

心碎

暮色吻过大地一片金黄

泪水映衬夜空中那颗皎洁的星

山高水长 相会有期

来日，您的教诲依旧洗涤我们柔软的心

恩师，初春的野花为何唤不回您远去的身影

死生有尽，天国中我还想聆听您如水的声音

不肖弟子赵成文敬挽

痛失吾师，哲人千古。

全生全归，逝而不往。

学生赵炎敬挽

精通海氏圆悟中印宗缘在，

究彻天道思贯古今归孝仁。

复见几微

后学郑天熙敬挽

好学君子

步窥中西堂奥，开启终极视域

返归仁爱本源，洞察天时几微

知止中外经典读书会理事会敬挽

万古哲思，问道何分中西印；

一身诗意，澄怀复见天地心。

中国政法大学哲学系敬挽

谦谦君子，博大胸襟；

风标高峻，霁月光风。

祥龙先生千古！

后学周春健（习之堂儒学馆）敬挽

每每阅读老师新书便是与高尚有趣之人对话幸能共思想为乐

屡屡梦见师门重聚且要在亲亲尊尊之事历练最喜与夫子同游

学生朱锦良敬挽

附录六　张祥龙先生简明年表

李　峻　整理

1949 年(己丑)——先生生。

8 月 14 日——先生降生于香港九龙区,因以"龙"为名。先生之父讳善臻,河北深州人,北洋大学建筑系毕业,后为纺织工业部高级工程师;母姓唐讳良桐,湖北沔阳人,北平大学转入四川大学数学系毕业,后为中学数学教师;先生行三,有一兄一姊。

——出生后不久,随家人先后迁居广州和武汉。

1953 年(癸巳)——先生四岁

——因父亲工作调动,至北京定居。

1965 年(乙巳)——先生十六岁

——初中毕业,因家庭成分放弃读高中,选择入北京良乡电力技校就读。

1967 年(丁未)——先生十八岁

6 月 11 日——在《四三战报》发表《论新思潮——四三派宣言》,提出权力与财产平等主张,后因此被《文汇报》批判,两次关押。在父母的担忧下体会到亲情的可贵,开始向传统复归。

1969 年(己酉)——先生二十岁

——下放到远郊工厂做铸件清砂工。

1975 年(乙卯)?——先生二十六岁

——在姐姐的介绍下拜访当时遭批判改造的哲学家贺麟,后追随贺麟学习斯宾诺莎和德国古典哲学(此事未知确切年份,当在 1974—1976 年之间,姑系于此年)。

1977 年(丁巳)——先生二十八岁

春季——经友人介绍,与当时在内蒙古插队的张德嘉通信恋爱。

1978 年(戊午)——先生二十九岁

春季——在家人和张德嘉的鼓励下参加刚恢复的高考,考入北京大学哲学系,班主任为张翼星。

1980 年(庚申)——先生三十一岁

2 月——与张德嘉完婚。

1982 年(壬戌)——先生三十三岁

7 月——大学毕业,本科毕业论文为《庄子的人生哲学》。因为喜欢自然,进入北京环保局自然保护处从事林业工作。

11 月——独子张泰苏出生。因亲子关系而逐渐产生对儒家的体认。

1983 年(癸亥)——先生三十四岁

9 月——因为在环保局行政工作仍颇繁冗,调到北京社科院哲学室,开始研究分析哲学。

1985 年(乙丑)——先生三十六岁

12 月——在和贺麟多年交往和多次访谈的基础上,于《晋阳学刊》第 6 期发表《贺麟传略》。

1986 年(丙寅)——先生三十七岁

9 月——因为对现象学日益浓厚的兴趣,赴美国俄亥俄州托莱多大学留学。在印度裔哲学家 Rama Puligandla 的指导下攻读硕士学位。期间学习多种现象学及印度哲学课程。亦因阅读《瓦尔登湖》,受到梭罗思想的深入影响。

11 月——于《外国哲学》第 8 辑发表《塔斯基对于"真理"的定义及其意义》。

1988 年（戊辰）——先生三十九岁

8 月——以硕士论文《海德格尔和道家、禅宗关于语言观的对比》获得硕士学位。

9 月——至纽约州立布法罗大学哲学系攻读哲学博士学位，导师为日裔比较哲学家肯尼思·K. 稻田（Kenneth K. Inada）与韩裔现象学家曹街京（Kah Kyung Cho），在研究中以胡塞尔和海德格尔的现象学方法开启了认识中国古代传统哲理的全新维度。

1989 年（己巳）——先生四十岁

7 月——在北京社科院时期的研究成果，与洪汉鼎等合著之《当代西方分析哲学》在辽宁教育出版社出版。

1992 年（壬申）——先生四十三岁

2 月——以博士论文《海德格尔与道家》获得博士学位。

7 月——回国任教于北京大学外国哲学研究所（后并入哲学系）。历任讲师、副教授、教授、人文特聘教授等。

1995 年（乙亥）——先生四十六岁

9 月——在《中国现象学与哲学评论》第 1 辑上发表论文《现象学的构成观与中国哲学》，引起国内学界和思想界关注。

1996 年（丙子）——先生四十七岁

9 月——在三联书店出版由博士论文改写的专著《海德格尔思想与中国天道》，引起巨大反响，后多次再版。

1997 年（丁丑）——先生四十八岁

——于比利时安特卫普大学访学，对吕斯布鲁克为代表的神秘主义产生兴趣，回国后即策划主编相关书系。

10 月——赴德国考察海德格尔的行迹，访问海德格尔的子侄，为写海德格尔传记搜集材料。

1998 年（戊寅）——先生四十九岁

1 月——于河北人民出版社出版《海德格尔传》（第 1 版），后多次再版。

1999 年（己卯）——先生五十岁

10 月——与陈家琪通信，讨论《海德格尔思想与中国天道》中的问题。

2001 年（辛巳）——先生五十二岁

2 月——主编的"西方神秘主义哲学经典"四册出版。

4 月——文集《从现象学到孔夫子》出版，标志着正式向儒学的转向。

10 月——在《科学中国人》第 10 期发表《建立儒家文化保护区意味着什么？》，提出建立"儒家文化保护区"的主张。

2003 年（癸未）——先生五十四岁

1 月——于团结出版社出版《朝向事情本身——现象学导论七讲》，受到研究生和青年教师的广泛欢迎。2011 年再版时更名为《现象学导论七讲——从原著阐发原意》。

4 月——与陈家琪就中西方古代性别意识问题论战。

2004 年（甲申）——先生五十五岁

9 月——受 DAAD（德国学术交流中心）支持，到图宾根大学和维尔茨堡大学讲学一年。

2005 年（乙酉）——先生五十六岁

1 月——于北京大学出版社出版《西方哲学笔记》及《当代西方哲学笔记》。

2006 年（丙戌）——先生五十七岁

8 月 3 日——在贵阳"理性、信仰与宗教"会议上提交并报告论文《重建儒教的危险、必要及其中行路线》，后发表于《现代哲学》2007 年第 1 期，被《新华文摘》转载后引起广泛关注，被认为是新儒家代表人物。

8 月——至贵州修文县龙场镇的阳明精舍，与蒋庆举行丙戌会讲。

2007 年（丁亥）——先生五十八岁

1 月——于北京大学出版社出版文集《思想避难：全球化中的中国古代

哲理》。

2008 年(戊子)——先生五十九岁

1 月——于山东友谊出版社出版《中华古学与现象学》,主要为此前论著文章的摘抄、萃编。

4 月 15 日——在《深圳商报》发表《无孔子之北大无灵魂》,呼吁北大树立孔子像,引起广泛社会反响。

2009 年(己丑)——先生六十岁

2 月——于华东师范大学出版社出版讲稿《孔子的现象学阐释九讲》,作为讲授的"儒家哲学史"第一部。

5 月——赴台湾多所大学讲学。

6 月——赴厄瓜多尔基多,在圣·弗朗西斯科大学讲学三个月。

2010 年(庚寅)——先生六十一岁

1 月——于广西师范大学出版社出版《先秦儒家哲学九讲:从〈春秋〉到荀子》,作为"儒家哲学史"第二部。

6 月——为子泰苏设计并操持儒家婚礼仪式。

2011 年(辛卯)——先生六十二岁

3 月——再赴比利时安特卫普大学吕斯布鲁克研究中心工作三个月。主要从事翻译吕斯布鲁克《精神的婚恋》。

2012 年(壬辰)——先生六十三岁

1 月——于上海外语教育出版社出版文集《德国哲学、德国文化与中国哲理》。

3 月 17 日——在河北省正定县参加孔子祭奠礼,担任主献官。

6 月——于广西师范大学出版社出版《拒秦兴汉和应对佛教的儒家哲学:从董仲舒到陆象山》,作为"儒家哲学史"第三部。

7 月 31 日——在北大做"通识教育核心课程讲习班"讲座,讲解《尚书·尧典》。

9 月——自北京大学哲学系退休。

10 月——被山东大学哲学与社会发展学院聘为一级教授,任教济南。

11 月——所翻译的《精神的婚恋》一书于商务印书馆出版。

2014 年(甲午)——先生六十五岁

1 月——于东方出版社出版文集《复见天地心:儒家再临的蕴意与道路》。

2015 年(乙未)——先生六十六岁

8 月——在 2012 年 7 月讲座的基础上,于三联书店出版《〈尚书·尧典〉解说:以时、孝为源的正治》。

2017 年(丁酉)——先生六十八岁

1 月——于生活·读书·新知三联书店出版《家与孝:从中西间视野看》。

10 月——任中山大学哲学系(珠海)讲座教授。

11 月 22 日——与让·吕克·马里翁、倪梁康在中山大学进行对谈。

2018 年(戊戌)——先生六十九岁

春季——于中大珠海校区讲授宋明儒家心学,后汇集整理为《儒家心学及其意识依据》,作为"儒家哲学史"第四部。

2019 年(己亥)——先生七十岁

10 月——汇总上述四部讲演,合刊为四卷本《儒家哲学史讲演录》于商务印书馆出版。

2021 年(辛丑)——先生七十二岁

9 月——任博古睿研究院中国中心博古睿学者,计划开展对不同于高科技的"适生科技"的研究,设想一种新的未来。

11 月——在上海复旦、华师大、青浦古典书院等地讲学。

12 月——发现身染重疴。

2022 年(壬寅)——先生七十三岁

5 月——于北京大学出版社出版生前最后一部著作《中西印哲学导论》。

5 月 28 日——病笃,与诸弟子视频会议,嘱以求真理为念。

6 月 8 日——在家人和弟子的陪伴下,深夜于家中安然辞世。

7 月 27 日——北京大学哲学系于文津酒店举行追思会。

9 月——囊括先生大部分著作的十六卷本《张祥龙文集》于商务印书馆出版。

编　后　记

　　2022 年 6 月 8 日,恩师张祥龙先生不幸辞世。先生辞世后,师母和恩师公子泰苏痛彻心扉,其生前亲朋好友、门生弟子无不哀痛不已,甚至很多受先生之品行与思想感召的素昧平生者,亦深感悲恸。情动于衷而不能已,很多人写了怀念和纪念先生的文章。这些文章或回忆与先生交往的点点滴滴,或礼赞先生的为人为学与哲思,或感念先生对自己的引导、教化,不一而足。先生曾把海德格尔的 Dasein 译为"缘在"。这些文字正是先生"缘在"的见证,见证了先生的世间生命虽然离我们而去,但其缘发的生命又如何缘缘无尽……

　　为了这些见证性的文字不致散佚,也为了不辜负大家对先生的深情怀念,师母嘱我将这些文字收集起来,汇编成册。

　　这里且将收录、编辑过程中的相关事宜说明如下:

　　一、本文集为纪念性文集,且受篇幅所限,故所收录者限于与先生生前有实际的生活、学术、思想交往的亲朋故旧和门生弟子的回忆纪念和评价性文字。先生辞世后,网上也涌现出许多与先生虽无缘相识但受过先生影响的朋友写的悼念文字,我们深为感动,但因篇幅有限而不能一一尽收,尚祈谅解!

　　二、本文集主体由三部分构成:第一部分"亲亲之思——来自家人的怀念",收录师母德嘉女士和先生公子泰苏的怀念文章;第二部分"缘中共在——来自师友的纪念",收录先生的老师、同事和友人的回忆纪念文字;第三部分"师恩永在——来自弟子的纪念"收录恩师弟子们以及两篇再传弟子的纪念文章。

　　三、先生思想学问虽出入古今东西,但终以儒家为归宿。为体恤先生精神,文集第二部分来自师友的纪念文章我们以齿为序;少数同一年龄的作者,因不便查询具体出生日期,我们以姓氏拼音首字母为序。第三部分来自弟子们的纪念文章,我们以入师门先后为序;同一年入门者,博士为先,硕士次之。

四、2022 年 7 月 27 日,北京大学外国哲学研究所与北京大学哲学系外国哲学教研室为先生举办了追思会。师母和泰苏在追思会上的发言我们根据录音整理出全文分别作为附录一、附录二收录于文集后。其他代表的发言我们以概要的形式作为附录三附于文后。其中部分发言者后来提供了完整的发言稿,我们也将它们作为单独的纪念文章收录在本纪念文集正文部分,但为了体现此次追思会发言情况的整体面貌,我们仍在附录三中呈现了他们的发言概要。

五、2021 年 11 月 20 日下午,先生在上海青浦古典书院与柯小刚、李旭及古典书院师生等举行了一场座谈。在这场座谈中先生回忆了他年轻时如何通过自学以治学的经历,以及对古今中西相关思想的会通缘构,内容丰富,从中可见先生的治学历程与思想风格。柯小刚提供了这次座谈的文字整理稿(由窦建英整理),我们亦作为附录收录于此(详见附录四)。

六、先生辞世后,许多亲友或单位写了大量情深意长的挽联或挽诗。我们也不忍见之散佚,亦收集汇总作为本文集附录五。由于许多挽联是以单位或集体名义撰写,不便以齿为序,我们遂以个人姓名、单位名称或集体中排名在前者姓名的拼音首字母为序。

七、先生弟子李峻整理了先生简明年表,我们收为附录六,以见先生生平大略。

八、本文集所收录纪念文字(包括追思会发言概要、挽联、挽诗)的绝大部分已得到作者或发言者的认可与授权,其中部分以集体名义撰写的挽联或悼文我们未一一联系作者,也有个别挽联,因未能找到作者联系方式而无法与作者联系,凡此均请谅解!

在接到师母嘱托后,我深感责任重大,遂与启祥师兄反复商量选文原则、编纂体例等问题,并征求才茂师兄、成文师兄、祥元、李旭、文菁、李峻等同门意见。编纂过程中,文菁前期收集了绝大部分文章,为后期的编纂工作奠定了很好的基础。成文、祥元、李旭、王珏、宫睿、文菁等同门协助联系了相关作者,请他们定稿和授权。成文还整理了师母和泰苏在老师追思会上的全部发言内容,并与周艳辉、李峻一道整理了其他代表的发言概要。最后李峻编撰了老师的简明年表。所以文集编纂工作虽由我统筹,但实际上是诸位同门一道合作才得以完成。文集编好后,也请师母和泰苏加以审定。

文集的编辑与出版离不开北京大学出版社的大力支持,这里要对北京大学出版社,尤其是编辑出版了张老师多部著作的王立刚先生和本书责编李澍女士,表示由衷的感谢;如果没有他们的理解、支持与辛劳,特别是李澍女士对文集的细心编校与对文字的必要修订,本文集将无法顺利面世!

由于时间仓促,兼编者水平所限,本文集必有不少疏漏之处,尚祈诸位作者、读者尤其是师母和泰苏谅解!

朱刚

2022 年 3 月 2 日

图书在版编目（CIP）数据

缘在之思：张祥龙先生纪念文集/朱刚编. —北京：北京大学出版社，2023. 7
ISBN 978-7-301-34147-6

Ⅰ. ①缘⋯　Ⅱ. ①朱⋯　Ⅲ. ①张祥龙—纪念文集　Ⅳ. ①B262. 5-53

中国国家版本馆 CIP 数据核字（2023）第 122996 号

书　　　　名	缘在之思：张祥龙先生纪念文集
	YUAN ZAI ZHI SI：ZHANGXIANGLONG XIANSHENG JINIAN WENJI
著作责任者	朱　刚　编
责 任 编 辑	王立刚　李　澍
标 准 书 号	ISBN 978-7-301-34147-6
出 版 发 行	北京大学出版社
地　　　　址	北京市海淀区成府路 205 号　100871
网　　　　址	http://www. pup. cn　新浪微博：@北京大学出版社
电 子 信 箱	zpup@ pup. cn
电　　　　话	邮购部 010-62752015　发行部 010-62750672
	编辑部 010-62752728
印 　刷 　者	大厂回族自治县彩虹印刷有限公司
经 　销 　者	新华书店
	965 毫米×1300 毫米　16 开本　28 印张　彩插16　474 千字
	2023 年 7 月第 1 版　2023 年 7 月第 1 次印刷
定　　　　价	118. 00 元